SV

Hans Peter Duerr

Der Mythos vom Zivilisationsprozeß

Band 1

Hans Peter Duerr

Nacktheit und Scham

Suhrkamp Verlag

Für Annette

Vierte Auflage 1992

Druck: MZ-Verlagsdruckerei GmbH, Memmingen
Printed in Germany

Inhalt

»Wir kämpfen jetzt gegen eine Richtung. Aber diese Richtung wird sterben, durch andere Richtungen verdrängt; dann wird man unsere Argumentation gegen sie nicht mehr verstehen; nicht begreifen, warum man all das hat sagen müssen.«

Wittgenstein

Vorwort

Im vorliegenden und den drei folgenden Bänden dieses Buches will ich zeigen, daß die heute weitgehend anerkannte Theorie der Zivilisation ein Mythos ist, in dem sich unsere Gesellschaft seit einigen Jahrhunderten meist gefeiert, bisweilen aber auch in Frage gestellt hat. Dieser Mythos besagt, daß die derzeitige Domestikation unserer tierischen Natur das Ergebnis eines langwierigen Prozesses sei, der im westlichen Europa gegen Ende des Mittelalters und bei den »Primitiven« – vor kurzem noch »Wilde« genannt – erst in allerjüngster Zeit begonnen habe. Ich versuche einsichtig zu machen, daß dieser Mythos ein Zerrbild vergangener und fremder Kulturen zeichnet, ein Bild, das zwanglos zur Rechtfertigung des Kolonialismus verwendet werden konnte, indem man darauf hinwies, es gehe darum, die »kulturarmen« zu gesitteten und mithin zu *wahren* Menschen zu machen.

In den zehn Jahren, in denen ich – allerdings nicht ausschließlich – an diesem Buch gearbeitet habe, haben mir zahlreiche Gelehrte, denen ich an dieser Stelle nur summarisch danken kann, mit Auskünften geholfen. Dazu gehören in geringerem Maße die Ethnologen des deutschsprachigen Raumes, die im allgemeinen ab der Zugehörigkeit zur Besoldungsgruppe C 3 nicht mehr bereit waren, mir auf briefliche Fragen zu antworten. Danken möchte ich auch dem verstorbenen George Devereux, meinem Lektor Raimund Fellinger und Christoph Groffy vom Suhrkamp Verlag sowie meiner Frau, der dieses Buch – dessen Werdegang sie mit gemischten Gefühlen verfolgt hat – gewidmet ist.

Heidelberg, im Frühling 1987 Hans Peter Duerr

Einleitung

Die seit der Aufklärung in unserem Kulturbereich herrschende Theorie der Zivilisation, wie sie gegenwärtig vor allem von Norbert Elias und seiner Schule, aber auch mehr oder weniger explizit von zahlreichen anderen vertreten wird, behauptet, daß die Menschen des Mittelalters und die Angehörigen der letzten »primitiven« Gesellschaften im Vergleich zu uns heutigen Europäern ihre Triebe und Affekte noch wenig gebunden oder geregelt hätten, der Triebverzicht gering, die Mäßigung und Zurückhaltung der Gefühle und Gefühlsäußerungen relativ unerheblich gewesen seien.[1]

So heißt es etwa, man habe einem Erwachsenen nicht viel mehr Zurückhaltung abverlangt als einem Kind,[2] weshalb uns heute ein spätmittelalterlicher Bürger oder ein Mitglied der »unzivilisierten« Gesellschaften, die noch nicht über die niederen Stufen des Zivilisationsprozesses hinausgekommen seien,[3] zu Recht kindlich, ungezwungen, einfältig, roh und naiv erschienen.[4] Nacktheit, Sexualität, Defäkation, Körpergeräusche, Körpergeruch und dergleichen seien bei solchen Menschen öffentlicher[5] und ungleich weniger schambesetzt gewesen.

Dies bewiesen beispielsweise – so wird gesagt – das lockere Treiben entkleideter Frauen und Männer in den vor- und frühneuzeitlichen Badstuben und Wildbädern, das ungehemmte Miteinander-Schlafen mehrerer Personen in einem Bett und noch die Audienzen, die mancher adelige Herr im 17. Jahrhundert auf seinem »Kackstuhl« zu geben pflegte, oder die Nachlässigkeit, mit der gewisse Damen von Stand in der Wanne vor ihren männlichen Dienern die Schenkel spreizten.[6]

Während also vorher die gesellschaftliche Kontrolle der ›tierischen‹ Natur der Menschen verhältnismäßig mild gewesen sei, hätten es die Europäer vor allem seit dem 16. Jahrhundert[7] unternommen, nach und nach »alles das zurückzudrängen, was sie an sich selbst als ›tierische Charaktere‹«[8] empfunden hätten. Sie hätten also mit dem begonnen, was die schottischen Moralphilosophen der Aufklärung den Übergang von der »savage« zur »civil society« oder »from rude to refined« genannt haben.[9] Nachdem sich das Abendland schließlich selbst zivilisiert hätte, sei es darangegangen, auch den fremden Völkern die frohe Botschaft der Zivilisation zu verkünden:

»Die beginnende Umformung orientalischer oder afrikanischer Menschen in der Richtung des abendländischen Verhaltensstandards repräsentiert das bisher letzte Vorfluten der Zivilisationsbewegung, das wir sehen können.«[10]

Nach Elias liegt die Ursache für diesen tiefgreifenden Wandel unseres »Affekthaushaltes« darin, daß »im Zuge der wachsenden Arbeitsteilung die Verflechtung der Menschen intensiver« geworden sei; die »Angewiesenheit und Abhängigkeit« der Menschen aufeinander und voneinander habe sich verstärkt, und dieses stetig dichter werdende »Interdependenzgeflecht«, also die Tatsache, daß der einzelne es mit immer mehr Menschen zu tun hat, habe demjenigen Vorteile gebracht, der sich im Umgang mit den anderen größere Zurückhaltung auferlegen, das heißt seine Triebwünsche besser regulieren konnte.[11]

Gegenüber dieser These will ich im folgenden zeigen, daß die Menschen in kleinen, überschaubaren ›traditionellen‹ Gesellschaften mit den Angehörigen der eigenen Gruppe viel enger verflochten waren, als dies bei uns Heutigen der Fall ist; was bedeutet, daß die unmittelbare soziale Kontrolle, der man unterworfen war, viel unvermeidbarer und lückenloser gewesen ist. Damit wird deutlich, wie fragwürdig die Behauptung ist, daß wir heute von einem viel dichteren Ring von Vorschriften und Regelungen umgeben seien als einst, da die »Zensur und der Druck des gesellschaftlichen Lebens« erheblich zugenommen hätten.[12]

Die Menschen waren weitaus weniger als heute mit *Fragmen-*

ten der Gesamtpersönlichkeit des anderen konfrontiert, sondern mit der *ganzen* Person,[13] weshalb ein Fehlverhalten für den einzelnen viel peinlichere Konsequenzen nach sich zog, als dies bei einem heutigen Großstadtbewohner der Fall wäre.

Dabei liegt es mir fern, zu bestreiten, daß einerseits eine Verlängerung von »Interdependenzketten« Zurückhaltung und Triebverzicht begünstigt. Es mit vielen anderen Personen zu tun zu haben bedeutet auf der anderen Seite jedoch auch eine Unverbindlichkeit und damit eine Verhaltensfreiheit, die sich in einer Senkung von Scham- und Peinlichkeitsschwellen bemerkbar machen kann, wie sie in unserer Gesellschaft im 20. Jahrhundert zu beobachten ist.

Um dies an einem Beispiel zu veranschaulichen: Vor zwei sehr forschen Jungfrauen der Ata Kiwan an einem Strand im Solor-Alor-Archipel die nasse Badehose auszuziehen und in meine Jeans zu schlüpfen, habe ich mich nicht getraut, weil ich damit rechnen mußte, daß andernfalls eine halbe Stunde später das ganze Dorf über dieses Ereignis unterrichtet gewesen wäre. Mich jedoch an einem mitteleuropäischen Strand vor einheimischen jungen Mädchen umzuziehen hätte mir vermutlich geringere Probleme bereitet.

Bereits anhand der spätmittelalterlichen Städte läßt sich zeigen, daß mit der zunehmenden Auflösung verwandtschaftlicher Bindungen[14] und der in ihnen ausgeübten Kontrolle des Einzelnen eine Freiheit der Verhaltensweisen möglich wurde, die vielen Zeitgenossen als das erschien, was im Jahre 1558 das französische Parlament »la prétendue dissolution des habitz« genannt hat.[15]

Auch in dieser Hinsicht machte Stadtluft frei, und das, was heute meist als eine zunehmende Repression durch die Zentralgewalten beschrieben wird, war lediglich der Versuch, obsolet gewordene oder schwindende Formen der sozialen Kontrolle durch andere zu ersetzen.[16] Diese schienen häufig nur deshalb strenger zu sein, weil es sich im Gegensatz zu früher um *explizite* Anordnungen handelte, deren Befolgung

zudem immer mehr durch Bestrafung denn durch Beschämung erzwungen werden konnte.
Freilich ist es nicht meine Absicht, die Eliassche Theorie vom Kopf auf die Füße zu stellen, also aus der gängingen Evolutionstheorie der Zivilisation eine Art ›Verfallstheorie‹ zu machen, nach der *wir* die Wilden und *sie* die Zivilisierten waren oder sind, obgleich es nicht wenige Argumente gibt, die sich zugunsten einer solchen These anführen ließen.
Es genügt mir zu zeigen, daß diejenigen, die heute über einen Mythos wie den der *Genesis* lächeln, selber nichts anderes getan haben, als die Geschichte zu mythisieren, und daß dieser ›Mythos vom Zivilisationsprozeß‹ die Tatsache verschleiert, daß es aller Wahrscheinlichkeit nach zumindest innerhalb der letzten vierzigtausend Jahre weder Wilde noch Primitive, weder Unzivilisierte noch Naturvölker gegeben hat. Schon längst sind unser *aller*[17] Augen »aufgegangen«, und es gehört zum *Wesen*[18] des Menschen, sich seiner Nacktheit zu schämen, wie immer diese Nacktheit auch historisch definiert sein mag; vom Baume des Lebens sind die Mitglieder aller Gesellschaften entfernt:[19]
»Und er vertrieb den Menschen und ließ östlich vom Garten Eden die Cherube sich lagern und die Flamme des zuckenden Schwertes, den Weg zum Baume des Lebens zu bewachen.«[20]

§ 1
Der nackte Held im alten Griechenland

Nachdem der schiffbrüchige Odysseus an den Strand des Phäakenlandes gespült worden war und die Nacht im Schutze eines dichten Gebüschs verbracht hatte, vernahm er am Morgen die Stimmen junger Mädchen, und er fragte sich, ob es wohl Nymphen oder Menschen seien, deren Kreischen zu ihm drang:

»Sprach's und tauchte aus dem Gehölz, der hehre Odysseus, brach mit kräftiger Hand aus dem dichten Gebüsch einen Laubzweig, um sich damit am Leibe die Blöße des Mannes zu decken.«[1]

Schon immer haben Interpreten dieser Szene bezweifelt, daß der edle Held sich vor den Jungfrauen in einer Weise geschämt habe, wie dies unsere Ureltern taten, als sie ihre Genitalien mit Schurzen aus Feigenblättern bedeckten, nachdem ihnen die Augen aufgegangen waren. So hat man etwa darauf hingewiesen, Odysseus habe sich deshalb geschämt, weil er, der mehr als zwei Tage und zwei Nächte im aufgewühlten Meer getrieben war, einen Anblick bot, der nicht gerade comme il faut zu nennen ist: verschwollen und zerschunden, die Haut mit einer Salzkruste überzogen.[2] Und in der Tat heißt es:

»Also trieb es Odysseus nun, zu den lockigen Mädchen hinzutreten, nackt wie er war; denn es kam ihn die Not an. Gräßlich erschien er denen, entstellt vom Salze des Meeres.«[3]

Aber warum bedeckte dann der Schiffbrüchige »die Blöße des Mannes« (μήδεα φωτός), warum hielt er den Zweig vor die Genitalien und nicht vor sein entstelltes Gesicht?

Daß »der Göttergleiche« sich schlicht davor schämte, daß die Jungfrauen seine Genitalien sahen, erhellt sich kurz darauf, als Nausikaa ihn dazu auffordert, im Fluß zu baden und sich dann zu bekleiden, worauf Odysseus nämlich sagt:

»›Mädchen, so stellt euch doch ein wenig zur Seite, damit ich ab von den Schultern das Salz mir wasche und mich dann ringsum salbe mit Öl; denn lang entbehrt meine Haut schon das Salböl. Vor euch möcht ich mich nicht gern waschen; ich schäme mich nämlich, so entblößt zu stehn inmitten der lokkigen Mädchen.‹ So sprach er; und sie gingen beiseite und sagten's der Jungfrau.«[4]

Nun wird man einwenden, daß es zu homerischer Zeit[5] ganz allgemeine Sitte war, daß Dienerinnen oder Sklavinnen – in seltenen Fällen sogar die Tochter des Gastgebers – den männlichen Gast badeten,[6] woraus man schließen könne, daß es sich im Falle des Odysseus doch wohl um einen recht prüden Helden gehandelt haben müsse.[7]

Aber was heißt es, daß Dienerinnen die Männer »badeten«? Offenbar entkleidete sich der Gast, stieg in die leere Wanne und kauerte sich darin nieder. Daraufhin schüttete ihm die Dienerin, die bezeichnenderweise λοετροχόος, »Badegießerin«, hieß, das warme Wasser über Kopf und Schultern, während der Gast das Waschen selber besorgte. Schließlich warf sie ihm ein wollenes Badetuch um, in das er sich einhüllte, um so bedeckt aus der Wanne (ἀσάμινθος) zu steigen:[8]

»Doch den Telemachos badet' indes Polykaste, die schöne, als die jüngste Tochter[9] des Nestor, Sohnes des Neleus. Als sie ihn nun gebadet und eingerieben mit Salböl, warf sie ihm um einen schönen Mantel und einen Leibrock, und aus der Wanne stieg er darauf, den Unsterblichen ähnlich.«[10]

Das heißt also, daß die Dienerin den Genitalbereich des niederkauernden Mannes gar nicht zu Gesicht bekam, geschweige denn ihn berührte oder wusch. Der einzige Körperkontakt bestand darin, daß sie ihm den Oberkörper mit Salböl einrieb, nachdem sie dem Mann eventuell noch jene Stellen des Rückens gesäubert hatte, die er selber schlecht erreichen konnte.[11] Das ganze Baden spielte sich mithin so schicklich ab, daß sogar die Gelehrten des vergangenen Jahrhunderts nicht umhin konnten, es als »decent« zu bezeichnen.[12]

Wie aber steht es mit der berühmten ›athletischen Nacktheit‹ der alten Griechen und wie mit der Nacktheit des Kriegers im Kampf?

1 Achilles verbindet den verwundeten Patroklos. Rotfigurige Schale des Sosias-Malers, 5. Jh. v. Chr.

Daß die Männer ihre Wettkämpfe nackt bestritten, scheint kein ›urtümliches‹ Phänomen der griechischen Kultur gewesen zu sein. Nach Plato geht diese Nacktheit auf die Kreter zurück, nach Thukydides auf die Lakedämonier, also in beiden Fällen auf dorische Stämme – »sich dorisch benehmen« war ein bekannter Ausdruck für ›sich entblößen‹[13] –, und Thukydides meint auch im fünften vorchristlichen Jahrhundert, daß die Nacktheit noch nicht lange üblich sei (καὶ οὐ πολλὰ ἔτη ἐπειδὴ πέπαυται).[14]
Dies wird bestätigt durch die Tatsache, daß mindestens bis zum 7. Jahrhundert in der Vasenmalerei die Athleten bekleidet sind[15] und alle in den homerischen Epen geschilderten Wettkämpfe anscheinend im Chiton durchgeführt werden – bis auf das Ringen und den Pankration. Hier traten die Män-

ner im Schurz (ζῶμα) an, oder wie es über den nach Ithaka heimgekehrten Bettler heißt:
»Aber Odysseus gürtete sich um die Scham die Lumpen und ließ seine schönen, großen Schenkel sehn.«[16] Zum Diskuswurf zieht der Held bei anderer Gelegenheit nicht einmal den Mantel aus,[17] was allerdings möglicherweise darauf zurückzuführen ist, daß Laodamas, der Sohn des Alkinoos, ihn auf höhnische Weise zum Wettkampf herausgefordert hat, so daß Odysseus allzu stürmisch zum Gerät greift.
Auch der achäische Krieger trug den ζῶμα,[18] und es galt als beschämend, wenn ihm im Eifer des Gefechtes der Schurz verrutschte, so daß man die αἰδόα, die »Schamteile«, sehen konnte.[19] Nichts war entehrender, als daß man der Leiche des erschlagenen Feindes das Panzerhemd herunterriß und ihn nackt im Staube liegenließ[20] oder daß man gar den Leichnam den Hunden vorwarf und diese die Genitalien zerfleischten.[21] Daß also dem verwundeten Patroklos, den Achilles verbindet, unter dem Panzer Penis und Hodensack hervorschauen, wie dies auf der rotfigurigen Trinkschale aus Vulci aus dem 5. Jahrhundert dargestellt ist, wäre bei einem homerischen Griechen kaum denkbar gewesen.[22]
Auf die Dorer ist wohl auch die ›kriegerische Nacktheit‹ zurückzuführen,[23] und diese ist vielleicht das Vorbild der ›athletischen Nacktheit‹ gewesen. Letztere war zwar im klassischen Griechenland so allgemein verbreitet, daß Herodot anläßlich der berühmten Voyeurs-Geschichte, in der Kandaules, der Tyrann von Sardes, seine sich im Schlafgemach entkleidende Frau von Gyges, dem Leibwächter, betrachten läßt, anmerkt:
»Denn bei den Lydern und auch bei fast allen anderen Barbaren bringt es sogar einem Manne große Schande, wenn er nakkend gesehen wird.«[24]
Aber so *ganz* unproblematisch scheint sie auch den Griechen nicht gewesen zu sein. Jedenfalls waren sie sich nicht nur des Ausnahmecharakters der ›athletischen Nacktheit‹ bewußt,[25] sondern achteten offenbar – wie von Aristophanes zu erfah-

2 Herakles besiegt Pharao Busiris. Rotfigurige attische Vasenmalerei, 5. Jh. v. Chr.

ren ist – auch darauf, daß die jungen Männer beim Sitzen nicht schamlos die Genitalien zur Schau stellten und daß sie nach dem Aufstehen den Abdruck verwischten, den Hinterbacken, Damm und Hoden im Sand hinterließen:
»Auf dem Turnplatz dann, wenn die Knaben zu ruhn, in den Sand hinsaßen, so mußten sie die Beine ausstrecken, um schamhaft nichts die draußen erblicken zu lassen. Und standen sie auf, so verwischten sie gleich im Sande die Spur, zu verhindern, daß Liebenden der Natur Abbild (εἴδωλον) unreine Begierden erregte. Dann salbte da auch kein Knabe sich

3 Athlet beim Anlegen der Kynodesme (links). Krater des Euphronios, um 510 v. Chr.

je über den Nabel herunter. Es umblühte darum ein gekräuselter Flaum ihm die Scham wie ein reifender Pfirsich.«[26]
Frauen war es ohnehin verwehrt, den nackten Sportlern zuzusehen[27] – nach Pausanias drohte ihnen bei Zuwiderhandlung sogar die Todesstrafe –, und man fand es schockierend, daß den Etruskerinnen dies angeblich erlaubt war.[28]
Aber auch voreinander vermieden es die Männer, die entblößte Eichel sehen zu lassen. Die klassischen Griechen waren zwar leidenschaftliche Verehrer des knabenhaften Penis[29] – selbst der muskelbepackte Herakles, der als Liebhaber zwar ein schwaches Bild lieferte, dafür aber unzählige Male hintereinander ejakulieren konnte, Qualität also durch Quantität ersetzte, erfreut sich auf den Darstellungen eines Penis, der etwa dem eines Erstkläßlers entspricht.[30]
Doch dieser Penis mußte vollkommen von der Vorhaut bedeckt sein. Nur geile und schamlose Wesen wie die Satyrn werden in der Vasenmalerei mit nackter Eichel wiedergegeben, während beim Manne selbst der erigierte Penis in einer Weise bedeckt ist, daß die Vorhaut – wie bei einem kleinen Jungen – zipfelartig hervorsteht.[31]
Um zu vermeiden, daß bei athletischen Übungen die Vorhaut zurückrutschte, banden sich die Männer mit einer Schnur,

der κυνοδέσμη, die über die Eichel gezogene Vorhaut vorne zu, so daß die Eichel wie ein Wurstzipfel aussah.[32]
Eine kurze Vorhaut erschien den Griechen als sicheres Kennzeichen eines ausschweifenden Geschlechtslebens oder dafür, daß der Betreffende der Masturbation frönte, und man kann sich die Peinlichkeit vorstellen, als die Juden später mit beschnittenem Penis in den Gymnasien erschienen. Als Folge wurde beispielsweise die Verfügung erlassen, daß nur die Juden an den olympischen Spielen von Tyros teilnehmen durften, die sich wieder eine Vorhaut zugelegt hatten.[33] Die betreffende Operation hieß »Strecken«, ἐπισπασμός, und bestand nach Galen in dem Falle, daß die Vorhaut nicht allzusehr beschnitten war, darin, daß man sie dehnte, mit Gummi bestrich und mit einem Papierstreifen beklebte, so daß die Dehnung nicht zurückgehen konnte. War der Jude stärker beschnitten, schob man eine Bleiröhre unter die gedehnte Haut und band den überstehenden Rand mit weichen Riemen zusammen. Fehlte die Vorhaut völlig, halfen nur noch chirurgische Eingriffe.[34]
Wir erkennen also unschwer, daß auch das klassische Griechenland – vom homerischen ganz zu schweigen[35] – kein Arkadien schamfreier männlicher Nacktheit war, wie es idealisierend seit den Zeiten der Renaissance immer wieder behauptet wird.
Soweit die Männer. Und die Frauen?
Die sogenannte »Nacktheit« der spartanischen jungen Mädchen ist den Athenern bekanntlich stets ein Skandalon gewesen. So läßt etwa Euripides den Peleus sagen, Menelaos dürfe sich nicht wundern, wenn Paris seine schöne Helena entführen konnte, da sich ja die jungen Spartanerinnen aufreizend entblößt in der Öffentlichkeit bewegten:
»Freilich lernt bei euch, auch wenn es will, kein Mädchen, was sich ziemt. Mit jungen Männern stürmt man aus dem Haus, mit nackten Schenkeln und mit offnem Kleid, teilt Laufbahn, Ringbahn, völlig unerhört. Wer wundert sich, wenn ihr kein ehrbar Weib mehr großzieht!«[36]

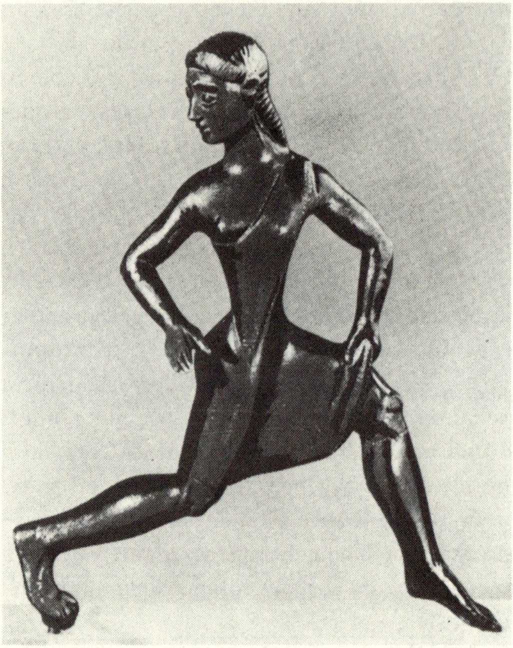

4 »Nackte« spartanische Wettläuferin. Bronzefigurine, um 500 v. Chr.

Daß die spartanischen Wettläuferinnen γυμναί waren, bedeutet also nicht, daß sie nackt waren, sondern daß sie im bloßen kurzen Chiton liefen, so daß ihre Schenkel und eventuell auch eine der Brüste entblößt wurden. Dies wird durch zahlreiche Darstellungen bestätigt, doch es genügte, daß die Athener sich darüber empörten.

Aber wie steht es mit den Ringerinnen, die sich ja in klassischer Zeit den Oberkörper einölten?[37] Ein Kelchkrater aus Lokroi Epizephyrioi zeigt ein junges Mädchen, das mit einer Art Unterhose bekleidet ist, und es ist sehr wahrscheinlich, daß die Jungfrauen Spartas in solcher Kleidung miteinander gerungen haben,[38] »griechisch-römisch«, versteht sich, so daß kaum die Gefahr bestand, daß eine dieser ›Unterhosen‹ zerriß oder heruntergezogen wurde.[39]

Mit nackten Brüsten zu ringen wäre in Athen ein Ding der

5 Degas: ›Petites filles Spartiates provoquant les garçons‹, um 1860.

Unmöglichkeit gewesen, weshalb sich auch Plato, der den Mädchensport empfiehlt, in den *Gesetzen* beeilt, hinzuzufügen, daß selbstredend das Ringen und der Pankration ausgeschlossen und der Sport auf Wettläufe beschränkt bleiben sollte, wobei man bei Mädchen, die älter als 13 sind, darauf achten müsse, daß sie »geziemende Kleidung« (πρεπούση στολή) trügen.[40]
Eine Ausnahme scheint lediglich die ›rituelle Nacktheit‹ der Arktoi, der jungen »Bärinnen«, gewesen zu sein, also der kleinen, aber auch älteren Mädchen, die an der Schwelle des Erwachsenwerdens standen und die innerhalb eines Reiferituals offenbar einen Tanz aufführten, während dessen sie ihren Chiton zu Boden gleiten ließen. Vielleicht geschah dies nach dem Vorbild der Iphigenie, die ja im Augenblick ihrer Opferung das safranfarbene »Bärinnen«-Gewand abwarf.[41] Doch wie dem auch sein mag: Nichts deutet darauf hin, daß diese Entblößung in Anwesenheit von Männern geschah. Denn schädlich für das Augenlicht war es – zumindest in der Sage –, den weiblichen Unterleib entblößt zu sehen: Erymanthos erblindet, als er Aphrodite beäugt, wie sie sich die Spuren eines Schäferstündchens mit Adonis abwäscht, und das gleiche Schicksal ereilt den Teiresias, der die nackte Athene im Bad erblickt.[42]

6 Badende Hetären. Attischer Stamnos, um 430 v. Chr.

Schlimmer noch ergeht es bekanntlich Aktaion, der – in einen Hirsch verwandelt – von seinen eigenen Jagdhunden zerrissen wird, nachdem er die hüllenlose Artemis beobachtet hatte, und so wußten auch die griechischen Hirten und Bauern, daß die leichtgeschürzte[43] Jägerin um die Mittagszeit zu baden pflegte und daß es schlecht um den bestellt war, der sie aus Zufall dabei überraschte.[44]

Ganz so schlimm wird es vermutlich in der Wirklichkeit nicht gekommen sein, aber immerhin vermieden es auch in dieser die Frauen, sich in irgendeiner Weise in der Öffentlichkeit zu entblößen. Als in Milet – so berichtet Plutarch – unter den jungen Mädchen eine Selbstmordepidemie ausgebrochen war, die sich durch nichts eindämmen ließ, wurde die Verordnung erlassen, nach der jedes Mädchen, das sich ums Leben brachte, vor seiner Beerdigung nackt zum Markt gebracht werden sollte. Dieser Erlaß beendete die Epidemie auf einen Schlag, denn keines der Mädchen konnte auch nur den

7 Sich duschende Hetären. Schwarzfigurige attische Vasenmalerei, 6. Jh. v. Chr.

Gedanken ertragen, nach seinem Tode auf solche Weise entehrt zu werden.[45]

Die öffentlichen Badehäuser, λουτϱόν oder βαλανεῖον, sowohl die Warmbäder als auch die kalten Brausebäder, die es bereits im 6. Jahrhundert gab, hatten Geschlechtertrennung,[46] und trotzdem trugen anscheinend die meisten Frauen, obgleich sie unter sich waren, eine Badehose, die λουτϱίς oder auch ᾤα genannt wurde.[47]

Im Falle der breitschultrigen,[48] nackten Frauen, die auf den Darstellungen der erotischen Vasenmalerei baden, handelt es sich um Prostituierte, und »sobald die Männer auf der Bildfläche erscheinen, sind wir ohnehin im Bordell«.[49]

Nicht einmal eine käufliche Dame wie Phryne ließ sich in einem solchen Badepuff sehen, weil sie es – wie Athenaios berichtet – vermeiden wollte, mit entblößten Brüsten oder gar ganz nackt gesehen zu werden.[50]

§2
Der nackte Ritter
oder »Ich muosz doch sêre biten...«

Wir erinnern uns, wie Odysseus, der bis dahin ja wahrlich einiges erlebt hatte, sich schämte, vor Nausikaa und ihren Gespielinnen im Fluß zu baden, weil es dabei unvermeidlich gewesen wäre, »die Blöße des Mannes« den jungfräulichen Augen darzubieten. Eine ähnliche Schamhaftigkeit finden wir auch bei den mittelalterlichen Rittern wieder, und wir werden sehen, daß Interpreten wie Norbert Elias unrecht haben, wenn sie aus der Tatsache – falls es eine ist –, daß »die Ritter im Bade von Frauen bedient wurden«,[1] den Schluß ziehen, daß dies zeige, wie unbefangen doch die alten Rittersleut' dem nackten Körper gegenüber gewesen seien.

Nachdem Parzival ein Bad bereitet worden und er vergnüglich in der Kufe sitzt, erscheinen plötzlich und ganz unerwartet – »ine weiz wer si des bæte« – reich bekleidete Jungfrauen, in denen sich – wie der junge Mann sogleich erfahren wird – Keuschheit und mangelnde Zurückhaltung auf wundersame Weise vereinigt finden. Obgleich das Wasser mit Rosenblättern bedeckt ist, so daß die jungen Mädchen kaum ›etwas sehen‹ können, ist Parzival offensichtlich die Situation recht peinlich, und er möchte gerne aus der Bütte heraus, doch die Jungfrauen wanken und weichen nicht, ja, sie halten ihm sogar das Badetuch hin, da sie augenscheinlich daran interessiert sind, zu erfahren, wie er ›unten herum‹ ausgestattet ist,[2] aber er tut so, als ob er dies gar nicht bemerke:

»man bôt ein badelachen dar: des nam er vil kleine war. sus kundet sich bî frouwen schemn, vor in wolt erz niht umbe nemn. die juncfrouwen muosen gên: sine torsten dâ niht langer stên. ich wæn si gerne heten gesehn, ob im dort unde iht wære geschehn.«[3]

Nun mag man vielleicht einwenden, daß Parzival noch kein gestandener Ritter war, sondern ein »tumber tôr«, der nach-

8 Spätmittelalterliche Illustration zu *Wolfdietrich*.

gerade aus dem Muspott kam und der auch in einiger Panik »underz declachen spranc«, als ihm die Jungfrauen, »kiusche unde balt«, den Schlaftrunk ans Bett bringen wollten.

Schauen wir uns deshalb an, wie sich Wolfdietrich, ein in Minnedingen erfahrener Recke, in einer ähnlichen Situation verhält, als ihm nämlich eine kecke Gastgeberin beim Umkleiden behilflich sein will:

»Im wolt die kunigin selber ab zihen sine klait: dez weret sich mit zuchten der degen unverczait, er sprach: ›vil edle frawe, daz wer ain groß unczucht, daz mich hie solt entplossen so minigliche frucht: daz wer den ewren eren fur war ain tail zu vil.«[4]

Eine Illustration zu einer Ausgabe des *Wolfdietrich* zeigt, daß anscheinend so mancher Ritter schamhaft die Unterhose anbehielt,[5] wenn er zu seiner Schönen in die Bütte stieg, und selbst wenn dies nicht der Fall war, so mußte der Nackte nicht befürchten, daß jemand seinen entblößten Unterleib sehen könnte: Zum einen waren die Zuber häufig mit Stroh,[6] Lein-

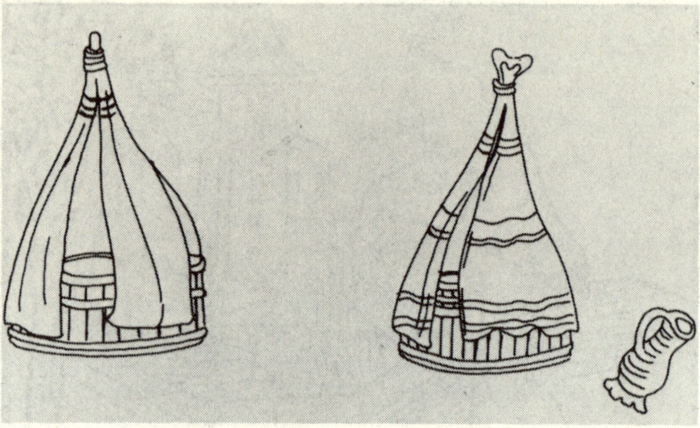

9 Badezuber aus dem späten 14. Jh.

wand, ›samît‹ oder ›drap de soie‹,[7] aber auch mit Holzbrettern bedeckt, und dies diente nicht nur dem Zweck, den Badenden vor dem Zug zu schützen und das Abkühlen des Wassers zu verlangsamen, sondern auch – wie aus dem neunten Gedicht Heinrich Kaufringers hervorgeht – der Schicklichkeit. So heißt es über die Schustersfrau und den Chorherrn, den sie verführt:

»ain pad ward da den zwaien beraitt in ainem zuber gros. dar ein sas der herre plos und mit im die frawe zart. der zuber schon bedechet wart mit ainem golter seidein, das niemant sehen mocht hinein.«[8]

Zum anderen bestreute man – wie wir es schon bei Parzival in Gurnemanz' Schloß gesehen haben – das Badewasser mit Rosenblättern: bei Ulrich von Lichtenstein im Jahre 1227 so dicht, daß man das Wasser nicht mehr sehen konnte.[9] Auch auf dem berühmten Manessebild des badenden Minnesängers Jacob von Warte sind Wasseroberfläche und Oberkörper des alternden Herrn mit Blumen bedeckt, während eines der jungen Mädchen, die ihn bedienen, dem holden Sänger im schütteren Haar den Blumenkranz reicht.

Offenbar handelt es sich hierbei um einen Minnekranz, und diese Geste einer Frau gegenüber einem Mann – noch dazu

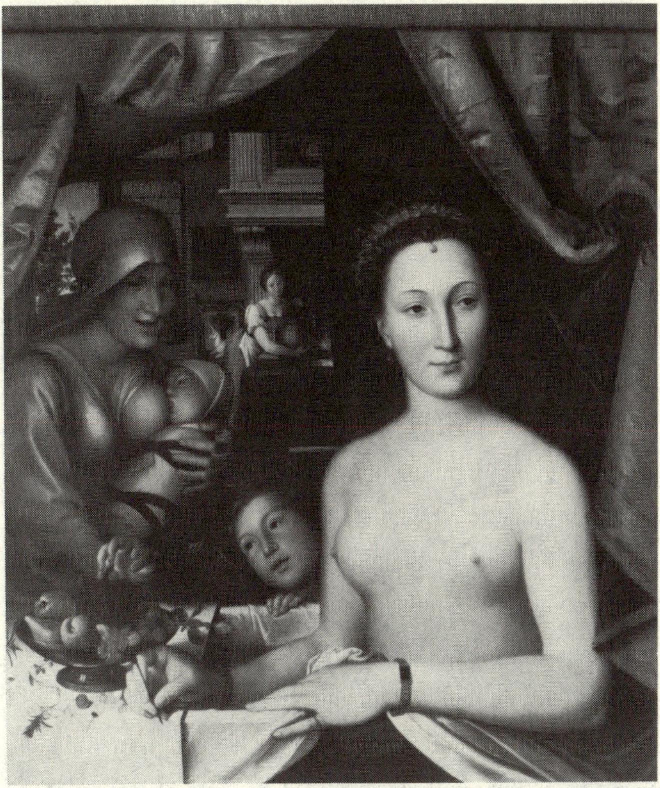

10 Badezuber mit Baldachin. ›Diane de Poitiers‹ von François Clouet, um 1550.

wenn dieser nackt oder halbnackt im Zuber sitzt – war im Mittelalter ein wesentlich unverblümterer Liebesantrag, als die Blumen es vermuten lassen.[10]

So hält auf einer Darstellung des *Schachzabelbuches* aus dem Jahre 1467 die Frau den Minnekranz bereit, während der Mann anscheinend den zweiten Schritt vor dem ersten tut und der Dame an die Brust faßt.

Wir haben hier also nicht das bildliche Dokument einer ganz alltäglichen Badeszene vor uns, in der, wie Elias sagt, ein unbefangener Ritter von unbefangenen Frauen bedient wird,

11 Jacob v. Warte im Bade. Miniatur aus der Manessischen Handschrift, frühes 14. Jh.

sondern eine Minneallegorie, ähnlich wie im Falle der Darstellungen, auf denen der böhmische König Wenzel von Bademägden umgeben ist,[11] wovon wir später hören werden. Jacob, der in seinen Minneliedern gerade die Maienfreude besungen hat,[12] sitzt im Maienbad, und der Jungfer, die ihm den

12 Junger Mann pflegt mit Frauen die Minne.
Stuttgarter Schachzabelbuch, 1467.

Kranz reicht, hat man die Neithartschen Verse in den Mund gelegt:
»Ich han eu im herzen hold. Mein maienpuel solt ir sein, ich pin eur und ir seit mein. Was mir in ern wol an stat, dasz will ich laisten fruo und spat. Wer mich mit eren ganzlich maint, mit dem so will ich sein veraint. Wir süllen frölich hie nun leben. Ich will euch das kranzlein geben.«[13]
Aber nicht nur der Kranz, auch die Rosenblätter auf dem Badewasser deuten – unbeschadet ihrer Aufgabe, der Schicklichkeit zu dienen – auf den Venusdienst hin, denn sie erfri-

schen und verjüngen den Leib,[14] und zwar vor allem jene seiner Teile, die beim Venusdienst von vorrangiger Bedeutung sind: Restif de La Bretonne bemerkt, daß Rosenwasser das »Mäuschen« der Dame erfrischt,[15] und auch die modernen Ärzte versichern uns, daß ätherische Badezusätze, vor allem Rosmarinöl, in einem 38° warmen Badewasser eine siebenmal bessere Durchblutung der Klitoris bewirken als die in einem normalen Bad erzielte.[16]

So wird denn auch aus den folgenden Worten eines spätmittelalterlichen Fastnachtsspiels ersichtlich, woran so mancher Mann dachte, wenn er sich eine Frau im Maienbad vorstellte:

»Find ich euch in einem meienpad,
So wil ich euch an der selben stat
Mit meinem ailften vinger krauen.«[17]

Nicht nur jene Darstellungen, auf denen Frauen und Männer gemeinsam im Zuber sitzen,[18] sondern auch solche, die eine Frau oder Jungfrau zeigen, die den darinnen badenden Mann bedient, führen also erotische und keine unverfänglichen Szenen vor.

Daß eine Dame unter normalen Umständen einem Ritter den Rücken geschrubbt hätte, dürfte kaum jemals vorgekommen sein, denn die Welt der Frauen war von der Welt der Männer – bis auf Turniere und festliche Mahlzeiten – getrennt. In den Familien der Herren von Ardres wurden die Jungen und die Mädchen bereits im Alter von sieben Jahren voneinander geschieden, und die Mädchen hatten ein eigenes bewachtes Schlafzimmer, in dem sie bis zu ihrer Hochzeit nachts eingeschlossen wurden.[19]

Bereits ein volles Jahr weilt Siegfried am Wormser Hofe und hat Kriemhild kein einziges Mal erblickt, geschweige daß diese seinen heldenhaften Leib gebadet hätte, und in der *Kudrun* wird eigens vermerkt:

»Dô wart in daz erloubet, daz sî zuo den vrowen sâzen.«[20]

In den Verhaltensanweisungen für junge Mädchen und Frauen heißt es stets, sie dürften nie in der Öffentlichkeit mit

jemandem reden und keinesfalls den Blick schweifen lassen oder gar einem Ritter ins Gesicht schauen:
»Que lors regars soient coi et atampre«, meint Philipp von Navarra, »et en alant ayant la teste droite«, führt Raoul de Houdenc aus, »les paupieres basses et arrestees et la veue droit devant vous quatre toises et bas a terre, sans regarder ou espandre vostre regard a homme ne a femme qui soit a destre ou a senestre, ne regarder hault, ne vostre regard changer en divers lieux muablement, ne rire, ne arrester a parler a aucun sur les rues.«[21]
Daß also eine junge Frau, die beim Gehen die Augen so weit senken mußte, daß sie höchstens drei Klafter weit sehen konnte, und die bestenfalls von der Galerie aus zuschauen durfte, wie ein Ritter seinen Kollegen aus dem Sattel hob, einen der beiden – auch wenn er mit Unterhosen oder Rosenblättern versehen war – gebadet haben sollte, ist mehr als unwahrscheinlich.[22]
Noch weit beschämender jedoch wäre es gewesen, wenn eine Frau den Mann *völlig* nackt gesehen hätte.
Als beispielsweise drei Dienerinnen den nackten Iwein schlafend im Wald finden, weint die eine zunächst einmal darüber, »daz einem alsô vrumen man diu swacheit solde geschehen, daz er in schanden wart gesehen«. Eine der Frauen reibt nun den Schlafenden mit einer Salbe der »Feimorgân« ein, worauf sie sich alsbald aus dem Staube macht, »wand sî daz wol erkande, daz schämelîchiu schande dem vrumen manne wê tuot und barc sich durch ir höfschen muot, daz sî in sach und er sî niht. si gedâhte ›ob daz geschiht, daz er kumt ze sinnen und wirt er danne innen, daz ich in nacket hân gesehen, sô ist mir übele geschehen, wan des schamt er sich sô sêre, daz er mich nimmer mêre willeclîchen an gesiht‹«.[23]
Und als in der Geschichte *Der nackte Bote* der Knecht eines Ritters an einem fremden Hofe nur mit einem Wadel in den Händen die Badstube betritt, die er leer wähnt, sind die dort arbeitenden, bekleideten Frauen über den nackten Mann entsetzt und schlagen die Hände vors Gesicht, um seine Scham

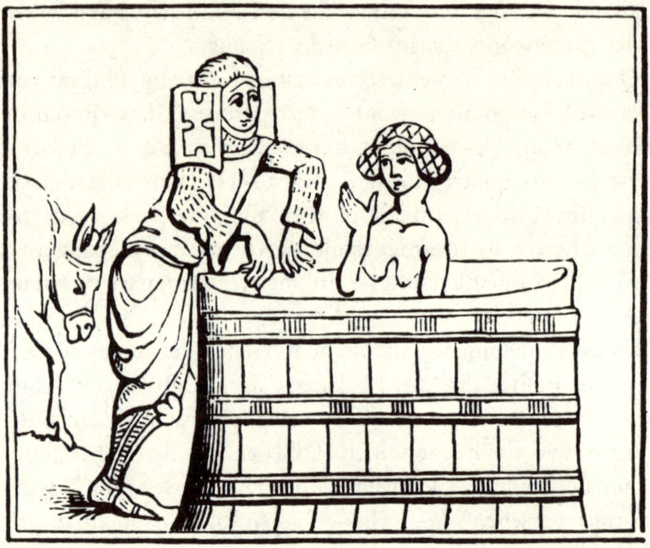

13 Erotische Szene, 14. Jh.

nicht zu sehen. Der überraschte Knecht sucht sein Heil in der Flucht, während der Hofherr ihn mit seinen gewappneten Mannen verfolgt, um ihn zur Strafe zu entmannen.[24]
Aber eine noch größere »honte est de veïr femme nue«, wie es im *Roman du comte de Poitiers* heißt[25], und nur von einer Hure ist es denkbar, daß sie sich vor anderen, gar vor Männern entblößt. So schreibt im 13. Jahrhundert Robers de Blois:
»Cele qui sovent se deslie devant la gent, c'est vilonie. On dit c'est signe de putage.«[26]
Und etwa zur selben Zeit beschreibt der Pleier, was im Kopfe eines jungen Mannes vorgeht, der auf einer Wiese einen verdeckten Badebottich stehen sieht:
»Mich triegen dann die sinne mîn, diz mac wol ein bat sîn und ist bereit einr frouwen. ich wil daz bat schouwen ê ich von hinnen kêre. ich vürht ab des vil sêre, ob ein frowe in der botigen sî, diu würd vor scham nimmer frî, ob diu unzuht mir geschæhe daz ich die nacket sæhe. ouch wær mîn laster worden grôz, wær in dem bade ein frowe blôz.«

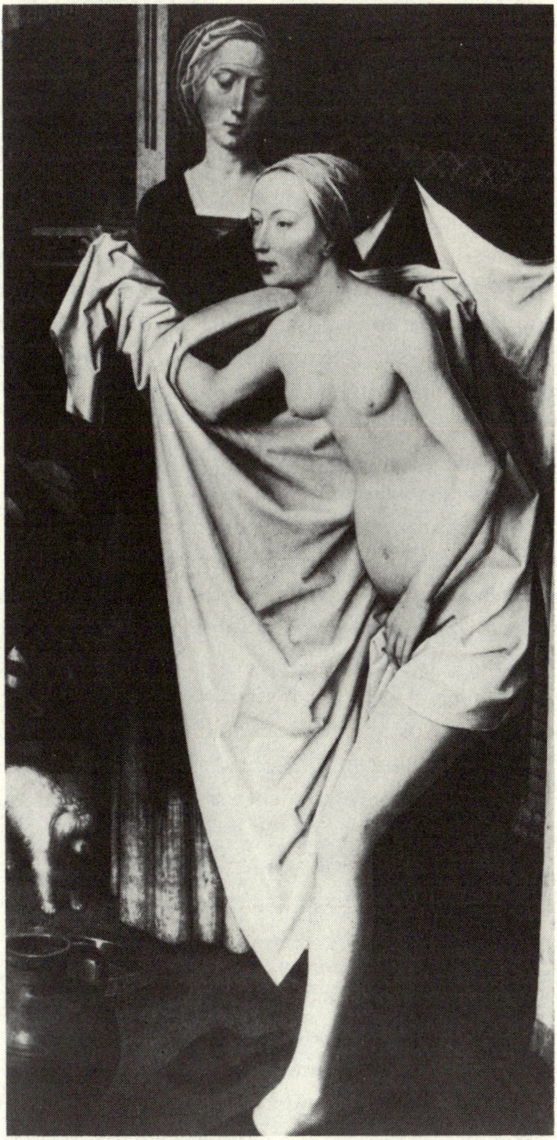

14 Hans Memling: ›Bathseba‹, um 1485.

Im Bottich sitzt in der Tat die halberwartete Maid, die »den samît« hochschlägt und den Junker mit gespieltem Zorn anherrscht, was er denn hier zu suchen habe.

»Vor schame wart der junge man vil rôt und sprach ›frowe mîn, lât iuwer tugent werden schîn an mir durch iuwer êre und zürnet niht sô sêre.«

Dies tut sie freilich mitnichten und beauftragt ihn statt dessen, ihr Badhemd, Mantel und »schuoche« zu bringen und sich zu entfernen, damit sie den Bottich verlassen kann.[27]

Aus dieser Anweisung kann man folgern, daß die Maid nun – da der Junker in der Nähe ist – unter dem Samt das Badhemd anzieht, aus dem Bottich steigt und sich dann den Mantel überwirft, was bedeutet, daß sie – die den jungen Mann ja weggeschickt hat – auch mit dem Badhemd bekleidet nicht von ihm gesehen werden will.

Doch auch im 13. Jahrhundert – und nicht erst im Rokoko oder im Biedermeier – gab es Stimmen, die nicht einmal zulassen wollten, daß eine badende Jungfrau sich selber nackt sah. So meint etwa Vinzenz von Beauvais in seiner Schrift *De eruditione filiorum regalium:*

»Mir mißfallen Bäder sehr bei einer erwachsenen Jungfrau, die über sich selbst erröten muß und die sich nicht nackend sehen können soll.« (»Mihi lauacra omnino displicent in adulta uirgine que se ipsam debet erubescere, nudamque videre non posse.«)[28]

Wie aber – so wird man einwenden – paßt diese Schamhaftigkeit zu Bildern wie dem, das einige Kunsthistoriker dem Maler Bartholomäus Zeitblom zugeschrieben haben[29] und das um 1480 herum mit anderen Darstellungen des Lebens der spätmittelalterlichen Zeit vermutlich für das Hausbuch der Konstanzer Familie Goldast angefertigt wurde?

Elias nimmt dieses Bild zum Beweis, daß »die erotische Beziehung zwischen Mann und Frau« im Herbst des Mittelalters, »wie man sieht«, »sehr viel unbedeckter« vor sich gehe als in späteren Zeiten, denn in aller Öffentlichkeit greife ja ein nackter junger Mann »begierig nach einem nackten Mäd-

15 Venusdienst im sog. *Mittelalterlichen Hausbuch*, um 1480.

chen«, das zu ihm in den Bottich steigt; auch zeige ein anderes Bild, nämlich ›Das ländliche Fest‹ von Daniel Hopfer aus der ersten Hälfte des 16. Jahrhunderts, einen Mann, der direkt neben tanzenden Leuten defäkiere, was wiederum vor Augen führe, daß sich die »körperlichen Funktionen« in der frühen

16 ›Bauerntanz im Freien‹. Kupferstich v. Daniel Hopfer, 16. Jh.

Neuzeit noch nicht »hinter verschlossenen Türen« abspielen, sondern vor aller Augen.[30]

Freilich scheint Elias vor allem bei der Interpretation des ersten Bildes zwei entscheidende Fehler zu begehen. Zunächst läßt er völlig außer acht, daß es sich hier nicht gleichsam um eine Photographie einer ländlichen Szenerie des ausgehenden Mittelalters handelt.[31] Das Bild gibt nicht die täglich erlebbare Wirklichkeit des Dorfes wieder, vielmehr führt es moralisierend vor Augen, welche Eigenschaften Menschen haben, die im Zeichen des Planeten Venus geboren sind. So lautet auch der Text zum Bild:

»Venus der funfft Planet fein / Heyß ich vnd pin der mynne schein / Feucht vnd kalt pin ich mit crafft / Naturlich dick mit meisterschafft. Was kinder vntter mir geporen werden / Die sint frolich hie auff erden / Ein zeit arm die annder zeit reich / In mittelkeit ist in nymant gleich / Harpffen lauten singen alle seytenspil / Horen sie gern vnd kunnen sein vil / Orgeln pfeiffen vnd pusaunen / Tanntzen helsen kussen vnd rawmen / Ir leip ist schon ein hubschen munt / Augprawen gefug ir antlutz runt / Vnkeusch vnd der mynne pflegen / Sein venus kint allwegen.«[32]

Wichtiger aber ist vielleicht noch, daß Elias bei seiner Interpretation von einer Voraussetzung ausgeht, die nicht gegeben ist. »Wie man sieht«, so meint er, steigt vor aller Augen das nackerte Weibsbild zu seinem Schatz in den Zuber.

In der Tat sieht man dies oder vielmehr: man *scheint* es zu sehen, denn der Künstler, der das Bild geschaffen hat, ist nach dem im Mittelalter üblichen Simultanprinzip verfahren: er hat Szenen nebeneinandergestellt, die sich in Wirklichkeit nicht nebeneinander abspielen sollen. Der Raum, den das Liebespaar im Zuber mit den anderen Leuten auf dem Bild gemeinsam hat, ist kein geometrischer, sondern sozusagen ein Bedeutungsraum.[33] In ähnlicher Weise wurden im Mittelalter ja auch Ereignisse, die sich in Wirklichkeit nacheinander abgespielt hatten, gleichzeitig dargestellt, was jedem, der das Bild richtig *lesen* konnte, sofort einsichtig war.[34]

Nun wird man dies vielleicht zugestehen, aber den Einwand erheben, daß doch fast buchstäblich jedes kulturgeschichtliche Werk das mehr oder weniger lockere Treiben in den mittelalterlichen Badehäusern beschreibe, zumindest jedoch Zustände, in denen die beiden Geschlechter gemeinsam – nackt oder kaum bekleidet – im Dampfbad oder in der Wanne sitzen. Wenden wir uns also den berühmten Badstuben[35] jener Zeit zu.

§ 3
Die mittelalterlichen Badstuben

Daß Männer und Frauen in den öffentlichen Badstuben des Mittelalters, die im 12. Jahrhundert aufkamen,[1] durchweg gemeinsam gebadet hätten, wird zwar stets behauptet, ist aber noch nie belegt worden. Schaut man sich nun die Quellen an, so sieht man bald, daß im Gegenteil weitaus die meisten dieser Bäder eine Geschlechtertrennung hatten.

So bestimmt etwa die Pariser Baderordnung des Jahres 1268, daß Männer und Frauen räumlich getrennte Badstuben benutzen müßten, da es vorgekommen sei, daß gewisse Männer im Bad die Nacht verbracht hätten, worauf am nächsten Morgen ahnungslose Frauen den Raum betraten, in dem jene Männer sich noch aufhielten. Hieraus läßt sich schließen, daß es im Paris des 13. Jahrhunderts zunächst eine Trennung der Geschlechter in der Weise gab, daß anscheinend den Frauen Morgen und Mittag, den Männern Nachmittag und Abend zum Baden vorbehalten blieb. Da jedoch auf diese Weise nicht auszuschließen war, daß nackte oder halbnackte Frauen teils aus Unkenntnis der Situation, teils aus »assés d'autres choses qui ne sont pas belles à dire« mit Männern zusammentrafen, mußte die Regelung geändert werden.[2]

Überdies riet man der Bevölkerung zu jener Zeit, sich doch überhaupt lieber in der größeren Intimität der eigenen vier Wände zu waschen, als den Leib vor anderen Menschen zu entblößen.[3]

Auch nach der Hamburger »Settinge der badstovere« aus dem Jahre 1375 durften die Frauen werktags von morgens bis 14 Uhr, anschließend die Männer bis zur Vesper und darauf wieder die Frauen bis zum Abend baden, und eine gesalzene Strafe drohte dem Bader für den Fall, daß es zu Überschneidungen kam.[4]

Nach der Flensburger Verordnung des Jahres 1295 war die Badstube der Stadt montags und donnerstags für die Frauen,

17 Voyeurszene aus dem *Roman de la Violette*, 15. Jh.

die übrigen Tage für die Männer geöffnet.[5] Verstieß jemand dagegen, so büßte er dafür mit dem Verlust seiner Kleider – eine verhältnismäßig milde Strafe, vergleicht man sie mit dem, was einem andernorts blühte: Mußte um das Jahr 1300 eine Frau, die in Luzern eine Männerbadstube betrat, zehn Schillinge Strafe zahlen, so kam sie damit noch einigermaßen glimpflich davon; ließ sich nämlich ein Mann mittwochs in einer der beiden Badstuben blicken, die an diesem Tag für die Frauen reserviert war, verwies man ihn für einen Monat aus der Stadt und knöpfte ihm ein volles Pfund ab.[6]
Aber solche Strafen waren vielen noch zu lasch. So forderte im Jahre 1451 der Zürcher Chorherr Felix Hemmerlin, daß, wer mit einem Angehörigen des anderen Geschlechts, sofern es sich nicht um den Ehepartner handle, in die Wanne steige, sein Heiratsgut verlieren müsse,[7] was in vielen Gegenden ohnehin üblich war,[8] und daß man denjenigen, welcher ge-

18 Ungetreue Dienerin bohrt ein Loch für den Voyeur.
Histoire de Girart de Nevers, 15. Jh.

waltsam in ein Frauenbad eindringe, vom Leben zum Tode zu bringen habe.[9]

Auch dies war im Mittelalter weit verbreitet. So heißt es etwa im 15. Jahrhundert über die Bäder von Avignon:

»der bad eins für die frawen ist. alein der man das ander wist. welch man bat an der frawen schar so bald vnd man des wirt gewar, sein haupt hat er on gnad verlorn.«[10]

Wenn im spätmittelalterlichen Sassari ein Mann das Bad an dem Tage betrat, der den Frauen vorbehalten war, beging er ein Kapitalverbrechen und wurde bestraft, wie wenn er einen Mord begangen hätte,[11] während im hochmittelalterlichen Kastilien Voyeure, die durch die Fenster der Badehäuser schauten, wenn die Frauen darinnen badeten, eine Strafe erhielten, wie sie für Totschlag üblich war.[12]

Nach einer Verordnung Jakobs II. aus dem Jahre 1324 drohten dem Manne, der in Valencia seinen Fuß über die Schwelle eines Frauenbads setzte, schwerste Strafen – das Verbrechen wurde als *res perniciosa* bezeichnet[13] –, und auch hierzulande heißt es im Jahre 1489:

19 Dürer: ›Das Frauenbad‹, um 1493 (Inschrift 1496).
Im Türspalt ein Voyeur (undeutlich sichtbar).

»Si vir thermas mulieribus discretas violenter intrare praesumpserit, capite puniatur.«[14]

Wäre im Mittelalter Nacktheit wirklich so etwas Alltägliches und Selbstverständliches gewesen, wie Elias meint, wie wäre dann zudem erklärbar, daß das Voyeursthema Gegenstand so zahlloser Miniaturen, Holzschnitte und Kupferstiche war? So werden etwa Diener dargestellt, wie sie durch einen Türspalt ihre im Bottich sitzende Herrin betrachten, oder wie eine Zofe gegen Entgelt einem heimlichen Liebhaber der Hausfrau die Voraussetzungen für eine spätmittelalterliche Peep Show schafft, indem sie ein Loch in die Tür zur Badekammer bohrt.[15]

20 Hans Sebald Beham: Frauenbadstube mit Voyeur, erste Hälfte d. 16. Jh.s

Schließlich hat auch Dürer nicht versäumt, in seinem um 1493 entstandenen ›Frauenbad‹ im Hintergrund des Bildes jemanden einen Blick durch den Türspalt riskieren zu lassen.

Wir sehen also, daß die Behauptungen der Kulturhistoriker, der Voyeur, also derjenige, der es nicht mehr nötig hat, die Objekte seiner Lust zu berühren, sondern den es erregt, sie zu sehen, sei erst im 17. Jahrhundert entstanden,[16] völlig unzutreffend sind.

Nun wird man vielleicht sagen, daß es sein mag, daß die beiden Geschlechter zumeist verschiedene Badstuben oder dieselbe Badstube zu verschiedenen Zeiten benutzten, daß es jedoch immerhin einige – wenn auch nicht viele – Gegenbeispiele gibt, die zeigen, daß Männer und Frauen wenn auch nicht gerade in derselben Wanne saßen, so doch dasselbe Dampfbad[17] besuchten, und zwar zur gleichen Zeit.

So heißt es in einer Verordnung von Dijon aus dem Jahre

1410, daß in den Badstuben zwei Tage den Männern und zwei Tage den Frauen vorbehalten seien. Will man jedoch nicht annehmen, daß das Haus an den übrigen drei Tagen geschlossen war, so bedeutet dies, daß es dann all jenen offenstand, die bereit waren, mit dem anderen Geschlecht zusammenzutreffen.[18]

Gesichert ist, daß es in Basel eine gemeinsame Badstubbenutzung gab, denn nachdem im Jahre 1431 Kardinal Julian dem Rate melden ließ, »quod amplius viri cum mulieribus in uno estuario non balnearant«, gaben die »herren rät und meister« – nun auf deutsch – die Verordnung weiter, »dz wibe und manne hinfür in unser statt nit me by einander noch in einer badstuben baden söllent«.[19]

Bedeutet dies, daß nun wenigstens in diesen Fällen die Geschlechter einander hüllenlos sehen konnten?

Zum einen muß man bedenken, daß sich die Badenden meist, wie es über eine Badstube im 13. Jahrhundert heißt, »in der vinsternüsse« befanden.[20] Die Schwitzbäder waren durch winzige Fensterchen nur ganz notdürftig beleuchtet, und wer vielleicht noch ein Fünkchen Hoffnung hegte, doch einen indiskreten Blick auf eine diskrete Stelle werfen zu können, gab diese spätestens dann auf, wenn die heißen Steine begossen wurden und die aufqualmenden Dampfschwaden die Stube füllten.[21]

Zum anderen war man selbst dann, wenn man mit dem eigenen Geschlecht badete, selten nackt, und dies nun schon gar nicht, wenn sich auch das andere einfand.

So ereifert sich beispielsweise im spätmittelalterlichen Wiesbaden ein Beobachter, daß die Bekleidung von Männern und Frauen unzüchtig sei, da bisweilen bei den Männern der Hintern und bei den Frauen die Brüste entblößt würden, was beweise, daß in diesem »öffentlichen Haus der Venus« keine Schamhaftigkeit herrsche.[22] Man darf sicher sein: Hätten die Badegäste noch andere Stellen des Körpers entblößt, so wäre das diesem aufmerksamen Zeitgenossen kaum entgangen.

Doch auch wenn die Geschlechter unter sich waren und nackt

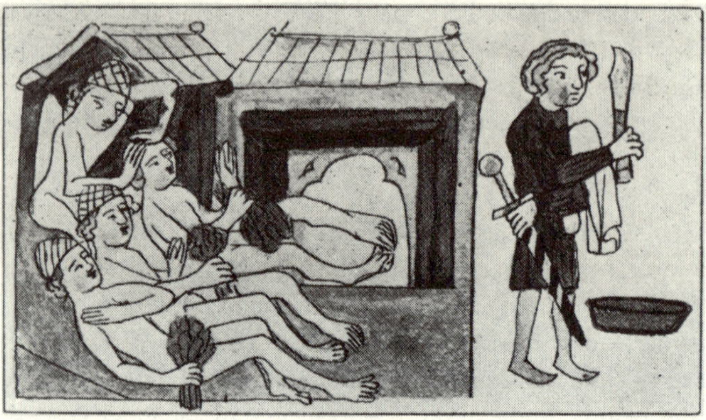

21 Badeszene aus dem Wolfenbütteler Sachsenspiegel, 14. Jh.

badeten, so bedeckten vornehmlich die Männer den Genitalbereich mit dem Badequast, einem gebundenen Laubbüschel aus Birkenreisern,[23] dessen sich auf den Darstellungen auch häufig unsere Stammeltern nach dem Sündenfall bedienen – weshalb es nachgerade heißt: »Mit dem Adâmes scherm wadele wellent si ir scham bedechen«[24] –, oder sie hielten sich wenigstens die Hand vor die Genitalien, wie man es auf manchen Abbildungen der Bäder von Pozzuoli sehen kann, die aus dem späten Mittelalter und der Frührenaissance stammen (Abb. 195).

In den meisten Fällen waren die Männer indessen mit einer Unterhose, der *bruoch*, und die Frauen mit einem langen, auch die Brüste bedeckenden Hemd, der *badehr*, gekleidet,[25] weshalb die Behauptung moderner Historiker völlig abwegig ist, nur die Männer hätten den Unterleib bedeckt, während die Frauen völlig nackt gewesen seien, weil das Mittelalter im Gegensatz zur Antike die weibliche Nacktheit eher toleriert habe als die männliche.[26]

So wurde beispielsweise im Jahre 1505 dem Bader des schwäbischen Weistums von Huisheim vorgeschrieben, zu »verordnen den mannen ein notturft costen in die batstuben und ainer ieden frawen verordnen ire claider ausz und ein zu tragen«;[27] im Jahre 1347 waren in Augsburg Badeschürzen vor-

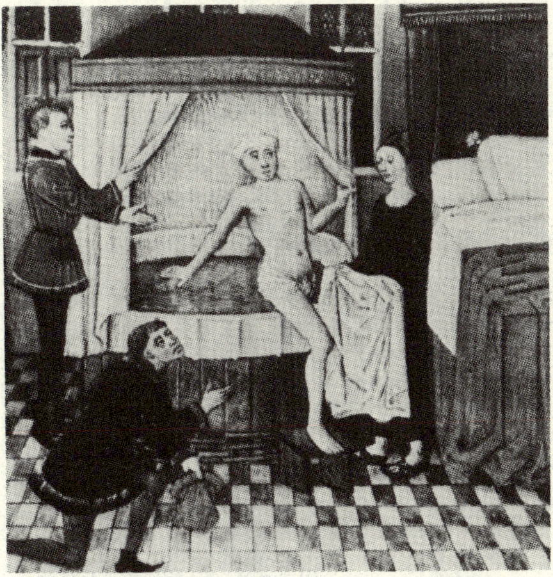

22 Burgundische Miniatur, um 1470. Mann mit *bruoch*.

geschrieben,[28] und gleiches war etwa zur selben Zeit in den Bädern von Ulm Sitte.[29]

Auch die Bademägde trugen lange, die Brüste bedeckende Kleider, die eigentlich leichte ärmellose Hemden waren, und bisweilen – wie aus den Abbildungen der Wenzelbibel ersichtlich – hatte der Schneider sie auf Taille gearbeitet, damit die Körperformen besser zur Geltung kamen.[30]

Daß die Bademagd die Gäste mit entblößten Brüsten bediente, kam nur in reinen Frauenbädern vor, wie etwa auf einer nach 1550 entstandenen französischen Miniatur zu sehen ist,[31] und der Straßburger Rat vergaß auch nicht, in einer Verordnung gegen Ende des Mittelalters zu betonen, sie »sollen mit leinen undercleider bedeckt sin hinden und fornnen«.[32]

Auch der Bader und die Badknechte trugen wenigstens eine den Unterleib bedeckende Schürze – so wird ihnen 1480 in Freiberg verordnet, bei fünf Groschen Strafe ein »Vortüchel«

23 Albrecht Altdorfer: Frau mit *badehr*. Wandmalerei des Kaiserbades im Bischofshof zu Regensburg, um 1532.

zu tragen[33] – meist jedoch wie die männlichen Badegäste eine *bruoch*.[34]

Doch in einem solchen Aufzug durften sie beileibe nicht die Gasse betreten. In der Lüneburger Baderrolle vom Jahre 1361 steht beispielsweise vermerkt:

»Ok en schall nement des hilligen dages barebeende ane hosen gan up den straten by broke ein punt wasses«, d.h., derjenige, welcher ohne lange Hosen, nur in der *bruoch* auf der Straße erwischt wurde, büßte dies um ein Pfund Wachs, denn es galt allgemein als sehr unschicklich, »baarschenkelig« oder mit »bloszen peynen« in der Öffentlichkeit gesehen zu werden.[35]

Aber wie verhält es sich denn, so wird man spätestens jetzt fragen, mit den zahllosen Holz- und Kupferstichen, den Mi-

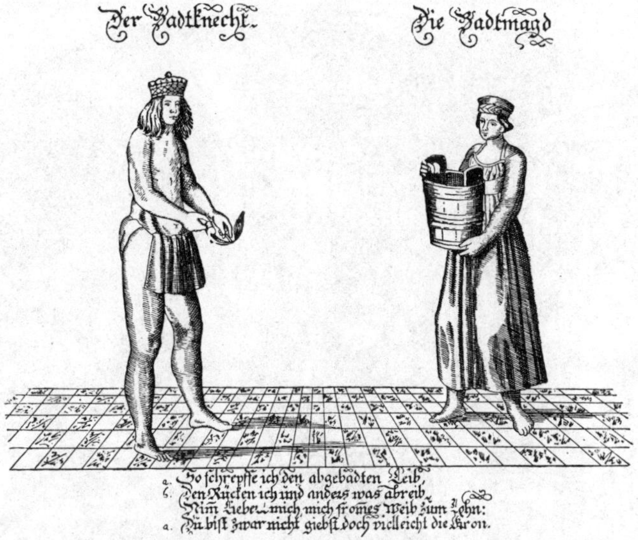

24 Badknecht und Bademagd, Nürnberg, 1669.

niaturen und Gemälden, auf denen splitternackte Männer und Frauen bei Speis und Trank in der Wanne sitzen, während der Spielmann ihnen aufspielt?

So bezieht sich beispielsweise Elias auf eine um 1470 entstandene burgundische Miniatur, auf der ein Treiben dargestellt ist, das man in der Tat kaum anders als ›locker‹ bezeichnen kann, wenn er sagt, »daß die Menschen des Mittelalters sich nicht schämten, in größerer Anzahl nackt zu baden, und zwar oft genug beide Geschlechter zusammen«.[36] Sind solche Bilder denn kein Beweis gegen alles hier bislang über das mittelalterliche Badeleben Gesagte?

Schauen wir uns indessen die Miniatur etwas näher an. Bereits die Tatsache, daß die Hand eines der badenden Herren am Ziel seiner Wünsche angelangt ist, oder zumindest nur noch einige Zentimeter von diesem entfernt, und solches vor aller Augen, hätte in einem Interpreten wie Elias den Verdacht aufkommen lassen müssen, daß es sich hier nicht um eine gewöhnliche Badstube handelt. Der Verdacht verdichtet sich,

25 Burgundisches Badebordell, vermutlich in Brügge, um 1470.

wenn man sieht, wie das Paar in der Seitenkammer im Begriffe ist, das zu vollziehen, was in den Bottichen nur vorbereitet wird. Dem Vorspiel folgt das Hauptspiel, wie das Bett hinter den beiden andeutet. Eine schlichte Liege zum Ausruhen ließe man sich in einer mittelalterlichen Badstube noch gefallen – aber gleich ein Federbett?

Die Vermutung wird freilich fast zur Gewißheit, wenn man die zwei bekleideten Herrn im Hintergrund beachtet: Ein geistlicher Würdenträger scheint da nämlich einem etwas verdutzt dreinschauenden Fürsten vor Augen zu führen, was

26 Burgundisches Badebordell, um 1480.

sich so Abend für Abend in gewissen Etablissements des Herzogtums abspielt.

Und in der Tat ist hier auch keine gewöhnliche Badstube dargestellt. Das Bild stammt aus einem Zyklus von Miniaturen, die für eine Handschrift Antons von Burgund angefertigt wurden, nämlich eine französische Übersetzung der *Denkwürdigen Reden und Taten* des römischen Schriftstellers Valerius Maximus, in der dieser den römischen Kaiser – und indirekt vielleicht besagten Anton, einen Cousin Karls des Kühnen[37] – auf allerlei Laster hinweist, die im Reiche eingerissen sind.

Im vorliegenden Falle hat nun Valerius den hohen Herrn an die Schwelle eines der zahlreichen ›Badepuffs‹ geführt, wie es sie in den größeren Städten des Herzogtums, vor allem in der freien Reichsstadt Besançon, in Dijon, Mâcon und Nevers, mehr noch in Brügge und Antwerpen gegeben hat. Deutlicher wird dies, wenn man die zweite burgundische Miniatur betrachtet, die etwa zehn Jahre später, also um das Jahr 1480, entstanden ist, denn hier hält die rechts in den Bildhintergrund gerückte Frau – vielleicht die ›Puffmutter‹ – einen Apfel in den Händen, der die käufliche Liebe versinnbildlicht.[38]

Solche ›Badepuffs‹ gab es nicht nur in Burgund, sondern auch in den Städten des benachbarten Frankreich. So wurde beispielsweise im Jahre 1477 der Toulouser Bader Jacques Roy auf ein Jahr aus der Pfarrei verbannt und zudem dazu verurteilt, »nackt« durch die Stadt zu laufen, weil er das betrieben hatte, was wir heute einen ›Massagesalon‹ nennen würden.[39] In Avignon wurden im Jahre 1441 die ›anrüchigen‹ Badehäuser, die im Gegensatz zu den ›ehrbaren‹ meist im Bordellviertel lagen, durch die Synodalstatuten Klerikern sowie verheirateten Männern verboten, »quod dictae stufae sunt prostibulosae et in eis meretricia prostibularia publice ac manifeste commituntur«.[40]

Ein paar Jahre darauf pries ein Bader namens Genin del Geline alias du Heaume sein Bad für »achtbare und sittsame« Frauen und tat jedermann kund, daß diese anständige Badstube vollständig getrennt sei vom Männerbad und selbstverständlich nur weibliches Badepersonal aufweise.[41]

Bisweilen scheinen sich jedoch die ehrbare Badstube und der ›Badepuff‹ unter demselben Dach befunden zu haben: Im Jahre 1448 wurde den Inhabern des Cervelière-Bades die Genehmigung erteilt, eine ehrbare und eine unehrbare Sektion in ihrem Hause zu unterhalten, da die Badstuben ja von alters einem doppelten Zweck gedient hätten, nämlich einem achtbaren und einem schimpflichen (»honestatem et inhonestatem«), doch mußten sie dafür Sorge tragen, daß die beiden Sektionen getrennte Eingänge hatten.[42]

Solche ›Badepuffs‹ waren natürlich eine große Konkurrenz für die gewöhnlichen Bordelle, zumal der ›feuchte Sex‹ für viele Männer zunehmend attraktiver wurde als der ›trokkene‹, und so nimmt es nicht wunder, daß es zu ständigen Reibereien zwischen den Bordellbesitzern und den Inhabern

27 Miniatur zu Buch 9 des Valerius Maximus von Simon Marmion (?), um 1450.

der ›schimpflichen‹ Badstuben kam. So klagten beispielsweise im Jahre 1477 die Besitzer des städtischen Bordells von Montpellier gegen zwei ›Badepuffs‹ mit dem Argument, es gäbe ja bereits in der Stadt einerseits einen »dienlichen Ort« (»lieu proporcionné«), an dem, »wie das Gesetz es erlaubt«, der Ve-

nusdienst erwiesen würde, und andererseits auch die »estuves au service et sancté de corps humain par toute honnesté«, so daß weitere Etablissements nicht vonnöten seien.
Aber auch ansonsten hatten gerade diese beiden Badstuben Anstoß erregt, weil anscheinend die Bademägde bisweilen auf die Mauer zum benachbarten Kloster geklettert waren, um deren fromme Bewohner durch obszöne Entblößungen zu schockieren. So heißt es in einer Beschwerde vor dem Parlament von Toulouse, die Bademägde lenkten nicht nur die Studenten der Universität von ihrem Studium ab, sondern zeigten auch den Mönchen des ›couvent de l'Observance‹ ihre Geschlechtsteile (»et utroque demonstrabant pudibunda«).[43]
Manche dieser ›Badepuffs‹ waren so sehr Puff, daß vom Bad nichts mehr übrigblieb als der Name: so wies z.B. eine ›schimpfliche‹ Badstube in Avignon keine einzige Badewanne, dafür aber zahlreiche Betten auf,[44] und auch im spätmittelalterlichen Lyon, dessen bedeutendstes Bordell die im Jahre 1515 abgerissene ›Estuve de la Chèvre‹ an der Rhonebrücke war,[45] besaß das Wort »aller s'estuver« eine Bedeutung, die mit ›baden gehen‹ nicht mehr allzu viel gemein hatte.[46]
In England war das Wort »stew« gleichbedeutend mit ›Bordell‹, und bereits unter der Regierung Heinrichs II. waren im Jahre 1161 die »bagnios« oder »hothouses«, bisweilen auch »hummums« (nach dem arabischen Wort für Bad, *ḥammām*[47]) genannt, die fast alle außerhalb der Londoner Stadtmauer in Southwark am rechten Themseufer lagen, als offizielle Bordelle eingerichtet worden.[48] Dabei berief man sich, ähnlich wie dreihundert Jahre später in Avignon, darauf, daß die Bäder ja bereits »seit unvordenklichen Zeiten« Bordellbetriebe gewesen seien, was sicher bedeutet, daß schon tausend Jahre zuvor die Römer solche Etablissements nach Britannia Inferior gebracht hatten.[49]
Andererseits gab es eine ausgedehnte Grauzone von Badstuben, die zwar anrüchig, aber keine eigentlichen ›Badepuffs‹

28 Prager Bademägde, Wenzelsbibel, spätes 14. Jh.

waren. In ihnen hielten sich mit Duldung des Baders als Bademägde getarnte professionelle Huren auf,[50] um Kontakte mit potentiellen Kunden zu knüpfen, oder es gab ein weibliches Badepersonal, das, wenn es nicht zur Prostitution bereit war, so doch dem Badegast auf andere Weise gegen Entgelt zum Vergnügen oder auch nur zur Erleichterung verhalf.
So erließ im späten Mittelalter der Straßburger Rat eine Verfügung, in der es hieß, daß kein Bader eine Bademagd dingen

dürfe, »die in einem gemeinen leben geloufen ist, si sey dann vorhin umbgangen und gebessert nach christlicher ordnunge«,[51] womit vermieden werden sollte, daß die Reiberin den Badegast auch an anderen Stellen des Körpers als an den üblichen rieb,[52] und auch in der Reichsstadt Besançon in Burgund hieß es in einer Bestimmung des Jahres 1457:
»Défense à Jean le Rousseau, maistre des estuves de l'hôtel de Jean Bailleau, et à Sauvestre, maître des éstuves de l'hôtel de Perrin Jouffroy, de tenir ne souffry par leurs mesgnies tenir nulles ribaudes, ruffiens ne aultres gens de mauvaise vies sous peine d'une amende de 10 livres et d'un mois d'emprisonnement.«[53]
Bereits im 13. Jahrhundert sagte man, daß die Wiener Badstuben fast durchweg Winkelbordelle seien, und diesen Ruf haben sie viele Jahrhunderte lang behalten, wie der noch heute in Wien geläufige Ausdruck »Badhur« beweist.[54] Bei den Bademägden handelte es sich in der großen Überzahl um Gelegenheitsprostituierte, von denen es im 15. Jahrhundert heißt, daß sie »nit offen huren sein wellen«,[55] und sie sind die »finen vröulein«, die im frühen 13. Jahrhundert den Rücken des Minnesängers Neidhart von Reuental reiben, um anschließend »zuo der minne bereite dem manne ein weichez bette«.[56]
So lag es auch nahe, als Allegorie der sinnlichen Liebe die Bademagd zu wählen, etwa in den berühmten Randverzierungen der anno 1400 im Auftrag des böhmischen Königs Wenzel IV. angefertigten *Goldenen Bulle*, in der zahlreiche Darstellungen von Bademägden auftauchen, meist in knielangen und schulterfreien weißen Badehemden, die bisweilen die Körperformen durchscheinen lassen, manchmal aber auch halbnackt oder nackt, wobei eine mit ihrer Brust die Liebesgeste ausführt. Häufig tragen sie um die Hüfte den Minneknoten. Aber auch der König selber ist dargestellt, wie er, mit diesem Knoten an einen Pflock gebunden, auf die ihre Brüste entblößende Bademagd schaut, als ob er die Verse des Minnesängers Bruno von Hornberg zum Ausdruck bringen wollte: »miner vrouwen minnestricke / hant gebunden mir den lip«.[57]

29 Bademagd mit Liebesgeste und König im Minnepflock. Goldene Bulle, spätes 14. Jh.

Je älter das Mittelalter wurde, um so mehr nahm die Anzahl der Badebordelle und der übrigen anrüchigen Badstuben zu und die der anständigen ab. Hatte man, wie wir sahen, noch um die Mitte des 15. Jahrhunderts dem Bader in Besançon harte Strafen angedroht für den Fall, daß er Flittchen und anderes liederliches Personal weiterbeschäftige, bestimmen im Jahre 1535 die »Ordonnances des Bordeaux et Estuves de la Cité«, daß die öffentlichen Huren von Besançon, die »pauvres filles de bordeaux et estuves« in jeder städtischen Badstube verkehren dürfen mit Ausnahme des *einen* Bades, das anständigen Frauen vorbehalten bleibe,[58] so daß hier Wirklichkeit geworden war, was in dem um 1420 entstandenen Gedicht *Des Teufels Netz* so ausgedrückt wurde:
»Der bader und sîn gesind / Gern huoren und buoben sind /

30 Minnesänger am Minnestrick, Weingartner Liederhandschrift, um 1300.

(Daz sich wol dick empfint), / Diep, lieger und kuppler / Und wissend alle fremde maer. / Och kunnen si wol schaffen / Mit laigen und mit phaffen, / Die ir uppikeit wend trîben, / Kunnen die fröulîn zuo in schîben.«[59]

Wie bereits erwähnt, war im Paris des 13. Jahrhunderts das gemeinsame Baden der Geschlechter untersagt, doch waren schon in jener Zeit manche der Badstuben durch unterirdische Geheimgänge mit regulären Bordellen verbunden, und durch diese Gänge wurden die Huren ins Bad geschleust.[60] Aber auch hier waren gegen Ende des Mittelalters die anrüchigen Badstuben üppig ins Kraut geschossen, und noch im ausgehenden 16. Jahrhundert besuchte Heinrich IV. ein in sehr zweifelhaftem Ruf stehendes Bad, das ›Hôtel de Lesdi-

31 Böhmische Mönche im Badebordell. Hussitische antiklerikale Schrift, um 1500.

guières‹ in der Rue de la Cerisaie, dermaßen ausdauernd, daß man es den »palais d'amour« des Königs nannte.[61]
Freilich standen die Zeichen der Zeit anders. Was nämlich die Pest und die Syphilis nicht fertiggebracht hatten,[62] gelang der Reformation und im Zuge danach auch der Gegenreformation: die Schließung der Badebordelle und nach und nach auch die der meisten übrigen Badstuben.[63]
Wir haben also gesehen, daß Elias – wie auch sehr viele Kulturhistoriker – den Bordellbetrieb der mittelalterlichen ›Badepuffs‹ mit den Zuständen in den ehrbaren Badstuben, in denen meist eine Geschlechtertrennung herrschte, verwechselt hat und daß der Unterschied zwischen den beiden etwa dem entspricht, der heute zwischen einem städtischen Hallenbad und einem ›erotischen‹ Massagesalon besteht, in dem der Kunde zwischen Ganzkörpermassage, Fellatio und vaginalem Koitus wählen kann.
Wiederum mag man nun bereit sein, dies für die Bad*stuben* zuzubilligen, aber man wird geltend machen, daß es doch zahlreiche Berichte gibt, aus denen hervorgeht, daß in den *Wild*bädern des späten Mittelalters und der frühen Neuzeit mehr oder weniger nackte Frauen und Männer im gleichen Becken badeten – man denke nur an den berühmten ›Brief‹ von Poggio – und daß solche Berichte ja auch durch entsprechende Darstellungen, Stiche und Gemälde, gestützt würden. Wie verhielt es sich also in jener Zeit mit den Bädern im Freien, von denen man ja wohl kaum behaupten kann, daß sie Bordellbetriebe gewesen sind?

§ 4
Die mittelalterlichen Wildbäder

Immer wieder ist im Verlauf der letzten drei Jahrhunderte der Bericht des italienischen Humanisten Poggio Bracciolini über das Treiben in den Bädern zu Baden im Aargau anno 1416 herangezogen worden, um – je nach Ideologie des Interpreten – die Unsittlichkeit der spätmittelalterlichen Menschen oder deren kindliche Unschuld zu veranschaulichen.[1]

In einem ›Brief‹ an Niccolò Niccoli beschreibt Poggio, wie sich im Bad der einfachen Leute weder die alten Vetteln noch die jungen Mädchen genierten, vor den Augen der Männer die Scham und den Hintern zu entblößen,[2] aber auch in den besseren Bädern sei der größere Teil des Körpers der Frauen unbedeckt. Zwar trügen sie – im Gegensatz zu den mit einer Schambinde bekleideten Männern (»campestribus utuntur«)[3] – Leinenhemden, doch seien diese so beschaffen, daß man nicht nur den nackten Hals und die Arme, sondern auch die Brust sehen könne,[4] womit Poggio vermutlich meint, daß man den Frauen in den Armausschnitt schauen konnte, falls diese nicht lediglich den Vorderleib mit einer Art Schürze bedeckt hatten.

Haben wir hier endlich den Eliasschen mittelalterlichen Menschen vor dem Sündenfall[5] gefunden, oder wenigstens eine Annäherung an ihn?

Es scheint nicht ratsam, den Epikureer Poggio, dessen Ziel es war, den Leser seiner Schriften »zu ergötzen«,[6] als verläßlichen Ethnographen zu betrachten, und je genauer man seinen Brief liest, um so klarer wird es, daß es ihm um den Entwurf des idyllischen Lebens des ›bon sauvage‹ jenseits der Alpen geht, den er – viel mehr noch als Tacitus – gegen die verrottete Zivilisation des Quattrocento-Italien ausspielt.[7]

So schreibt er, daß diese einfachen und glücklichen Menschen nie eifersüchtig seien, wenn jemand dem Ehepartner im Bad Avancen mache, ja, die deutsche Sprache habe, da die Sache

32 Bad zu Baden im Aargau, 1548.

selber unbekannt sei, überhaupt kein Wort für Eifersucht; daß diese Primitiven nur in der Gegenwart lebten, weshalb sie auch keine Angst vor der Zukunft hätten, hingegen jeden Tag zum Fest machten und sich nichts als dem Vergnügen widmeten, ganz im Gegensatz zu den Italienern, deren Denken nur um den Mammon kreise, die alles und jeden schlechtmachten, argwöhnisch und pessimistisch seien, verlogen und mißgünstig.[8]

Zwar *waren* die Badesitten im Aargau des späten Mittelalters freier als im Italien der Renaissance, wo selbst in den Freibädern Geschlechtertrennung herrschte,[9] aber derartige Entblößungen, wie sie Poggio im Bad der einfachen Leute gesehen haben will, waren keineswegs der Brauch, sondern wurden geahndet. Selbst die Brüste durfte eine Frau nicht entblößen, denn in der Badeordnung aus dem Jahre 1506 heißt es, der Badknecht habe darauf zu achten, daß jede Frau bei Strafe eine *badehr*, also ein langes, die Brust bedeckendes Hemd aus feiner Wolle oder Leinwand, trägt. Überdies war er dazu angehalten, Schamlose zunächst mit guten Worten von ihrem Tun abzubringen, solche Personen jedoch für den Fall, daß die Worte nichts fruchteten, »mit der Ruthe« zu verbessern.[10]

Aber auch im geschlossenen Kreise war Nacktheit nicht gestattet, wie aus einem Zürcher Ratsprotokoll aus dem Jahre 1492 hervorgeht, in dem es über eine Ausschweifung in Baden heißt:

»J. Aberli und L. Holzhalb sollen nachgohn als etlich mann und frawen nackend gesessen und by einandern getrunken haben.«[11]

Nach einem Bericht des Basler Professors Pantaleon aus dem Jahre 1578 gab es neben dem reinen »Frawenbad«[12] und dem den Männern vorbehaltenen auch ein anderes, »der Kessel« genannt, und dieser entspricht dem Bad der gemeinen Leute, von dem bei Poggio die Rede ist, oder er ist sogar mit ihm identisch:

»In disen kompt allerley Volck, Weyb vnnd Mann, bey den 50 Personen zusammen, seind züchtig vnd freundtlich beyeinandern.«

Freilich gab es auch das »hundeloch« und das »taubheußlin«, zwei Karzer, in welche diejenigen geworfen wurden, die sich entblößten oder sich etwas anderes Unschickliches zuschulden kommen ließen:

»Wann sich auch etwann vnzucht in dem Bad begeben, es were mit worten oder wercken, dises mag durch die Badergesellen gestraffet, vnd durch jhren Schultheissen vnd gericht verbessert werden. So aber jemand nicht gehorsamen, oder zu vil grosse vnzucht begangen oder ohne nidercleid in das Bad kommen, also das hiedurch etliche andere fromme Weib vnd Manns personen verletzet oder geergert, die werden von der Statt Schultheissen gestraffet.«[13]

Schon in den Tagen Poggios war das Aargauer Baden dafür

berüchtigt, daß es dort von Huren wimmelte,[14] weshalb sehr viele ehrbare Frauen auf einen Badbesuch an diesem Orte verzichteten.[15]

Verena, die Schutzpatronin der Prostituierten und des Ehebruchs, schützte auch das dortige Verenabad, in welchem Lahme, Bucklige, Krumme oder Aussätzige unentgeltlich baden durften.[16] Und es ist natürlich nicht unwahrscheinlich, daß die Badhuren nicht nur auf den Gassen,[17] sondern auch in einem derartigen Bade auf Kundenfang gingen, indem sie solche Teile ihres Körpers vor männlichen Badbenutzern entblößten, die unmittelbar mit ihrem Beruf verbunden waren, wobei sie sich freilich nicht erwischen lassen durften, weil auch ihnen dann mindestens das »taubheußlin« blühte.

Aber gibt es denn keine unverdächtigeren Zeugnisse aus jener Zeit, die beweisen, daß nicht nur öffentliche Huren sich entblößten, sondern auch das gewöhnliche Volk, und dies nicht allein im Bade selber, sondern bereits auf dem Weg dorthin? Zitiert Elias nicht eine alte, mittelalterliche Quelle, in der es heißt:

»Wie vil mal sihe ich die Mägdlein von 10. 12. 14. 16. vnd 18. Jaren gantz entblößt, vnnd allein mit einem kurtzen leinen offt schleussig vnd zerrißnen Badmantel, oder wie mans hier zu Land nennt mit einer Badehr allein vornen bedeckt, vnd hinden vmb den Rucken, Dieher vnnd Füssen offen, vnd die ein Hand mit gebür in dem Hindern haltend, von jhrem Hauß auß, vber die lang Gassen, bey mitten tag, biß zum Bad lauffen?«

Offenbar glaubt Elias, der das Zitat aus zweiter Hand übernimmt, hier eine Beschreibung des Badelebens einer mittelalterlichen Stadt vor sich zu haben – und sogar Fachhistoriker sind ihm darin gefolgt[18] –, denn er fährt fort, daß eine solche Unbefangenheit »dann langsam im 16., entschiedener im 17.« und in den folgenden Jahrhunderten verschwunden sei.[19]

Doch die Ironie will es, daß dieses Zitat nicht einer mittelalterlichen, sondern einer Quelle aus dem 17. Jahrhundert entstammt, in dem nach der Theorie Elias' derartige Ungezwungenheiten doch bereits der Vergangenheit angehören mußten: es handelt sich um die im Jahre 1610 erschienene zeitkritische Schrift *Die Grewel der Verwüstung menschlichen Geschlechts* des Tiroler Arztes Guarinonius, in der er sich bei den Stadtrichtern und dem Bürgermeister von Hall über die Sittenlosigkeit der Bevölkerung im beginnenden Barockzeitalter beschwert.[20]

Wie ist nun aber – von diesem Irrtum einmal abgesehen – der Wert dieser Quelle einzuschätzen?

Der strenggläubige Katholik Guarinonius muß für seine Zeit recht prüde gewesen sein – so empört er sich darüber, daß die Waschweiber am Brunnen nicht allein die Arme (cf. Abb. 33), sondern auch die Beine »biss vber die Knie ganz entblössen«,[21] und auch das Baden in der eigenen Wanne zu Hause ist für ihn unsittlich, weil man sich dazu ausziehen muß.[22] Doch obgleich er deshalb bei manchen seiner Beschreibungen ein bißchen übertrieben haben mag, so scheint man ihnen nach einem Vergleich mit anderen Zeugnissen der Zeit im großen und ganzen trauen zu können.

Aber was besagt das? Wenn es im 13. Jahrhundert heißt, die Leute seien »barfüez ân gürtel« ins Bad gegangen,[23] und wenn vierhundert Jahre später der Tiroler Arzt beschreibt, daß die jungen Mädchen nur mit dem Badhemd bekleidet ins Bad rennen, dann läßt sich dem ganz zwanglos eine dritte Beschreibung hinzufügen:

»Die öffentlichen Bäder sind unter freiem Himmel, Wind und Wetter gänzlich ausgesetzt. Ein sonderbarer Anblick ist es den Vorbeigehenden, bald zum Lachen, bald zum Ekel, in den beiden Bassins auf dem öffentlichen Platze, Männer und Weiber, Kinder und Greise, bunt durcheinander baden zu sehen, die Männer mit einem Tuch um die Hüften, die Weiber im Hemde. Man sieht Männer und Weiber in blossen Hemden über die Strassen, von den Gasthäusern in die Bäder oder zurückgehen, andere, Jung und Alt, sich unter freiem Himmel aus- und anziehen. Es ist dort so Sitte, und nicht ärgerlich.«[24]

33 Nürnberger Waschfrauen und Bleicherinnen, um 1531.

Um was handelt es sich hier? Um einen in modernes Deutsch übertragenen Bericht von der Unbefangenheit und Schamfreiheit mittelalterlicher Menschen, die im Unterhemde über die Gasse spazierten und die nichts dabei fanden, sich vor aller Augen »aus- und anzuziehen«?
Weit gefehlt! Es handelt sich um die Beschreibung des Bade-

34 Verenabad (vorne links) und das ›freie Bad‹ zu Baden im Aargau, 1808.

lebens im Aargauer Baden des Jahres 1815 und damit um eine Quelle aus einer Zeit, in der sich nach Elias die Zivilisation schon so weit entwickelt hatte, daß ein Höchstmaß an Befangenheit und Schicklichkeit erreicht war.
Ich möchte nun damit nicht die These belegen, daß das 19. Jahrhundert ebenso befangen oder unbefangen gewesen sei wie das späte Mittelalter, sondern lediglich zeigen, daß man praktisch aus allen Zeiten derartige Augenzeugenberichte heranziehen kann, um die eine, aber auch um die andere These zu stützen, zumal wenn deren Verfasser zeitkritische Motive hatten oder die Sitten einer anderen Gegend auf- oder abwerten wollten.
Ähnliches gilt auch für sehr viele spätmittelalterliche oder frühneuzeitliche Wild- oder Freibaddarstellungen – etwa für das berühmte Bild eines Mineralbades aus dem Jahre 1597 von

35 Hans Bock d. Ä.: ›Mineralbad‹ (angeblich Leuk), 1597.

Hans Bock dem Älteren, das angeblich das bereits im Altertum frequentierte Leukerbad im Wallis darstellt.

Faßt man das Bild quasi als Photographie auf, so gewinnt man in der Tat den Eindruck, daß es die Eidgenossen jener Tage mit den Anstandsregeln im Bade sehr locker genommen haben müssen und daß dort mehr gegrabscht und »frottiert« als gebadet wurde.

Doch darf man das Bild nicht als ein ethnographisches Dokument in diesem Sinne auffassen. Viele Wildbäder in jener Zeit, und besonders die Schweizer Bäder, galten als anrüchig, aber nicht, weil es sich wie bei den Badstuben um Bordellbetriebe handelte, sondern weil sich einerseits in den Ortschaften, bei denen die Bäder lagen, zahllose Prostituierte aufhielten und weil sich andererseits viele Badegäste, männliche wie weibliche, entweder einen Kurschatten zulegten oder auch sonst nichts anbrennen ließen, falls die Gelegenheit einmal günstig war.

Bereits Properz hatte bemerkt, daß keine Jungfrau, welche die heißen Quellen von Baiae besuchte, als solche wieder heimkehre, und auch über das Aargauer Baden schreibt Mar-

36 Die ›Bäder-Cur‹ im späten 17. Jh. Aus *Hundert Ausbündige Narren* v. Abraham a Sancta Clara.

tin Usteri in einem fiktiven Brief im Jahre 1582, daß die »daheim so züchtigen« Jungfern hier »z'Abend auf der Matten«, wo sich die französischen Badegäste aufhielten, bald nicht mehr ›ja‹ oder ›nein‹, »sondern allezeit *wui* und *nung*, und, lieber Andres, ich glaub, mehr *wui*« sagten.[25]
Angeblich legten viele Frauen keinen allzu großen Wert darauf, daß der Gatte sie zur Kur begleitete, oder wie es, ebenfalls in der Schweiz, im 16. Jahrhundert hieß:
»Es will e frau uf bade go, und will de ma nit noche lo ...«[26]
oder:
»Für unfruchtbare Frauen ist das Bad das beste, / Was das Bad nicht macht, das tun die Gäste«

37 Balneum Plummers (Plombières), 1553.

und ähnlich:
»Das Bad und die Kur war allen gesund, / Denn schwanger ward Mutter, Tochter, Magd und Hund.«[27]
Ähnlich wie diese Verse sich über das Kurleben in den Wildbädern lustig machen, so ist auch das Bild Hans Bocks eher eine Allegorie der wahren Motive, die viele Leute dazu be-

wegten, ins Bad zu reisen, als eine wirklichkeitsgetreue Beschreibung dessen, was sich tagtäglich in den Becken abspielte. Denn aus sämtlichen Verfügungen und Berichten aus dem 16. Jahrhundert geht eindeutig hervor, daß gruppensexartige Szenen mehr oder weniger nackter Personen in einem öffentlichen Bad undenkbar gewesen wären. So heißt es auch in der Ordnung des Leukerbades vom Jahre 1548, daß Männer, die in den Bädern ohne Unterkleid, und Frauen, die ohne »Ehrengewand« ertappt würden, dies mit zehn Walliser Schilling büßen mußten.[28]
Im Gegensatz dazu ist der Holzschnitt des Bades von Plombières aus dem Jahre 1553, der seit über hundert Jahren immer wieder von Kulturhistorikern herangezogen wird, um das gemischte Nacktbaden im Mittelalter zu belegen, sicherlich keine Allegorie der Unzucht oder des Ehebruchs. Doch vergleichen wir die Szenen auf dem Bild mit dem Bericht Montaignes, der das Bad im Jahre 1580 besuchte:
»On y observe une singulière modestie; et si est indécent aux hommes de s'y mettre autrement tout nus, sauf un petit braiet, et les femmes sauf une chemise.«
Aber wäre es nicht denkbar, daß die Schicklichkeitsnormen sich in den siebenundzwanzig Jahren, die seit der Herstellung des Holzschnitts vergangen waren, verschärft hatten? Dies ist kaum anzunehmen, denn Montaigne schrieb aus der Plombièresschen Badeordnung vom 4. Mai 1500 ab, daß jede Person, die nicht sittsam bekleidet badete, mit Ruten gestrichen würde, und:
»Soubs mesme peinne est defendu à tous, user envers les dames, damoiselles et autres fames et filles, estans ausdits beings, d'aucuns propos lascifs ou impudiques, faire aucuns attouchemens deshonnestes, entrer ni sortir desdits beings irreveremmant contre l'honnesteté publique.«[29]
So sehen wir auf Abb. 38, wie im Bad von Plombières ein Mann, der die Frau im Hintergrund unzüchtig betastet oder entblößt hatte, symbolisch mit einem hölzernen Schwert gerichtet, d.h. de facto durchgeprügelt wird.

38 ›La Briche ou punision au bain de plombiere‹, Aquarell, 16. Jh.

Darstellungen wie der Holzschnitt von Plombières (cf. Abb. 37) haben kaum einen dokumentarischen Wert, wenn man bedenkt, daß mit demselben Bild einmal dieses, das andere Mal jenes und dann wieder ein drittes Bad dargestellt wurde,[30] so daß man das Bild eher als ein *Zeichen* für das Bad schlechthin denn als eine wirklichkeitsgetreue Wiedergabe eines spezifischen Bades aufzufassen hat,[31] ein Zeichen, das *gelesen* und nicht *betrachtet* werden muß.[32] Überdies ist aus zahlreichen Stichen und anderen Darstellungen des 16. und des 17. Jahrhunderts bekannt, daß miteinander badende Personen nicht selten nackt *dargestellt* werden, obgleich aus zeitgenössischen *Beschreibungen* hervorgeht, daß sie wohl bekleidet waren.[33]

So muß man mehr noch bei künstlerisch anspruchsvolleren Darstellungen wie beispielsweise Dürers »Männerbad« berücksichtigen, daß es dem Künstler nicht darauf ankam, das zeitgenössische Badeleben wirklichkeitsgetreu zu dokumentieren. Vielmehr ging es ihm um Bewegungskompositionen und vor allem um die Darstellung des nackten menschlichen Körpers,[34] und hieraus ergibt sich von selbst, daß es nicht in

39 Albrecht Dürer: ›Das Männerbad‹, 1496.

seinem Interesse liegen konnte, die Badenden mit formlosen Badehemden oder anderen Kleidungsstücken zu verhüllen.[35]

Was nun schließlich Darstellungen wie den bekannten Kupferstich des Bandrollenmeisters aus dem dritten Viertel des 15. Jahrhunderts anbelangt, so wird auf ihnen, wenn man ein-

40 Jungbrunnen. Detail eines Kupferstichs des Bandrollenmeisters, um 1460.

mal von den Badebordellen absieht, überhaupt keine zeitgenössische Wirklichkeit abgebildet, denn es handelt sich bei den Nackten um in einem Jungbrunnen Badende, die durch ihr Verhalten – etwa den Griff des Mannes an die Scham der Frau – ihre wiedergewonnene Jugendlichkeit unter Beweis stellen.

Der Jungbrunnen war wiederum im späten Mittelalter eine beliebte Minneallegorie: wie das Wasser des Brunnens die Altersschwachen, so verjüngte die Liebe das sich minnende Paar.[36]

41 Jungbrunnen: Lombardische Schule, Quattrocento.

§ 5
Das Bad bei den Römern, frühen Christen, Juden und Muslims

Zu Beginn dieses Buches haben wir gesehen, daß die Griechen weder in homerischer noch in klassischer, ganz zu schweigen von der hellenistischen Zeit, ein unbefangenes Verhältnis zur Nacktheit des menschlichen Körpers hatten. Freilich hält sich der Mythos der griechischen Unbefangenheit gegenüber männlicher Nacktheit ebenso zäh oder vielleicht noch zäher am Leben als der von der angeblichen Toleranz der Hellenen gegenüber männlicher Homosexualität. Es mag sein, daß hinter diesem Mythos das Bedürfnis steht, wenigstens eine der Quellen unserer Kultur sündlos zu halten, nachdem die jüdisch-christliche Tradition dazu beim besten Willen nicht dienlich sein kann und die Germanen und Kelten die gesuchte Reinheit in allzu barbarischer Variante aufzuweisen scheinen.

Wenn nun auch die griechischen Athleten die Vorhaut über die Eichel zogen und zubanden, damit kein anderer diese sehen konnte,[1] und wenn sie auch darauf achteten, im nackten Zustand keine unschicklichen Stellungen einzunehmen, so blieb doch vielen Römern die ›athletische Nacktheit‹ der Griechen ein Skandalon.

Für den alten Cato war diese Nacktheit identisch mit Schamlosigkeit,[2] und auch Cicero meinte, daß die Natur nicht umsonst die wohlgefälligen Körperteile so schuf, daß sie offen sichtbar sind, während sie die den Ausscheidungen dienenden vor den Blicken verborgen habe,[3] weshalb auch diejenigen, »qui sana mente sunt«, daran nichts ändern sollten, denn wie bereits Ennius sagte, sei es schändlich (»flagitiosus«), seinen Leib vor einem anderen Bürger zu entblößen.[4]

Als Caesar von den Verschwörern niedergestochen wurde, zog er – wie Sueton berichtet – sterbend mit der einen Hand die Toga über den Kopf. Mit der anderen aber zog er das

Himation, das offenbar während des Mordes hochgerutscht war, über den Unterleib (»quo honestius caderet etiam inferiore corporis parte velata«), denn beschämend war es, wenn jemand, beispielsweise beim Hinsetzen, dieses Kleidungsstück[5] über das Knie hinaufrutschen ließ,[6] und solche Leute wurden nicht selten als »nackt« oder zumindest als »halbnackt« bezeichnet.[7]

Noch viel schlimmer aber war es, wenn der Unterleib einer Frau entblößt war. So heißt es, daß ein römischer Henker, der einer wegen Ehebruchs zum Tode verurteilten Frau auf dem Wege zur Richtstätte das Gewand wegriß, so daß nicht einmal der Genitalbereich bedeckt blieb, wegen dieses Verbrechens selber zum Tode verurteilt und bei lebendigem Leibe verbrannt worden sei.[8] Und selbst ein Arzt wie Cornelius Celsus kam in die Bredouille, als er über »partes obscenae« schreiben sollte, da er die entsprechenden Wörter – »nicht einmal im vertrauten Verkehr pflegen sie die anständigen Leute zu gebrauchen« – nicht verwenden wollte. Da er nun einerseits das Schamgefühl schonen, andererseits aber nicht unwissenschaftlich werden wollte, griff er – wie wir zum Latein – zum Griechischen.[9]

Nach allem, was wir wissen, scheint es in der römischen Geschichte nie eine Zeit gegeben zu haben, in der die Männer gemeinsam mit anständigen Frauen gebadet hätten, und in der republikanischen Zeit galt es überhaupt als unschicklich, wenn eine ehrbare Frau ein öffentliches Bad aufsuchte.[10]

Die von Hadrian, Marc Aurel und Alexander Severus verbotenen, von Heliogabal jedoch zugelassenen »mixta balnea« waren – euphemistisch ausgedrückt – halbseidene Bäder, was man nicht zuletzt daran erkennt, daß der letztgenannte Kaiser mitunter den Damen, mit denen er in solchen Etablissements zu baden pflegte, anschließend das Schamhaar epilierte.[11] Die Damen und Herren, die derartige Bäder besuchten, ließen sich von dem Badepersonal, das meist aus Sklavinnen und Sklaven bestand, auf vielfältige Weise massieren, wobei die »frictiones genitalium« offenbar nicht zum Unbeliebtesten gehörten.[12]

42 Rekonstruktionszeichnung der Forumsthermen von Pompeji. Links die Männer-, rechts die Frauenabteilung.

»Est signum adulterae, lavari cum viris«, meint gegen Ende des ersten nachchristlichen Jahrhunderts der Rhetor Quintilianus, und nur ein Flittchen würde sich zu so etwas hergeben, und Plinius meint, daß sich ein ehrenwerter Mann wie der Republikaner Fabricius im Grabe umdrehen würde, wenn er wüßte, daß es heutzutage solche Sitten gäbe.[13]
Anscheinend gab es – genauso wie bei uns im späten Mittelalter – einerseits ausgesprochene Badebordelle, wie beispielsweise die ›Bäder der Scholastikia‹ in Ephesos, die vom frühen 2. Jahrhundert bis zu ihrer Zerstörung im 7. Jahrhundert als gehobenes Freudenhaus (παιδισκῆα) dienten.[14] Daneben existierten andererseits die ›anrüchigen Bäder‹, in denen sich allerlei Flittchen, Gelegenheitsprostituierte oder auch Damen und Herren aufhielten, die nach ihren speziellen Bedürfnissen massiert werden wollten.
In solchen zwielichtigen Bädern waren die Frauen indessen nicht nackt, sondern trugen um den Unterleib einen der λουτρίς entsprechenden Schurz, das *subligar*,[15] oder eine lederne Badehose (*aluta*), während die Brüste durch ein Busenband verdeckt wurden, falls die Dame es nicht vorzog, in einem auch den Oberkörper bedeckenden einteiligen Badeanzug (*balnearis vestis*) die Freuden des Ortes zu genießen.[16]

Vollständige Nacktheit war anscheinend auch in den anständigen und damit nach Geschlechtern getrennten Thermen unüblich, und Iuvenal meinte, daß derjenige, welcher im Männerbad keinen Schurz trage, sich wenigstens ein Ölgefäß vor die Genitalien halten müsse.[17]

Doch auch nachdem man auf die eine oder andere Weise die Genitalien verbarg,[18] badeten doch nicht *alle* Männer gemeinsam, denn »es war auch alte Sitte (*mos vetus*)«, wie Ambrosius von Mailand berichtet, der damit Cicero, Plutarch, Valerius Maximus und andere bestätigt, »sowohl in der Stadt Rom wie in den meisten sonstigen Städten, daß erwachsene Söhne nicht gemeinsam mit ihren Vätern oder Schwiegersöhne mit ihren Schwiegervätern baden durften, damit die väterliche Autorität und Achtung nicht darunter litte«.[19]

Daß es in den gewöhnlichen Bädern – und dies gilt auch für die Thermen in der Provinz[20] – eine Geschlechtertrennung gab, sieht man zudem an den Ausgrabungsbefunden, die zeigen, daß sich das Männer- und das Frauenbad zwar meistens unter einem Dach befanden, jedoch durch den Heizraum, das Hypocaustum, voneinander getrennt waren. War dies einmal nicht der Fall, so hatten die beiden Geschlechter verschiedene Badezeiten, wie etwa aus der Badeordnung von Metallum Vispascense hervorgeht, die auf einer in dem portugiesischen Dorfe Aljustrel aufgefundenen Bronzetafel verzeichnet steht. In ihr heißt es, daß das Bad für die Frauen »a prima luce in horam septim et ab hora octava in horam secundam noctis« für die Männer zugänglich sei.[21]

Die frühen Christen standen nicht nur solchen anständigen Bädern feindselig oder zumindest mißtrauisch gegenüber – was dazu führte, daß man größte Schwierigkeiten hatte, zu erklären, wieso der Apostel Johannes ein öffentliches Bad aufgesucht hatte[22] –, sondern bisweilen sogar dem Baden überhaupt.

So riet der hl. Hieronymus den Jungfrauen, gar nicht zu baden, weil sie sonst ihren entblößten Körper sehen könnten, oder wenigstens die Dunkelheit abzuwarten bzw. die Fensterläden zu schließen.[23] Doch die Kritik wendete sich hauptsächlich gegen das gemeinsame Baden von Frauen und Männern in den anrüchigen Bädern, und so mancher fromme Herr hätte sich gewundert, wäre ihm zu Ohren gekommen, daß wohl jeder ehrbare Römer, zumindest in republikanischer Zeit, dieser Verdammnis aus vollem Herzen zugestimmt hätte.

So verbot im Jahre 320 das Konzil von Laodizea geistlichen Personen, Klerikern und Asketen, den Fuß über die Schwelle eines derartigen Hauses zu setzen (ἐν βαλανείς μετὰ γυναικῶν ἀπολούεσθαι), und erweiterte dieses Verbot für die Laienchristen (πάντα χριστιανὸν ἤ λαϊκόν), bis schließlich die trullanische Synode oder Quinisexta im Jahre 692 diese Strafandrohung dadurch verschärfte, daß Kleriker, die dem zuwiderhandelten, abgesetzt und Laien aus der Gemeinschaft ausgestoßen wurden.

Schon im Jahre 528 hatte Kaiser Justinian verordnet, daß eine Frau, die »commune lavacrum viris libidinis causa«, deshalb von ihrem Mann geschieden werden könne,[24] und wie wir bereits weiter oben gesehen haben, blieben derartige Bestimmungen das ganze Mittelalter über bestehen.[25]

Undenkbar war es jedoch, daß ein Mann in ein Frauenbad eindrang. Was dies bedeutete, sieht man beispielsweise an dem »Narren um Christum willen«, Symeon, dem »grasenden Tier« (βοσκός), einem Freiland-Asketen des 6. Jahrhunderts, der sich von Gräsern und Wurzeln ernährte: Nachdem er die ἀπάθεια erreicht hatte (auf deutsch: nach dem *satori*), sich in aller Öffentlichkeit erleichterte, einen toten Hund hinter sich her zog und den Priestern ins Gesicht schlug, konnte er dies nur noch dadurch steigern, daß er in Emesa nackt ein Frauenbad betrat.[26]

Doch selbst kleine Kinder erschienen manchen Frommen im Frauenbad als anstößig, zumindest wenn es sich um kleine Buben handelte, und so versäumte es denn auch Johannes Chrysostomos nicht, in seinem »Goldenen Büchlein der Kindererziehung« die Frauen davor zu warnen, was später selbst

43 Israhel van Meckenem: Kinder im Frauenbad, 1495.

in sämtlichen islamischen Ländern toleriert wurde, nämlich die kleinen Wichte mit ins Bad der Frauen zu nehmen.[27] *Vielleicht* spielte bei den strikten Anordnungen und Ratschlägen auch die Angst vor der Schädigung der Männer und Jungen durch weibliche Sekrete und vor allem durch Menstruationsblut eine Rolle, eine Angst, die wohl vorwiegend ein jüdisch-christliches Erbgut und weniger ein indoeuropäisches gewesen ist.

Während nämlich noch Caesar berichtet, daß sich die Männer und Frauen der Gallier zwar nicht hüllenlos, wie immer wieder behauptet wird,[28] so doch gemeinsam in den Fluten der Flüsse tummelten, verfluchte bei den christianisierten Kelten der frühmittelalterliche Mönch Maedóc eine Frau, die ihre Wäsche in einem Fluß gewaschen hatte, der an seinem Kloster vorbeiführte. Er befürchtete nämlich, dadurch unrein zu werden,[29] und im *Imtheacht na Tromdháimhe* aus dem 14. Jahrhundert heißt es über König Guaire, daß er, in Erwartung der Barden und ihrer Begleiterinnen, acht Bäder (*tobair*, wörtlich »Brunnen«) für die Männer und acht Bäder für die Frauen bauen ließ, »denn er wollte nicht, daß das Wasser, mit dem die Bekennenden (*ollaimh*) die Hände wuschen, die Hände der Frauen berührte«, und nicht, daß das Wasser, welches die Frauen benutzt hatten, mit den Männern in Berührung kam.[30]

War es nun – wie wir sahen – sowohl für eine ehrbare Römerin als auch für eine Christin nicht möglich, selbst in voller, den Unterleib und die Brüste bedeckender Badekleidung gemeinsam mit dem anderen Geschlecht zu baden, ohne ihren Ruf völlig zu ruinieren und Gefahr zu laufen, von ihrem Mann verstoßen zu werden, war für die meisten Juden ein solcher Fall geradezu unvorstellbar, weshalb er auch fast nirgends erwähnt oder verurteilt wird.

Im zweiten nachchristlichen Jahrhundert meinte zwar der tannaitische Rabbiner Meir, daß ein Mann verpflichtet sei, sich von seiner Frau zu trennen, wenn sie gemeinsam mit Männern oder vor Männern gebadet habe, weil dies Ehebruch bedeute. Doch hielten später die Amoraim es nicht für möglich, daß der Rabbi wirklich ein gemeinschaftliches Baden der Geschlechter gemeint haben könnte. Vielmehr wiesen die mittelalterlichen Talmudkommentatoren darauf hin, daß so etwas undenkbar sei, weil selbst das loseste Flittchen ein so großes Schamgefühl habe, daß sie sich niemals von einem Mann betrachten ließe, abgesehen davon, daß es auch keinen Mann gebe, der sich jemals vor einer Frau auszöge. So habe er wohl sagen wollen, daß eine Frau Ehebruch begeht, wenn sie an einem Orte badet, wo die *Möglichkeit* besteht, daß sie – ohne es zu wollen – von Männern gesehen werden kann. In dieser Weise wurden die Tannaim auch im Midrasch zitiert, doch später verschwanden die Bestimmungen, und zwar vermutlich deshalb, weil die Frauen es nicht mehr wagten, im Freien, das heißt in einem Fluß oder in einem See, zu baden.[31]

Wie wir allerdings aus den scharfen Verurteilungen von meist sephardischen Rabbinern wissen, scheint es in talmudischer

44 ›Der Juden Badstub‹, Holzschnitt, 1535.

und mittelalterlicher Zeit vorgekommen zu sein, daß jüdische Männer in Gegenwart von Sklavinnen badeten,[32] aber man darf annehmen, daß die Männer dabei einen Lendenschurz anbehielten, was in jener Zeit auch häufig der Fall war, wenn sie – wie es die Sitte erforderte – unter sich waren. Zumindest geht dies aus spätmittelalterlichen und frühneuzeitlichen Darstellungen jüdischer Badstuben hervor, was auch der Talmud-Gelehrte Alexander Süslin im 14. Jahrhundert und etwas später Rabbi Moses Isserles bestätigen.[33]
Traditionellerweise badeten die Juden jedoch nackt, weil das reinigende Wasser jeden Teil des Körpers direkt berühren mußte,[34] wobei freilich die strenge Etikette herrschte, daß man weder auf den Genitalbereich der anderen noch auf den eigenen schaute.[35] Anscheinend war es nicht üblich, die Genitalien mit der Hand zu bedecken,[36] vermutlich weil man sie sonst berührt hätte, was der Talmud ja nur beim Urinieren und da auch nur den verheirateten, nicht den unverheirateten Männern gestattete.

45 Jüdisches Frauenbad in Nürnberg, 1726.

Da es deshalb also möglich war, daß ein Mann – ohne es zu wollen – gelegentlich die Genitalien eines anderen Mannes mit dem Blick streifte, durfte man – ähnlich wie bei den Römern – weder mit seinem Vater noch mit seinem Schwiegervater oder Schwager und in manchen Gegenden nicht einmal mit seinem Bruder baden, denn sonst hätte man sich ja – im Falle des Vaters – in die Situation Hams begeben, der von seinem Vater Noah verflucht worden war, weil er dessen Genitalien angeschaut hatte. In talmudischer Zeit durften auch Lehrer und Schüler nicht zusammen baden, doch wurde man in dieser Hinsicht im Laufe der Zeit liberaler.[37]

Während die Männer von der Angst geplagt wurden, ihr Penis könnte vor den Augen der anderen im Bade steif werden, was sie zutiefst beschämt hätte,[38] blieb den badenden Frauen wenigstens dieses Problem erspart. Doch sie hatten den Männern noch etwas anderes voraus: Im Bade lösten die Frauen ihr Haar, das sie nach Möglichkeit bis zu den Füßen wachsen ließen, und wenn es auch viele Frauen nicht so weit brachten, so reichte es doch bei fast jeder aus, zumindest die Brüste und die Scham zu bedecken.[39]

Da die Muslims im Gegensatz zu den Juden keine rituelle Vorschrift kannten, nach der das Wasser überall am Körper die Haut direkt umspülen mußte, war das Baden mit bedecktem Unterleib für sie ganz unproblematisch.

Trotzdem war der Prophet zunächst gegenüber den – selbstverständlich nach Geschlechtern getrennten – öffentlichen Bädern äußerst reserviert, und in einem Ḥadīṯ heißt es, er habe den Gläubigen gesagt:

»Hütet euch vor jenem Haus, zu dem man *ḥammām* sagt!«

Als man ihm darauf erklärte, daß es sich bei diesen Einrichtungen weniger um ein Sündenbabel als um Reinigungsanstalten handle – »O Gesandter Gottes, es befreit von Schmutz und Schmerz!« –, soll er seine Meinung geändert, aber entschieden haben:

»Wenn einer von euch es betritt, soll er sich bedecken!«

ʿA'iša, die Lieblingsfrau Mohammeds, soll gesagt haben, sie habe ihren Mann einmal sagen hören, daß zwar die Männer untereinander baden dürften, wenn sie ihren Unterleib mit einem Schurz bedeckten, nicht aber die Frauen, denn »wenn eine Frau die Kleider ablegt in einem anderen Haus als dem ihres Gatten, so zerreißt sie die Bindung zwischen sich und Gott«.[40]

Nach einer anderen Quelle soll er noch deutlicher geworden sein und verkündet haben, daß miteinander badende Frauen immer nur an das eine denken:

»Welche Frau auch immer ein Bad betritt, so begleitet sie der Teufel.«[41]

Aber nicht nur die Nacktheit vor anderen Geschlechtsgenossen schien dem Propheten schamlos und sündhaft. So heißt es, daß er, als er sich einmal zufällig in seinen vier Wänden entblößte, sofort eine himmlische Stimme vernahm, die ihm befahl, sich augenblicklich zu bedecken,[42] und deshalb darf sich nach der Sunna jemand auch dann nicht entblößen, wenn

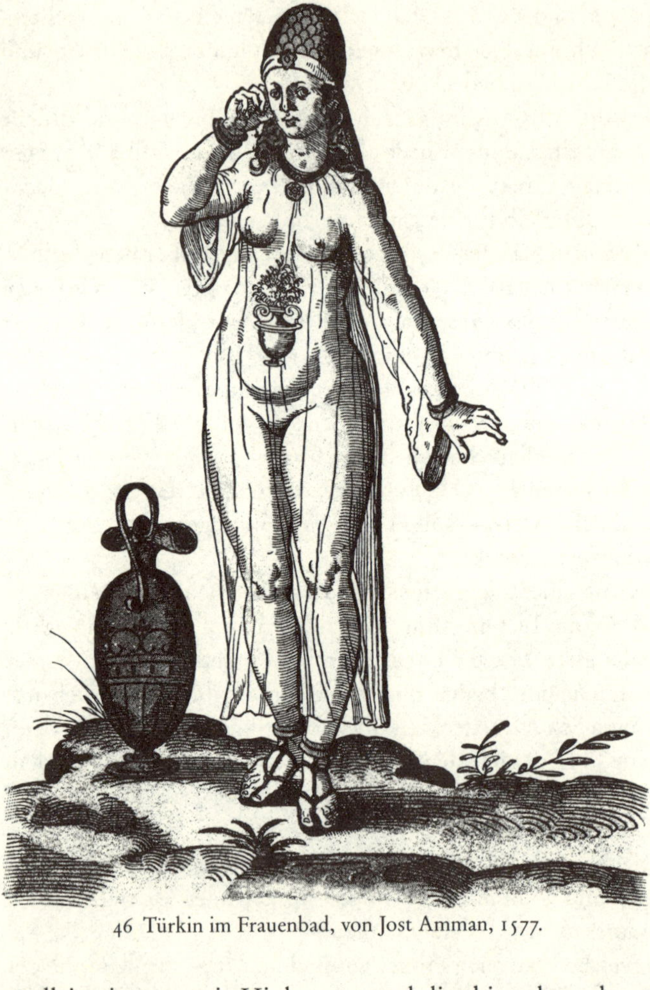

46 Türkin im Frauenbad, von Jost Amman, 1577.

er alleine ist – so wie Hiob es tat und dies hinterher schwer büßen mußte.[43]

Denn man ist niemals wirklich allein. Die Geister und vor allem Gott sind ständig anwesend. »Steigt niemals ohne Lendentuch ins Wasser«, rät Lāmiʿī, »denn das Wasser hat Augen!«,[44] und eine junge Ethnologin wurde in einem Badehaus im östlichen Anatolien von der Badefrau darauf hingewiesen, es sei Sünde (*gūnah*), sich stehend zu waschen. Vielmehr solle sie sich hinhocken, denn Allāh dürfe nicht ihre Nacktheit sehen. Was Gott und auch die anderen Frauen nicht oder so wenig wie möglich sehen sollen, sind wohl in erster Linie die Brüste und der Bauch, vielleicht auch die Oberschenkel, denn keine Frau zieht im Badehaus die Unterhose aus.[45]

Traditionellerweise sollen sich alle muslimischen Frauen im Bad vom Nabel bis zum Knie bedecken, und der große al-Ghazālī wollte auch in dieser sittsamen Kleidung lediglich Wöchnerinnen und kranken Frauen das Recht zum Besuch eines öffentlichen Frauenbades einräumen.[46] Doch hat es in vielen Gegenden immer wieder Zeiten gegeben, in denen sich die Frauen nicht nach diesen Vorschriften gerichtet haben.

Während um die Mitte des 18. Jahrhunderts die Frauen in den Bädern von Istanbul einen Lendenschurz trugen,[47] scheinen sie ein paar Jahrzehnte vorher im Frauenbad des türkischen Sofia nackt gebadet zu haben. Jedenfalls schreibt im Jahre 1717 Lady Mary Wortley Montagu in einem Brief, der später Ingres zu seinem berühmten ›Türkischen Bad‹ anregen sollte, daß sich die badenden Frauen, obgleich sie sich im Naturzustand befanden, niemals lasziv oder indezent bewegt hätten, womit sie vermutlich meint, daß keine der Frauen die Beine spreizte oder sich in einer Weise bückte oder hinsetzte, daß man ›etwas sehen‹ konnte (cf. Abb. 47).

Die Lady weigerte sich ihrerseits standhaft, sich, was die Kleidung betrifft, ebenfalls in den Stand der Unschuld versetzen zu lassen. »I was at last«, so fügt sie allerdings hinzu, »forced to open my skirt and shew them my stays, which satisfy'd 'em very well, for I say they believ'd I was so lock'd up in that machine that it was not in my own power to open it, which contrivance they attributed to my Husband.«[48]

Auch in Kairo heißt es um 1830, daß die vornehmeren Frauen mit Lendentuch und Clogs bekleidet waren, während die Angehörigen der Unterschichten nicht einmal die Scham bedeckten,[49] und ähnliches wird aus anderen arabischen Gegen-

47 Lady Montagu besucht das Frauenbad von Sofia. Kupferstich v. Daniel Chodowiecki, 1778.

den berichtet.[50] So ist auch immer wieder von den Männern behauptet worden, daß das Frauenbad bei den Besucherinnen lesbische Gelüste weckte, da die Frauen sich gegenseitig ihre »Kostbarkeiten« zeigten,[51] also das, was zu sehen nur dem Ehemann zustehe.[52]

In manchen Gegenden war es schließlich den muslimischen Frauen nicht gestattet, mit Jüdinnen oder Christinnen zu baden. So im alten Aleppo, wo der Qadi zur Begründung die Meinung einiger berühmter Juristen anführte, die behaupteten, für eine Frau sei es ebenso sündhaft, sich vor einer jüdi-

48 Jean Léon Gérôme: Das Große Becken im Frauenbad von Bursa, 19. Jh.

schen oder christlichen Frau zu entblößen wie vor einem arabischen Mann.[53]

Dagegen war es überall unproblematisch, kleine Kinder beiden Geschlechts mit ins Frauenbad zu nehmen. Im muslimischen Tortosa am Ebro mußten im hohen Mittelalter die Buben unter sieben Jahre alt sein,[54] und auch sonst heißt es, daß sie mitgenommen werden durften, solange sie nicht »verständig« (*mumayyiz*, damaszenisch *fahmān*) waren.

Heutzutage fragt die Vorsteherin des syrischen Badehauses in Zweifelsfällen, wieviel ein Kilo Brot kostet oder dergleichen, um herauszufinden, ob die Kleinen bereits *fahmānīn* sind.[55]

Bei Bauchtänzen scheint man hingegen – wie etwa Gustave Flaubert aus dem ägyptischen Esna berichtet – den Kindern ein Tuch über das Gesicht geworfen zu haben.[56] Offenbar unterschied man recht deutlich zwischen der für Kinder harmlosen Nacktheit des Frauenbades und der sexuell aufbereiteten Nacktheit des Bauchtanzes mit seinen erotischen Beckenstößen, der man zutraute, im Kinde vorzeitig den Leu zu wecken.

49 Prinz Mihr besucht das *ḥammām*. Persische Miniatur, um 1570.

Die Männer scheinen unter sich schon immer schamhafter gewesen zu sein als die Frauen, was es ihnen sicher leichter machte, den Anordnungen des Propheten zu folgen.
Stets sind sie mit der *fūṭa*,[57] dem Badetuch, bekleidet, welches der Badediener (*nāṭūr*) zunächst vor den Gast hält, wenn dieser sich auszieht, wobei er darauf achtet, daß niemand, auch

50 Das Alte Bad von Bursa.

er selber nicht, die Genitalien des Mannes sehen kann. Auch beim Abreiben und Einseifen verdeckt der *nāṭūr* auf sehr geschickte Weise den Genital- und Afterbereich des Badegastes mit einem Zipfel der *fūṭa*, während jener das Epilieren der Haare im Schambereich selber übernimmt, das des restlichen Körperhaares jedoch dem Badediener überläßt.[58]

Ein Ḥadīṯ lautet: »Wer die Scham seines muslimischen Bruders absichtlich anschaut, dessen Gebet nimmt Gott vierzig Tage lang nicht an«, aber manche Männer sorgten vor, daß sie auch nicht unabsichtlich in eine solche Verlegenheit gerieten.

So riet al-Ghazālī, auf dem Kopf einen zweiten Schurz zu tragen, mit dem man blitzschnell die Augen bedecken konnte, wenn man den Eindruck hatte, daß ein anderer Badender im Begriffe war, sich zu entblößen,[59] und andere waren in der Tat noch vorsichtiger und ließen sich mit verbundenen Augen wie Blinde vom *nāṭūr* im Bad herumführen.[60]

Anscheinend waren also im islamischen Kulturbereich die Männer lediglich den Anblick der eigenen Nacktheit gewöhnt, und man kann die Bedeutung nachvollziehen, die der

syrische Emir Usāma Ibn Munqiḏ im 12. Jahrhundert der Episode beimaß, die ihm ein Bader erzählte und die er in seiner Autobiographie schildert. Dieser Bader namens Sālim hatte ihm nämlich berichtet, daß einst ein »fränkischer« Ritter in sein Bad in Ma'arrat an-No' mān gekommen sei, wo er sich nicht nur nackt ausgezogen, sondern ihm sogar das Lendentuch weggezogen habe.[61]
Andere muslimische Männer waren dagegen von der Nacktheit männlicher Ausländer geradezu hingerissen, vor allem, wenn es sich um textilfreie »bartlose Jünglinge« handelte. So schwärmte etwa der türkische Reisende Evliyâ Çelebi nach seinem Besuch eines Wiener Männerbades im Jahre 1665: »Und eine ganz besondere Merkwürdigkeit stellt folgender Brauch dar: Während in diesen Bädern die älteren Giauren sich weiße Lendentücher umbinden, kommen alle ihre herzberückenden Knaben ganz splitternackt zum Baden, mit ihren blütenweißen Leibern, an denen das junge Fleisch wie frische Sülze zittert und bebt. Ganz zarte und geschmeidige Körper haben sie, weich wie das Fleisch am Ohrläppchen. Sie tragen ihre moschusduftenden Locken in dichten Kringeln und Ringeln und geben sich im Bade einem vergnüglichen Leben und Treiben hin.«[62]
Trotzdem hat es den Anschein, daß es in manchen Gegenden bisweilen auch unter muslimischen Männern die Sitte gab, ohne Bedeckung des Unterleibes zu baden. Bereits im frühen 11. Jahrhundert hatte der Fatimiden-Kalif al-Ḥākim in Kairo das Nacktbaden verboten,[63] aber noch im 14. Jahrhundert war Ibn Baṭṭūṭa aus Tanger schockiert, als in einem Badehaus im ägyptischen Minya die Männer ohne Tücher um die Lenden badeten, worauf er keine Ruhe gab, bis der Gouverneur der Stadt den Pächtern aller Bäder die Anweisung gegeben hatte, diese Unsitte abzustellen.[64]
Auch in Bagdad wurde das Nacktbaden im Jahre 1074 verboten, aber noch heute genügt es im Irak häufig, Penis und Hodensack mit der Hand zu bedecken oder aber mit *ṇūra*, einer Masse aus ungelöschtem Kalk und Arsentrisulfid, mit der das

Körperhaar epiliert wird.[65] So gewinnt man den Eindruck, daß das Zentrum des hüllenlosen Badens der Männer in den Städten Ägyptens und des Zweistromlandes gelegen haben muß.

§ 6
Das Baden in der Neuzeit

Im Ausschreibungstext zum ersten Photowettbewerb der nudistischen Zeitschrift *Schönheit* heißt es im Jahre 1906: »Aufnahmen im Atelier oder Zimmer wirken sehr leicht pikant oder unnatürlich; es werden daher Freilichtaufnahmen in schöner Natur die meiste Aussicht haben, bei Prämierung und Ankauf berücksichtigt zu werden.«[1]

Diese Beobachtung der Nudisten, die natürlich kein Interesse daran haben konnten, Nacktheit zu erotisieren, läßt sich allenthalben bestätigen. Daß vollständige oder teilweise Nacktheit innerhalb eines geschlossenen Raumes anzüglicher wirkt als die unter freiem Himmel, liegt daran, daß solche Räume meist Privatsphären sind. Sieht man in solchen eingegrenzten Bereichen Menschen nackt, so verbindet man sie unbewußt mit all den intimen Handlungen, die dort mehr oder weniger entkleidet vorgenommen werden. Aus diesem Grunde mag sich eine junge Frau, die inzwischen einigermaßen unbefangen ›oben ohne‹ im Strandbad liegt, zu Tode erschrecken, überraschte man sie in ihrem Schlafzimmer, nachdem sie ihren Büstenhalter ausgezogen hat.

Bezeichnenderweise gibt es heute in Japan das gemischte Baden (*kon' yoku*) nur noch in den heißen Quellen, also im Freien, und wie wir gesehen haben, scheint auch im späten Mittelalter und in der Neuzeit das gemeinsame Baden der Geschlechter in den Wildbädern wesentlich häufiger vorgekommen zu sein als in den geschlossenen Badstuben.

In der Zeit aber, als Reformation und Gegenreformation gegen die Bäder vorgingen, häuften sich auch die offiziellen Stimmen gegen das Nacktbaden in Flüssen und Seen, das allerdings in den kommenden vierhundert Jahren immer wieder fast ausschließlich männlichen Halbwüchsigen zur Last gelegt wurde, »junge Pursche«, wie es in einem Nürnberger Verbot des Jahres 1752 heißt, die »in dem Pegnitz-Fluß und

51 Schwimmender Mann. Aus dem *Traité de fauconnerie* Friedrichs II., spätes 13. Jh.

in denen weyhern« herumplanschen, und zwar »zu nicht geringer Aergernus der erwachsenen Jugend, und anderer Ehrliebender«.[2]

Bereits im Jahre 1541 waren in Frankfurt acht junge Männer immerhin vier Wochen lang bei Wasser und Brot in den Kerker gesperrt worden, weil sie am St. Petritag »wie Gott sie geschaffen, ganz nackend und bloß, ohne Scham« im Main gebadet hatten,[3] und siebzehn Jahre später beschäftigte sich das französische Parlament mit »la prétendue dissolution des habitz, trop fréquentes exhibitions d'aucuns ez lieux publics et autres choses«.[4]

Auch in Frankreich waren es fast ausschließlich Halbstarke, die sich – mehr oder weniger unbekleidet – in der Seine und anderen Flüssen tummelten; daß dies – zumindest am Tage – auch eine Frau tat, war im 16. Jahrhundert so unerhört, daß der halbe französische Hof zusammenlief, als es einmal geschah. In diesem Falle beobachteten Karl IX. und zahlreiche Personen des Hofstaats von den Tuilerien aus, wie eine junge Frau nackt in der Seine herumschwamm, und Pierre de Lancre, der diese Episode erzählt, bezeichnet sie als »un exercice si licentieux et si mal-séant à la vergongneuse nature des dames«.[5]

Im folgenden Jahrhundert durften von vornherein nur Angehörige des männlichen Geschlechts in der Seine baden, und dies taten sie auch, und zwar, wie es scheint, ohne sich mit allzu vielen Textilien zu belasten. Jedenfalls sagt in einem Lied eine Dame, die in der Nähe der Porte Saint-Bernard einen Blick auf den Fluß geworfen hat:

»Quel spectacle indécent se présente à mes yeux! Des hommes vraiment nuds au bord de la rivière me font évanouir! Ah! de grâce, ma chère, évitons cet objet affreux! Allons, viste, cocher, retournons à la ville!«[6]

Gegen Ende des 17. und im Verlaufe des 18. Jahrhunderts scheint das Frei- und vor allem das Nacktbaden erheblich zurückgegangen zu sein, und als in den sechziger und mehr noch in den siebziger Jahren junge Männer, die von den neuen Ideen des natürlichen Lebens begeistert waren, in hüllenlosem Zustand in Flüssen und Seen herumschwammen, boten sie den unfreiwilligen oder auch freiwilligen Zuschauern einen ungewohnten und meist auch ärgerniserregenden Anblick.

Wie Goethe berichtet, waren beispielsweise die beiden jungen Grafen zu Stollberg, seine Reisebegleiter im Frühsommer des Jahres 1775, beeindruckt von der Lehre, »man müsse sich in einen Naturzustand zu versetzen suchen«, in entblößtem Zustand in einem Weiher in der Nähe von Darmstadt herumgetollt, was einen solchen Skandal entfachte, daß die ganze Gesellschaft eilig nach Mannheim weiterreiste.

Auf deutschem Boden enthielten sie sich deshalb »dergleichen Naturübungen«, doch als sie am Vierwaldstättersee anlangten, konnte auch Goethe nicht der Versuchung widerstehen, worauf Bekannte dem Dichter und seinen blaublütigen Freunden klarzumachen versuchten, »sie weseten nicht in der uranfänglichen Natur, sondern in einem Lande das für gut und nützlich erachtet habe an älteren, aus der Mittelzeit sich herschreibenden Einrichtungen und Sitten festzuhalten«.

Aus dieser Argumentation und der Tatsache, daß die beiden jungen Grafen bei einem weiteren Nacktbadeversuch in der

52 Schweizer Burschen beim Baden im Fluß, 15. Jh.

Wildnis mit einem Steinhagel überschüttet wurden,[7] geht hervor, daß man das textilfreie Baden junger Burschen in den Schweizer Seen, das im 17. Jahrhundert zwar nicht unwidersprochen hingenommen wurde, aber trotzdem gang und gäbe war, kaum hundert Jahre später als unerhört und unvereinbar mit altem Schweizer Brauch erachtete.

So wurde im Jahre 1666 in Zürich darüber geklagt, »daß das

53 Benjamin West: ›The Bathing Place at Ramsgate‹, um 1788.

Junge Volck ungschücht by einanderen bade in seen und flüssen«,[8] und um dieselbe Zeit schritt man dort gegen das Zusammenbaden der »erwachsenen Bueben und Menscher« ein, womit die jungen Mädchen gemeint waren, weil dies »vill schlimmes nach sich ziehet«.[9]

Trotzdem heißt es noch im Jahre 1692:

»Ob der Statt Zürich, da der See eine starke vierthel stund breit, seind sehr viel hinüber geschwummen, haben das Gelt in die Bruch gebunden, in dem Wirtshaus bey dem Sternen getruncken, und seind widerum heimgeschwummen. So ist auch bei Mannsgedencken eine gewüsse Jungfrau hinüber geschwummen.«[10]

Im Gegensatz zu den Burschen waren die jungen Mädchen freilich mit langen *badehren* bekleidet, denn als in einem Dialog des im Jahre 1538 erschienenen Werkes *Colymbetes sive De Arte Natandi* ein gewisser Erotes den Pampinus fragt, ob sich die Schweizer Dirnen nicht schämten, nackt im Zürcher See zu schwimmen, erwidert ihm sein Gesprächspartner: »Sie tragen Hemden, die hierzu bequem eingerichtet sind.«[11]

Zwar setzte sich in der Folge immer mehr durch, daß auch die jungen Burschen im Wasser die kurze Hose anbehielten, doch konnte man bis tief ins 19. Jahrhundert hinein an vielen Orten splitternackte junge Männer baden sehen, und dies in

54 Peinliche Situation am Meeresstrand, um 1830.

einer Zeit, die ein bißchen ungerecht als die prüdeste in unserer Geschichte bezeichnet worden ist.
So wird manchmal berichtet, daß viele Arbeiter sich an öffentlichen Badeplätzen in der Fabrik entkleidet wuschen, und zwar nicht selten so, daß sie von vorübergehenden Kolleginnen gesehen werden konnten.[12] Und manche vermeintlichen Wilden konnten es nicht fassen, wenn die Europäer sich beim Baden nackt auszogen, wie etwa die Bangala am oberen Kongo, bei denen auch die Männer sorgfältig die Genitalien bedecken – beim Baden mit der Hand – und die entsetzt waren, als sie mit ansehen mußten, wie die viktorianischen Kolonialherren völlig unbekleidet von der Reling ihres Dampfers in den Kongo hüpften.[13]
Als die Rothschilds sich im Sommer des Jahres 1858 in Scarborough aufhielten, notierte sich eine der jungen Damen in ihrem Tagebuch:
»Here is complete absence of costume as in the garden of Eden before the fall of man, and hundreds of ladies and gen-

55 Im Bauch des Seine-Badeschiffs. Lithographie von Honoré Daumier aus *Le Charivari*, 1839.

tlemen look on, while the bathers plunge in the foaming waters, or emerge from them.«

Freilich war ihr bewußt, daß sie nicht wirklich ins Paradies geraten war, denn sie fügte hinzu: »I really think the police should interfere.«[14]

Fast überall war ein solches Nacktbaden verboten, wie etwa in Vevey, dessen Polizeireglement vom Jahre 1842 besagt, daß »il est défendu à toute personne au-dessus de dix ans de se baigner sans caleçon sur tout le littoral de la commune«. Derartige »habitudes quelques peu primitives« und vor allem die Tatsache, daß sie kaum durch polizeiliche Maßnahmen verhindert werden konnten, weil man sie überall dort pflegte, wo die Möglichkeit zu baden bestand, führten zur Einrichtung von Freibadanstalten[15] wie bereits im Jahre 1777 in Mannheim.[16]

In solchen eingegrenzten und damit überwachbaren Freibädern an Flüssen und Seen, aber auch an den Meeresstränden, zog man nun – was die Schicklichkeit betraf – andere Seiten auf.

56 George Cruikshank: Voyeure im Frauenteil des Seebades Lyme Regis, 1819.

Zwar stellt noch Honoré Daumier in seinem ›Volksbad im Bauch des Seine-Badeschiffs‹ vom Jahre 1839 die Männer und die Buben nackt dar, aber bei dem Bilde handelt es sich um eine Karikatur, und wie wir von nicht-karikierenden bildlichen Darstellungen und zeitgenössischen Schilderungen her wissen, trugen die Angehörigen des männlichen Geschlechts im allgemeinen Schwimmhosen, die etwa die Größe unserer heutigen männlichen Straßenshorts hatten, und die Angehörigen des weiblichen Geschlechts Badeanzüge, die häufig Arme und Unterschenkel freiließen.[17]

In den englischen Seebädern wie Brighton trugen in spätgeorgianischer und frühviktorianischer Zeit manche Frauen zwar Badeanzüge wie die eben erwähnten, die zudem teilweise dekolletiert waren – wobei es sicher nicht allzu häufig vorkam, daß Frauen auch auf diese verzichteten und etwaige Voyeure so voll auf ihre Kosten kommen ließen, wie George Cruikshank es im Jahre 1819 dargestellt hat –, doch vielen erschien diese Badekleidung als schamlos.

»The female Briton«, meinte etwa ein Beobachter in den sechziger Jahren des vergangenen Jahrhunderts, »when bathing has a slight advantage over the male as far as civilized notions of propriety go, in as much as she generally wears a chemise or shirt of blue flannel, open at the chest and tied round the neck. It reaches a little below the knee, and is just long enough to make swimming impossible, but by no means adapted either in size or shape, to effectively answer the requirements of decency.«[18]

Viele Damen dachten ebenso, weshalb sie beim Baden ponchoartige Umhänge trugen, die sich, sobald sie in das Wasser stiegen, in einer Weise ausbreiteten, daß man selbst bei klarstem Wasser nichts von ihrem Rumpf oder den Beinen sehen konnte.[19]

Doch auch eine auf solche Weise verhüllte Dame erschien so manchem Badegast unschicklich, und nicht wenige waren schockiert, überhaupt ein badendes weibliches Wesen zu erblicken.

»It is true«, meinte beispielsweise Fanny Burney im Jahre 1780 über die im Wasser herumwatenden Frauen, »their heads are covered with bonnets; but the very idea of being seen in such a situation by whoever pleases to look, is indelicate.«[20]

Indessen war solchen Peinlichkeiten schon längst Abhilfe geschaffen worden: In Margate wurden bereits um 1750 die von Pferden gezogenen ›Beale's Bathing Machines‹, zwanzig Stück an der Zahl, ins Wasser geschoben, so daß die Dame – zudem unter dem Schutze einer Pelerine – dezent ins Wasser gleiten oder sich von einer Badefrau eintauchen lassen konnte.[21]

Lichtenberg, der in den siebziger Jahren die englischen Badeorte, wie z. B. Margate, besuchte, schreibt über diese Badekarren, kurz »machines« genannt:

»An die hintere Seite ist eine Art von Zelt befestigt, das wie ein Reifrock aufgezogen und herabgelassen werden kann.« Wenn der »ausgekleidete Badegast alsdann die hintere Tür öffnet, so findet er ein sehr schönes dichtes leinenes Zelt, dessen Boden die See ist, in welche die Treppe führt.«

Da freilich damit zu rechnen war, daß die Dame »auch hier

57 Badefrauen, Badende und Badekarren an der südenglischen Küste, 1813.

gegen das Unversuchte einige Schüchternheit äußern« würde, vermieteten die Badefrauen »eine Art von losem Anzug«, welcher »beim Baden das Sicherheitsgefühl der Bekleidung unterhält, das der Unschuld selbst im Weltmeere so wie in der dicksten Finsternis immer heilig ist.«[22]

Daß solche Vermutungen durchaus ihre Berechtigung hatten, und zwar nicht nur im puritanischen Albion, zeigt beispielsweise der Fall einer Hofdame der französischen Königin, Mme de Ludres, die etwa hundert Jahre zuvor mit zwei anderen Damen von einem tollwütigen Hündchen gebissen wurde. Als man sie daraufhin zur »thalassothérapie« nach Dieppe verschickte und sie dort ins Meer tauchte, und zwar ganz nackt, beschämte sie dies zutiefst, obgleich niemand anderes als das Meer ihre verborgenen Reize zu Gesicht bekam.

»La mer l'a vue toute nue«, kommentierte Mme de Sévigné, »et sa fierté en est augmentée; j'entends (la fierté) de la mer, car pour la belle, elle en était fort humiliée.«[23]

Wie wir bereits sahen, hatte schon der hl. Hieronymus den Jungfrauen geraten, sich nur dann zu waschen, wenn es stockduster sei, und im Jahre 1768 nahm ein Mann dieses Thema wieder auf, von dem man es vielleicht am wenigsten

58 Familienbad an der nordfranzösischen Atlantikküste, frühes 20. Jh.

erwartet hätte, nämlich Diderot. Er schlug ganz andere Töne an, wenn es sich nicht um eine Tahitianerin, sondern um die eigene Tochter handelte, der er einbleute, »die wahre Grundlage des Anstandes« sei »die Notwendigkeit, jene Teile vor sich selbst zu verhüllen, deren Anblick zum Laster auffordern könnte«.[24]

So beschreibt im Jahre 1804 Dr. Marie de Saint-Ursin, wie das junge Mädchen im Bad vor Scham errötet, als es seine »unbekannten Schätze« entdeckt, und Mme Celnart rät in ihrem 1833 erschienenen *Manuel des dames ou l'art de l'élégance* der Leserin, beim Abtrocknen des Genitalbereiches die Augen zu schließen.[25]

Empfahl man im Biedermeier der schicklichen Frau, vor dem Baden Sägespäne in die Wanne zu schütten,[26] um sich den Anblick der entblößten Brüste und des Schamhaares zu ersparen – was im übrigen noch die Mädchenkalender um die Jahrhundertwende tun[27] –, so mußten sich noch im Jahre 1925 die Insassinnen eines Heimes für junge Arbeiterinnen in Troyes – obgleich sie alleine badeten – unter großen, schweren Kutten einseifen und waschen, wobei sie ständig damit zu rechnen hatten, daß die wachhabende Schwester sie kontrollierte.[28]

Nicht allein das Nacktbaden der jungen Burschen wurde in den neuen Freibädern abgestellt, sondern auch das gemeinsame Baden der Geschlechter, das die Behörden beim ›wilden‹ Baden wegen mangelnder Überwachungsmöglichkeiten immer wieder zulassen mußten.

Nur zögernd wurden schließlich »Familienbäder« eingerichtet, in die man nur en famille zugelassen wurde, so daß man einerseits verhinderte, daß sexuell ausgehungerte Junggesellen die weiblichen Formen mit den Augen verschlangen und andererseits die Matrone etwaige schweifende Blicke des Gatten kontrollieren konnte.

In Lausanne waren beispielsweise die Strandbäder im vergangenen Jahrhundert streng nach Geschlechtern getrennt, und noch die Badeordnung des Jahres 1912 bestimmte:

»Il est interdit aux hommes et jeunes gens de s'approcher du bain de femmes, en bateau ou à la nage.«

Im Jahre 1922 war allerdings der »wilde Strand«, der nur noch wild *genannt* wurde, in drei Zonen unterteilt worden: in eine für Frauen, junge Mädchen und kleine Kinder, in eine für Männer, Burschen und Buben und schließlich in eine Zone für Familien, in denen freilich den Familienvätern geboten war, mit Rücksicht auf das weibliche Auge den Oberkörper zu bedecken.[29]

59 »Na, werden Se denn nu meine Töchter in Berlin wiedererkennen, Herr Baron?« – »Auf der Straße – weiß ick nich. Auf Hofbällen gewiß.« Karikatur, 1907.

Waren solche Familienbäder zunächst im vergangenen Jahrhundert zögernd an den Meeresstränden eingerichtet worden, findet man sie viel später, meist erst in den zwanziger Jahren unseres Jahrhunderts, an den Binnengewässern. So erhielt im Jahre 1924 München »nach hartem Widerstand der klerikalen Kreise«[30] sein erstes Familienbad, und drei Jahre später eröffnete die Mannheimer Stadtverwaltung bei der Reiß-Insel im Rhein sogar ein Strandbad, in dem es überhaupt keine Geschlechtertrennung mehr gab, was zur Folge hatte, daß über Nacht die mit Feldstechern bewaffneten Herren verschwanden, die von der Rheinbrücke in die mit Brettern vernagelten Frauenbäder zu spähen pflegten.[31]
Wie bereits angedeutet, machte man den Damen und Herren, die solche Familienbäder aufsuchten, bestimmte Auflagen bezüglich der Anständigkeit der Badekleidung. So heißt es etwa um die Jahrhundertwende in der Ordnung des Familienbades von Zoppot in der Danziger Bucht:
»Der Bade-Anzug für Damen darf nur aus Flanell oder einem Wollenstoff, nach Art der sog. Reformkleidung faltig ge-

60 Frau in hellem Badeanzug, norddeutscher Strand, ausgehendes 19. Jh.

fertigt, getragen werden und muß bis zum Halse schließen. Herren müssen ebenfalls einen bis zum Halse schließenden Anzug tragen. Der Stoff darf nicht hell, durchsichtig oder durchbrochen sein.«[32]

Nachdem das unmittelbar vor Ausbruch des Ersten Weltkriegs auf den Markt gebrachte dünne, gewirkte Badetrikot fast überall als unanständig galt, weil sich die Körperformen und Brustwarzen der Damen allzu deutlich abbildeten, galten die locker sitzenden Stoffbadeanzüge als unbedenklicher, weil sie zumindest im trockenen Zustande weniger zur Schau stellten.[33]

Insbesondere in den zwanziger Jahren, als die Badekleidung der allgemeinen Mode folgte und knapper wurde, verbot wenigstens der Klerus vielerorts, daß die Badenden – zumal am Land – Bewegungen ausführten, bei denen sich der Stoff straffen und indiskrete Einblicke in die genaue Beschaffenheit des Körpers bieten würde.

So verbot beispielsweise der Bischof von Angers im Jahre 1926 nicht nur die »moderne« Badekleidung, sondern auch das Sonnenbaden oder Spiele am Strand in der alten Kleidung. Nachdem gegen Ende der achtziger Jahre des 19. Jahrhunderts die freien Waden der badenden Frauen noch skandalös gewesen waren, war der Bischof inzwischen, nachdem die Säume der Straßenröcke das Knie enthüllt hatten, bereit, wenigstens bezüglich der weiblichen Unterschenkel Gnade vor Recht ergehen zu lassen: Zwar durfte ein Mädchen über zehn Jahren die Waden nicht entblößen, aber es sollte genug sein, die Waden mit langen Strümpfen, das Knie jedoch mit den Beinen des Badeanzuges zu bedecken.[34]

Doch auch ein solch herkömmlicher Badeanzug zeigte noch viel zuviel, wenn das Mädchen oder die Frau ›gewisse Bewegungen‹ ausführte. Dies fand nicht nur der Franzose; auch die Fuldaer Bischofskonferenz hatte bereits ein Jahr zuvor verboten, daß die Mädchen im Turnunterricht Badekleidung trugen, und dies, obgleich dabei die Öffentlichkeit ausgeschlossen war und der Lehrer eine Frau sein mußte.[35]

Sobald ein Kind aufhört, an sie zu glauben, hieß es einmal, stirbt irgendwo auf der Welt eine Elfe. Wenn jedoch der Stoff ›im Schritt‹ eines Badeanzugs spannte, starb nicht nur *eine* Unschuld, sondern deren viele, so viele wie diesem unwürdigen Anblick im Familienbade ausgesetzt waren.

Um auch hier Abhilfe zu schaffen, hieß es in einem »Runderlaß des Ministers des Inneren« vom Jahre 1932, dem sogenannten »Zwickelerlaß«, unter anderem:

»Frauen dürfen nur dann öffentlich baden, falls sie einen Badeanzug tragen, der Brust und Leib an der Vorderseite des Oberkörpers vollständig bedeckt, unter den Armen fest anliegt sowie mit angeschnittenen Beinen und einem Zwickel versehen ist. Der Rückenausschnitt des Badeanzuges darf nicht über das untere Ende der Schulterblätter hinausgehen.

Männer dürfen öffentlich nur baden, falls sie wenigstens eine Badehose tragen, die mit angeschnittenen Beinen und einem Zwickel versehen ist. In sog. Familienbädern haben Männer einen Badeanzug zu tragen.«[36]

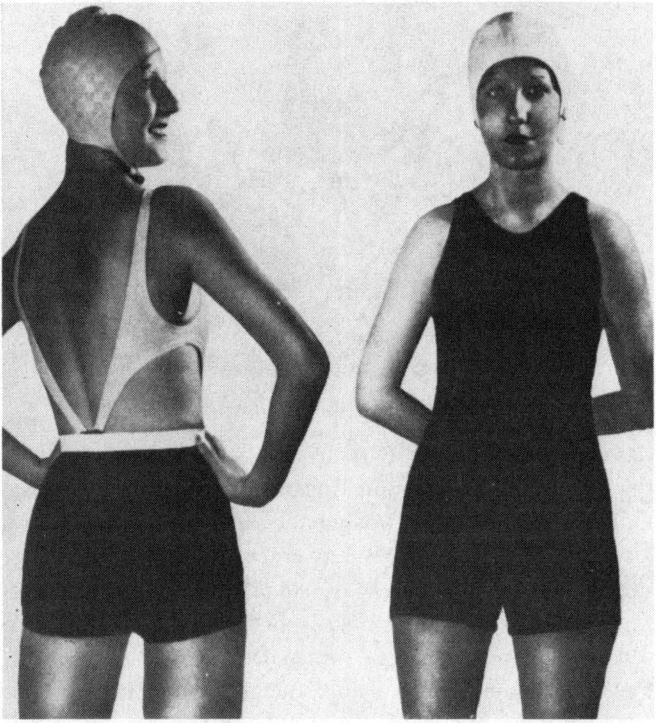

61 Damenbadeanzug vor und nach dem ›Zwickelerlaß‹ 1932.

Derartige Probleme hatte man im Barockzeitalter weniger, da man hier – zumindest in den Wildbädern, ganz zu schweigen von den wenigen verbliebenen Badstuben – meist in einer Überfülle von Textilien zu baden pflegte, was freilich die öffentliche Meinung kaum daran hindern konnte, festzustellen, daß öffentliche Bäder nur von »Weibsbildern von schlechtem Stande« besucht würden, während die besseren es vorzogen, zu Hause zu baden.[37]
So schildert etwa um 1687 Celia Fiennes, daß die Frauen im englischen Bath eine Badekleidung aus steifem Segeltuch trugen, die durch das Wasser in einer Weise vom Körper weggehalten wurde, daß keine Gefahr bestand, sie könne anklatschen und irgendwelche Formen verraten.[38] Allerdings hatte

62 Dame im Badezuber. Nürnberger Kupferstich, 18. Jh.

das tückische Wasser bisweilen – ähnlich wie auf dem Lande der Wind – die Eigenart, die Röcke nach oben zu treiben, was eine ungleich größere Katastrophe zur Folge hatte als etwa zwei sich abzeichnende Brustwarzen, da die Damen unter dem Baderock splitternackt zu sein pflegten. Deshalb heißt es im Jahre 1649 im Wiener Herzogsbad über das dort badende »Weibervolck«, dieses ließe »jhnen den Saum an den Badrökken, mit Bley einnehen, damit solche nit vber sich schwimmen können«,[39] und dies ist auch hundert Jahre später hier noch der Brauch.[40]
Insbesondere die Frauen legten den größten Wert darauf, daß niemand – auch das Badepersonal nicht – zuviel nackte Haut, vor allem nicht die Brüste oder den Genitalbereich, zu Gesicht bekam.[41]
Im Jahre 1758 heißt es im Schwarzwälder Wildbad, daß sich eine »Frauens-Person« beim Anlegen der Badekleidung auch von der »Bad-Frau« nur von hinten sehen ließ, obgleich überhaupt nicht damit zu rechnen war, daß diese in die Verlegenheit kam, der betreffenden Dame etwas abzugucken, denn der Badegast legte zunächst den Schlafrock ab, schlüpfte mit dem einen Arm aus dem »Hembd« heraus und in den Ärmel des Badehemdes hinein usw., ohne irgendeinen Teil des Rumpfes bei dieser Prozedur zu entblößen.[42]

63 »Dans l'été ce n'est qu'ici que réellement je me trouve bien...«
Karikatur von Daumier, 1847.

So verwundert es kaum zu hören, daß Marie-Antoinette, die in einem langen, vom Hals bis zu den Knöcheln reichenden Flanellhemd badete, lediglich die Anwesenheit zweier Dienerinnen duldete. Doch sie »exigeait que l'on tînt devant elle un drap assez élevé pour empêcher ses femmes de l'apercevoir«, d.h., sie ließ sich beim Verlassen der Wanne stets ein Tuch vorhalten, damit die Frauen sie nicht im nassen, auf der Haut klebenden Hemd sehen konnten.[43]

Offenbar wollte sie nicht, daß ihre durch den Stoff sich abzeichnenden Brustwarzen zu erkennen waren. Als jedenfalls die Königin am 16. Oktober 1793 zur Guillotine gebracht wurde, zog der Scharfrichter ihr mit einer heftigen Handbewegung das Halstuch weg, welches ihr Dekolleté bedeckte, worauf Marie-Antoinette »en fit un mouvement d'indignation toute royale et qui parut intimider les bourreaux«, wie eine Augenzeugin, Mme de Genlis, berichtet. Der Grund liegt sicher darin, daß die Königin befürchtete, man könne

64 Junge Frau in teilweise hellem Badeanzug,
Kleine Schwimmhalle, Aachen.

ihr, nachdem sie den Kopf unter das Fallbeil gelegt hatte, in den Ausschnitt schauen. Als der Henker eine Nadel aus dem Fichu von Elisabeth, der Schwester des Königs, gezogen hatte, der bereits die Hände auf dem Rücken zusammengebunden waren, herrschte sie ihn an: »Au nom de la pudeur, couvrez-moi le sein!«[44]
Wir erinnern uns, daß zu Beginn dieses Jahrhunderts die Badeanzüge im Familienbad von Zoppot dunkel sein mußten. Wenn noch im Jahre 1978 das Städtische Sport- und Bäderamt

von Frankfurt am Main die Bestimmung erließ, daß »durchsichtige Stoffe und dünne Baumwolltrikots« als Badekleidung untersagt sind,[45] weil sie Nippel, Schamschlitz und männliche Genitalien sichtbar machen oder abzeichnen, so achtete man erst recht im 18. Jahrhundert darauf, daß der Stoff der Badehemden nicht zu dünn und hell war. So heißt es beispielsweise im Jahre 1758 über die Badebekleidung der Frauen und Männer:

»Weißes zartes Tuch schickt sich nicht dazu, weil es sehr an dem Leib klebt, und dadurch dessen ganze Beschaffenheit zeigt; sondern man nimmt ungebleichtes oder gar hanfenes Tuch dazu. Weibspersonen lassen sich auch ein solches Badhemd machen: andere tun kein Hemd an, sondern bedecken den Oberleib mit einem kapuzinermäßigen Obermantel; sodann bedienen sie sich eines ungefütterten Unterrocks von baumwollenem Zeug oder Barchent.«

Diese Hemden wurden zudem, damit man nirgends hineinschauen konnte, »am Hals und um den Leib mit Bändeln« geschlossen.[46]

Wir haben weiter oben gehört, daß es noch heute im Osten von Anatolien als schamlos gilt, wenn sich eine nur mit einer Unterhose bekleidete Frau im Frauenbad aufrecht stehend wäscht, weil Gott dann freien Blick auf ihre Brüste sowie auf den Bauch und auf die Schenkel hätte.

Auch im Walliser Leuk stiegen im Jahre 1860 die Frauen »in geduckter Stellung« ins Wasser, wohl weniger um dem lieben Gott als um den anderen Badegästen ihre Körperformen vorzuenthalten, wobei man sich freilich fragen muß, was von diesen Formen überhaupt noch sichtbar sein konnte, wenn man hört, daß die Badenden knöchellange dunkle Wollmäntel trugen, so daß der Badearzt Meyer-Ahrens den sittsamen Kurgästen versichern konnte:

»Etwas Unziemliches kann in einem solchen Bade, wo möglicher Weise bis an die vierzig Personen vereinigt sein können, und das beständig dem Publikum offensteht, so daß sich immer Besuchende oder Bedienende auf den die Bassins umge-

65 Bad zu Leuk, um 1780.

benden Galerien befinden, unmöglich begegnen; dazu kommt die lange wollene Kleidung von dunkelbrauner Farbe, die geduckte Stellung, in der die Badenden ins Bassin treten und hier den Platz wechseln. So werden sich denn leicht auch die Delikatesten mit dieser Sitte versöhnen können, und in der That zieht auch der weitaus größte Theil der Kurgäste diese gemeinschaftlichen Bäder den Separatbädern vor.«[47]

Aber auch ohne dunkel gefärbte Badekleidung und gekrümmte Stellungen wollte wohl nirgends so recht die gewünscht/gefürchtete erotisierte Atmosphäre aufkommen, auf alle Fälle nicht in Baden bei Wien, über das im Biedermeier der Direktor des Wiener Hofburgtheaters schreibt:

»Wir ließen uns in weiße Gewänder hüllen und stiegen hinab in das warme Schwefelbassin, wo Männlein neben Weiblein herumtrudelt. Das Wasser bricht die Lichtstrahlen häßlich, die Figuren sehen alle verzwergt und ungestaltet aus, so daß erotische Gedanken diesem Beisammensein kaum entsprie-

66 Antoine Dieu: Dame beim Baden, spätes 17. Jh.

ßen können, solange man nicht in der Lebensepoche begriffen ist, wo man liebt quand même ...«[48]

Trotzdem stieg man häufig, wenn nicht aus erotischen, so doch aus Geselligkeitsgründen in diese Bassins, zumindest im 17. und im 18. Jahrhundert, als die Reinlichkeit aller Gesellschaftsschichten auf einem historischen Tiefpunkt angelangt war.

Badete Elisabeth I. im 16. Jahrhundert einmal im Monat,[49] so war sie geradezu eine Sauberkeitsneurotikerin, wenn man sie mit dem Sonnenkönig vergleicht. Wie aus dem *Journal de la santé de Louis XIV*, das die Leibärzte des Königs zwischen 1647 und 1711 führten, hervorgeht, hat dieser in den vierundsechzig Jahren ein einziges Mal gebadet, und zwar im Jahre 1665, obgleich er es aus gesundheitlichen Gründen dringend nötig gehabt hätte, diese Zahl ein wenig zu steigern. Ansonsten beschränkte er sich darauf, jeden zweiten Tag das Gesicht mit einem in Weingeist getauchten Tuch abzuwischen.[50]

Um den Bruder des Königs scheint es nicht besser gestanden zu haben. Dennoch war er offenbar für seine Zeit eine saubere

Erscheinung, denn der Herzog von Saint-Simon schreibt in seinen Memoiren über ihn:
»Monsieur benutzte alle möglichen Parfums und war in allem die Reinlichkeit selbst.«[51]
Als im Jahre 1664 die Frau von Samuel Pepys zum ersten Mal in ihrem Leben die erfreulichen Folgen der körperlichen Reinigung in einem Badehaus erlebt hatte, verlangte sie von ihrem Gemahl, sich ebenfalls zu waschen, bevor sie ihm weiterhin zum Venusdienste zur Verfügung stünde. Drei Tage blieb Pepys, der kaum jemals mehr als seine Füße gewaschen hatte, verstockt, doch dann drängte es in ihm so sehr, daß er seiner Lysistrata nachgab.[52]
Auch im darauffolgenden Jahrhundert blieb das Wasser den meisten ein recht fremdartiges Element, so daß es Johann Siegemund Hahn in seinem *Unterricht von Krafft und Würkkung des Wassers* für nötig erachtete, darauf hinzuweisen:
»Das Wasser hat das Vermögen zu reinigen und abzuwaschen.«[53]
Offenbar konnte er nicht voraussetzen, daß diese Tatsache allgemein bekannt war, obgleich zumindest die einfachen Frauen und Ammen einige Bekanntschaft mit den Eigenschaften des Wassers haben mußten, pflegten sie doch bisweilen wenigstens die kleinen Kinder zu baden, wie aus Amaranthes' *Frauenzimmer-Lexicon* vom Jahre 1715 hervorgeht:
»Bade Wanne, ist ein von Holtz zusammen gesetztes kleines Gefäße, worinnen die gemeinen Weiber statt der Bade-Molde ihre kleinen Kinder zu baden pflegen.«[54]
Doch auch das 19. Jahrhundert verzeichnete kaum einen Fortschritt. Im Jahre 1841 bedauerte William Acton, die englischen Frauen »wash every other part of the body, but, unhappily for their own comfort as well as that of their husbands, they seem averse to let clean water reach the vagina«,[55] was neunzehn Jahre später der Landgerichtsarzt von Roding bestätigt, der feststellt, daß für die Bäuerinnen der Oberpfalz das Waschen des Genitalbereichs Sünde sei und daß sie ledig-

lich jeden Sonntag Gesicht, Hals, Arme und Füße reinigten.[56]
So nimmt es nicht wunder, wenn in jenen Zeiten der Cunnilingus nicht gerade weit verbreitet war.

§ 7
Nacktheit in Japan, Rußland und Skandinavien

Scheint nun alles dagegen zu sprechen, daß es in der griechisch-römischen Antike, dem Mittelalter oder einer anderen aus den Quellen erschließbaren Epoche im westlichen Europa jenes unbefangene Verhältnis zum nackten Körper gegeben hat, so wird man darauf hinweisen, daß wir uns bisher im wesentlichen auf unseren Kulturbereich beschränkt haben. Geht indessen nicht aus Hunderten von Reiseberichten hervor, daß in der japanischen Kultur noch bis in unser Jahrhundert hinein der nackte menschliche Leib schamfrei gewesen ist?

Beschreibt nicht beispielsweise Kapitän Johnston, Kommandant der amerikanischen Dampffregatte *Powhatan*, gegen Ende der fünfziger Jahre des 19. Jahrhunderts den »schrecklichen Schock«, der ihn traf, als er mit ansehen mußte, wie japanische Männer, Frauen und Kinder gleich Adam und Eva »minus Feigenblatt« miteinander badeten, und zwar mit einer Nonchalance, die auch unsere Stammeltern vor dem Sündenfall nicht hätten übertreffen können?

»Sonderbare Menschen! dachte ich. Aber ein solcher Schock für alle meine Vorstellungen von weiblicher Delikatesse war nicht so leicht überwunden und ich wanderte weiter, ein klügerer, aber höchst degoutierter Mensch.«[1]

Bevor wir uns mit dieser vorgeblichen ›Nonchalance‹ der Japaner im Bade beschäftigen, ist es nicht unwichtig, darauf hinzuweisen, daß die Nacktheit der badenden Frauen und Männer eine verhältnismäßig neue Sitte war, die sich im großen und ganzen auf das 19. Jahrhundert beschränkte.

Während der Edo-Zeit in den beiden vorhergehenden Jahrhunderten achtete man nicht nur darauf, daß der Raum, in dem die Geschlechter gemeinsam badeten, fast völlig dunkel war, vielmehr behielten die Männer auch im Wasser ihren Lendenschurz und die Frauen den *jugu*, eine Art Unterrock,

67 Japanischer Kriegsgefangener bei der Morgenwäsche auf dem US-Schlachtschiff ›Jersey‹, 1944.

an oder benutzten eine spezielle Badekleidung. So berichtet auch Engelbert Kaempfer, im Bade des Jahres 1690 stehe der Japaner »außer dem Schaambande mutternackend da«, und über gewisse Pilger, von denen oft gesagt wird, sie seien völlig nackt gewesen, schreibt er:

»Sehr sonderbar komt es einem vor, daß man zur Winterszeit manchmal nackende Leute antrift, welche nur zur Bedeckung der Schaam mit einem Strohbusche umgürtet sind. Es haben selbige an gewisse Tempel und Abgötter ein Gelübde der Walfahrt gethan.«[2]

Obgleich nun die Männer den Unterleib und die Frauen auch die Brüste im Bade bedeckten – erst in der späteren Edo-Zeit trugen letztere häufiger das *jumaki*, ein um die Hüfte ge-

68 Badende Japanerinnen, spätes 19. Jh.

schlungenes, bis zu den Knien reichendes Baumwolltuch, das als »intimstes Kleidungsstück der Frau« bezeichnet wurde –, mieden viele Japaner das gemischte Baden und gingen in Badehäuser, die dem eigenen Geschlecht vorbehalten waren.[3] Dazu mag natürlich auch beigetragen haben, daß von Beginn an – das erste kommerzielle Gemeinschaftsbad wurde 1591 in Edo, dem heutigen Tōkyō, eröffnet[4] – die Badehäuser von Badehuren wimmelten,[5] die im Edo des 17. Jahrhunderts

69 Yoshiiku Ikkeisai: Frauenbadestube, Farbholzschnitt, um 1840.

ashisasuri onna, »Reiberinnen der Beine«, genannt wurden,[6] obwohl sie mit Bestimmtheit etwas anderes gerieben haben als die Beine.[7]

Beim Baden im Freien – etwa in den heißen Quellen (*onsen*) – trugen die Frauen früher um die Hüfte einen knöchellangen Sarong, das *koshimaki*.[8] Die Männer badeten zwar meist nackt, doch sie hielten sich – nachdem sie sich in den Kabinen, in welchen eine strenge Geschlechtertrennung herrschte, ausgezogen hatten – stets ein Handtuch vor die Genitalien. Auf diese Weise bedeckt, gingen sie zum Becken oder wo immer sie baden wollten und tauchten schnell unter.[9] So zeigt beispielsweise Kuniyoshis ›Badende Männer unter einem Wasserfall‹, um 1820 entstanden, wie die Männer mit dem Lendenschurz bekleidet zum Wasser gehen, ihn lösen und in die Fluten steigen, obgleich überhaupt keine Frauen anwesend sind.

Auch heute ist es in den heißen Quellen nicht wesentlich anders: es gehört zu den unausgesprochenen Anstandsregeln, das Handtuch (*tenugui*) vor die Genitalien zu halten,[10] und jeder würde »als kulturloser Barbar sein Gesicht verlieren«, der dies vergäße.[11]

So ist es unrichtig, zu behaupten, daß die Japaner unter sich im Bad die Genitalien »offen zur Schau« stellten und nur vor Europäern den Unterleib bedeckten, weil sie sich »mit den

70 Utamaro Kitagawa: Das Frauenbad, Farbholzschnitt, 18. Jh.

von ihnen bei uns vermuteten Schamvorstellungen« identifizierten.[12] Betrachtet man etwa den um 1840 von Yoshiiku Ikkeisai angefertigten Holzschnitt einer Frauenbadstube (cf. Abb. 69), so fällt auf, daß jede der zwanzig abgebildeten Frauen auf die eine oder die andere Weise, sei es durch das Badetuch oder durch die Beinhaltung, den Genitalbereich verdeckt, und genauso verhält es sich auf den anderen nicht-pornographischen Badedarstellungen.

Daß dies nicht nur künstlerische Konvention ist, sondern der tatsächlichen Badeetikette des traditionellen Japan entspricht, wurde von zahlreichen Kennern des japanischen Badelebens bestätigt,[13] die überdies darauf hinweisen, daß die Japaner herkömmlicherweise eine ganz außerordentliche Genitalscham sogar gegenüber den Angehörigen des eigenen Geschlechts empfinden,[14] die gepaart ist mit einem für Europäer kaum nachvollziehbaren voyeuristischen Interesse an den weiblichen Genitalien.

Als sich ein europäischer Besucher eines Volkstheaters in Kyōto im Jahre 1892 über die schwarzgekleideten Gestalten wunderte, die auf der Bühne herumhuschten, und als er seinen Gastgeber fragte, was das denn für Leute seien, antwortete dieser überrascht: »Das sind die Theaterarbeiter, aber die *sieht man nicht*.«[15]

71 *Koshibagaki-zōshi*, Kopie eines Originals aus dem 13. Jh., um 1800: Betrachten der Genitalien.

In ähnlicher Weise ›sah‹ man auch den nackten Badenden neben sich nicht, oder anders ausgedrückt: Die Japaner pflegten im Bade das auszuüben, was Goffman »civil inattention« genannt hat;[16] d.h., die Augen desjenigen, der schaute, glitten über die anderen Badenden hinweg oder durch sie hindurch, er ›sah‹, aber er nahm nicht zur Kenntnis, ähnlich wie wir heute für gewöhnlich die nackten Brüste einer Bekannten ›nicht wahrnehmen‹, die wir zufällig ›oben ohne‹ am Strand treffen.
Lange angesehen oder gar angestarrt zu werden erzeugt bei Japanern, die eine Abneigung gegen Augenkontakt haben,[17] ohnehin Scham (*haji*),[18] und wenn dies im öffentlichen Badehaus oder in den heißen Quellen geschah, war die Scham noch viel ausgeprägter.[19]
Vor längerer Zeit erzählte mir eine alte japanische Dame, die noch um die Jahrhundertwende als junges Mädchen gemeinsam mit dem anderen Geschlecht nackt gebadet hatte, daß die Atmosphäre im Badehaus alles andere als ungezwungen gewesen sei und daß vor allem die jungen Mädchen, aber auch die Frauen, meist sehr angespannt waren, weil sie befürchteten, von den Männern ›angeschaut‹ zu werden, wie ja auch der die badende Frau ausspähende Voyeur ein beliebtes Thema der alten erotischen Holzschnitte war.

72 Voyeur beobachtet durch ein Fernrohr eine badende Frau, um 1700.

Zwar habe es kaum je ein Mann gewagt, einen weiblichen Badegast direkt anzustarren, da der Betreffende völlig sein Gesicht verloren hätte, doch hätten viele Männer nicht selten aus den Augenwinkeln geschielt, um das zu erhaschen, was die Amerikaner einen *beaver shot* und einen *pink shot* nennen, d. h. einen Blick auf das Schamhaar einer Frau oder gar auf ihre Vulva, wenn die Frau sie bei einer ungeschickten Bewegung entblößte.

Zwar bemerkten die Frauen meist auch solche ›indirekten Blicke‹, da sie eine feine Sensibilität der Wahrnehmung entwickelt hatten, doch konnte man in derartigen Fällen trotz der großen Scham, die eine Frau empfand, wenn es einem Mann gelungen war, ihr zwischen die Beine zu schauen, wenigstens so tun, als sei nichts geschehen.

So banden sich früher die jungen Männer, die nachts ›fensterln‹ gingen, ein Handtuch um das Gesicht. Die Auserkorene erkannte den Betreffenden zwar trotzdem fast immer, aber sie konnte so tun, als ob sie nicht wisse, wer er sei, weshalb er sein Gesicht behielt, wenn sie ihn abblitzen ließ. Auf diese Weise war eine Begegnung am nächsten Tage ohne Peinlichkeit möglich.[20]

73 Typische Haltung nackter Japanerinnen im Bad.
Photo von Wilhelm Burger, um 1870.

Freilich gab es Fälle, in denen die Nacktheit oder die Formen des Körpers zur Schau gestellt wurden, so daß man sie nicht länger geflissentlich übersehen konnte. So waren im Jahre 1886 die ersten europäischen Badeanzüge an den japanischen Stränden aufgetaucht, die zwar den Körper bedeckten, aber seine Formen – im Gegensatz zur traditionellen japanischen Kleidung – betonten, vor allem wenn der nasse Stoff auf der Haut klebte.

Besonders die weibliche Badekleidung wurde deshalb – wie später die westlichen Dekolletés – als obszön empfunden, und im Jahre 1888 verboten die Behörden der Kanagawa-Präfektur das gemeinsame Baden von Frauen und Männern im Meer. Doch auch weiterhin erregte man sich über die schamlose europäische Mode, und die *Chōya*-Zeitung fand die Un-

74 Japanische ›Mösenschachtel‹, um 1840.

schicklichkeit der Tōkyōer Frauen, die sich so bekleidet am Strand zeigten, »höchst verwunderlich«.[21]

Auch die in der Aktmalerei präsentierten nackten Leiber lösten Skandale aus, weil in diesem Falle natürlich die Nacktheit noch viel weniger ›übersehen‹ werden konnte. So berichtete ein europäischer Beobachter gegen Ende des 19. Jahrhunderts, daß die japanischen Ausstellungsbesucher sehr befremdet waren, als sie die ersten weiblichen Akte sahen, und daß sie über die Bilder kicherten und lachten.[22]

Wie wir später sehen werden, ist das Lachen traditionellerweise die typische Reaktion der Japaner, wenn sie mit etwas Obszönem oder Schamlosem konfrontiert werden: *warai-e* waren pornographische Bilder, »über die man lacht«, *warai-dōgu* nannte man den künstlichen Phallus, »das Ding, worüber man lacht«.[23]

Den bekanntesten Skandal, den ein Akt in Japan auslöste, verursachte die in Paris gemalte ›Morgen-Toilette‹ Seiki Kurodas, die im Jahre 1893 in einer Ausstellung der Meiji-Ge-

75 Seiki Kuroda: ›Die Morgentoilette‹.

sellschaft in Kyōto gezeigt und sofort verboten wurde.[24] Einer der Hauptgründe für die alsbaldige Entfernung des Rückenaktes lag sicher darin, daß – wenn auch undeutlich – das Schamhaar der Dame im Spiegel zu sehen war, denn die drei schamhaar-, schamlippen- und schamschlitzlosen Damen des 1899 entstandenen Triptychons erregten wesentlich weniger Anstoß, obgleich auch sie splitternackt sind.[25]
Bereits die Sprache deutet darauf hin, daß in Japan die Genitalien verborgen sein sollen – die Silbe *in* bedeutet »Dun-

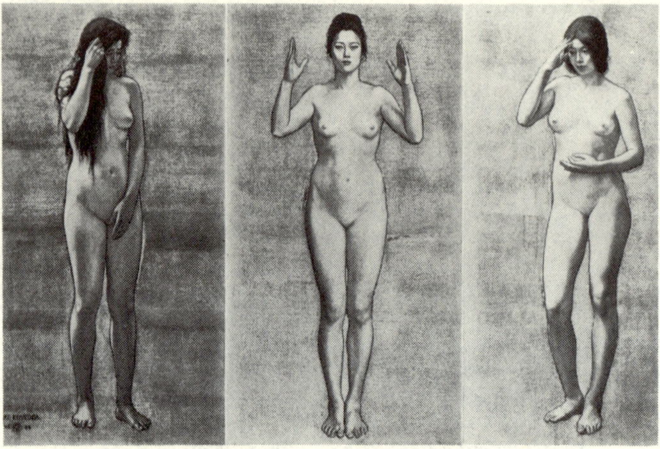

76 Seiki Kuroda: ›Triptychon‹.

kel«, »Schatten«, »verborgen« und findet sich in *inmō*, »Schamhaar«; *inbu*, »Genital«; *innō*, »Hodensack«; *inmon*, »Vulva«[26] – und wurden sie vom Künstler ans Tageslicht gebracht, bekam es dieser damals wie heute mit der Polizei zu tun.[27] Im Jahre 1901 mußten in einer Kunstausstellung in Tōkyō alle gemalten oder modellierten Akte auf behördliche Anordnung hin um den Unterleib herum mit braunen Tüchern bedeckt werden, und zwei Jahre später klebte man den weiblichen Skulpturen Feigenblätter aus Pappmaché auf die Genitalien. Da bei einer männlichen Skulptur das Blatt jedoch zu weit abgestanden hätte, blieb den Polizisten nichts anderes übrig, als den erhabenen Penis abzusägen.[28]

Heute neigt man eher dazu, auf Feigenblätter auch dann zu verzichten, wenn sie angebracht wären, und läßt die Genitalien – wie dies auch in der mittelalterlichen Kunst üblich war – ganz weg, so daß z. B. Saburō Miyamotos 1971 gemalte Eva im Tōkyōer Nationalmuseum für Moderne Kunst haar- und schlitzlos das Paradies verlassen muß.[29]

Wir haben also gesehen, daß von der ständig behaupteten Unbefangenheit der Japaner gegenüber dem nackten Leib ebensowenig die Rede sein kann wie etwa von der diesbezüg-

77 Trotz Schamhaars konnte Ishimotos ›Nackte Geisha‹ in den 70er Jahren in einer Tōkyōer Galerie gezeigt werden.

lichen Natürlichkeit der Menschen des Mittelalters. Während dieser Mythos heutzutage meist von jenen aufrechterhalten wird, die meinen, daß die mit Scham besetzte Nacktheit weniger auf den Sündenfall als auf den Einfall des Christentums in Europa zurückzuführen sei, wurde er vor hundert Jahren hauptsächlich von den Kolonialisten vertreten, die ein Interesse daran haben mußten, zu zeigen, daß die Japaner primitiv und unzivilisiert waren.

Die japanische Regierung war sich darüber völlig im klaren und unternahm große Anstrengungen, dem Ausland zu demonstrieren, daß ihr Land eine zivilisierte Nation im Sinne des westlichen Verständnisses von ›civilité‹ war, und dies, obgleich die Japaner schon immer über die Roheit und Primitivität der Europäer und Amerikaner entsetzt gewesen waren.[30]
So verbot im Jahre 1871 die Stadtverwaltung von Tōkyō, daß männliche Arbeiter sich in der Öffentlichkeit bis auf den Lendenschurz nackt auszogen, und die *Nichinichi*-Zeitung schrieb hierzu in einer Schlagzeile:
»Ihr dürft nicht von den Ausländern verlacht werden!«[31]
Da die meisten Ausländer nicht in der Lage gewesen waren, zu erkennen, daß in Japan der nackte Leib von einem unsichtbaren Schirm umgeben war, wurde den Bädern vorgeschrieben, einen auch für westliche Augen sichtbaren Schutzschirm vor der Tür anzubringen, damit man von der Straße aus keine Einblicksmöglichkeiten hatte. Die Geschlechtertrennung im Bade, die bereits im Januar des Jahres 1869 und in der folgenden Zeit immer wieder angeordnet wurde, führte man freilich – ähnlich wie im Rußland der frühen Neuzeit[32] – mehr symbolisch durch, indem man das Bad durch eine niedere Barriere in eine Männer- und eine Frauenhälfte unterteilte.
Bezeichnenderweise schrieb die obengenannte Zeitung zu diesen Maßnahmen, sie hätten keineswegs den Sinn, gute alte Überlieferungen zu verdammen, sondern die Bevölkerung davor zu bewahren, sich vor den prüden Fremden lächerlich zu machen, die der japanischen Sitte ohne Verständnis begegneten.[33] Dies zeigt, daß die Japaner mit Recht davon ausgingen, daß die Fremden in ihrer Überzahl die Gesetze der japanischen Schicklichkeit nicht verstehen konnten, was ihren Status als mächtige Barbaren noch untermauerte.
Wenn deshalb in der kommenden Zeit im Ausland die Rede von der »Naturnähe« der Japaner war, die der Nacktheit kein Tabu auferlegten, versuchte man nicht, den Fremden die traditionelle japanische Etikette zu erklären, sondern wies sie auf die moderne, ›westliche‹ Gesetzgebung hin.

Als beispielsweise der Geologe Edmund Naumann, der zehn Jahre lang sein Fach in Japan gelehrt hatte, im Jahre 1886 vor den Mitgliedern der Münchner Anthropologischen Gesellschaft einen Vortrag hielt, der anschließend in der Münchner ›Allgemeinen Zeitung‹ abgedruckt wurde[34] und in dem von der Nacktheit der Japaner in der Öffentlichkeit die Rede war, entgegnete ihm der Medizinstudent Ōgai Mori im selben Blatt:

»Einen auffallenden Irrthum muß ich aber hier doch noch berichtigen, daß man nämlich im Inneren Nipons ›fast nackt‹ gehe. Kennt Naumann das niponische Gesetz (*Ishiki kaii*) nicht, worin sogar die Entblößung der unteren Extremitäten oberhalb der Knie mit Geldbußen bedroht wird? Dieses Gesetz ist schon seit mehreren Jahren in Nipon gültig.«[35]

In ähnlicher Weise hatten im 18. Jahrhundert westeuropäische Reisende die unzivilisierten Russen beschrieben, und wie in Japan, so fürchteten sich auch hier die herrschenden Kreise vor der Lächerlichkeit. So schrieb im Jahre 1765 ein »teutscher Officier« über die russischen Badesitten:

»Als ich zum ersten Male diese öffentlichen Bäder gesehen, glaubte ich in Amerika unter den Wilden zu seyn. Ich sahe eine Menge Männer und Weiber, Mädchen und Jünglinge, Kinder und Greise nackend und ohne Scham für meinen Augen herumlaufen. Am mehresten wunderte ich mich darüber, daß Alte und Junge von beyden Geschlechtern, ohne die geringsten Zeichen der Scham, untereinander vermischt waren, und daß die Mutter sich den unverschämten Blicken des Sohnes und der Vater den neugierigen Augen seiner Tochter darstelleten.«[36]

Bekannter wurde um dieselbe Zeit das Buch *Voyage en Sibérie fait en 1761* des Abbé d'Auteroche, in dem der geistliche Herr den westeuropäischen Lesern mitteilte, daß die Geschlechtertrennung in den Bädern des einfachen Volkes eine sehr unvollkommene war, so daß Männer und Frauen einander nackt sehen konnten:

»Alle die auch nur über das bescheidenste Vermögen verfü-

78 Illustration zu Abbé d'Auteroches *Voyage en Sibérie en 1761*: Russisches Bad.

gen, haben in ihren Häusern ein eigenes Bad eingerichtet, in dem Vater, Mutter und Kinder, oft gleichzeitig, baden. Die niederen Volksschichten benutzen öffentliche Bäder. Diese Bäder sind für Männer und Frauen gemeinsam: Planken trennen die Geschlechter, aber da beide Geschlechter nackt aus dem Bad kommen, sehen sie sich in diesem Zustand.«
Diesem Bericht war eine Illustration beigefügt, auf der in einer geradezu bacchantischen Szene eine nackte Frau in fast pornographischer Weise die Beine öffnet. Wie überall auf der Welt, so stellte auch in einem russischen öffentlichen Bad eine solche Stellung des Körpers freilich eine Unmöglichkeit dar: ihr obszöner Charakter war Ausdruck tiefster Verachtung und Feindseligkeit, was nach einem Bericht Jacob Ulfeldts im

Jahre 1578 die dänischen Gesandten erfuhren, denen in Nowgorod Frauen durch die Fenster hindurch von vorne und von hinten die Scham zeigten, nachdem sie sich die Röcke hochgezogen hatten.[37]
Vor allem Bilder wie dieses scheinen es gewesen zu sein, die Katharina II. erzürnten, denn in der Tat vermittelten sie im Ausland den Eindruck, daß sich die russischen Bäder nur unwesentlich von Bordellen unterschieden, und die Kaiserin fühlte ihre Nation dermaßen diskreditiert, daß sie in ihrem 1770 anonym erschienenen zweibändigen Werk *L'antidote, ou Examen du mauvais livre superbement imprimé, intitulé Voyage en Sibérie par M. l'abbé Chappe d'Auteroche* versuchte, auf verkrampft-ironische Weise den französischen Priester als dreisten Lügner zu entlarven.[38]
Bereits um die Mitte des 16. Jahrhunderts hatte Iwan der Schreckliche, der die ersten intensiven Handelskontakte mit dem Westen knüpfte, das gemeinsame Baden von Männern und Frauen verboten,[39] offenbar ohne nachhaltigen Erfolg, da die Zarin Elisabeth Petrowna im Jahre 1743 und später besagte Katharina die Große das Dekret erneuerten.[40]
Nach dem letzten Erlaß vom Jahre 1783 war der Zutritt zu den Frauenbädern lediglich Badern, Ärzten und – zu Studienzwecken – Malern gestattet. Einem Gerücht zufolge soll es weder vorher noch nachher jemals so viele Ärzte und Maler in Rußland gegeben haben wie in der Zeit der Gültigkeit dieser Verordnung.[41]
Wie dieser zur damaligen Zeit in Rußland kursierende Witz schon andeutet, scheint die Nacktheit der Badegäste keineswegs so unproblematisch und unschuldig gewesen zu sein, wie man für gewöhnlich annimmt, und so sind auch auf vielen zeitgenössischen Darstellungen im Gegensatz zu der Illustration im Buche des Abbé d'Auteroche die Männer und Frauen im gemeinsamen Bade entweder mit Lendenschurzen bekleidet, oder zumindest die Frauen bedecken den Unterleib mit Reisigbüscheln.[42]
Ähnlich scheint es sich – wenigstens zu gewissen Zeiten – in

Skandinavien verhalten zu haben, über das wir allerdings widersprüchliche Informationen besitzen. So berichtet nämlich einerseits der Schwede Olaus Magnus um die Mitte des 16. Jahrhunderts, daß in seiner Heimat die Badstube für Männer und Frauen jeweils in zwei getrennte Räume aufgeteilt sei;[43] und ein nordischer Reisender erstaunt sich in einer im Jahre 1613 in Nürnberg erschienenen Schrift über die deutschen Badesitten:

»Es ist billich zu verwundern, dasz die Teutschen sich altso können im Zaum halten, ob wol Mann und Weib in einer Badstuben, darzu neben ein ander auf der Bank sitzen, bey nahe gar nackt und blosz, dasz doch kein Leichtfertigkeit vermercket wird.«[44]

Dem steht ein anderer Bericht entgegen. Im Jahre 1635 hatte nämlich der französische Legationssekretär Charles d'Ogier eine Stockholmer Badstube besucht, in welcher zu seiner Verwunderung Bademägde in linnenen Gewändern die Männer mit den Fingerspitzen massierten, mit Wasser übergossen und mit Birkenreisern schlugen:

»Diese Verrichtung wurde von jungen Mädchen ausgeführt, die eigentümlicherweise nur mit einem Hemd bekleidet waren. Sie schienen gar nicht schüchtern zu sein oder sich zu schämen, daß sie es mit nackten Männern zu tun hatten, sie zu massieren, ihnen vom Körper und vom Kopf den Schweiß abzuwaschen, sie einzuseifen, abzuduschen und abzutrocknen hatten. Männer, Frauen und junge Mädchen besuchten die Badestube gemeinsam. Die Frauen waren nur mit einem Hemd bekleidet, während die Männer sich mit Birkenbüscheln verhüllten.«[45]

Merkwürdig dabei ist, daß der Franzose die Schweden so unbefangen fand wie der zuvor zitierte Schwede die Deutschen, was den Verdacht aufkommen läßt, daß sich in derartigen Beschreibungen die Neigung niederschlägt, das Fremde zu ›exotisieren‹, es fremdartiger und eigentümlicher zu machen, als es tatsächlich ist. Dies nun nicht notwendigerweise deshalb, weil die Autoren bewußt dem Bedürfnisse des Lesepubli-

kums nach »Curiositäten« entgegenkommen wollten, sondern weil sie selber manches Vertraute im *fremden* Lande mit völlig anderen Augen betrachteten, so daß es ihnen plötzlich ganz unvertraut und seltsam erschien.
Fest scheint indessen zu stehen, daß man nicht schlechthin von einer ›nordischen Schicklichkeit‹ sprechen kann, sondern daß es in Skandinavien bezüglich des Zusammenbadens der Geschlechter ein West-Ost-Gefälle gegeben hat.
Zwar waren im Norwegen des 14. Jahrhunderts die Badstuben häufig Zentren des geselligen Vergnügens, wo man aß, trank, feierte, Würfel und Schach spielte, doch ein gemeinsames Baden der Geschlechter hat es allem Anschein nach so wenig gegeben[46] wie in Dänemark. Als jedenfalls der dänische Reichsrat Jacob Ulfeldt im Jahre 1578 in Nowgorod an einer ›Wassersegnung‹ teilnahm, nach welcher sich mehrere Männer vor den Augen der anwesenden Frauen und Jungfrauen nackt in die Fluten warfen, bemerkte er, daß sich in seiner Heimat niemand vor dem anderen Geschlecht entkleiden würde.[47]
Allerdings deutet nichts darauf hin, daß dieses West-Ost-Gefälle ein Gefälle der Schamschranken gewesen ist, denn auch in der finnischen Sauna herrschte – ähnlich wie im japanischen gemischten Bad – ein Höchstmaß an Schicklichkeit. »In der Sauna«, so lautet ein altes finnisches Sprichwort, »soll man sich wie in der Kirche benehmen.« Meist ging man leicht bekleidet in den Saunaraum, stieg in der Unterkleidung zur Pritsche hoch, zog sich dort aus und warf die Kleidung über einen Balken. Im übrigen achtete man darauf, daß die Genitalien nicht sichtbar waren, entweder indem man sich Birkenreiser vorhielt oder sich – im Falle der Frauen – auf sittsame Weise hinsetzte. Auch war es jüngeren Frauen untersagt, als Bademägde tätig zu sein.[48]
Wie aus älteren finnischen Quellen hervorgeht, gab es in der Sauna häufig Geschlechtertrennung, und in der Karelischen Landenge pflegten selbst Mann und Frau erst Jahre nach der Hochzeit gemeinsam die Sauna aufzusuchen. Nach einem

79 Finnische Männer-Sauna, um 1930.

Bericht aus dem Jahre 1892 durften sich im südlichen Finnland die Badenden erst dann ihrer Hemden entledigen, wenn sie sich oben auf der Pritsche befanden, und beim Herabsteigen bedeckte man auf alle Fälle den Genitalbereich.
Von der Sauna ins Haus liefen die Männer zwar nackt, aber mit vorgehaltenem Badequast und die Frauen im langen Hemd. Im Haus angekommen, zogen sich die Frauen schließlich im Wohnzimmer hinter den Bettvorhängen an, während die Männer dies offener an der Feuerstelle oder der Sitzbank taten.[49]

§ 8
Der indiskrete Blick

Wir haben also vor allem anhand der japanischen Badesitten des vergangenen Jahrhunderts gesehen, daß die Tatsache des gemeinsamen Nacktbadens keineswegs – wie etwa Elias glaubt – bedeutet, daß die Schamschranken in diesem Falle niedriger sind als dort, wo man bekleidet badet. Im Gegenteil scheint dieses Gemeinschaftsbad der Geschlechter einen größeren ›Triebverzicht‹ gefordert zu haben, da man sich einerseits ständig beherrschen mußte, den Blick nicht frei schweifen zu lassen, andererseits jedoch, vornehmlich im Falle der Frauen, stets gewärtig sein mußte, daß die intimsten Teile des Körpers von anderen gesehen oder sogar betrachtet wurden. Das Ergebnis war eine zwanghafte und nicht die zwanglose Atmosphäre, die westliche Beobachter immer wieder zu fühlen glaubten.

Nun wird man vielleicht sagen, dies verwundere keineswegs, da es sich ja bei den Japanern um Träger einer Hochkultur handle und nicht um eine primitive Kultur, weshalb ein hohes Maß von Triebgebundenheit auch billigerweise zu erwarten sei.

Wenden wir uns deshalb einigen Kulturen zu, die man sich zwar heute meist nicht mehr getraut, »Tiefkulturen« zu nennen – man zieht etwas heuchlerisch das Wort »Nicht-Hochkultur« vor –, die aber immer noch vor allem in der angelsächsischen ethnologischen Literatur als »primitive« Kulturen bezeichnet werden.[1]

Bei den nacktgehenden Kwoma in den Peilunguabergen nördlich des Sepik werden bereits die kleinen Buben bestraft, wenn man sie dabei erwischt, daß sie den Frauen oder Mädchen auf den Genitalbereich schauen. Hat eine Frau oder ein Mädchen den Eindruck, daß irgendein Knirps auf ihre Vulva gelinst hat, schimpft sie ihn für gewöhnlich aus oder verprügelt ihn sogar. Danach bleut sie ihm ein, er dürfe nicht auf diese Stelle schauen, weil das »ihr Etwas« (*enji mbumbowi*) sei, ein Ausdruck, der für einen Gegenstand verwendet wird, den man als persönliches Eigentum betrachtet[2] und der in diesem Falle genau der englischen Bezeichnung der Genitalien, nämlich »private parts«, entspricht.

Sollte ein Pubertierender oder ein junger Mann es wagen, einem Mädchen auf die Vulva zu schauen, so würde dies als Annäherungsversuch gelten und entsprechend von den Verwandten des Mädchens geahndet. Aber vom Genitalbereich einmal abgesehen, darf sein Blick den übrigen Körper des Mädchens oder einer Frau nur streifen,[3] und zwar auch dann, wenn keiner ihrer Verwandten in der Nähe ist, der Zeuge des Vorfalls werden könnte, denn es genügt, daß das Mädchen zu Hause erzählt, daß der Junge ihr beispielsweise eine Sekunde zu lange auf die Brüste geschaut habe, um die Rächer auf den Plan zu bringen.

Aus diesem Grunde hatten die Ethnologen große Schwierigkeiten, Frauen zu photographieren. Nicht etwa deshalb, weil diese geglaubt hätten, der Photograph nähme ihnen die Seele weg oder die Photos könnten magisch manipuliert werden oder dergleichen, sondern weil sie wußten, daß das Photo ihre Vulva »einfing«, so daß jeder x-beliebige Mann hinterher genüßlich »ihr Etwas« betrachten konnte, und zwar ohne zur Rechenschaft gezogen zu werden.

Um den ständig drohenden negativen Sanktionen zu entgehen, die ein vielleicht ungewollter Blick auf einen Frauenbauch nach sich zieht, schauen deshalb die Männer – wenn Frauen in der Nähe sind – meistens entweder ständig auf den Boden, oder sie stellen oder setzen sich nach Möglichkeit mit dem Rücken zu den Frauen. So dürfen sich ein Mann und eine Frau, die sich auf einem Pfad begegnen, nur Rücken an Rükken miteinander unterhalten.

Freilich sind die Männer bei den Kwoma Meister der indirekten Beobachtung: Gehen beispielsweise einige Frauen an einer Gruppe von Männern vorbei, so senken diese zwar sittsam den Blick oder wenden sich ab, doch dies hindert sie

80 Marind-anim mit unter den Gürtel geklemmtem Penis.

nicht daran, sich nachher über die Details der Schamlippen oder der Brüste der betreffenden Frauen zu unterhalten.[4] Bei den ebenfalls in Neuguinea lebenden Bangu-anim dürfen die Männer nicht zu nahe an Frauen und junge entwickelte Mädchen herangehen, weil diese nackt sind, aber auch sie selber klemmen – wenn Frauen in der Nähe sind – den Penis unter ihren geflochtenen Lendengürtel, damit kein weiblicher Blick auf die entblößte Eichel fallen kann.[5]

Wenn früher bei den Qunantuna auf Neubritannien ein Mann einen Bekannten besuchte, mußte die Frau des Gastgebers oder dessen geschlechtsreife Tochter nach einer flüchtigen Begrüßung alsbald hinter der Hütte verschwinden. Denn da die Qunantuna nackt gingen, wollte man – wie ein alter Informant dem Ethnographen versicherte – dem Gast wie auch allen anderen Anwesenden die tiefe Beschämung ersparen, daß angesichts der nackten Frauen sein Glied steif wurde. Dies wäre ihm auch deshalb teuer zu stehen gekommen, weil dieses anzügliche Verhalten des Penis einer sexuellen Beleidigung der weiblichen Familienmitglieder gleichgekommen wäre.[6]
Betrat der Mann das Gehöft und fand die Hausherrin oder deren ältere Tochter im Schatten des Daches schlafend vor, dann entfernte er sich auf der Stelle, ohne einen Muckser von sich zu geben. Wäre die Frau nämlich aufgewacht, so hätte sie ja denken können, der Gast habe vorher in aller Ruhe ihre Genitalien betrachtet.[7]
Obgleich bei den Feuerländern alle Erwachsenen und »die zur Vernunft gelangten« Kinder, vor allem aber die pubertierenden Mädchen, die Genitalien mit einem dreieckigen Schamschurz aus Leder bedeckten,[8] galt das ungeschriebene Gesetz, nach dem man niemandem ›auffällig‹ auf den Unterleib schauen durfte.
James Cook berichtet, daß seine Matrosen im Jahre 1768 gegen diese Regel verstießen, worauf die Indianer sich schämten und erröteten.[9] Ohne diesen Schamschurz – der bei den Yahgan (Yámana) aus Guanakohaut gefertigt war und *machakana* genannt wurde[10] – sah man niemanden; selbst während des Beischlafs wäre es anstößig gewesen, die Genitalien des Partners anzusehen,[11] und als Photographen gegen Ende des vergangenen Jahrhunderts darauf bestanden, eine Frau splitternackt abzulichten, um zu Hause das Bild einer wirklichen Wilden präsentieren zu können, bedeckte diese die Vulva mit der Hand.
Um solche Wilde auf die Platte zu bannen, sie zu vermessen

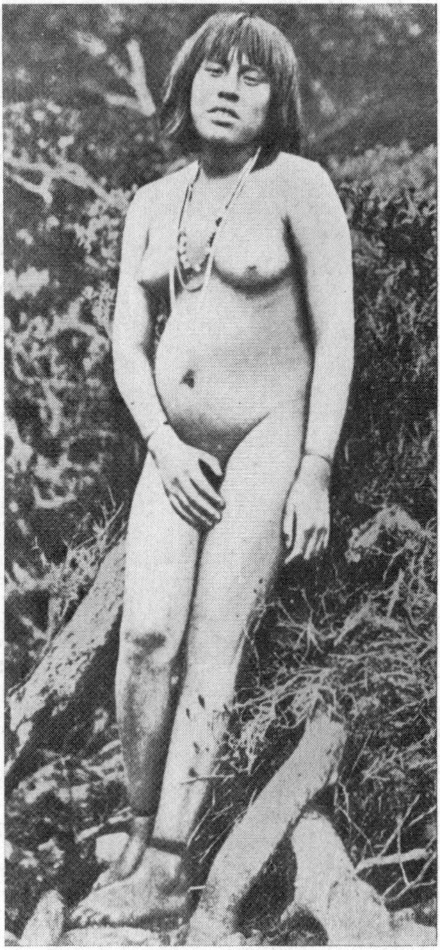

81 Feuerländische Frau, den Genitalbereich bedeckend, 19. Jh.

und zu beschreiben, haben sich Reisende und Ethnologen nicht selten auf brutale Weise über die Schamschranken der fremden Menschen hinweggesetzt und diese zutiefst gedemütigt.

War es noch verhältnismäßig harmlos, wenn »der sehr geschickte Amateurphotograph Mr. Lee Morehouse«[12] im

82 Umatilla-Indianerin, Oregon.

Jahre 1900 in einem Reservat in Oregon die Umatilla-Indianerin Wapaletehihi nötigte, eine ihrer Brüste zu entblößen, so muß der Befehl des deutschen Kolonialoffiziers Max Weiß, sich splitternackt photographieren zu lassen, für die Himafrauen auf Abb. 83, die wie alle Afrikanerinnen eine ganz außerordentliche Genitalscham haben (cf. S. 331), geradezu schockierend gewesen sein.

Viel schlimmer aber war es noch, wenn der gelehrte Herr aus Übersee Hand anlegte. So beschreibt der Anthropologe Marno, dem »die freudige Überraschung« vergönnt war, »ein

83 Entblößte Frauen der Hima.

Exemplar des von Dr. G. Schweinfurth aufgefundenen Volkes der Akka oder, wie sie von den Nubiern genannt werden, Tiki Tiki zu treffen«, daß »das Exemplar« (cf. Abb. 84) bitterlich weinte, weil es glaubte, der Wissenschaftler würde es nun schlachten und essen. Zwar tat er das nicht, aber er nahm die Frau wie ein Insekt unter die Lupe, wobei er sich anscheinend vor allem für Brüste, Oberschenkel, Schamhaar und Vulva interessierte und genaustens den »Abstand der Brustwarzen«, den »Brustumfang unter den Hängebrüsten« und dergleichen vermaß.[13]
Daß sich auch heute noch Ethnologen wie die Axt im Walde aufführen, zeigt der italienische Forscher Cipriani, der auf Abb. 85 eine Onge-Frau auf den Andamanen, die wie die zweite Frau auf dem Bild schamhaft die Augen senken will, zwingt, in die Kamera zu blicken.
Daß er dabei Gewalt anwenden mußte und daß schon vor mehr als hundert Jahren die ersten Erforscher der Andamaner die große Schamhaftigkeit der Onge, insbesondere der Frauen, beschrieben haben,[14] hinderte ihn nicht daran, zu schreiben: »None of the Onges have any sense of modesty«,[15]

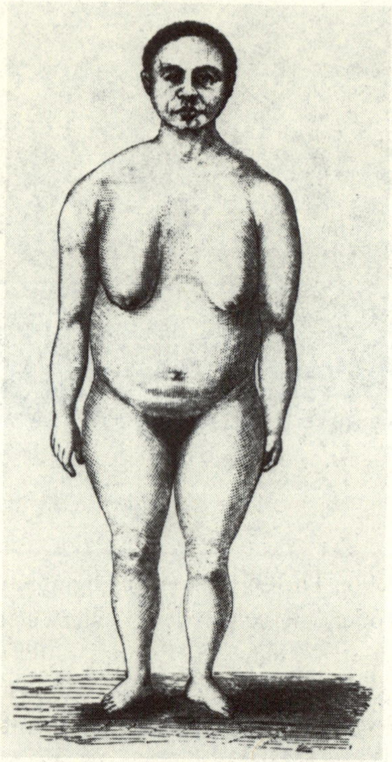

84 Akkafrau. Zeichnung aus dem 19. Jh.

so daß nur noch übrig bleibt, festzustellen, daß die Dummheit dieses Gelehrten offenbar seine Schamlosigkeit noch übertrifft.

Am Beispiel der Onge – wie zuvor der Kwomafrauen – sehen wir, daß das Photographieren zuweilen als ein schamverletzendes Anstarren par excellence empfunden wird, auch wenn sich die Andamanerinnen vielleicht nicht – wie die Kwoma – darüber im klaren waren, daß ihr Bild damit »eingefangen« wurde und beliebig betrachtet werden konnte.

Doch auch das einfache Hinschauen ist im Gegensatz zum Hindurch- oder Darüberhinwegschauen häufig anzüglich. So achteten die Frauen der Bongu an der Astrolabebai darauf, daß ein Mann ihnen nicht zu sehr auf die frei getragenen Brü-

85 Der Ethnologe Cipriani zwingt eine sich schämende Onge-Frau, in die Kamera zu blicken.

ste schaute, und sie drehten sich um, wenn jemand dies tat.[16]

Die Negritos waren sehr betroffen und beschämt, daß die Filipinos ihnen, vor allem den Frauen, auf den Genitalbereich starrten, der nur spärlich bedeckt war, und hielten sie deshalb

86 Sich schämende Onge-Frauen und der Reisende Heinrich Harrer.

für »schlecht«.[17] Um ein ›Fixieren‹ der Frauen, aber auch der Männer zu verhindern, haben deshalb die Ngaju-Dayak eine »Buße für begehrliches Ansehen« (*singer bandung mate*) festgelegt: Sieht ein Mann eine Frau oder eine Frau einen Mann an, »jedoch der Blick ist anders, als wie die Leute sich sonst ansehen«, so zahlen der oder die Betreffende ein Strafgeld von zehn Rupiah.[18]
Natürlich verschärft sich die Situation, wenn der und vor allem die Angeschaute nackt ist, beispielsweise beim Baden. Waren die Strafen im allgemeinen zwar nicht so hart wie auf Nias, wo ein Mann, der auf eine badende Frau schaute, geblendet wurde, bis die Missionare das Strafmaß milderten,[19] so galt es doch bei den Toba-Batak bereits als Ehebruch, wenn sich ein Mann dem Badeplatz der Frauen näherte, ohne vorher *bo!* gerufen zu haben, oder wenn eine Frau dort badete, ohne dies auf irgendeine Weise kenntlich gemacht zu haben.[20]
Bei den Ngaju-Dayak ist die »Buße für das Vorbeigehen an

87 Dayak-Frau mit kleinen Kindern beim Baden.

einer badenden Frau und für das Überschreiten ihrer Kleider« (*singer mahalau mandui mingkang pakaian*) noch relativ bescheiden. Doch sehr viel teurer wird es für einen Mann, wenn er die betreffende Frau direkt anschaut und anspricht. So muß er bis zu sechzig Rupiah berappen, wenn er mit seinem Boot am Ufer anlegt, die Bootswände herunterläßt und mit einer Frau, die zum Baden gekommen ist, »mutwillig Scherz treibt«.[21]

Geht bei den Ata Kiwan im äußersten Osten von Flores ein Mann, der einer im Meer badenden Frau zuschaut, straffrei aus, weil es dort nicht üblich ist, daß eine Frau im Freien badet und sie somit das Verhalten des Mannes provoziert hat,[22] so ist dies auf Bali anders, weil dort auch heute noch die beiden Geschlechter in der Öffentlichkeit baden.

An den Quellen sind der Frauen- und der Männerbadeplatz

88 Badende Balinesin. Man beachte die Beinhaltung.

durch eine Mauer voneinander getrennt, und in den Flüssen baden die Männer stromaufwärts und die Frauen stromabwärts, vermutlich deshalb, weil die Männer nur auf diese Weise sicher sein können, daß kein Menstruationsblut oder Vaginalsekret zu ihnen gespült wird. Geht nun ein Mann am Badeplatz der Frauen vorüber, so wendet er das Gesicht ab oder er schaut zumindest schnurgerade nach vorn. Äußerst schamlos wäre es, den Blick den badenden Frauen zuzuwenden oder gar sie zu betrachten, denn »die Augen sollten nicht dorthin gehen, wo sie nicht erwünscht sind«, und wenn jemand es wagen sollte, so wird er bestraft.[23]
Aber auch vor den Angehörigen des eigenen Geschlechts dürfen die Genitalien nicht entblößt werden, weshalb die baden-

89 Badender Balinese, die Genitalien bedeckend.

den Frauen und jungen Mädchen früher meist die Beine zusammenpreßten oder überkreuzten, damit der Schamschlitz verborgen blieb, während die Männer meist die Hand vor die Genitalien hielten. Heute baden fast nur noch die älteren Frauen völlig nackt, wobei sie allerdings die Vulva – wie die Männer den Penis und den Hodensack – mit der Hand bedekken. Insbesondere die jungen Mädchen, aber auch die jungen und die Frauen mittleren Alters behalten häufig die Unterhose an.[24] Gehen die Frauen zum Baden in den Fluß, so heben sie, während sie hineinwaten, langsam den Sarong hoch und nehmen ihn in dem Moment, in welchem sie ins hüfthohe Wasser springen, blitzschnell ab, so daß keine der anderen Frauen einen Blick auf ihre Vulva werfen kann.[25]
Offenbar darf traditionellerweise niemand, auch der Liebha-

ber oder der Ehemann nicht, die Vulva einer Frau sehen. So meinte ein alter Balinese auf Lombok, er habe noch nie in seinem Leben seine Frau nackt gesehen, und er hätte sich sehr geschämt, wenn dies einmal vorgekommen wäre.[26] Auch zum Beischlaf ziehen sich die Balinesen nicht aus, obgleich sie ohnehin nichts sehen könnten, weil der Liebesakt im Dunkeln stattfindet, und am Tage tragen die Frauen über der Unterhose häufig zwei Sarongs, so daß ihre Genitalien wohlverpackt sind.[27]

Ist es auf Bali höchst beschämend, eine sich badende Frau, die nur eine Unterhose trägt, anzusehen, so verbot auch bei uns die Polizei ausdrücklich das »Anstarren von Damen«, obgleich dieselben mit einem außerordentlich sittsamen Badekostüm bekleidet waren, etwa als im Jahre 1906 das Freibad Berlin-Wannsee eröffnet wurde.

Da sich jedoch solche Blicke nicht ganz vermeiden ließen, zogen es die Mitglieder der »Luftbadebewegung«, die etwas spärlicher angezogen waren – die Männer nämlich mit einer Sporthose und die Frauen mit einem langen, hemdartigen Gewand – vor, sich nach Geschlechtern getrennt den Strahlen der Sonne auszusetzen.[28]

Freilich gab es in dieser Zeit bereits Anhänger der Freikörperkultur, die der Meinung waren, daß die Nacktheit nicht *wesentlich* erotisch sei, und die ohne Geschlechtertrennung unbekleidet zusammentrafen. Schauen wir uns im folgenden an, ob die Nudisten in ihrem tatsächlichen Verhalten diese Auffassung bestätigten oder eher widerlegten.

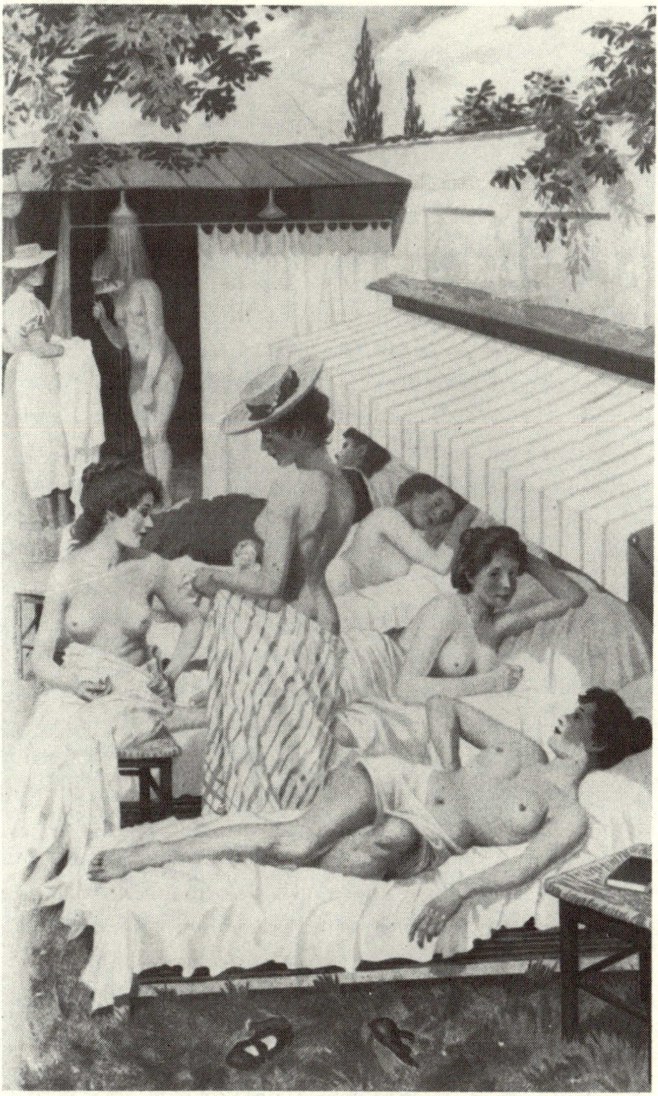

90 ›Sonnen- und Luftbad für Damen‹ aus *Die Frau als Hausärztin*, 1908.

§ 9
Der nudistische Blick

»If one were properly educated«, heißt es bereits im Jahre 1878 in einem Artikel, welcher in der vom ›Washington Woman's Club‹ herausgegebenen Zeitschrift *Alpha* erschien, so würde niemand durch irgendeinen unbekleideten Körperteil des Menschen sexuell gereizt werden.[1]

Diese These, die besagt, daß die Nacktheit des menschlichen Körpers im Wesen unerotisch sei, war auch später die Grundüberzeugung der Nudisten, oder, wie es die ›Ligue Vivre‹ der französischen Anhänger der Nacktkörperkultur formulierte: »La nudité étant asexuelle, elle libère l'esprit de toutes les pensées érotiques, fruits de la curiosité et de l'imagination.«[2]

So demonstrierte im Jahre 1923 ein deutscher Nudist anhand seiner Nacktfotos, »daß durch die Betrachtung reiner, keuscher Nacktheit rohe sinnliche Triebe abgetötet werden«[3] – was man z. B. nach dem Genuß des Ufa-Filmes ›Wege zu Kraft und Schönheit‹ fast geneigt ist zu glauben –, und bereits 1907 verlautete der Nudist Ungewitter, der Anblick des Nackten[4] löse sinnliche Regungen nur bei »entarteten Naturen« aus.[5]

Freilich scheinen danach auch Ungewitter und seine Gesinnungsfreunde ein bißchen aus der Art geschlagen zu sein, denn er schrieb einige Zeit später:

»In nackter Gesellschaft muß man sich anständiger als unter Bekleideten benehmen und muß in Worten, Gebärden und Blicken sehr zurückhaltend und vorsichtig sein«, worauf er ausführte, die Nudisten befleißigten »sich strengster Selbstzucht«, um jegliche geschlechtliche Erregung zu vermeiden.[6]

In der Tat sind auch heute noch manche amerikanische Nudisten darauf stolz, einen langen Augenkontakt aufrechterhalten zu können,[7] was darauf hindeutet, daß sie sich gleichsam am Gesicht des anderen festhalten, damit der Blick nicht auf die erogenen Zonen fällt.

91 Szene aus dem 1925 uraufgeführten Ufa-Film ›Wege zu Kraft und Schönheit‹.

»They all look up to the heavens and never look below«, schreibt ein Beobachter der amerikanischen Nudisten,[8] nachdem schon in den dreißiger Jahren ein Reporter bemerkt hatte: »Nudists' bodies are free, but their souls are in corsets.«[9]
Insbesondere die Frauen halten sich streng an die Regel »Nie nach unten schauen«, während zumindest einige Männer den Soziologen beichteten, daß sie besonders die jungen Frauen

92 Der Nudist Ungewitter »bei geistiger Arbeit zuhause«.

betrachteten, aber nur dann, wenn sie ganz sicher waren, daß es niemand bemerkte.[10]

Doch ähnlich wie die Japanerinnen im gemischten Bad, so scheinen auch viele Nudistinnen sehr sensibel für männliche Blicke zu sein, so daß ein männliches Mitglied eines Nudistencamps daraus die Konsequenzen zog:

»I stay clear of the opposite sex. They're so sensitive, they imagine things.«[11]

Wenn wir also weiter oben gesagt haben, daß die nackten Japaner im Badehaus des vergangenen Jahrhunderts ein ›Phantomkleid‹ anhatten, so gilt das gleiche für die westlichen Nudisten, die wohl gar nicht wußten, wie recht sie hatten – freilich in einem etwas anderen Sinne –, wenn sie davon spra-

93 Diane Arbus: Ehepaar in Nudistencamp, New Jersey, 1963.

chen, sie trügen ein »Naturkleid« oder ein »keusches Lichtkleid«.[12]

Doch nicht allein dem Auge wurden Fesseln angelegt, vielmehr wurde nach Möglichkeit alles ausgeschaltet, was der Herstellung einer erotischen Atmosphäre dienlich sein konnte. Da im allgemeinen das Ausziehen der Kleider erotisierender ist als die Nacktheit selber – wäre es anders, so gäbe es eine ›Nude Show‹ und keinen Striptease –, entkleideten sich die Nudisten meist in ihren Kabinen.[13] Als sich einmal Darmstädter Nudistinnen vor einem nackten Gast aus Frankreich auszogen, befürchtete dieser eine auffällige Zustandsveränderung seines Zeugungsgliedes und atmete erleichtert auf, als die Damen endlich entblößt vor ihm standen.[14]

Weiterhin ist in den meisten Nudistencamps nicht nur der Genuß von Alkohol verboten, weil dieser die Hemmschwellen herabsetzt und Ungewitters »strengste Selbstzucht« gefährdete, auch das Reden über Sex ist ebenso verpönt wie jeg-

94 Nudistinnen. Aus der Zeitschrift *Lachendes Leben*, 20er Jahre.

liche Form von Körperkontakt, selbst wenn es sich nur um ein flüchtiges Sichstreifen handelt.

»There ist to be no nude dancing permitted at any time«, lautete etwa eine Anordnung, da man fürchtete, daß eine gegenseitige Berührung des Unterleibes zu einer Erektion auf der Tanzfläche führen könnte. Wurde deshalb Tanzen zugelassen, dann unter der Bedingung, daß die beiden Geschlechter wenigstens den Unterleib, meist jedoch auch den Oberkörper bedeckten, so daß eine Berührung der nackten Brüste der Dame ausgeschlossen war.

Die Liebespaare berührten sich fast durchweg erst dann, wenn sie angezogen waren.[15] Als in dem Nudistencamp Allison Oaks ein junger Mann spielerisch seine Frau zum Schwimmbecken trug und sie ins Wasser warf, wies man die beiden später diskret auf die Unschicklichkeit derartiger Verhaltensweisen hin.

Wie es in traditionellen Gesellschaften in der Öffentlichkeit allgemein üblich ist, so waren auch unter Nudisten verbale Zärtlichkeiten zweier Partner verpönt. Als beispielsweise in einem Camp ein Mann seine Frau »Honey« nannte, wurde er anschließend den ganzen Tag über von den anderen Nudisten »Honey« gerufen.

95 »Die sieben Schwaben auf Hasenjagd«, 1927.

Auffällig war auch die relative Abwesenheit sportlicher Betätigungen, da man so weit wie möglich das Auf- und Niederhüpfen der Brüste und der männlichen Genitalien sowie tiefere Einblicksmöglichkeiten in die Genitalien der Frauen vermeiden wollte.[16]

Ähnlich verhielt es sich bei jenen australischen Ureinwohnern, die völlig nackt gingen. Bei ihnen war nicht nur jegliche Berührung zwischen den Geschlechtern in der Öffentlichkeit tabuisiert, vielmehr bedeutete es eine Aufforderung zum Geschlechtsverkehr, wenn eine Frau in einer Weise ging, daß ihr Hintern wackelte oder ihre Brüste schaukelten oder gar hüpften.[17]

Gipfel der Schamlosigkeit war es indessen, wenn eine Frau die Beine so spreizte, daß die Vulva sichtbar wurde, und in gleicher Weise gilt es bei herkömmlichen Nudisten als schokkierend, wenn eine Frau ›unladylike‹ sitzt oder sonstwie ihre Genitalien sehen läßt.[18] Als eine Frau in einem Camp auftauchte, die sich das Schamhaar abrasiert hatte, wurde dies allgemein als »ekelerregend« bezeichnet. Auf der anderen

96 Diane Arbus: Ehepaar im Nudistencamp, New Jersey, 1963.

Seite darf wiederum auf keinen Fall der Genitalbereich mit Textilien bedeckt werden, weil man damit ja unausgesprochen zugeben würde, daß Nacktheit eo ipso sexy ist.[19]

In den letzten beiden Jahrzehnten scheinen indessen die Schamschranken niedriger geworden zu sein. Zwar sieht man auf den Photographien der Publikationen neueren Datums über die kalifornischen Nacktbadestrände oder die heißen Quellen bei Santa Barbara, daß weitaus der größte Teil der unbekleideten Frauen die Beine eng zusammenhält[20] – eine verbreitete Weise zu sitzen besteht darin, die geschlossenen Beine anzuziehen, das Kinn auf die Knie zu legen und die Beine mit den Armen zu umschlingen. Und es ist auch auffällig, daß viel mehr Frauen als Männer auf dem Bauch zu liegen pflegen, weshalb sie häufig auf den Hinterbacken Sonnenbrand haben. Trotzdem ist es unverkennbar, daß ein Mann heutzutage wesentlich größere Chancen auf einen »pink shot« hat als in einem Nudistencamp der frühen sechziger Jahre.

97 Junge Mädchen an den heißen Quellen bei Santa Barbara, Kalifornien, frühe 70er Jahre.

Man betrachte nur die Photographien in einem im Jahre 1969 erschienenen nudistischen Buch. Von den siebzehn nackten Frauen sind zehn von hinten photographiert, fünf von der Seite – wobei nur bei zweien undeutlich die Brustwarzen und bei einer ganz schwach der Rand des Schamhaares erkennbar ist –, sowie zwei von vorne. Doch auch bei letzteren ist, im Gegensatz zu vier abgebildeten kleinen Mädchen, vom Genitalbereich keine Spur zu sehen, und nur bei der einen Frau sind undeutlich die Brustwarzen sichtbar. Auf einem Gruppenphoto sitzen junge Männer und Frauen im Halbkreis, doch wiederum glänzen Brüste, Schamhaar und Genitalien durch Abwesenheit. Von den ansonsten im Buche wiedergegebenen nackten Männern sind drei von hinten und drei von der Seite aufgenommen, doch auch bei diesen ist vom Schamhaar und den Genitalien nichts zu sehen.

Vergleichen wir damit beispielsweise den *Oböna-Katalog*

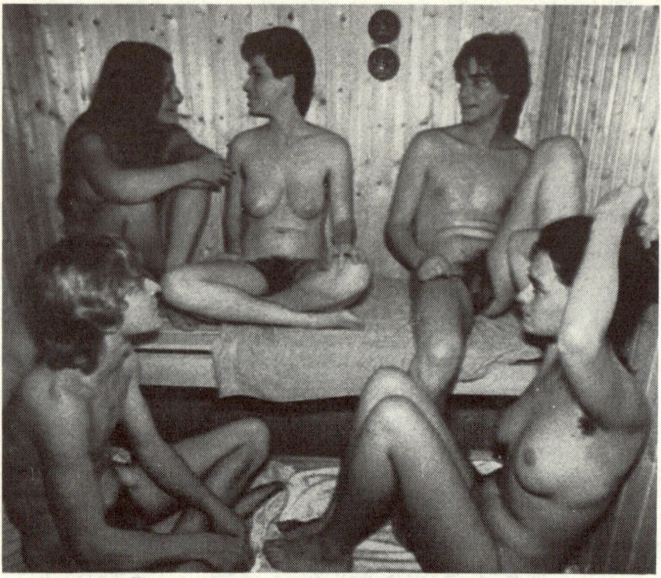

98 Illustration zum ›Oböna-FKK-Reisekatalog 1987‹.

1987 für »FKK-Reisen«. Auf den Photos von fünfundvierzig nackten Frauen[21] sieht man immerhin bei sieben das Schamhaar, und eine Frau im Schneidersitz präsentiert sogar vollständig den Genitalbereich, wobei jedoch auf Grund des üppigen Schamhaarwuchses die Schamlippen nicht sichtbar sind. Bei den dreizehn nackten Männern sieht man fast bei der Hälfte die Genitalien.

Norbert Elias, der am Vorabend des letzten Weltkrieges »die Vorboten eines Schubes zur Züchtung neuer und strafferer Triebbindungen« auszumachen glaubte, »die weit über den bisher vorherrschenden Standard hinauszuführen scheinen«,[22] interpretiert nun diesen Wandel seiner Theorie entsprechend ganz anders.

Elias meint, daß nur der »sehr hohe Standard der Triebgebundenheit«, den wir inzwischen erreicht hätten, einen knappen Badeanzug oder völlige Nacktheit möglich gemacht habe. Diese seien nur deshalb nach vielen Jahrhunderten wieder zu-

99 Amerikanische Nudistinnen mit retuschiertem Schambereich, 1946.

gelassen worden, weil ein »hohes Maß von Zurückhaltung zur Selbstverständlichkeit geworden ist« und wir »absolut sicher« sein können, daß wir unsere sexuellen Regungen im Zaume zu halten vermögen.[23]

Deshalb sei es ein Trugschluß, zu glauben, die Schamschranken seien in der Entwicklung der vergangenen Jahrzehnte niedriger geworden und die Menschen in den heutigen westlichen Ländern würden weniger Triebverzicht leisten. Vielmehr sei einfach »der Panzer von Verhaltens- und Empfindungsregeln mittlerweile stark genug, um auf den Kleiderzwang verzichten zu können – nichts wäre den Anwesenden

100 Am Strand von Zerbo, 1972.

peinlicher als eine spontane männliche Erektion auf der Badewiese«.[24]

Diese Argumentation scheint indessen nicht zuzutreffen.

War im Nudistencamp der sechziger Jahre eine Erektion dermaßen beschämend, daß sie je nach Umständen zum Ausschluß aus dem Camp führte, und war die Furcht vor einer solchen Peinlichkeit so groß, daß selbst das Wort »Erektion« tabu war, gleichsam wie wenn das Aussprechen des Wortes die Sache selber nach sich gezogen hätte,[25] so hat sich dies heute weitgehend verändert.

An den heutigen Nacktbadestränden werden Erektionen meist als natürliche Reaktionen betrachtet oder einfach ›übersehen‹,[26] desgleichen sexuelle Betätigungen, wobei allerdings genitaler Koitus und Cunnilingus (»going French«) unter Heterosexuellen sowie Analverkehr (»going Greek«) unter Homosexuellen selten vorkommt und beide Gruppen im allgemeinen mit Fellatio und Masturbation (»hand job«) vorliebnehmen.[27]

Sagte damals ein alter nudistischer Hase, er habe in dreißig Jahren ganze zwei Mal erlebt, daß einem Mann das Glied steif

101 Bewohner der ›Freien Republik Christiania‹ in Kopenhagen, späte 70er Jahre.

geworden sei,[28] so ist es heute kein allzu seltener Anblick, daß ein Mann in die Fluten watet, um dort seinen erhitzten Penis abzukühlen.[29]

Im Gegensatz zu früher gibt es auch heute mehr Frauen, die den einen oder den anderen Mann einen Blick zwischen ihre Beine werfen lassen und die vorübergehende oder in der Nähe sich aufhaltende Männer ›scharf‹ machen, indem sie sich ausgiebig und auf sinnliche Weise mit Sonnenschutzmitteln einreiben, wobei sie sich besonders lange mit ihren Brüsten beschäftigen.[30]

In den siebziger Jahren benutzten nicht wenige der »new nudists« in den USA Photos, auf denen ihre Frauen mit gespreizten Beinen zu sehen waren, um über die Aufgeilung der Ehemänner neue Paare für die Bewegung zu gewinnen.[31]
Man sieht also sehr deutlich, daß entgegen der Behauptung von Elias innerhalb der letzten Jahrzehnte die Triebkontrollen allem Anschein nach tatsächlich herabgesetzt worden sind und daß das ängstlich-verkrampfte Auseinanderhalten von Nacktheit und Erotik immer seltener anzutreffen ist.[32]
Waren noch vor etwas mehr als einem Jahrzehnt die »Conscious People« der New Age-Kommune ›Healing Waters‹ in Arizona sorgsam darauf bedacht, eine betont asexuelle Haltung gegenüber der Nacktheit zur Schau zu stellen, so daß der die Kommune untersuchende Soziologe meinte, die meisten Kommunardinnen seien »unbekleidete Nonnen«,[33] so geht es heute kaum noch jemandem, der sich in der Öffentlichkeit nackt bewegt, darum, zu demonstrieren, daß ein nackter Körper keine sexuellen Reize aussendet.
Wie die Nudisten, so hatten auch die Nazis die Auffassung, daß Nacktheit im Wesen asexuell ist, und nach Hermann Wille sollten die arischen Akte vor Augen führen, daß die Meinung, ein nackter Körper errege die Geschlechtslust, eine »alte undeutsche Moralvorstellung« sei. Betrachtet man nun Photos wie das der jungen Maid mit Zöpfen, »deren Brüste auch einen erotisch interessierten Betrachter allenfalls zu Spekulationen über ihre Stillfähigkeit anregen dürften«,[34] oder die ähnlich wie die nudistischen Photos enterotisierten NS-Akte, so muß man zugestehen, daß den meisten Malern und Photographen dies auch gelungen ist.
Obgleich sich bezüglich der Nacktheit die Auffassungen der Nationalsozialisten und der Nudisten nicht wesentlich unterschieden, verhielt sich das ›Dritte Reich‹ zunächst gegenüber dem Nudismus feindlich. So hieß es in der im März 1933 erlassenen »Verordnung zur Bekämpfung der sog. Nacktkulturbewegung«, letztere sei als eine »kulturelle Verirrung« abzulehnen, weil sie bei den Frauen »das natürliche Schamge-

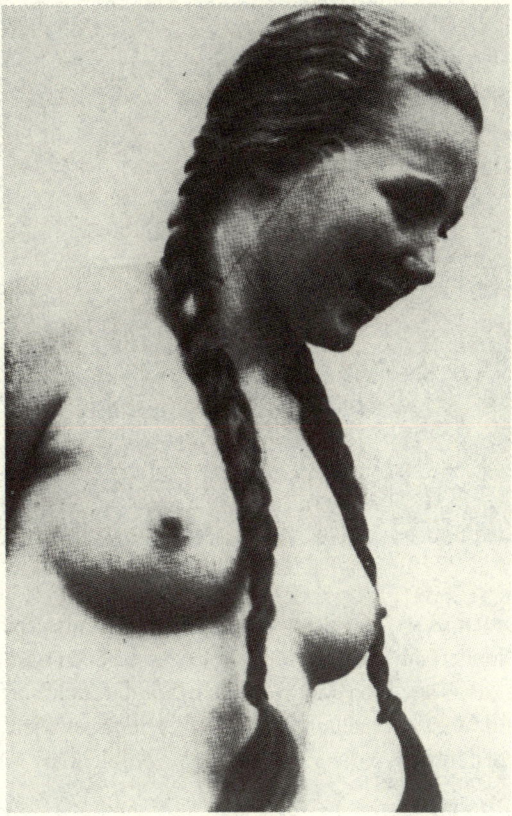

102 Arischer Freiluftakt. Aus *Dein ›Ja‹ zum Leibe*, 1939.

fühl« abtöte und den Männern »die Achtung vor der Frau« nehme.[35]

Allerdings scharten sich alsbald viele Anhänger des Nudismus um den »Kampfring für Völkische Freikörperkultur«; ab dem Jahre 1936 wurde diese geduldet und nach der noch jahrzehntelang in allen Bundesländern mit Ausnahme des Freistaates Bayern gültigen »Polizeiordnung zur Regelung des Badewesens« vom Jahre 1942 wieder erlaubt.[36]

Entsprechend verlautete *Das Schwarze Korps* in der Ausgabe vom 20. Oktober 1938:

103 Ivo Saliger: ›Das Urteil des Paris‹.

»Wir haben es so weit gebracht, daß, obwohl unsere Frauen und Mädchen an den Ufern der Flüsse und Seen und an der Meeresküste wirklich kaum noch bekleidet sich an Sonne, Luft und Wasser erfreuen, die Gattung jener ewigen Ferkel ausgestorben ist, die an solchen Anblicken ›Anstoß nimmt‹.«[37]

§ 10
Privatsphäre und Phantomwände

Wir haben am Beispiel von fremden Stämmen oder Wildbeutergruppen wie den Kwoma, den Qunantuna oder den Feuerland-Indianern, aber auch den Japanern des vergangenen Jahrhunderts und den traditionellen Nudisten gesehen, daß gängige Nacktheit noch lange nicht Schamfreiheit bedeutet, die den Blick der anderen ungehindert zuließe.

Doch sehen wir einmal von der ›Privatheit‹ des menschlichen Körpers ab: Wie steht es um die Privatheit von Räumen, die wir bewohnen? Unterscheidet sich unsere moderne westliche Gesellschaft nicht von der des Mittelalters oder gar von den in kleinen Horden lebenden Jägern und Sammlerinnen dadurch, daß es in den beiden letzteren kaum Privatbereiche gibt, also Sphären, deren Zugänglichkeit von einer Person oder einer bestimmten, miteinander vertrauten Gruppe kontrolliert wird?

So behauptet etwa Norbert Elias, daß die Entstehung einer Privatsphäre, die Scheidung des Raumes in »eine intime oder heimliche Sphäre und eine öffentliche Sphäre«, erst ein relativ spätes Produkt des Zivilisationsprozesses sei[1] und daß die körperlichen Funktionen, Defäkation, Körpergeräusche, Nacktheit, Sexualität erst zu Beginn der Neuzeit als peinlich empfunden und deshalb »hinter die Kulissen des gesellschaftlichen Lebens verlegt« worden seien.[2] Richard Sennett meint sogar, daß die Hochschätzung der »zwischenmenschlichen Nähe«, der »privaten Lebensbereiche, insbesondere in der Familie«, »in Wirklichkeit Produkt einer durch den Kapitalismus und den Säkularismus im 19. Jahrhundert hervorgerufenen tiefgreifenden Verschiebung« sei.[3]

Konfrontieren wir diese Behauptungen mit der Wirklichkeit, wie sie uns von Ethnographen und in historischen Quellen dargestellt wird.

Bei den Yagua, Urwaldindianern im nordöstlichen Peru, le-

104 Großhaus der Yagua.

ben die Familien gemeinsam in einem Großhaus, das weder Zwischenwände noch Paravents aufweist. Der europäische Besucher eines solchen Hauses wäre nach dem ersten Eindruck sicher geneigt, die Yagua zur Bestätigung der These von Elias heranzuziehen, denn wie sollte es möglich sein, im Gewusel von so vielen Menschen eine Privatsphäre herzustellen? Und doch würde dieser Besucher einem Trugschluß zum Opfer fallen. Denn die Yagua stellen die Privatsphäre, die sie brauchen, durch das her, was man – analog zum ›Phantomkleid‹ der nackt badenden Japanerin – eine ›Phantomwand‹ nennen könnte.
Möchten nämlich ein Erwachsener oder ein Kind alleine sein, dann wenden sie sich in einer charakteristischen Weise zur Hauswand, die aus miteinander verflochtenen Palmblättern besteht. Haben sie diese Haltung eingenommen, dann ›existieren sie nicht mehr‹ und können deshalb auch in dringenden Fällen nicht angesprochen und nicht einmal angeschaut werden,[4] ähnlich wie bei den Arabern jemand dadurch kund-

105 Unterteilungen in einem über 100 m langen Großhaus der Rhadé von Ban Methuot, Vietnam.

tut, daß er alleine sein und in Ruhe gelassen werden will, indem er schweigt und sich aus der Konversation ausklinkt.[5] Freilich kann die auf solche Weise hergestellte Privatheit keine perfekte sein, weil der ›Nicht-mehr-Existierende‹ sich nicht in vollkommener Weise vor den Blicken der anderen schützen kann. Deshalb baut bei den Shavante, die ebenfalls keine Zwischenwände in ihren Häusern haben, die Familie ihrer zwar verheirateten, trotzdem jedoch bei ihr lebenden Tochter eine Trennwand, damit sich die junge Frau nicht schämen muß (*ĩ-sem-di*), wenn ihr Mann ihr nächtliche Besuche abstattet.[6]

Auch bei den Mehináku ist Privatheit ein knappes und sehr kostbares Gut, und es bedarf großer und ständiger Anstrengung, dieses Gut zu erlangen, zumal auch diese Indianer in großen Mehrfamilienhäusern ohne Zwischenwände wohnen.

Ein fremdes Haus oder den Bereich einer anderen Familie im eigenen Haus ›einfach so‹ zu betreten wäre extrem unschicklich, und wenn man Verwandten in einem anderen Haus etwas mitteilen will, so tut man das, indem man durch die

106 Mehináku-Frauen vor einem Großhaus.

Hauswand hindurchruft oder ein kleines Kind schickt, welches das fremde Haus betreten darf.

Wenn ein Kind indessen neun oder zehn Jahre alt geworden ist, bringt man ihm bei, daß es schamlos ist, in ein anderes Haus zu gehen. Seine Eltern legen ihm die Larve eines Nachtfalters, die sich bei jeder Berührung zu einer Kugel zusammenringelt, auf die Hand und sagen zu ihm:

»Wenn du auch nur daran denkst, ein anderes Haus zu betreten, dann ringel dich vor Scham wie diese Larve zusammen!«

War diese Lehre nicht eindrucksvoll genug und hält das Kind sich nicht an sie, so ergreift man härtere Maßnahmen und bringt ihm zur Strafe Schnitte mit einem Fischzahnkratzer bei.

Doch auch die Bereiche des eigenen Hauses, in denen die

107 Mann und Frau der Mehináku treffen sich zum außerehelichen Koitus. Mehináku-Zeichnung.

Schwiegereltern, Schwiegerkinder oder andere affinale Verwandte wohnen, dürfen die Mehináku nicht betreten, was für manche Leute bedeutet, daß sie sich in ihrem Großhaus nur in ihrem eigenen Wohnbereich bewegen können.

Wenn auch der Fuß nicht in diese Privatsphären eindringen kann, so sind sie doch offen für Auge und Ohr, so daß der sehnlichst erwünschten Intimität innerhalb des Hauses kaum eine Chance gelassen wird. Deshalb gibt es außerhalb des Dorfes im Urwald eine Art verborgenes zweites Dorf, ein Labyrinth von versteckten Pfaden, geheimen Lichtungen, Badeplätzen und Anlegestellen für Boote, in dem sich alles das abspielt, was nicht öffentlich bekannt sein darf, wo die Einbrecher umherschleichen, die nicht die Dorfwege benutzen können, oder wo sich die Paare zum außerehelichen Beischlaf treffen, der dort allerdings eher ein ›Beistehen‹ ist.[7]

Manche Ehepaare besitzen auch weit vom Dorf entfernte Gärten, in die sie sich zurückziehen, wenn sie sich einmal in aller Ruhe streiten oder einander ausgiebig beischlafen wollen. Weil der Mangel an Privatheit im Dorfe einigen Paaren

108 Schweine als Fäkalien-Beseitiger, Zeichnung, 1543.

die Luft wegnimmt und sie die ständige Öffentlichkeit nicht aushalten, bleiben sie oft monatelang in diesen Gärten.[8]
Auch die Baktaman in Neuguinea leiden unter dem Mangel an Privatheit innerhalb des Dorfes, weshalb beispielsweise die Männer nach erschöpfenden Jagdexpeditionen nicht direkt nach Hause gehen, sondern sich in der Nähe des Dorfes erst einmal niederlassen, um sich zu sammeln und zu regenerieren. Kranke ziehen es vor, in irgendeinen Verschlag im Urwald zu flüchten, und dieses tun auch alte Leute, wenn sie fühlen, daß der Tod kommt.
Wie die Mehináku, so ziehen sich auch die Baktaman zum Beischlaf am liebsten in die Hütten der Gärten zurück, und sie sind recht glücklich über die Latrinen, die von den Weißen eingeführt wurden, weil durch diese Einrichtungen die Gefahr vermindert wurde, daß man beim Defäkieren überrascht wird, was besonders die Frauen ängstigte, und schließlich ist man endlich vor den Schweinen geschützt, die einem früher die Fäkalien unter dem Hintern wegschnappten.[9]

109 Dorfgasse der Kuba (Bushongo) im Kongobecken.

Wir erkennen also unschwer, daß es auch bei scheinbar primitiven Pflanzern, Wildbeutern oder Bauern ein starkes Bedürfnis nach einer Privatsphäre gibt, mag sie nun – wie etwa bei den Lamet in Laos – durch unsichtbare »Tabu-Linien« hergestellt werden, die ein Gast nicht überschreiten darf,[10] oder durch ein Tuch, das sich ein verliebtes Paar bei den

Cheyenne überwarf, wenn es allein sein wollte,[11] oder aber dadurch, daß die Mitglieder eines Haushaltes sich gegenseitig ›ignorieren‹: Die Tzotzil-Indianer, die in kleinen Adobe-Häusern ohne Zwischenwände leben, wenden sehr häufig die Augen ab, wenn sie einander innerhalb des einen Raumes, aus dem das Haus besteht, begegnen, um auf diese Weise wenigstens eine gewisse Diskretion zu wahren.[12]

Wenn also die früheren Ethnologen den Eindruck vermittelt haben, daß es in den ›traditionellen Gesellschaften‹ innerhalb der einzelnen Haushalte kaum nennenswerte ›Intimsphären‹ gebe, dann liegt dies wohl daran, daß diese Forscher auf Grund ihrer Herkunft eher nach ›physischen‹ denn nach ›psychischen‹ Schranken gesucht haben.[13]

Wie es nun einerseits das Bedürfnis nach Privatheit *innerhalb* eines Haushaltes gibt, so auch auf der anderen Seite das zuweilen noch wesentlich stärkere Bestreben, den Privatbereich der Familie, das ›Drinnen‹ des Haushalts, gegen das ›Draußen‹, die Öffentlichkeit, abzugrenzen, wobei häufig jegliches Überlappen der beiden Sphären intensive Scham auslöst, wie etwa bei den Baining auf Neubritannien,[14] aber auch bei vielen anderen Völkern.

So schirmen die bereits erwähnten Tzotzil ihre Häuser so weit wie möglich von der Öffentlichkeit ab: auf der einen Seite durch Zäune, die so hoch sind, daß niemand über sie schauen kann, und auf der anderen dadurch, daß ihre Häuser keine Fenster haben. Als die Regierung für die Indianer Häuser mit Fenstern baute, mauerten die Tzotzil diese Zugänge zu ihrer Privatwelt wieder zu, denn »Fenster sind für die Ladinos«, also für die Nicht-Indianer, die sich nicht schämen, in Fensternähe zu sitzen, wo jedermann sie beim Essen beobachten kann.[15]

Damit man zwar die Familie nicht beobachten, diese aber das kontrollieren kann, was sich in der Öffentlichkeit abspielt, haben die Hütten der brasilianischen Mebengokre auf der dem Dorfplatz zugewandten Seite keine Wand, sondern einen dicken Palmblättervorhang, der in der Weise einer Ein-

110 Umzäunte Hütten der Kanikwe-Buschleute.

wegscheibe funktioniert: man kann nach draußen sehen, ohne von draußen gesehen zu werden.[16]

Bei den Mbuti-Pygmäen ist die Art und Weise, wie die Hütten angeordnet werden, ein guter Indikator der sozialen Spannungen, die jeweils innerhalb der band existieren, da sich beispielsweise die Eingänge zu den Hütten derjenigen, die miteinander Probleme haben, nie gegenüberliegen.[17]

Die Qunantuna auf Neubritannien brachten den Eingang zum Gehöft und den zur Hütte immer einander gegenüber an, so daß niemand überraschenderweise zu Besuch kommen konnte, wenn sich die Bewohner in der Hütte aufhielten. Die Hütte betreten durfte ohnehin nur ein Familienmitglied, und einem Gast war nicht einmal ein Blick in die Hütte erlaubt. Vielmehr führte der Hausherr einen willkommenen Gast in den Schatten des Hüttendaches und ließ ihn dort auf einer Blattmatte Platz nehmen.[18]

Um zu verhindern, daß jemand unmittelbar an die Hüttenwand herantritt und durch die Ritzen ins Innere schaut oder das Ohr an die Wand legt, um zu lauschen, haben die Kanikwe-Buschleute in den Ngami-Sümpfen im Abstand von etwa 40 cm Schutzwände um ihre Hütten errichtet. Wie bei den !Kung,[19] so ist auch bei diesen Buschleuten die Kernfamilie die mit Abstand intimste und »die einzige feste soziale Einheit«:[20] das Hütteninnere ist strengster Privatbereich, in dem das Ehepaar schläft sowie die Kinder, solange sie noch klein sind.[21]

Im Fränkischen galt im späten Mittelalter das Lauschen vor den Fenstern als Hausfriedensbruch,[22] und bei den Kadazan im nördlichen Borneo wird derjenige, welcher die Palmstreifen auseinanderzieht, aus denen die Hauswand besteht, auf gleiche Weise bestraft wie ein Mann, der einer Frau den Rock hochhebt, um ihre Genitalien zu sehen. Die Privatsphäre ist den Kadazan ›heilig‹. Begeht beispielsweise einer der Ehepartner innerhalb des Hauses oder in einem Umkreis von zwanzig Metern um das Haus Ehebruch, so wird er nicht nur für diesen, sondern zusätzlich für die Verletzung des Privatbereichs der Familie bestraft.[23]

Außerhalb der Familie »sind alle Feinde«, sagen die Kaingang,[24] und auch die Mbowamb in Neuguinea verhalten sich in der Öffentlichkeit ganz anders als im Privatbereich. In jener ist man forsch und rücksichtslos und setzt sich mit den Ellbogen durch – was nicht nur der Wirklichkeit entspricht, sondern auch dem Ideal, das man von ihr hat – während man sich innerhalb der Familie sanft, friedlich und kooperativ verhält.

»Nach der ›Hitze draußen‹ gilt als Ideal der ›kühle Schatten‹, den das *men*, das gute Einvernehmen, Eintracht und Liebe über alle Glieder der Gemeinschaft breitet.«[25] Hier gibt es kein Faustrecht, vielmehr spielt man bei Konflikten die beleidigte Leberwurst, die sich mit eingeschnapptem Gesicht (*koimp keta enem*) in den Schmollwinkel zurückzieht, bis man schließlich von den übrigen Familienangehörigen wieder versöhnt wird.[26]

Bei einer derartig strikten Trennung zwischen dem privaten und dem öffentlichen Bereich haben natürlich Besuche stets etwas Problematisches. Wir haben bereits gesehen, daß bei den Mehináku am Río Xingú nur die kleinen Kinder ein anderes Haus betreten dürfen, und selbst der engste Freund wird dies später voller Scham nur dann tun, wenn er aus irgendeinem Grund dazu gezwungen ist.[27]

Heißt es im 13. Jahrhundert in England, man solle anderen beim Vorübergehen nicht in die Fenster schauen, weil die Leute in ihren Häusern Dinge tun, bei denen sie nicht gesehen werden wollen, und weiterhin, daß man bei einem Besuch husten oder laut reden solle, bevor man die Tür erreiche, damit man den Gastgeber nicht überrasche,[28] so muß auch ein Kaffa sich beim Näherkommen an ein Haus ausreichend bemerkbar machen.

Dies gilt selbst für den Fall, daß dieses Haus sein eigenes ist, denn auch die Familienangehörigen sollten nicht unvorbereitet sein: Schon am Zaun hustet man; dann ruft man dreimal, zum ersten Mal etwa zehn Schritte, dann fünf Schritte vor dem Haus und schließlich auf der Türschwelle. Während ein Fremder hier stehenbleibt und wartet, bis er in Empfang genommen wird, tritt ein Mitglied der Familie freilich ungebeten ein.[29]

Bei den Baining liegt der Gast zunächst meist einige Zeit in der Nähe des Hauses auf der Lauer, bis man ihn zufällig sieht und hereinbittet,[30] und ähnlich verhielt sich früher ein Tarahumara, wenn er einen Freund besuchte.

Zunächst blieb er etwa zwanzig oder dreißig Meter vor dem Haus stehen und hustete. Daraufhin setzte er sich auf den Boden, wobei er einen kleinen Hügel bevorzugte, von dem aus er gut zu sehen war, und vermied es, in Richtung des Hauses zu schauen oder ihm die Vorderseite zuzukehren. War sein Freund nicht zu Hause, so konnte es passieren, daß er stundenlang so dasaß, denn für die Frau des Freundes wäre es ein Ding der Unmöglichkeit gewesen, vor die Tür zu treten, um ihm zuzurufen, daß ihr Mann nicht zu Hause sei.[31]

Wie aber – so wird man vielleicht jetzt fragen – sollte es möglich sein, daß selbst bei primitiven Völkern die Hütte ein

111 Tarahumara beim Besuch eines Freundes.

streng gehüteter Privatbereich ist und daß man im Mittelalter nicht am Fenster eines fremden Hauses lauschen, geschweige denn in dieses ›hineinplatzen‹ durfte, wenn uns gleichzeitig jeder zweite Kulturhistoriker versichert, daß im Mittelalter die beiden Geschlechter nicht nur nackt, sondern zudem häufig gemeinsam im selben Bette übernachtet haben?

§ 11
Die Scham im Bett

Was hat es mit der Behauptung von Elias auf sich, das unbefangene und kindliche Verhältnis des mittelalterlichen Menschen zu seinem Körper zeige sich auch darin, daß eine »spezielle Nachtbekleidung« erst allmählich im 16. Jahrhundert aufgekommen sei und daß mithin »die Sensibilität der Menschen gegenüber allem, was mit ihrem Körper in Berührung kam, wuchs«?[1]

In der Tat haben bereits vor Elias zahllose Kulturhistoriker darauf aufmerksam gemacht, schriftliche wie auch bildliche Quellen hätten bewiesen, daß im Mittelalter und noch in der frühen Neuzeit Männer und Frauen nackt und nicht selten gemeinsam zum Übernachten in die Betten gestiegen seien, und zwar ohne daß sich irgend jemand etwas dabei gedacht hätte.

Schaut man sich indessen diese Quellen einmal an, so merkt man sehr bald, daß sie eine ganz andere Sprache sprechen. Verweilen wir zunächst bei der Nacktheit im Bett.

Bereits die Nordgermanin schlief nicht nackt, sondern entweder im Unterkleid, der *skyrta*, oder dem *serkr*, einem langen Hemd, über dessen Ausschnitt man tagsüber ein Brusttuch legte, um den oberen Teil der Brüste nicht zu entblößen, oder im Nachthemd aus Linnen, dem *náttserkr*, ergänzt durch eine von der Hüfte bis zu den Knien reichende Unterhose, der *brókr*, die im Schritt offen war und die auch von den Männern nachts meist anbehalten wurde.[2]

Diese Nachtbekleidung scheint sich im Mittelalter nicht wesentlich geändert zu haben. Als jedenfalls Tristan und Isolde schlafend aufgefunden werden, trägt sie ein langes Hemd – wohl den Unterrock, der im frühen Mittelalter *subucula* genannt wurde – und er die Bruche,[3] und auch Brunhilde geht in jener Nacht, die für Gunther so peinlich enden sollte, »in sabenwîzem hemede« zu Bett.[4]

112 Kranke Frau im Nachthemd im Bett. Der Arzt läßt das Urinal fallen. 13. Jh.

Auch gab es bereits im späten Mittelalter das »chemise cagoule«, auch »chemise à trou« genannt,[5] das die etwas Frommeren bevorzugten und das noch heute von den orthodoxen Juden in Jerusalem getragen wird.[6] Dabei handelt es sich um ein dickes, schweres Nachthemd, das an der Stelle, wo die Genitalien sich befinden, einen Schlitz aufweist, so daß die ehelichen Pflichten mit einem Mindestmaß an Entblößung absolviert werden konnten.[7]

Meist ging es jedoch – besonders wenn es sich um Freuden außerehelicher Natur handelte – etwas textilfreier zu, wie man einem Vagantenlied entnehmen kann, in dem es heißt:

»Er graif mir an den wîzen lîp
non absque timore
Er sprach: ich mache dich ein wîp,
dulcis es cum ore
Er warf mir ûf daz hemdelîn
corpore detecta
Er rante mir in daz purgelîn,
cuspide erecta.«[8]

113 Nachthemd einer französischen Bäuerin mit Beischlaf-Schlitz.

Auch die bildlichen Darstellungen insbesondere des hohen, aber auch des späteren Mittelalters zeigen – wenn man einmal von eindeutig erotischen Szenen absieht –, daß die Männer und Frauen im Bett sehr häufig ähnlich wie im Bade bekleidet waren: die Männer meist mit der Bruche, also der Unterhose, die nachgerade »Schlafhose« genannt wurde,[9] seltener mit einem Nachthemd, und die Frauen meist mit einem langen Hemd, doch manchmal auch mit einem Slip.[10]
So schlief man auch auf dem Lande allem Anschein nach in der Unterkleidung, beispielsweise die Bauern der Grafschaft Foix zu Beginn des 14. Jahrhunderts,[11] und auch die junge Frau namens Perrette wurde im Jahre 1516 nachts von Män-

114 Ärmelloses Nachthemd, Böhmen, spätes 14. Jh.

nern, die sie anschließend vergewaltigten, aus dem Bett gezerrt, »n'ayant pour tout vêtement que sa chemise«.[12]
Doch selbst wenn die Rede davon ist, jemand sei »nackt« im Bett gelegen, kann man nicht sicher sein, ob es wirklich so gewesen ist. So sagte beispielsweise in einem Florentiner Unzuchtsprozeß im Jahre 1400 eine Nachbarin der Monna Selvazza aus, sie habe durchs Fenster beobachtet, wie besagte Dame »nackt mit *ganz* nackten Männern« im Bett gelegen

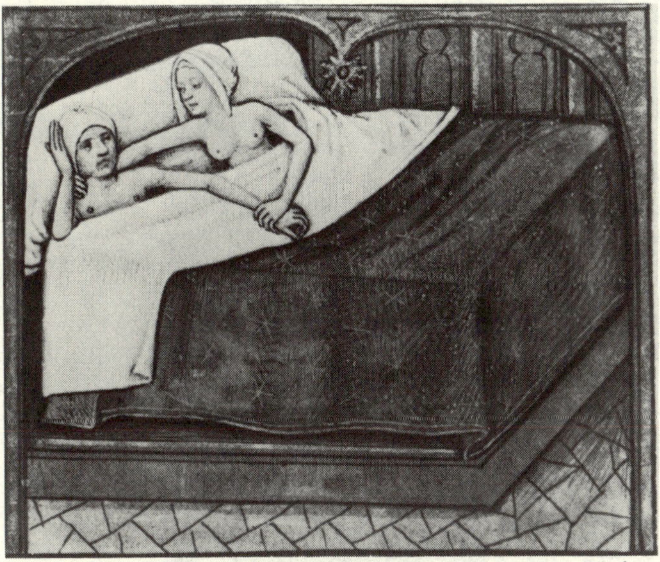

115 Liebeslustige Frau nähert sich ihrem lustlosen Mann. Französische Miniatur, 15. Jh.

sei,[13] was man wohl so zu interpretieren hat, daß sie ein Hemd oder wenigstens einen Schlüpfer anhatte.

Anscheinend war es auch sehr verbreitet, daß man voll angezogen schlief, denn in einer spätmittelalterlichen Anweisung für einen Pilgermeister heißt es, dieser solle »darob« sein, daß die im Pilgerhaus Übernachtenden sich vor dem Zubettgehen »bis in die pfait«, d.h. bis aufs Hemd, auszögen und nicht mit ihrer Reisekluft die Bettwäsche beschmutzten.[14]

Wie aber steht es mit der Behauptung, einander fremde Männer und Frauen hätten nicht selten vor allem auf Reisen das Bett geteilt? Wir werden sehen, daß davon kaum die Rede sein kann.

In der eben erwähnten bayerischen Pilgerhausordnung aus dem 15. Jahrhundert heißt es beispielsweise, daß Frauen und Männer nicht in der gleichen Kammer – vom gleichen Bette ist schon gar nicht die Rede – übernachten dürfen, ob sie auch schwören wollten, sie seien miteinander verheiratet,[15] und in

116 Langärmeliges Nachthemd, spätes 15. Jh.

den großen Gasthäusern von Burgos, San Marcos de León oder Santiago de Compostela durften dies nicht einmal die Paare, die auf irgendeine Weise nachweisen konnten, daß sie tatsächlich ein Ehepaar waren.[16]

Zwar schliefen um die Mitte des 14. Jahrhunderts in den

117 Semiramis im Slip. Holzschnitt, 1479.

Gasthäusern in der Regel zwei Leute in einem Bett,[17] und waren es in den Pilgerhäusern des 12. Jahrhunderts manchmal sogar vier oder noch mehr,[18] so waren sie doch immer vom selben Geschlecht.[19]

Unerhört war es im frühen 13. Jahrhundert, daß in gewissen waldensischen Konventen oder in der Kongregation der Pauperes Christi zu Beginn des 12. Jahrhunderts Männer und Frauen in einem Bett schliefen, um zu demonstrieren, daß sie gegen die Verlockungen des Fleisches unempfindlich geworden waren.[20] Und wenn es laut Thomas Murner im ausgehenden Mittelalter in den Niederlanden den Brauch gab, daß der Hausherr einem außerordentlich geschätzten Gast »sin frou zulegt uf guten glouben«, also die Gattin im selben Raum nächtigen ließ,[21] dann bedeutet das eben gerade nicht, daß das Zusammenschlafen von Frauen und Männern allgemeine Sitte war, sondern daß bestimmte Männer dadurch geehrt wurden, indem man ihnen ein solches Vertrauen zollte.

Teilten im Mittelalter und auch später ein Mann und eine Frau, die nicht miteinander verheiratet waren, ein Bett, so war dies auch dann in hohem Maße unzüchtig, wenn gar nichts weiteres vorfiel. Als etwa im Jahre 1571 ein gewisser Hans Rapp in

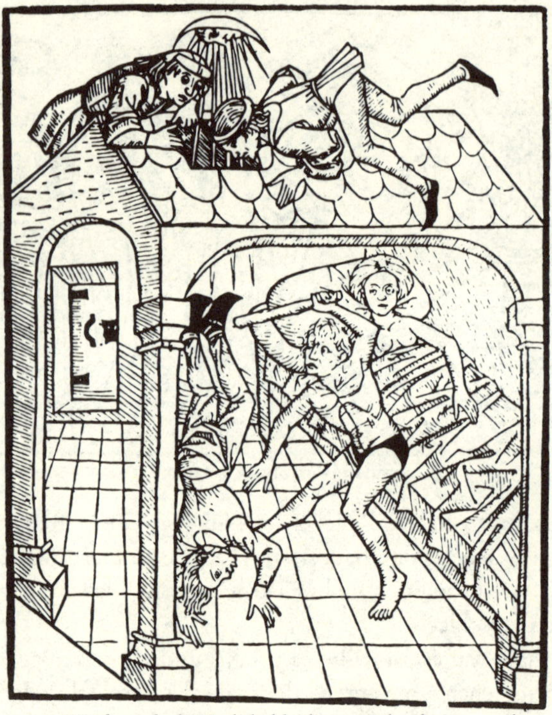

118 Die *bruoch* als Nachtbekleidung. Holzschnitt, 15. Jh.

Freiburg im Breisgau bekannte, er habe eine Frau »nackend und bloß bei mir an meinem bett über nacht ligen khapt«, ohne dieselbe zu berühren, mußte er zwanzig Pfund Rappen Strafe für sich und zehn Pfund für die Frau zahlen, worauf man ihn auf Lebenszeit aus der Stadt verwies.[22]

Auch in England war es nicht anders. Als in Burton-on-Trent im Jahre 1618 publik wurde, daß ein Mann und eine Frau in einem Bett übernachten wollten, zerrte man die beiden aus dem Haus und führte sie mit Katzenmusik durch die Straßen des Ortes, wobei der Mob schrie: »Eine Hure und ein Spitzbube! Eine Hure, eine Hure!« Statt in den Federn verbrachte das Paar den Rest der Nacht im Pflock, und am nächsten Morgen verwies man es aus der Stadt.[23]

119 Übernachtung im Gasthaus. Relief eines Flügelaltars, um 1520.

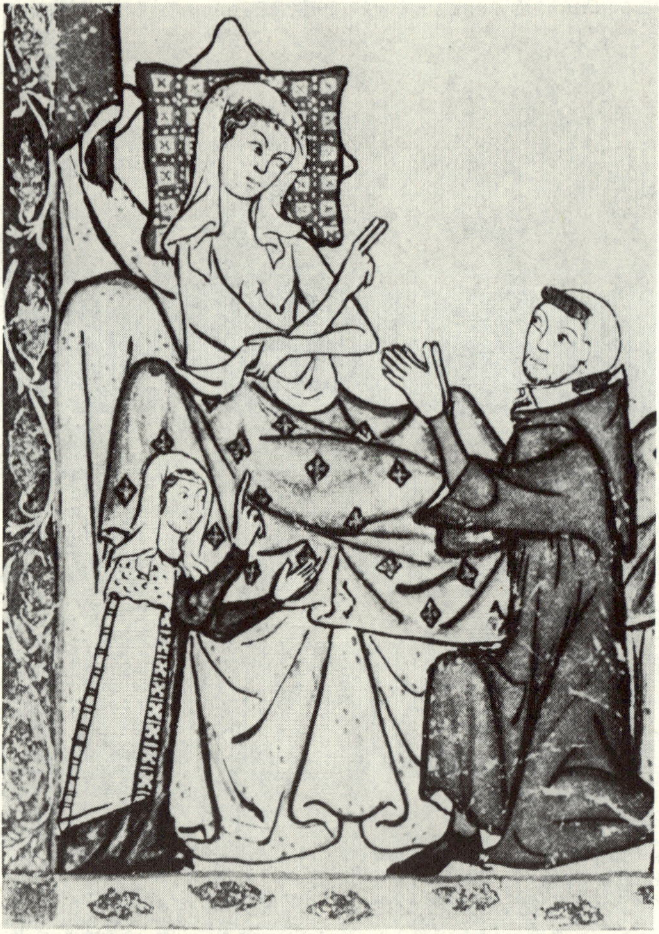

120 Heinrich Teschler bedrängt voll Minneverlangen Dame.
Manessische Handschrift, frühes 14. Jh.

Doch auch wenn einer der Ehepartner mit im Bette lag und alle bekleidet blieben, war es zumindest im Amerika des 17. Jahrhunderts ein strafbares Vergehen, wenn man sich gemeinsam mit einem Angehörigen des anderen Geschlechts zur Ruhe begab.

So wurde etwa im Jahre 1659 Mary Clay aus Maine zu zwanzig Shilling Strafe verurteilt wegen »her uncivill Carages in suffering James Harmon & his wife to ly ın bedd with her«.[24] Denn auch in solchen Fällen mußte man mit bösen Überraschungen rechnen, was zu Beginn des 17. Jahrhunderts eine englische Bäuerin aus Withicombe erfuhr, die davon aufwachte, daß der Bettgenosse des Ehepaares seinen Penis in ihre Vagina einführte. Allerdings bestritt sie hinterher, ihrem Mann »untreu« geworden zu sein, da der zudringliche Gast auf halbem Wege die Segel streichen mußte:

»She awakening upon a sudden took it out, when it was half in.«[25]

Auch im Mittelalter wußten die Frauen, was ihnen blühen konnte, wenn sie gezwungen waren, in einem Raum mit fremden Männern zu übernachten, und ließen deshalb häufig die ganze Nacht das Licht brennen, damit sich keiner im Schutze der Finsternis an ihnen zu schaffen machen konnte.[26]

Freilich konnte die Überraschung auch auf seiten des Herrn sein. So berichtet Sastrow von einem spanischen Lustmolch, der zur Nacht bei einer deutschen Witwe einquartiert wurde, daß dieser »in der Nacht im Hembde zu ir furs Bette kumpt, sie zu benottzuchtigen, so weit, das er zu jr ins Beth stieg vnnd zum Werke schreiten wollte; erreicht sie jre Messer, sticht jme das in den nackendigen Bauch hinein, das jme das Kutzelent (der Kitzel) vorging«.[27]

Wenn ein Gast im Hause übernachtet, weigern sich die Navaho-Frauen nicht selten, im gleichen Raum zu schlafen. Denn es kommt häufig vor, daß sich ein solcher Besucher, nachdem er sich vergewissert hat, daß alles schläft, auf die Frauenseite schleicht, den Rock einer Schlafenden hochzieht und eingehend deren Vulva betrachtet und befingert.

Freilich ist auch der männliche Gast am nächsten Morgen nicht sicher, ob er die Nacht unbetastet überstanden hat, denn manche Navaho-Frauen lieben es, die Genitalien des Schlafenden zu entblößen und so lange seinen Penis zu manipulieren, bis dieser steif von seinem Besitzer absteht.[28]

Im Mittelalter konnte einen Mann ein solches Schicksal gleichermaßen ereilen, freilich weniger, wenn er in einem Raum mit Frauen übernachtete, sondern eher, wenn es sich um andere Männer handelte. So wurde im Jahre 1399 ein Koch auf dem Scheiterhaufen verbrannt, weil er im Bett seine Hand nicht bei sich behalten konnte und einem neben ihm nächtigenden Gerichtsdiener die Genitalien massierte, was ein Dritter wiederum beobachtete. Aber auch der Massierte wurde für ewig aus der Stadt verbannt, weil er die Hand seines Nachbarn geduldet hatte. Dies wurde für das Gericht dadurch offenkundig, daß ihm »sin nature entgieng«, d.h., daß er eine Ejakulation hatte, »wie doch er tet, als ob er schlieffe«.[29]

Anscheinend lag für viele Gerichte ein homosexueller Akt erst dann vor, wenn es zu einem Samenerguß kam. So sagten beispielsweise in dem berühmten Sodomieprozeß gegen Lord Castlehaven im Jahre 1631 die Diener aus, Seine Lordschaft hätten nur den Schenkelverkehr gepflegt:

»He used my body as a woman, but never pierced it, only spent his seed betwixt my thighs.«

Als daraufhin der Angeklagte geltend machte, von »buggery« könne keine Rede sein, da er keinen der Zeugen penetriert habe, entgegnete der Vorsitzende Richter:

»It is buggery by the law; for the law of this land makes no distinction of buggery, if there is emissio seminis.«[30]

In den mittelalterlichen Karawansereien der arabischen Welt waren es besonders die noch »bartlosen« Jünglinge, die vom »Kriechen« (*dabīb*) fremder Männer bedroht waren, und so mancher Knabe wachte mitten in der Nacht davon auf, daß etwas Unbekanntes in seinen After eindrang.[31]

Wir sehen also, daß das gemeinsame Schlafen, sei es im selben Raum oder gar im selben Bett, keineswegs so unproblematisch war, wie es immer wieder dargestellt wird. Doch auch wenn keiner der Bettgenossen sexuelle Übergriffe des anderen befürchtete, wurde anscheinend nicht selten der enge Körperkontakt und die erhöhte Gefahr, sich vor anderen zu

entblößen, als mehr oder weniger peinlicher Eingriff in die Intimsphäre empfunden.
Wird z.B. beschrieben, wie im 18. Jahrhundert der Handschuhhändler Peter Prosch in einem Pariser Hotel »die ganze Nacht keinen Augenblick lang« schlief, weil er das Bett mit einem anderen Mann teilen mußte, oder wie zwei Freunde, die auf einer Reise ebenfalls gezwungen waren, gemeinsam in einem Bett zu schlafen, angestrengt darauf bedacht waren, sich nicht gegenseitig zu berühren,[32] so scheint nichts dagegen zu sprechen, ähnliche Empfindungen auch bei den Menschen früherer Zeiten zu vermuten.
Zu Beginn der frühen Neuzeit meint Erasmus von Rotterdam, man müsse, wenn man einmal genötigt sei, mit jemand anderem das Bett zu teilen, sehr darauf achten, sich beim Zubettgehen oder beim Aufstehen nicht zu entblößen, und auch im Bett sei es zu vermeiden, dies dadurch zu tun, daß man sich selber oder dem anderen die Decke wegziehe.[33] In solchen Fällen achtet man auch bei anderen Völkern auf strenge Schicklichkeit.
Wenn beispielsweise bei den Araukanern Gastgeber und Gäste in der Nacht gezwungen waren, eng beieinander zu schlafen, so gaben sie – Kinder wie Erwachsene – peinlichst darauf acht, sich dabei nie zu berühren.[34] Obgleich in den Dörfern im Nordosten Brasiliens häufig mehrere Personen in einem Bett schlafen, geht dies äußerst dezent zu, und nie würde sich dabei jemand entblößen.[35]
Freilich vermeidet man diese Nähe, wo man kann, vor allem wenn es darum geht, daß die beiden Geschlechter gemeinsam nächtigen. Wenn beispielsweise ein Ritter verheiratet war, so ließ er kaum einen Gast in dem Raum schlafen, in dem das Ehepaar die Nacht verbrachte,[36] und gegen Ende des 12. Jahrhunderts findet Eilhart von Oberge, der mutmaßliche Verfasser des ältesten deutschen Tristan-Epos, *Tristrant und Isalde*, es sehr merkwürdig, daß in einem bretonischen Lied Tristans Bett in König Markes Schlafzimmer aufgeschlagen wird.[37]
Aus der Beschreibung eines herrschaftlichen Hauses in der

Historia comitum Ghisnensium zu Beginn des 13. Jahrhunderts geht hervor, daß es ein Schlafzimmer für das Ehepaar gab und eines für die Dienerinnen und die kleinen Kinder (*pueri*). Im zweiten Stock befanden sich ein Zimmer für die halbwüchsigen Söhne, in dem sie schliefen, »wenn sie es wollten«, und eines für die jungen Mädchen, in dem sie schliefen, »weil es die Sitte erforderte, daß sie dies taten«.[38]

Das Wort »heimelîcheit« war im Mittelhochdeutschen nicht nur ein Ausdruck für die weiblichen Genitalien und für die Menstruation – »der kriechen wazzer bringt den frawen ir haimlichait, diu menstruum haizt«[39] –, sondern auch für das eheliche Schlafzimmer, wo, wie es im Nibelungenlied heißt, die »heimlichen Dinge«, also der Geschlechtsverkehr, vor sich gehen.[40]

Offenbar blieb auch nach dem Mittelalter der Ausdruck in dieser Bedeutung bestehen, denn im Jahre 1538 heißt es in einem Kölner Kuppeleiprozeß, der Angeklagte »haiff sie by eynen armen genoemen und Catharingen widder uff seyn heymlich gemach geleidt und sie bevolen, dat sie sich ußdoen solde, um by im zu slaiffen«.[41]

Wir haben bereits weiter oben bei der Diskussion des ritterlichen Bades gesehen, daß zu jener Zeit die Frauen- und die Männerwelt weitgehend geschieden waren. Daß man also einen männlichen Gast zur nächtlichen Ruhe in den »heimlichen« Bereich von Frauen gelegt hätte, denen es nach höfischer Sitte, die sich nach altem germanischem Brauch richtete, nicht einmal erlaubt war, einen Gegenstand zu berühren, den zuvor ein fremder Mann angefaßt hatte,[42] wäre völlig ausgeschlossen gewesen.

Noch in der ersten Hälfte des 16. Jahrhunderts war der Hofmeister verpflichtet, während der Besuchszeit im Frauenzimmer anwesend zu sein oder sich wenigstens durch den Kämmerer oder einen anderen respektablen Anstandswauwau vertreten zu lassen. Sollte des Nachts einem adeligen Fräulein eine Schwachheit zufallen, mußte die Hofmeisterin geholt werden, die wiederum, wenn die Not es erforderte, einen Arzt oder einen Barbier, doch unter keinen Umständen eine andere Mannsperson zu der Jungfer kommen lassen durfte.[43]

Um die Tugend des jungen Mädchens besser zu schützen, wies die Herzogin von Liancourt ihre Enkelin zwar an, zwei Dienerinnen bei sich im Zimmer schlafen zu lassen, jedoch keinesfalls in ihrem Bett, da dieses nicht nur dem Respekt nachträglich sei, den sie ihr zu zollen hatten, sondern überdies der Schicklichkeit.

So riet auch im Jahre 1671 Mme de Sévigné ihrer verheirateten Tochter in einem Brief, eine Dienerin bei sich nächtigen zu lassen, da eine weitere Schwangerschaft ihre Gesundheit zerrütten würde. Daß überhaupt Diener bzw. Dienerinnen im Schlafzimmer ihrer jeweiligen Herrschaften übernachteten, war jedoch in jenen Zeiten keineswegs so allgemein verbreitet,[44] wie immer wieder behauptet wird.

Mindestens genauso viele Gedanken über ihre Tugend – wenn nicht noch mehr – machten sich die mittelalterlichen Mönche und Nonnen. Damit es gar nicht erst vorkam, daß einem Benediktiner wie dem oben erwähnten Gerichtsdiener unter Mitwirkung eines Mitbruders »sin nature entgieng«, mußten alle Mönche »off sunderlichen betten slaffen. Vnd sollen bette gewant nemen«.[45] In einer anderen Variante lautet die Regel:

»so sullin zwene ovene zwenzich zu houfe slafin«, und zwar die Jungen »mit den eldestin, die vur sy sorchsam. Eyn licht sal burnen in deme dormidire bis an den morgen. Su sullin slafin in yren cleydern unde sullent gegurt sin mit gurtteln ovene mit snuerin.«

Damit die jüngeren Mönche nun nicht zueinander ins Bett hüpfen konnten, wurde zwischen sie jeweils ein Mitbruder in einem weniger leicht entzündbaren Alter gelegt:

»Dye iungen brudere ensollent nit ire bette hafin by eynander. Me su sollin undersatzt syn mit den aldestin.«[46]

Im 11. Jahrhundert gab Wilhelm von Hirsau die Anweisung, der Mönch habe beim Zubettgehen außerhalb des Bettes die

Frocke auszuziehen; sodann sollte er ins Bett steigen und sich unter der Decke der Kukulle entledigen, die er am Morgen wiederum unter der Decke anzuziehen hatte. Auch mußte er aufpassen, daß er »crus cruri non superponat«, also die Beine nicht übereinanderschlug und beide Beine gleichzeitig ins Bett hob, um den mitbrüderlichen Blicken keine Chance zu lassen.[47]
Bereits im 4. Jahrhundert hatte der hl. Basilius jedem Mönch ans Herz gelegt, sich nie in die Nähe eines attraktiven Mitbruders zu setzen oder in seiner Nähe zu schlafen oder gar allein mit ihm zu sein. War es schlechterdings unvermeidbar, mit ihm zu reden, sollte er seinen Blick senken und ihn nicht ansehen.[48]
Heute mag man diese Ratschläge und Vorschriften für übertrieben halten. Hört man indessen, wie beispielsweise im 12. Jahrhundert der Benediktiner Rupert von Deutz mit dem lieben Gott flirtete – »Ich hielt ihn, umarmte ihn, küßte ihn lange. Ich spürte, wie zögernd er diese Liebkosungen zuließ – da öffnete er selbst beim Küssen seinen Mund, damit ich tiefer küssen könne«[49] –, so wird man sie vielleicht mit anderen Augen betrachten.
Auch den Nonnen war es im Mittelalter verboten, gemeinsam in einem Bett zu schlafen, Hand in Hand zu gehen oder sich einer Mitschwester bei irgendeiner Gelegenheit, etwa im Bade, nackt oder halbnackt zu zeigen.[50] Noch heute heißt es im Handbuch für Karmeliterinnen:
»Berühre niemanden und gestatte dir nicht, von irgend jemandem ohne Not oder zwingenden Grund berührt zu werden, wie unschuldig es auch sei.«[51]
In den mittelalterlichen Krankenhäusern oder in den Universitätsschlafsälen waren die Anordnungen zwar nicht so rigide wie in den Klöstern, doch wurde auch hier auf strenge Schicklichkeit geachtet.
So ist zum Beispiel auf Darstellungen der Krankensäle von Spitälern im 14. Jahrhundert, die sich in der Leidener Theoderich-Handschrift befinden, zu sehen, daß alle Kranken

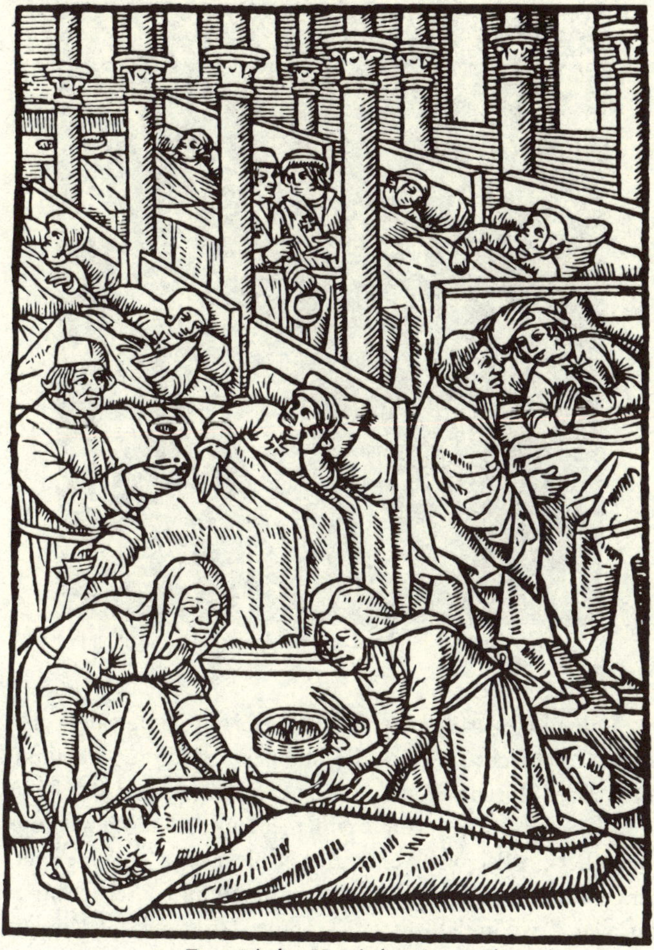

121 Französisches Hospital, spätes 15. Jh.

Nachthemden tragen,[52] und zur gleichen Zeit waren auch die Studenten des Collège Ave Maria in Paris im Schlafsaal auf diese Weise gekleidet,[53] wobei auf einigen Bildern deutlich zu erkennen ist, daß man unter dem Nachthemd noch eine Bruche trug.[54]

Zwar legte man bisweilen zwei Kranke zueinander ins Bett,

122 Kranker in Hemd und mit Unterhose, 15. Jh.

weil die Not es erforderte,[55] doch gehörten sie stets dem gleichen Geschlecht an, denn die Männer- und Frauenabteilungen waren durchweg strengstens getrennt, und in der Regel wurden die Frauen von weiblichem und die Männer von männlichem Personal versorgt, beispielsweise in den Pilgerkrankenhäusern der Johanniter im hochmittelalterlichen Jerusalem,[56] wo im Jahre 1182 Großmeister Roger des Moulins Einzelbetten vorschrieb,[57] aber auch in den Hospitälern von Byzanz oder von Westeuropa.[58]
Eine besondere Zucht herrschte im hohen Mittelalter in den Leprosenhäusern, was vielleicht mit der unzutreffenden Meinung zusammenhing, die Leprakranken erfreuten sich einer ganz außerordentlichen Geschlechtslust.[59] Deswegen durften sich Männer und Frauen weder gegenseitig besuchen noch miteinander reden oder essen, mit Ausnahme von Ehepaaren,

123 Niederländisches Krankenhaus, um 1500.

124 Italienisches Krankenhaus, Quattrocento.

die wenigstens in Lille jeden Sonntag gemeinsam ihr Essen zu sich nehmen konnten.[60]

In den Straßburger Leprosenhäusern und im Spital waren im späten Mittelalter für die Nachtpflege in der Männerabteilung ein Knecht und für die Betreuung in der Frauenabteilung eine Magd bestellt. Das Tragen unzureichender und daher unanständiger Nachtkleidung war streng verboten und wurde von den Pflegern »der geschihte noch«, also nach Gutdünken, abgestraft.[61]

Nach der Freiburger Siechenordnung aus dem Jahre 1480 durften die Insassen der »Gutleuthäuser« nur sittsam bekleidet baden: die Männer im »nidergewand« und die Frauen in langen »badhemden«,[62] und für die Pfründner des Revaler St.-Johannis-Siechenhauses galt bei einer Strafe von zwei Kesseln Bier, daß »de manne ende vrouwen zullen nicht tosamende baden«.[63]

§ 12
Die Sexualität der kleinen Kinder

Als im Jahre 1738 in Freiburg im Breisgau zur Anzeige gebracht wurde, daß ein junges Mädchen und deren halbwüchsiger Bruder in aller Unschuld gemeinsam in einem Bette übernachtet hatten, wurden die beiden Geschwister für dieses unzüchtige Benehmen hart bestraft. Obgleich »nichts übles unter inen geschehen«, wurde »Sophia auf bloßen rucken mit 15 wohlangemässenen streichen gezüchtiget, der bub aber mit ruthen in dem thurm gehauen und abgestraft«.[1]

Diese Sittsamkeit spiegelt sich auch in den Anstandsbüchern der Zeit wider, in denen die Knaben und die Mädchen davor gewarnt werden, mit Familienangehörigen des anderen Geschlechts in einem Bett zu schlafen. So wird beispielsweise in einem Ratgeber des Jahres 1712 der Knabe angewiesen, nach Möglichkeit stets allein im Bett zu übernachten, unter keinen Umständen jedoch mit einer Frau oder einem Mädchen, »quand ce seroit votre sœur ou votre mère: cela est très contraire à l'honnêteté, ainsi qu'à la pureté«.[2]

Aber auch wenn sie alleine im Bett liegen, sollen die Kinder den Anstand bewahren. So meint etwa Jean Baptiste de La Salle im 17. Jahrhundert, bereits den kleinen Buben müsse man beibringen, sittsam und auf eine Weise zugedeckt zu schlafen, daß jemand, der sich ihren Betten nähere, nicht »den Umriß ihres Körpers« sehen könne, und weiter sollten sie lediglich Gesicht und Hände entblößen.[3]

Im Jahre 1714 heißt es schließlich in der *Civilité honneste pour l'instruction des enfans*, daß keine Person des anderen Geschlechts das Schlafzimmer des Jungen betreten solle, und überdies:

»Levez-vous avec tant de circonspection qu'aucune partie de votre corps ne paroisse nue, quand même vous seriez seul dans la chambre.«

Denn wie dem Muslim im mittelalterlichen *ḥammām*, so

machte man auch dem französischen Knaben im Barock deutlich, daß man nie *ganz* alleine sei:

»Faites cela pour le respect de la majesté d'un Dieu qui vous regarde.«[4]

Für gewöhnlich sieht man solche Texte als ein Indiz dafür, daß sich im 18. Jahrhundert bereits eine völlig andere Auffassung vom kindlichen Körper als einer Privatsphäre durchgesetzt habe, die eine Entblößung des Kindes oder sein Zusammenschlafen mit dem anderen Geschlecht nicht länger zugelassen habe.

Aber hatten Mittelalter und frühe Neuzeit diesbezüglich wirklich eine ›völlig andere Auffassung‹?

Bereits um die Mitte des 13. Jahrhunderts ermahnt Berthold von Regensburg die Eltern, Kinder verschiedenen Geschlechts nicht gemeinsam in einem Bette schlafen zu lassen:

»Ir sult sie von einander legen diu knehtelin unde diu diernlin, wan sie sint gar gezite schalkeite vol.«[5]

Etwa hundertfünfzig Jahre später meint Gerson, daß es »nicht gut« sei, wenn Heranwachsende verschiedenen, aber auch gleichen Geschlechtes dasselbe Bett teilten[6], und hebt die Schicklichkeit der Franzosen hervor, daß sie solches zu verhindern wüßten:

»Pleyst a Dieu que coustume feust en France que les enfans couchassent seulx en petis litz, tant feussent freres ensemble ou seurs ou autres, comme en Flandre est la coustume.«

Im spätmittelalterlichen Hôtel-Dieu in Paris klagte man über die Tatsache, daß man gezwungen sei, die »petiz enffans, tant fillettes que petiz garsons, ensemblement« schlafen zu lassen,[7] und im Jahre 1507 verlautet der Bischof von Saint-Brieuc, er untersage »den Brüdern und Schwestern oder anderen Verwandten unterschiedlichen Geschlechts, nach dem Alter von sieben Jahren zusammenzuschlafen«, weil diese Gewohnheit »zu einer Unendlichkeit entsetzlicher Sünden Gelegenheit gibt«.[8]

Schon im hohen Mittelalter hatte man nicht selten jene Mädchen, die zu mehreren im Bett schliefen, verdächtigt, daß sie sich gegenseitig sexuell erregten,[9] und wenn im Jahre 1354 ein italienischer Chronist – ähnlich wie Poggio – die verkommenen Sitten des Trecento beklagt und schreibt, daß weiland, als die Welt noch in Ordnung war, eine zwanzigjährige Jungfrau »sine peccato« mit den gleichaltrigen Söhnen des Nachbarn in einem Bett die Nacht verbracht habe,[10] so darf man dies getrost als eine idyllisierende Fiktion ansehen.

Wenn Baldassarre Castiglione sich in der Spätrenaissance über die alten Männer lustig macht, die sich noch daran erinnern können, als Jugendliche mit ihren Müttern und Schwestern im selben Raume geschlafen zu haben,[11] so kündigt sich in diesem Spott weniger ein neues Zeitalter an, als daß eine lange Tradition der Kritik fortgeführt wird.

So hatte bereits im Jahre 1405 Giovanni Dominici gefordert, daß ein Kind ab dem Alter von drei Jahren nicht mehr mit einem Kind des anderen Geschlechts zusammengelegt werden dürfe, weil dies das Alter sei, in welchem ihm bewußt werde, daß es zwei Geschlechter gebe;[12] außerdem sollten die Eltern Sorge tragen, daß das Kindchen nachts mit einem »bis unter die Knie reichenden Nachthemd« bekleidet sei, daß es sich nicht aufdecke und entblöße und daß es weder von ihnen selber noch von anderen Personen körperlich berührt werden sollte.[13]

Mit solchen Empfehlungen stand Dominici zu jener Zeit nicht alleine, so daß die Behauptung Ariès', man habe damals geglaubt, »daß die Sexualität dem Kind vor der Pubertät fremd und gleichgültig war«,[14] einigermaßen komisch wirkt.

So warnte beispielsweise Giraldi die Eltern davor, selbst bei offener Tür Jungen und Mädchen – und seien es Geschwister – miteinander spielen zu lassen, und den Vätern riet man im Quattrocento, die Miene einfrieren zu lassen, wenn sie mit ihren kleinen Töchtern verkehrten, »damit diese nicht vorzeitig die männlichen Züge lieben lernten«, und der Florentiner Vespasiano da Bisticci meinte schließlich, ein Mädchen dürfe keinen Jungen ansprechen, der älter als sieben sei.[15]

Während des ganzen Mittelalters und auch später wurden immer wieder Stimmen laut, die sich dagegen wandten, daß Mütter ihre Säuglinge mit ins Bett nahmen, doch lag in diesem Falle der Grund in der sehr häufig zu beklagenden[16] »opressio infantium«, die bereits auf den Diözessynoden von Mainz und Worms im 9. Jahrhundert gegeißelt wurde.

Zwar wurden die betreffenden Frauen bisweilen von der Schuld freigesprochen, weil sie nichts dafür konnten, etwa von Berthold von Regensburg:

»Von buoß der elltern, die ire kindt ertrucken. Ist das die elltern ire kind zuo in nemen an daz bethe von frost und keltin wegen, oder fürchten ir vor den tieren oder vor den würmen, und sterben die kind bey ir in den bedt, so sy schlafen und werden ertrucket, so seind die elltern nicht schuldig an dem todt.«[17]

Doch wurden die Mütter immer wieder ermahnt, ihre Kindlein nicht zu gefährden. So schrieben beispielsweise die Statuten des Johanniterordens im Jahre 1181 vor, daß stillende Pilgerfrauen im Bett und die Säuglinge daneben in einer kleinen Wiege liegen sollten,[18] und auch die Bäuerinnen von Montaillou scheinen im frühen 14. Jahrhundert ohne die ganz Kleinen im Bett geschlafen zu haben, während sie die Älteren bisweilen zuließen.[19]

Zwar gab es in Italien bereits während der Frührenaissance und später auch hierzulande vereinzelt Stimmen, die sich wegen der Gefahr der »Erweckung unzeitiger Triebe« dagegen aussprachen, daß Kleinkinder bei den Eltern übernachteten,[20] doch blieben diese allem Anschein nach selbst im 18. und im 19. Jahrhundert Ausnahmen.[21]

Etwas anders scheint es sich indessen mit dem in traditionellen Gesellschaften weit verbreiteten Herumspielen der Erwachsenen oder der älteren Geschwister an den Genitalien der Säuglinge und der sehr kleinen Kinder zu verhalten, das immer wieder zur Untermauerung der These herangezogen wird, nach welcher man die ›süßen Kleinen‹ in diesen Gesellschaften noch nicht als ›sexuelle Wesen‹ angesehen habe.

125 Säugling in einer Wiege, 1448.

Nun ist es zwar richtig, daß man offenbar zu allen Zeiten und in den meisten Teilen der Welt kleine Kinder auf diese Weise gestillt oder ihnen einfach Vergnügen bereitet hat, sei es, daß man ihre Genitalien schmatzend geküßt, gelutscht, gesaugt oder zärtlich gebissen hat, wie bei den !Ko-Buschleuten, um sie aufzuheitern,[22] oder daß man die kleinen Buben am Penis zupfte, wie bei den Nya Hön im südlichen Laos, um sie zu necken,[23] wie auch beobachtet wurde, daß Pavianmütter nicht selten den Penis von Jungtieren zwischen die Lippen nehmen, der daraufhin sofort steif wird,[24] doch ist hierbei zweierlei auffallend.

Zum einen werden in den meisten Gesellschaften ausschließlich die kleinen Jungen stimuliert und nicht die kleinen Mädchen.[25]

So heben beispielsweise bei den Cayapá die Eltern oder die älteren Geschwister häufig die kleinen Jungen hoch und nehmen ihren Penis zwischen die Lippen, während sie bei den kleinen Mädchen niemals etwas Entsprechendes tun.[26]

Daß man sich durchaus der Tatsache bewußt ist, daß man die Kinder *sexuell* stimuliert, und mithin die Sexualität der Mädchen ›ruhen‹ lassen will, geht aus einem der wenigen Fälle hervor, in denen es sich anders verhält. Bei den Fon in Dahomey massiert nämlich die Mutter beim täglichen Baden ihrer Tochter zärtlich deren Klitoris, läßt etwa zehn Minuten lang einen leichten Wasserstrahl über die Vulva laufen, zieht an den Schamlippen und streicht ihr über den After. Diese Prozedur, die sie wiederholt, bis das Mädchen vier Jahre alt ist, hat den Zweck, zu verhindern, daß das Kind später keine Geschlechtslust entwickelt, also frigide wird und damit kinderlos bleibt.[27]

Zum anderen zeigt es sich, daß das Stimulieren der kindlichen Genitalien häufig doch nicht als so harmlos angesehen wird, wie es viele Kulturhistoriker darstellen, weil man sich eben im klaren darüber ist, daß die Kinder *geschlechtlich* erregt werden.

Im Mittelalter sahen die Juden es gar nicht gerne, wenn ihre Kinder im Schlafe lächelten, denn sie glaubten, daß in solchen Fällen die Lilith den Kleinen an den Genitalien herumfingerte,[28] und in den algerischen Oasen streicheln Brüder und Schwestern die Genitalien des Säuglings, weil das dem Winzling gefällt, doch sie würden so etwas niemals in der Öffentlichkeit tun.[29]

Auch auf Ponape nimmt man zwar die Babies hoch und küßt sie auf die Genitalien oder nimmt diese in den Mund, um ihnen Vergnügen zu bereiten,[30] doch hält man diese Sitte für nicht so ganz ›ohne‹; so sagt man etwa, um inzestuöse Verbindungen zwischen Vater und Tochter zu entschuldigen:

»Gibt es denn niemanden, der sein Kind hochhält und schnuppert?«[31]

Die Belutschinnen spielen recht häufig mit dem Penis ihres kleinen Sohnes, aber sie würden dies niemals wagen, wenn ihr Mann, ihr Bruder oder irgendein anderer Mann anwesend ist.[32] Bei den Bimin-Kuskusmin im Hinterland des westlichen Sepik muß eine Frau beim Spielen mit den Genitalien ihres Sohnes streng darauf achten, daß sie sich dabei nicht sexuell erregt, weil dies nicht nur ihre gesamte Selbstkontrolle und die gute Qualität ihrer Muttermilch bedrohte, sondern auch die »infantile Lust« (*aur auk-saar*) wecken würde, die zu schweren Entwicklungsstörungen des Kindes führte.[33] Bei anderen Völkern ist das Liebkosen der kindlichen Genitalien überhaupt verboten. So ist es bei den Ngadha auf Flores den Eltern untersagt, auf diese Weise die Kinder zu beruhigen,[34] und eine Yoruba-Frau, die ihren kleinen Sohn unterhalb des Nabels küßte, verstieße gegen das ›Inzest-Tabu‹.[35]

Auch in Europa sind aus dem 18. und aus dem 19. Jahrhundert zahlreiche Klagen überliefert, in denen das manuelle ›Stillen‹ angeprangert wird.

So machten beispielsweise angelsächsische Ärzte die »fremdländischen Kindermädchen«, und zwar vor allem die irischen und die französischen, für die späteren Masturbationsgewohnheiten der jungen Herren verantwortlich, weil sie nicht nur die männlichen Säuglinge mit der Hand befriedigten, sondern auch später den kleinen Jungen zum Pipimachen das Schwänzchen aus der Hose holten, weil es den Knirpsen schwerfiel, dies selber zu tun:

»By this handling, pulling, and playing, which others do for him, with his sexual organs, the boy is led into constant acquaintanceship with parts which he would otherwise have regarded as sacred, unclean and shameful.«[36]

Hierzulande wurden zu Beginn des 18. Jahrhunderts die Zofen und die Mägde gerügt, daß sie »gar sehr in Gewohnheit haben, selbige (d.h. die Knaben) bey dem Kopffe kriegen, hertzen, auch wohl auff den Schoß nehmen, kützeln und ihre Possen mit ihnen haben. Denn davon wird ein Knabe nur unverschämt und üppig, lernet frech nach dem Busen greiffen, und weil darüber geschriehen und gelachet wird, so denket er, er habe seine Sachen recht wohl gemacht, da doch dergleichen Verstattung zu allerhand ärgerlichen Folgerungen Anlaß giebet.«[37]

Und im Jahre 1807 verdächtigt ein Arzt die Rostocker Ammen und Kindermädchen, daß diese sich ganz offensichtlich selber geschlechtlich erregten, indem sie an den Genitalien der kleinen Jungen herumfummelten. So ereifert er sich über diese jungen Frauen, »die man oft nicht allein mit wollüstigen Empfindungen die Kinder, welche sie warten, küssen und umarmen sieht, sondern von denen ich es selbst zum Theil mehr als zu deutlich gemerkt habe, daß sie aus Wollust ihre Hände häufig unter den Kleidern der Kinder haben, und da Gefühle zu erregen suchen, die noch lange hätten schlummern sollen«.[38]

Freilich wird man wiederum einwenden, daß die angeführten Quellen aus dem 18. und dem 19. Jahrhundert stammten und daß kaum anzunehmen sei, im Mittelalter oder in der frühen Neuzeit hätte sich irgend jemand über derartige Praktiken aufgeregt.

Wenn sich nun beispielsweise im Jahre 1787 der Gymnasialprofessor Villaume über eine Gewohnheit ausläßt, »welche nicht Unbesonnenheit, sondern Wuth und Raserei genannt zu werden verdiente, wenn sie nicht aus Unwissenheit des entsetzlichen Schadens derselben begangen würde«, nämlich des »Gebrauchs, mit den Geschlechtstheilen der Kinder sein Spiel zu treiben«,[39] so sind die Töne, die er anschlägt, vielleicht in der Tat etwas schriller als diejenigen, welche ein halbes Jahrtausend vorher erklangen.

So riet beispielsweise Berthold von Regensburg den Buben, morgens nach dem Aufwachen nicht allzu lange im Bett liegen zu bleiben: »wan̄ so er bleybt ligen, un̄ dē teufel gerat den bratē hin un̄ her wendē, begebē sich zuom dickern (= öftern) mal schwaerer sünden, die da also gehandelt werdē, on man̄ od' frawē bey inē selbs.«[40]

Doch daraus läßt sich keineswegs folgern, daß im Mittelalter oder im 16. oder 17. Jahrhundert eine Mutter oder eine Amme in der Öffentlichkeit oder auch nur im Kreise der Familie den kleinen Buben durch Masturbation beruhigen oder erfreuen konnte.

Nun wird man darauf hinweisen, daß doch inzwischen jedes

126 Hans Baldung Grien: ›Die hl. Anna Selbdritt mit dem hl. Joseph‹, 1511.

zweite kulturgeschichtliche Werk anhand zweier Quellen, einer schriftlichen und einer bildlichen, demonstriert habe, wie unverblümt man in jener Zeit in Wort und Tat mit dem ›Piepmatz‹ eines solchen Kerlchens umgegangen sei.

127 Bartolommeo di Giovanni: Madonna mit Kind, um 1490.

Betrachten wir zunächst die bildliche Quelle. Auf einem Holzschnitt Baldung Griens aus dem Jahre 1511 nimmt in der Tat die hl. Anna den Penis des Jesuskindchens zwischen den Zeige- und den Mittelfinger ihrer linken Hand, und Ariès und nach ihm viele andere haben diese Szene so interpretiert, daß hier die Großmutter den kleinen Schreihals befriedigt, damit er seine Lautstärke drosselt.[41]

Aber ist diese Interpretation richtig? Plausibler scheint mir eine neuere Deutung zu sein, nach der die Heilige durch den Hinweis auf die Zeugungsorgane die Zeugungsfähigkeit des Gottessohnes und damit die Menschwerdung Gottes vor Augen führen sollte, was vermutlich auch der Sinn der Geste Annas ist, die auf dem um 1592 entstandenen Gemälde des Cavaliere d'Arpino mit dem Finger auf den verhüllten Penis Jesu deutet, oder der Geste Marias, die auf einem hundert Jahre vorher von Bartolommeo di Giovanni gemalten Bild mit dem Zeigefinger den Penis ihres Sohnes berührt.[42]

Bei der immer wieder angeführten schriftlichen Quelle handelt es sich um gewisse Stellen aus Jean Héroards *Journal sur l'enfance et la jeunesse de Louis XIII, 1601-1628*, in welchem der Leibarzt minutiös beschreibt, in welcher sexuell aufgeladenen Atmosphäre der kleine Prinz aufwuchs und mit welch großem Interesse sich seine Umgebung mit seinem Penis beschäftigte.

Norbert Elias hält das Bild, das Héroard entwirft, für »ein für die Oberschicht« des frühen 17. Jahrhunderts »durchaus nicht untypisches Bild« der Konditionierung eines Kindes,[43] und Ariès und später viele andere Kulturhistoriker sind ihm in dieser Annahme gefolgt.[44]

Nun ist es – wie wir bereits gesehen haben – in vielen Gesellschaften tatsächlich so, daß man dem Penis des kleinen Jungen eine völlig andere Behandlung angedeihen läßt als der Vulva des kleinen Mädchens. So achtet man etwa in Puerto Rico darauf, daß die Genitalien eines Mädchens von Geburt an bedeckt sind, während die Jungen häufig bis zum Alter von sieben Jahren in einem kurzen Hemdchen herumrennen. Zieht man etwa einem zweijährigen Wicht seinen Penis wie ein Gummibärchen lang und fragt ihn: »Sag mal, Kerlchen, wozu brauchst du denn das?«, worauf er antwortet: »Für die Frauen!«, so wäre Entsprechendes bei einem kleinen Mädchen undenkbar.

Der Sinn dieser unterschiedlichen Behandlung liegt darin, daß man dem Kleinen von Anfang an beibringen will, daß er *muy macho* zu sein hat, ein ganzer Kerl, der einmal mit dem, was jetzt noch ein kleines Zipfelchen ist, die Frauen ›nehmen‹ wird.[45]

Dies scheint auch der Schlüssel zum Verständnis der Behandlung des kleinen Ludwig zu sein: Die Erektionsfähigkeit des künftigen Monarchen war von Staatsinteresse, und man wollte sie allem Anschein nach durch eine frühzeitige Stimulierung sicherstellen.[46]

So berichtet Héroard, daß nicht nur die Kinderfrau an seinem »Stängelchen« (*guillery*) herumspielte – »Il rit à plein poumon quand la remueuse lui branle du bout des doigts sa guillery« –, sondern daß er es jedermann zeigte und von seiner Umgebung küssen ließ.

In bezug auf seine künftige Gattin, die spanische Infantin, fragte man ihn: »Où est le mignon de l'infante?« Worauf er die Hand auf sein »Stängelchen« legte. Häufig griff die Marquise de Verneuil unter sein Kleid, um an seinem Hodensäckchen herumzuspielen, doch in diesem Falle stieß er ihre Hand zurück, denn die Kinderfrau hatte ihm eingebleut:

»Monsieur, ne laissez point toucher vos tétons à personne, ne votre guillery, on vous la couperait.«

Vor allem aber beobachtete man die Erektionen des Knirpses oder, wie es zu Hofe hieß, wenn sein »Stängelchen die Zugbrücke machte«:

»Eveillé à 8 heures, il appelle Mlle Bethouzay et lui dit: ›Zezi, ma guillery fait le pont-levis; le vela levé, le vela baissé.‹ C'est qu'il la levait et la baissait.«[47]

Freilich bewirkte diese Form der Erziehung das genaue Gegenteil von dem, was mit ihr beabsichtigt worden war, und im entscheidenden Augenblick gelang es Ludwig nicht mehr, die Zugbrücke hochzuziehen. Vor der Vollziehung der Ehe mit der Infantin Anna empfand er große Furcht und Scham, und trotz zweier Anläufe ließ ihn sein »Stängelchen« im Stich, wie er später seinem Beichtvater gestand. Als er daraufhin die Kopulationsversuche einstellte, geriet der Hofstaat in große Unruhe, zumal der König an dem Herzog von Luynes ungleich größeren Gefallen fand als an der frustrierten Gattin. Erst nach fünf Jahren Ehe gelang mit Hängen und Würgen ein von Erfolg gekrönter Koitus, vor dem sich der König – wie es heißt – in Fahrt brachte, indem er zuschaute, wie sich eine seiner Schwestern von ihrem Gemahl besteigen ließ.[48]

Dies hinderte ihn freilich nicht daran, sich als prüder Sittenapostel aufzuführen, der sich die harmlosesten erotischen Anspielungen verbat, einer Dame mit freizügigem Dekolleté in den Busen spuckte, und der am 4. April 1641 eine Verordnung zur Beseitigung unzüchtiger Bilder erließ, in der auch den Schauspielern verboten wurde, Dinge von sich zu geben, »qui puissent blesser l'honnêteté publique«.[49]

Schon die extreme Prüderie des schwer verhaltensgestörten Monarchen, verbunden mit seiner Abneigung gegen Sexualität, läßt die Vermutung aufkommen, daß diese Eigenart Ludwigs die Folge einer frühen sexuellen Überreizung war, wie sie nicht nur untypisch für das 17. Jahrhundert im allgemeinen,[50] sondern auch für den höfischen Adel im besonderen gewesen ist, und in der Tat scheint es auch keine Quellen zu geben, die sich dem Tagebuch Héroards zur Seite stellen ließen.

Doch selbst wenn es sich anders verhielte und die höfische Gesellschaft des Frühbarock tatsächlich generell einen Kult um den kleinkindlichen Penis und seine Erektionsfähigkeit errichtet hätte, ließe sich mit diesem Beispiel kaum das belegen, was Elias und andere Interpreten im Sinne haben, nämlich die relative ›Permissivität‹ jener Zeit im Vergleich mit der unsrigen.

So ist etwa die puertoricanische Gesellschaft, in der, wie wir gesehen haben, der kleine Penis eine große Beachtung erfährt, alles andere als ›permissiv‹, und es gibt auch wohl kaum jemanden, der bereit wäre, dieses Prädikat der deutschen Nachkriegsgesellschaft zuzuerkennen, obwohl zu meinen frühsten Kindheitserinnerungen gehört, daß mir Verwandte und Bekannte bisweilen zehn Pfennige versprachen für den Fall, daß ich bereit gewesen wäre, das »Spitzele« aus der Hose zu holen.[51]

§ 13
Der heimliche Ort und der Kackstuhl

Wir erinnern uns, daß Norbert Elias behauptet, im ausgehenden Mittelalter habe es noch nicht die uns vertraute Unterteilung des Raumes in einen privaten und in einen öffentlichen Bereich gegeben, was man beispielsweise auch daran sehe, daß die körperlichen Funktionen wie etwa die Defäkation noch nicht »hinter verschlossenen Türen« stattfanden;[1] vielmehr habe man zu jener Zeit unbefangen wie die kleinen Kinder »seine Bedürfnisse vor anderer Augen verrichtet«.[2]
Hätte indessen Elias auf die Ausdrücke geachtet, mit denen man im Mittelalter das Klosett bezeichnete, hätten ihm bereits die ersten Zweifel an der Richtigkeit seiner Behauptung kommen müssen. Denn dieser Raum, der sich häufig im toten Winkel unter Treppenaufgängen[3] und anderen ›Ab-Orten‹ befand, hieß meistens »heimlikeit«, »haymlich gmäch«,[4] *necessarium*[5] oder »prifet«,[6] wobei letzterer Ausdruck vom mittellateinischen *privata camera*, »die ganz intime Kammer«, abgeleitet ist,[7] während man im mittelalterlichen England ebenfalls das Wort »privie«,[8] aber auch häufig die Euphemismen »garderobe« oder »wardrobe« benutzte.[9]
Doch nicht selten wollte man selbst eine solche Umschreibung nicht in den Mund nehmen und sprach von ihm – so im 13. Jahrhundert – als einem »si ort liu c'on nel doit dire«, einem »so ekelhaften Ort, daß man ihn nicht beim Namen nennen kann«,[10] und im 16. Jahrhundert nennt ihn Henri Estienne den Ort des Hauses, »qui n'est pas honneste a nommer«.
War es nicht »honneste«, von diesem Ort zu reden, so war es noch peinlicher, dort bei der Verrichtung seiner Bedürfnisse gesehen zu werden. Heißt es im Jahre 1662 über die »privies« des Klosters Durham, daß jeder Klosettsitz »an drei Seiten von Holztrennwänden umgeben« war, »so daß die Benutzer einander nicht sehen konnten«,[11] so waren auch im mittelalterlichen Southwell-Palast und an anderen Orten die Sitze so

128 Italienisches Klosett, Frührenaissance. Illustration zum *Decamerone*.

angebracht, daß niemand einen Blick auf seinen Nachbarn werfen konnte.[12] In den Klöstern des Mittelalters saßen hingegen die Mönche nicht selten nebeneinander auf den Sitzen des *domus necessaria*, doch man stellte die nötige Privatheit dadurch her, daß man so weit wie möglich das Gesicht unter der Kapuze verbarg.[13]

Erleichterte man sich im Freien vor den Augen der anderen, so tat man nicht, wie Elias behauptet, das Selbstverständliche, vielmehr erregte man öffentliches Ärgernis.

Dies mußte beispielsweise im Jahre 1307 Thomas Scott, der Kammerdiener des englischen Kronprinzen, erfahren. Er war zu einer Geldstrafe verurteilt worden, weil er sich mit zwei Bürgern gestritten und den einen körperlich angegriffen hatte: Die beiden hatten sich nämlich darüber empört, daß er in einer Seitengasse die Hosen herunterließ, wo es doch »more decent« gewesen wäre, eines der »necessary houses oder wardrobes« zu benutzen, von denen es damals in London mindestens ein Dutzend, wahrscheinlich aber noch wesentlich mehr gab.[14]

Noch viel beschämender war es freilich, wenn eine Frau sich vor Angehörigen des anderen Geschlechts erleichterte. So war selbst der Recke Wolfdietrich, weiß Gott kein heuriger Hase, schockiert, als sich eine heidnische Jungfrau anschickte, vor seinen Augen ihr Wasser zu lassen:

129 Klosett im Southwell-Palast.

»›Ich sich wol‹, sprach di maget, ›ewr got mich nit enlat: Nu laßt mich zu der erden von uch an diser stat: Ich mus ain wenig brunczen‹, so sprach di miniglich. Da schamt sich fur si sere der jung Wolffditerich. Er schemt sich des gar sere, der wunderkune man, Daz si waz so unzuchtig: er lis si von im gan.«[15]

Und als Anselme Adorno aus Brügge im Jahre 1470 über die Schamhaftigkeit der Mauren von Tunis berichtet, fügt er hinzu, daß er nicht sagen könne, wie sich die Frauen beim Defäkieren und Urinieren verhielten, da sie genauso schamhaft und reserviert seien wie die Europäerinnen und sogar noch mehr (»quia in omnibus suis negociis quemadmodum et nostre et forte magis quam nostre pudice et verecunde sunt«).[16]

Wenn Männer in der Öffentlichkeit urinierten, so wurde dies sicher als weniger anstößig empfunden, doch trotzdem galt es

130 Öffentliches Urinieren als Zeichen für Wildheit.
Aus Vespuccis *Quatuor Navigationes*, 1509.

als unanständig, vor allem weil die Gefahr bestand, daß die Betreffenden bei ihrer Tätigkeit von Angehörigen des anderen Geschlechts gesehen werden konnten. So heißt es beispielsweise in einer Überlinger Verordnung aus dem Jahre 1553:

»Nachdem auch aus ermelter trunkenhait neben erzölten sünden und lastern dise unverschamte weise ervolgt, das sich mancher vor ainem erbaren man, frawen und junkfrawen an offner freier gassen seiner notturft, es sei des wassers oder sonst, begert, so er doch dasselbig in ainem hauß oder sondern abgesöndert haimblichen orten wol thuon und volnströcken möcht, so haben meine herrn ernstlich errauten: wölcher nun hinfüro also betretten und an dergleichen orten

131 Mann defäkiert vor entsetzter Frau, 13. Jh.

offentlicher schandlicher unzucht befunden wirt, das si denselben in gleichem fahl, wie ob der trunkenhait halben gesetzt, nit weniger straffen wöllen.«[17]

Doch bereits ein paar Jahrzehnte vorher hatte Erasmus von Rotterdam den Knaben ans Herz gelegt, sich beim Erleichtern auch dann einer strengen Schicklichkeit zu befleißigen, wenn kein anderer Mensch sie dabei sehen könne:

»Die Gliedmassen / welchen die Natur Scham eingepflantzet hat / ohn Noth entblössen / soll ferne seyn von einer guten auffrichtigen Natur. / Wann auch die hohe Nothdurfft solches erforderte / soll dasselbige dennoch auch mit höfflicher Schamhafftigkeit geschehen / obwol kein Zeuge verhanden. Denn allewege seynd allda gegenwertig die lieben Heil. Engel (*nunquam enim non adsunt angeli*) / welchen die Schamhafftigkeit an den Knaben / als ein treuer Gefehrte und Hüter der Zucht uñ Keuschheit / überaus lieb uñ angenehme ist.«[18]

Eine solche Auffassung, wie Erasmus sie hier vertritt, ist freilich nicht erst das Produkt des Humanismus im frühen 16. Jahrhundert. Bekanntlich hatte ja schon Paulus die Frauen

132 Rembrandt: ›Die pissende Frau‹, 1631.

angewiesen, »um der Engel willen« beim Gottesdienst das Haar zu bedecken,[19] und auch die archaischen Griechen urinierten und defäkierten viele Jahrhunderte vorher nicht unter freiem Himmel auf Wegen und Feldern, weil dies tagsüber die Sonne beleidigt hätte. Vielmehr kauerte man sich dicht an einer Mauer nieder. Doch auch in der Nacht war stets αἰδώς gefordert, denn die Nacht »hat Götter«, wie Hesiod meinte, und deshalb war sie voll von Blicken, die keine menschlichen waren.[20]

Die Dhodia erleichtern sich gleichermaßen nie in einer Weise, daß die Sonne oder der Mond sie dabei sehen und Anstoß nehmen könnte. Sie tun dies freilich auch nicht in einem Fluß oder in einem Teich, weil dies eine Beleidigung der Wassergeister wäre, weshalb sie hinterher den After mit Erde oder

133 Kleiner Junge pinkelt aus dem Haus in den Schnee, Brügge, um 1520.

Blättern und nicht – wie die Hindus – mit Wasser reinigen.[21]

Ähnlich wie Hesiod oder Erasmus empfiehlt auch die islamische Tradition, sich bei dieser Gelegenheit nicht allzusehr zu entblößen, denn es sei eine Illusion, anzunehmen, man sei bei dieser Verrichtung allein, wenn man niemanden sehe. Im Gegenteil ist man vornehmlich an diesem Orte von Dschinnen und Engeln umgeben,[22] weshalb man im Mittelalter weit ins Gelände ging, sich hinhockte und den ganzen Körper einschließlich des Kopfes und des Gesichtes verhüllte, wobei die Frauen dies auch noch – als doppelte Versicherung – nachts taten.

134 An eine Hauswand urinierender Pilger. Spätmittelalterliche französische Miniatur.

Als Saʿd ben Ubāda und Sinān ben Abi Haritha in dieser Hinsicht etwas nachlässiger waren, wurden sie auch prompt von den Dschinnen für ihre mangelnde Schamhaftigkeit getötet.[23] Schließlich mußte man nach der Anweisung al-Ghazālis aufpassen, daß man dabei den Hintern weder in Richtung Mekka noch vor dem Mond entblößte und daß man nichts bei sich trug, auf dem der Name Gottes oder seines gesegneten Propheten stand.[24]

Auch bei uns war das Klosett ein bevorzugter Aufenthaltsort der Dämonen, und Martin Luther gehörte nicht zu den ersten, denen dort der Teufel begegnet sein soll. So heißt es etwa im mittelalterlichen Niederdeutschland:

»Id is ghescheen, dat en vrome prester sat vp der hemelcheyd vnde dede des om nod was. Des quam de duuel to om vnde seyde, in desser stede scholdest du nicht beyden.«[25]

Mußte in diesem Falle der Teufel selber den Priester daran erinnern, daß man an einem solchen Ort nicht betete, so gab es bei den Juden in talmudischer und in mittelalterlicher Zeit genaue Anweisungen, wie man sich dort zu benehmen hatte.

Zum Defäkieren ging man normalerweise etwa zwanzig Minuten bis zu der Stelle, die *beth ha-kisse*, »die Stelle des Sitzes«, heißt und an der meist Ziegel übereinandergeschichtet waren, auf die man sich setzte. Bevor man freilich diese

135 Der Teufel erscheint im ›heimlichen Gemach‹, 16. Jh.

schmutzige, oft von einem Zaun umgebene Stätte betrat, verabschiedete man sich feierlich von seinen Schutzengeln, die einem ansonsten überallhin folgten.[26]

Wenn somit auch keine Gefahr bestand, daß die Engel etwas Unzüchtiges sehen konnten, mußte man trotzdem die Entblößung so gering wie nur möglich halten. So heißt es etwa in dem auch heute noch für viele fromme Juden maßgeblichen Kodex *Schulchan Aruch* des Joseph Caro aus dem 16. Jahrhundert:

»Der Körper ist dabei hinten nur handtellerbreit, vorne doppelt so breit zu entblößen, wobei die Frau die vordere Entblößung zu meiden hat.«[27]

Doch von den Engeln einmal abgesehen, wurde auch das Ri-

siko, von einem anderen Menschen bei dieser peinlichen Verrichtung gesehen zu werden, weitgehend ausgeschlossen.
»Ehrbar« war ein Klosett, wenn es abschließbar war. Im anderen Falle hatte man sich bereits in einiger Entfernung anzukündigen, indem man sich räusperte oder schneuzte, was demjenigen, der sich eventuell auf dem Ziegelsitz erleichterte, die Gelegenheit gab, sich bemerkbar zu machen.
Für den Fall, daß es überhaupt keine umzäunten Klosetts gab, empfahl im 4. Jahrhundert Naḥmani ben Kajlil Hakohen, man solle auf dem Weg zum Defäkieren im Gelände nicht nach links und nicht nach rechts schauen, denn es wäre der Gipfel der Unschicklichkeit gewesen, hätte man zufällig eine defäkierende oder urinierende Frau gesehen,[28] und der Talmud schärfte ein, stets auf einen gehörigen Abstand zu seinem Nächsten zu achten:
»Hinter einem Zaun reinige man sich sofort; auf freiem Platz (entferne man sich), bis daß sein Nächster seine Blähungen nicht höre. Isi ben Nathan lehrte folgendermaßen: Hinter einem Zaun nur bis daß sein Nächster seine Blähungen nicht hört, auf freiem Platz entferne man sich, bis daß ihn sein Nächster nicht sehen kann.«[29]
Nun mag man die Frage aufwerfen, wie sich denn eine solche Schicklichkeit nicht nur der mittelalterlichen Juden und Araber, sondern auch der Deutschen oder der Engländer mit der bekannten Tatsache verträgt, daß doch im 17. und noch im frühen 18. Jahrhundert so mancher feine Herr sich mit seinen Gästen zu unterhalten pflegte, während er sich vor ihnen auf dem »Kackstuhl« erleichterte.
Zunächst ist es nicht unwichtig, zu sehen, daß es sich bei dieser Gewohnheit nicht um ein Residuum aus mittelalterlichen Zeiten, also gewissermaßen um ein ›archaisches‹ Phänomen handelte.
So ließ beispielsweise im 15. Jahrhundert Ludwig XI. seinen Klosettstuhl mit Vorhängen umgeben, damit er von niemandem gesehen werden konnte, der zufällig das Zimmer betrat, wenn er auf ihm saß, und der König ließ zudem Rainfarn ein-

kaufen, damit keine peinlichen Gerüche einen Gast darauf aufmerksam machten, daß sich hinter den Vorhängen der Ort befand, an dem der Herrscher gewissen Bedürfnissen nachging.[30]

Auch im Italien der Renaissance galt es als sehr peinlich, auf einem solchen Stuhle angetroffen zu werden; als etwa der Goldschmied Benvenuto Cellini im Palast der Medici in Florenz herumirrte und die Herzogin auf ihrer tragbaren Toilette überraschte, fuhr jene ihn so empört an, daß ihn das Entsetzen packte.[31]

Zum zweiten war diese Gewohnheit auch in den Kreisen des Hochadels keineswegs allgemein verbreitet. Wenn beispielsweise Liselotte von der Pfalz in einem Brief vom 5. Mai 1716 über den Herzog von Bourgogne, einen Sohn Ludwigs XIV., berichtet, daß man bisweilen mit ihm »entretenirte«, während er auf dem »Kackstuhle« saß, worüber seine Gattin von Herzen gelacht habe, obgleich es dabei »gar modest« zugegangen sei, denn man habe ihm den Rücken zuwenden müssen, so ahnt man bereits, daß es sich nicht um eine Selbstverständlichkeit der Zeit handelte.

Bestätigt wird diese Vermutung durch die Tatsache, daß der Bischof von Parma voller Empörung auf der Stelle das Land verließ, als der Herzog von Vendôme ihn auf dem Klosettstuhl sitzend empfing:

»Le duc de Parme eu à traiter avec M. de Vendôme: il lui envoya l'évêque de Parme, qui se trouva bien surpris d'être reçu par M. de Vendôme sur sa chaise percée, et plus encore, de le voir se lever au milieu de la conférence et se torcher le c... (= caca) devant lui. Il en fut si indigné que, toutefois sans mot dire, il s'en retourna à Parme sans finir ce qui l'avoit amené, et déclara à son maître qu'il n'y retourneroit de sa vie après ce qui lui étoit arrivé.«[32]

Wie die Episode nahelegt, war diese Sitte nicht nur eine französische Eigentümlichkeit, weshalb sie auch von den Engländern »the French courtesy« genannt wurde.[33] Vielmehr handelte es sich um eine neuzeitliche Form der Machtdemonstra-

136 Französischer Klosettstuhl, spätes 17. Jh.

tion, mit der man dem Gast vor Augen führte, daß man ihn nicht besonders hochschätzte. Gerade dies setzt aber voraus, daß es normalerweise beschämend war, auf dem Klosettstuhl sitzend gesehen zu werden.

So verwundert es auch nicht, daß dieser mit einer ganzen Reihe von Euphemismen bezeichnet wurde, wie z. B. »chaise d'affaire«, »chaire percée«, »chayère de retrait«, »secret«, »commodité«,[34] »chaise nécessaire« oder »ce meuble odorant«,[35] und daß man sich Mühe gab, seine Funktion zu verbergen. Während des Holländischen Krieges der Jahre 1672 bis 1679 gab es als Bücherstapel getarnte Klosettstühle, die Namen wie »Voyage au Pays Bas« oder »Mystères de Paris« trugen, und auch der Stuhl der markgräflichen Hofgesellschaft in Schwedt täuschte ein riesiges Buch vor, während im Jahre 1632 der kurfürstliche Kammerrat Fritze in Berlin einen schwarzen Stuhl benutzte, von dem man denken sollte, er sei eine Reiselade.[36]

Dem entsprechen auch die expliziten Anstandsregeln der Zeit. So heißt es etwa im *Nouveau traité de la civilité* des Jahres 1672 bezüglich der Unsitte, sich vor den Augen anderer zu erleichtern:

137 Klosettstuhl Elisabeths I., ausgehendes 16. Jh.

»Le consentement de l'honnêteté veut aussi que, puisque l'on ne peut se dispenser de ces actions qui sont naturellement indispensables, on les fasse le plus honnêtement, c'est-à-dire le moins approchant des bêtes qu'il est possible.«[37]

Doch bereits mehr als hundert Jahre vorher wird dem »gentilhomme« in einer französischen Übersetzung von Giovanni della Casas *Galateo* empfohlen, er solle sich, wenn er sich in Gesellschaft begebe, vorher darauf vorbereiten, so daß er nicht in Anwesenheit der anderen austreten müsse; sei aber letzteres trotzdem unvermeidbar, so solle er sich wenigstens hinterher nicht ostentativ die Hände waschen, so daß jeder mit der Nase auf das gestoßen würde, was er vorher getan habe.[38]

Und wiederum einige Jahrzehnte vor Erscheinen dieses Anstandsbuches meint Erasmus von Rotterdam, man müsse, wenn man gezwungen sei, von Dingen zu reden, die »dem Zuhörer einen Eckel machen konte«, etwa »vom heimlichen

Gemach / oder von Menschen Koth«, vorher sein Gegenüber um Verzeihung bitten.[39]

Man sieht also, daß es zumindest übertrieben ist, wenn Norbert Elias schreibt, man habe zur Zeit des Erasmus noch ganz unbefangen über Dinge geredet, die heute hinter einer Mauer des Schweigens verborgen seien.[40]

War es also allem Anschein nach zu allen Zeiten unschicklich, vor anderen den Klosettstuhl zu besteigen, so verhielt es sich mit dem Urinieren in der Öffentlichkeit, zumindest mit dem der Männer, etwas anders. Zwar klagte etwa im Jahre 1782 Sébastien Mercier über die ›Pisser‹ von Paris:

»Ce que les allées ont de vraiment incommodes, c'est que tous les passans y lâchent leurs eaux, et qu'en rentrant chez soi, l'on trouve au bas de son escalier un pisseur qui vous regarde et ne se dérange pas. Ailleurs, on le chasserait; ici, le public est maître des allées pour les besoins de nécessité. Cette coutume est fort sale et fort embarrassante pour les femmes.«[41]

Doch im allgemeinen wurde diese Gewohnheit nicht als besonders schamlos betrachtet, und zu Beginn des 18. Jahrhunderts war beispielsweise ein dänischer Chinafahrer sehr erstaunt über die Tatsache, daß man auf den Straßen von Kanton nicht einfach sein Wasser abschlagen durfte.[42]

Warum aber war man im 18. Jahrhundert gegenüber dieser Sitte so milde, wo doch die männlichen Genitalien so schambesetzt waren, daß ein Kleinbürger seinem Sohn die Lehre mit auf den Weg gab: »Die Theile deines Leibes, welche du wegen der Ehrbarkeit nicht offenbar zeigen darfst, berühre nur in der höchsten Noth, und mittelbar«?[43]

Offenbar deshalb, weil man einen ›Pisser‹ an der Hauswand im Gegensatz zu einem Gastgeber auf dem »meuble odorant« einfach ›übersehen‹ konnte, und so lautet auch im frühen 18. Jahrhundert die Schicklichkeitsregel: »On fait semblant de ne pas le remarquer.«[44]

Als deshalb im viktorianischen England, in dem ebenfalls die ›Pisser‹ allenthalben zuschlugen, ein Mr. George Jennings im Jahre 1858 Vorschläge zur Einrichtung öffentlicher Pissoirs

138 Öffentliche Bedürfnisanstalt in einem Londoner Vorort, 19. Jh.

machte, lehnten die Londoner Behörden diese unsittliche Zumutung ab, und zwar ganz offenbar deshalb, weil durch derartige Bedürfnisanstalten das Urinieren auch noch öffentlich thematisiert worden wäre.[45]

Auch auf Bali erleichtern sich sogar die Frauen in aller Öffentlichkeit und unterhalten sich dabei nicht selten mit anderen Frauen, die vorübergehen. Mit einem Mann würden sie indessen unter keinen Umständen Worte wechseln, und dieser muß so tun, als ob er nichts bemerke, und in eine andere Richtung schauen.[46]

Nicht viel anders scheinen sich auch hierzulande in manchen ländlichen Gegenden die Frauen verhalten zu haben, solange sie noch keine Unterhosen trugen. So heißt es etwa über die schwäbischen Landfrauen des späteren 19. Jahrhunderts:

»Was mir aber an dem weiblichen Teil der bäuerlichen Bevölkerung besonders auffiel, war die gänzliche Unbefangenheit, mit der die Bauernweiber am hellichten Tage an den Straßenecken ihre Notdurft verrichteten. An solchen bewegten Tagen wie am Jahrmarkt konnte man stündlich von unserem Küchenfenster aus beobachten, wie sich solche korbtragenden Frauen an der Ecke der Brückenkapelle aufpflanzten, die Beine spreizten und das Wasser laufen ließen. Sie verrichteten ihr Geschäft stehend und kümmerten sich in keiner Weise um die Passanten. Auch meine Mutter, die doch sonst in Dingen der Scham außerordentlich empfindlich war, fand gar nichts dabei, wenn die Bäuerinnen so hemmungslos in der Öffentlichkeit ihr Bedürfnis verrichteten; auf meine Frage, warum sich jene Frauen nicht wie unsere Stadtfrauen genierten, versetzte sie mir lachend, ›die send äbe wie die Tierle, die fendet jo au nix dabei; ländlich, sittlich hoißt's do äbe!‹«[47]

§ 14
Urinieren, Defäkieren und Furzen in der eigenen und in der fremden Kultur

Urinierten die schwäbischen Bäuerinnen des vergangenen Jahrhunderts in der Öffentlichkeit, so wird man derartige Gewohnheiten erst recht bei »Naturvölkern« und »Primitiven« erwarten, also bei Menschen, von denen Elias glaubt, sie hätten erst vor kurzem mit dem begonnen, was bei uns schon ein halbes Jahrtausend zurückliegt, nämlich sich zu zivilisieren.[1]

Freilich werden solche Erwartungen durch die Wirklichkeit enttäuscht. So führen beispielsweise die Lele als einen der Unterschiede zwischen Menschen und Tieren an, daß letztere in der Öffentlichkeit urinieren, weil sie keine Scham (*buhonyi*) besitzen,[2] und bei nicht wenigen Völkern kommt es vor, daß jemand, der beim Defäkieren von anderen gesehen wird, vor Scham Selbstmord begeht.

Als etwa bei den Micmac ein Geschwisterpaar sich im Wald aufhielt, bemerkte das junge Mädchen Kotspritzer an der Kleidung ihres Bruders, die offenbarten, daß er sich soeben abseits im Gebüsch erleichtert hatte. Dies beschämte ihn so sehr, daß er sich an einem Ast erhängte.[3]

Für die Lakalai an der Nordküste Neubritanniens ist die Defäkation so schambesetzt, daß eine Frau, die über ihr kleines Kind sagt »Oh, Hänschen hat geschissen!«, einen Mann, der zufällig denselben Namen hat und dies hört, dadurch in den Selbstmord treiben kann, worauf man die Frau wegen Totschlags anklagt. Deshalb verwendet man in einem solchen Fall einen Kosenamen, von dem man annimmt, daß niemand anderes ihn hat. Bisweilen nimmt man als solche ›Defäkationsnamen‹ die Namen bestimmter Europäer, die man auf diese Weise – ohne daß sie es merken – zum Vergnügen der anderen Anwesenden öffentlich beleidigen kann.[4]

Wenn bei den Hagenbergstämmen in Neuguinea jemand zufällig beim Urinieren oder Defäkieren überrascht wird, verbirgt er vor Scham das Gesicht in den Händen und überlegt, ob er sich aufhängen soll. Freilich kommt dies kaum vor, weil bei den Mbowamb und den anderen Stämmen der Gegend auch die Männer sich beim Urinieren niederhocken, damit das hohe Gras sie vollkommen verbirgt.

Sieht ein Mann eine sich erleichternde Frau, so ist es üblich, daß er zu ihr hingeht und fragt, ob sie mit ihm schläft. Für gewöhnlich willigt sie ein, denn nach dem Koitus ist die Scham vorbei, weil sie ja miteinander intim gewesen sind.[5]

Bei den Dan geht man zum Defäkieren weit in den Busch und reinigt hinterher den After mit einem Maiskolben oder einem großen Blatt, die man beide nur mit der Linken anfassen darf. Würde ein Mann eine Frau bei dieser Verrichtung sehen, so wäre das beiden ungeheuer peinlich. Es heißt, daß dann die beiden miteinander schlafen müssen – auch wenn es sich um sehr alte Leute handelt –, denn eine solche Intimität gibt sie einander in die Hand, und der Mann wagt es nicht mehr, sein Erlebnis auszuplaudern.

Aber auch wenn sie den Beischlaf unterlassen, erfordert es der Anstand, daß der Mann der betreffenden Frau signalisiert, daß er das Geheimnis für sich behält. Geht beispielsweise später einmal die Frau an dem Mann vorbei, während dieser in einer Gruppe von anderen Männern steht, so muß er sich sofort aus der Gruppe lösen, um der Frau zu zeigen, daß er den anderen nicht erzählt, er habe sie beim Urinieren oder Defäkieren ertappt.[6]

Auch auf Ulithi in den Karolinen ist es extrem beschämend, vor allem von den Angehörigen des anderen Geschlechts bei diesen Verrichtungen gesehen zu werden. Muß ein Mann während einer Kanufahrt im Meer urinieren, so springt er ins Wasser und gibt vor, ein ins Meer gefallenes Ruder oder ein Wasserschöpfgerät zu suchen. Eine Frau muß dagegen den Harndrang unterdrücken. Kann sie jedoch den Urin absolut nicht mehr halten, setzt sie sich auf den Boden des Kanus und schüttet sich mit dem Schöpfgerät Meerwasser über den Körper, indem sie vorgibt zu baden. Dabei uriniert sie so unauffällig wie möglich. Muß sie freilich defäkieren, so hat sie dies unter allen Umständen zu unterlassen, weshalb jede Frau vor einer Bootsfahrt Sorge trägt, daß sie später nicht in Bedrängnis gerät.[7]

Auf einer Bootsfahrt bei den Kurtatschi fiel den Ethnographen auf, daß ein im Boot sitzender Mann die seltsamsten Fratzen schnitt. Als einer von ihnen den Mann fragte, ob er krank sei, verneinte er, aber sein merkwürdiges Mienenspiel ging weiter. Schließlich bemerkte der Junge am Steuer, der Mann müsse defäkieren, schäme sich aber, dies zuzugeben. Daraufhin gaben die Forscher ihm die Gelegenheit, ins Meer zu gleiten, wo er »wassertretend sein Geschäft erledigte«.[8]

Bei vielen Völkern wird strengstens darauf geachtet, daß vor allem die sich erleichternden Frauen nicht von den Männern gesehen werden können, denen es meist nicht gerade unwillkommen wäre, im Vorübergehen den einen oder anderen Blick auf einen entblößten Hintern oder zwischen zwei gespreizte Beine zu werfen.

So befinden sich beispielsweise bei den Santa Cruz-Insulanern die Latrinen der Männer und die der Frauen an völlig verschiedenen Orten, und die der Frauen sind von einer hohen Steinmauer umgeben. Sollte man in der Gegend, in welcher sich eine Frauenlatrine befindet, oder auf dem Wege zu ihr einen Mann erwischen, so gilt er als Voyeur – und solche gibt es auf dem Archipel nicht eben selten –, worauf er in derselben Weise bestraft wird wie für einen unerlaubten Beischlaf.[9]

Auf der anderen Seite sind es bei den Marind-anim die Männer, deren After die wohlbehütetste Stelle des Körpers ist und die eine außerordentliche Analscham an den Tag legen. Wenn eine Frau durch Zufall einen defäkierenden Mann sieht, dann gerät dieser in große Wut und versucht sie zu schlagen, selbst wenn es sich um die eigene Frau handelt.

Diese Scham hängt damit zusammen, daß jeder Mann eine Zeitlang – und zwar bis zu dem Moment, an dem er seine

Penismuschel erhält, anal mit Sperma ›gefüttert‹ worden ist; dieser Analverkehr wird von den Marind-anim höher gewertet als der heterosexuelle Vaginalverkehr, doch die Jungen erfahren ihn als Demütigung und tragen oft schreckliche Wunden am After davon, weil die Männer ihnen rücksichtslos das steife Glied hineinrammen. So bleibt der After der Männer wie die Vagina der Frauen die Stelle, an der sie gewissermaßen »zur Frau« gemacht wurden,[10] was dazu führt, daß er *extrem* schambesetzt ist.[11]

Noch peinlicher sind die Männer der Chagga darauf bedacht, beim Defäkieren nicht von einer Frau entdeckt zu werden, doch hat dies bei den Afrikanern einen anderen Grund. Sie halten die Defäkation nämlich für etwas sehr Animalisches und Verachtungswürdiges, und weil sie den Frauen überlegen sein wollen, machen sie ihnen weis, daß dem Initianden für immer der After zugestöpselt würde und daß hinfort ein Mann nie mehr Kot ausscheide. Deshalb vergraben die Männer stets ihre Fäkalien oder hüllen sie in ihre Kleidung und bringen sie an einen sicheren Ort. Sollte jedoch einmal einem Mann in Anwesenheit von Frauen oder Mädchen ein verräterischer Furz entweichen, so ist immer ein Junge da, der diesen Furz auf sich nimmt.[12]

Freilich ist kaum anzunehmen, daß die Frauen wirklich an dieses Märchen glauben, und es ist wahrscheinlicher, daß sie es so halten wie die Dowayo-Frauen in Kamerun. Auch diesen wird von den Männern vorgegaukelt, sie defäkierten nicht, doch die Frauen tun nur so, als ob sie ihnen das abnähmen, während sie wissen, daß in Wirklichkeit bei der Initiation nicht der After verschlossen, sondern die Haut vom gesamten Penis abgeschält wird.[13]

Ähnlich wie es im Jahre 1558 in dem Anstandsbuch *Galateo* heißt, der Höfling solle sich nach dem Besuch des Klosetts nicht »en présence d'une honneste compagnie« die Hände waschen, weil sonst jeder merke, womit er sich zuvor beschäftigt habe, gilt es auch heute noch in Anatolien als schamlos, diesen Ort so aufzusuchen, daß es jemand vom anderen

Geschlecht bemerken könnte.[14] Bei den Djelgobe-Peul ist es nicht nur extrem beschämend (*na semtini sanne*), beim Sicherleichtern gesehen zu werden, sondern auch auf dem Weg von oder zum Defäkieren. Hat jemand Durchfall, so verbringt er deshalb meist den ganzen Tag im Busch, um sich die Schande zu ersparen, ständig von anderen gesehen zu werden, wie er nach draußen eilt.[15]

Aber gibt es denn nicht genügend Gegenbeispiele, die zeigen, daß sich manche anderen Völker in solchen Situationen viel weniger schamhaft verhalten als die Europäer? Wird denn nicht seit langer Zeit von Reisenden und von Ethnographen berichtet, daß etwa die Araber oder die Eskimo sich in aller Öffentlichkeit erleichterten?

Nun darf man nicht vergessen, daß bei den Arabern, etwa den Bewohnern der algerischen Oase Sidi Khaled, traditionellerweise die Öffentlichkeit fast ausschließlich den Männern vorbehalten ist, wie bei uns die Herrentoilette,[16] so daß die Möglichkeit, bei der Verrichtung seiner Bedürfnisse von Frauen gesehen zu werden, relativ gering ist.

Daß eine sich erleichternde Frau von Männern beobachtet würde, ist unmöglich, da sich z. B. bei den ägyptischen Fellachen schon die kleinen Mädchen zum Urinieren ins Haus zurückziehen.[17] Noch heute gibt es in vielen öffentlichen Gebäuden der Großstädte Saudi-Arabiens keine Toilettenräume für Frauen, da diese Gebäude eben zum Männerbereich zählen.[18]

Zum zweiten achten die Männer beim Urinieren und Defäkieren sehr darauf, daß ihr Körper verhüllt ist und daß sie von anderen weit genug entfernt sind:[19] Bei den erwähnten Fellachen urinieren bereits die acht- oder neunjährigen Buben außer Sichtweite,[20] und zwar – wie in allen arabischen Ländern – im Hocken.

Der Grund liegt weniger darin, daß so die Genitalien besser verborgen bleiben, sondern daß auf diese Weise ein Bespritzen der Kleidung mit Urin verhindert wird. Deshalb wischen sich die Muslims nach dem Urinieren auch so lange die Öff-

139 Netsilik im Parka, um 1830.

nung der Harnröhre mit Kieseln, Lehm oder Sand, bis sie sicher sein können, daß kein Urin mehr heraustropft. In einigen Gegenden drückten die Männer zu diesem Zwecke den Penis an die Steinmauer, hinter der sie zu urinieren pflegten, was bisweilen ihre christlichen Nachbarn veranlaßte, maliziöserweise die bevorzugten Stellen der Mauer mit spanischem Pfeffer einzureiben.[21]

Ähnlich wie die Bewohner der Wüsten haben auch die der Polargegenden nur beschränkte Möglichkeiten, sich zum Erleichtern ständig außerhalb der Sichtweite der anderen zu begeben. Deshalb verhüllen sich beispielsweise die Frauen der Utkuhikhalingmiut, einer Untergruppe der nordkanadischen Netsilik-Eskimo, beim Defäkieren am Rande des Lagers mit

140 Spielende Netsilikfrau im Parka, 1951.

ihren Parkas, so daß sie wie ein kleines Zelt aussehen. Dabei ziehen sie die Arme aus den Ärmeln, um unter der Parka die Hosen herunterzulassen, was zudem den Vorteil hat, daß auf diese Weise die Genitalien vor dem Erfrieren bewahrt werden. Die Männer tragen kürzere Parkas und müssen deshalb beim Defäkieren den Hintern entblößen, aber sie tun dies nie so, daß er von anderen gesehen werden könnte. Sollte es am Lagerrand Felsen oder Bodensenken geben, benutzt man sie als Sichtschutz. Wenn sie indessen auf schneebedecktem Eis defäkieren, bauen sie kurzfristig einen Schneeblock, hinter den sie sich zurückziehen.

Zum Urinieren entfernen sich die Männer nicht so weit wie die Frauen, doch sie wenden sich von den anderen weg, denn es wäre sehr unschicklich oder provokativ, den Penis sehen zu lassen. Außerdem bedecken sie ihn mit der Hand, damit er nicht abfriert.[22]

Wesentlich schamhafter waren jedoch die Naskapi-Indianer, die beim Urinieren den anderen nicht einmal den Rücken zeigten, weshalb die Labrador-Eskimo sich auch ständig über sie lustig machten.[23]

141 ›Les Pétengueules‹ (›Furzgoschen‹), Banner der Mère Folle, Dijon, um 1500.

Wir haben also gesehen, daß bei den scheinbar naturnahen Völkern Urinieren und Defäkieren meist schambesetzter sind als bei uns, und man wundert sich nicht, zu hören, daß bei-

spielsweise die Kurtatschi aus Neubritannien begeistert waren, als sie in Batavia oder Singapur ummauerte Klosetts sahen,[24] oder daß die Baktaman in Neuguinea sehr gerne die westlichen Latrinen übernahmen, weil diese ihnen größere Sicherheit bieten, bei der Verrichtung ihrer Bedürfnisse vor allem vom anderen Geschlecht nicht gesehen zu werden.[25]
Wie aber verhält es sich mit den Körpergeräuschen, von denen es heißt, daß sie noch zu Beginn der Neuzeit frei getätigt werden konnten? Sagte nicht Luther noch zu seinen Gästen: »Warum rülpset und furtzet ihr nicht, hat es euch nicht geschmacket?«[26]
Daß man zur Zeit der Reformation in Mitteleuropa ungehemmt furzen konnte, ist ganz und gar unwahrscheinlich. So heißt es etwa im frühen 16. Jahrhundert bei Jean Sulpice: »Combien que nature te presse fort de péter ou vessir, il te faut du tout efforcer de bien serrer les fesses et ne lascher rien de mauvais goust.«
Rät etwas später eine Zürcher »Kinderzucht«: »Den furtz verhalt, ists glych nit gsund«,[27] und mußte nach der Solothurner Schützenordnung aus dem Jahre 1515 derjenige, »wellicher uff der zilstatt« einen Furz ließ, einen Schilling Strafe zahlen,[28] so meint etwa zur selben Zeit Erasmus von Rotterdam, daß der Knabe zwar aus Gesundheitsgründen nicht »mit zusam̄en gedrücktem Hindern den Wind des Bauchs verhalten soll«. Vielmehr solle er ihn, wenn er allzu sehr drückt, entweichen lassen, doch »soll ers / nach dem alten Sprichwort / mit einem Husten verhälen«,[29] ähnlich wie die unter Blähungen leidenden Damen, denen man riet, stets ein kleines Hündchen bei sich zu haben, auf das sie ihre Fürze schieben konnten, falls sie gehört oder gerochen wurden.[30]
Doch auch das Mittelalter empfand hier – wie es scheint – nicht wesentlich anders, denn nach der Frankfurter Zunftordnung des Jahres 1377 wurde derjenige bestraft, der »fruczte oder anders unhubisch (= unhöflich) were«, und in einer spätmittelalterlichen Tischzucht heißt es bezüglich des Furzens und des Rülpsens:

»Ist eyn gauch inn all meinn sinnen,
Im möcht wol eyn furtz entrinnen,
Es sei unden oder oben,
Eyn solcher ist nit fast zloben
Dann es ist schamper und unreyn.«[31]

Noch wesentlich schambesetzter ist freilich das Furzen bei den »Naturvölkern«, die sich auch in diesem Falle ganz und gar nicht natürlich verhalten.

Ließe etwa ein Trobriander aus Versehen vor anderen einen Wind entweichen, so würde ihn dies nicht nur zutiefst beschämen, sondern auch auf Dauer entehren, und selbst in einer dichten Menschenmenge, wo der Betreffende anonym bliebe, kommt es nie vor, daß jemand furzt.[32]

Als dies einmal einem Tikopia-Insulaner in einer feinen Gesellschaft passierte, verließ er schamrot den Ort des Geschehens. Ein paar Tage danach fand man ihn tot im Wipfel einer Kokospalme. Er hatte die auf dieser Südsee-Insel übliche Selbstmord-Art gewählt, indem er sich von einer der scharfen und spitzen Blütenscheiden aufspießen ließ.[33]

In der Öffentlichkeit zu furzen ist bei den Mehináku am Rio Xingú eine solche Unanständigkeit, daß der Betreffende von den anderen bespuckt wird.[34] Auch bei den Polar-Eskimo wäre ein Furzen in dieser Art ein sehr peinliches Ereignis:

»In der Enge des Iglu (drei Quadratmeter pro Person), die jedes Privatleben unmöglich machen könnte, ist die Diskretion ein angestammter Zug der eskimoischen Lebensweise. So rülpst der Eskimo zwar mitunter, wird aber nie einen fahrenlassen. Nun steckt der Iglu voller Gerüche: angefaultes Fleisch, für die verschiedensten Zwecke aufgehobener Urin, Schweiß etc., aber der Gastgeber wäre von dem Geräusch und dem Geruch eines Furzes (der wie im alten China einen Gesichtsverlust bedeutet) doch äußerst schockiert.«[35]

Furzt bei den Chagga ein Erwachsener, so wird stets irgendein anwesendes Kind dafür zurechtgewiesen, dem man hinterher erklärt, es habe dazu beigetragen, die Würde des Betreffenden zu bewahren,[36] und in ähnlicher Weise sagt bei den

Anyanja in Zentralafrika sofort irgendein kleiner Junge, er sei es gewesen, wenn einem Mann in einer Versammlung das Mißgeschick widerfährt.[37]

Auch im arabischen Kulturbereich ist letzteres äußerst peinlich, und zwar gleichgültig, ob es sich um das handelt, was in den algerischen Oasen *drat* genannt wird, nämlich den hörbaren, aber nicht stinkenden Furz, oder um *tish*, den Furz, den man zwar nicht hört, der aber stinkt.

Ein Furz beleidigt nicht nur Gott – so wird nach einem alten sunnitischen Text das Gebet dessen nicht erhört, dem dabei ein Wind entgeht[38] –, sondern auch die engsten Verwandten. Dies illustriert sehr gut eine Geschichte, die man sich im gesamten islamischen Bereich erzählt,[39] in welcher ein junger Mann, der in Anwesenheit seiner Schwester gefurzt hatte, sich dermaßen darüber schämte, daß er sein Elternhaus verließ und in die Fremde ging. Als er nach vielen Jahren wieder heimkehrte, traf er als erstes auf seine Schwester, die zu ihm sagte:

»Warum bist du denn damals weggegangen, wenn weiter nichts geschehen ist, als daß du einen Furz gelassen hast?«

Dies beschämte den Mann abermals so sehr, daß er erneut die Heimat verließ und nie wieder zurückkehrte.[40]

Wir sehen auch, daß es völlig abwegig ist, zu sagen, daß »Naturvölker« »gegen Gerüche weitgehend unempfindlich« seien und im Vergleich zu uns viel weniger »Ekel gegenüber menschlichen Ausscheidungen« hätten,[41] oder – wie Jos van Ussel – blauäugig zu schreiben: »Naturvölker und Menschen anderer Kulturen ›ekeln sich‹ nicht vor ihrem Körper und vor dem anderer Menschen.«[42]

So ekeln sich beispielsweise die Lele in extremer Weise vor dem Geruch verrottender und verwesender Dinge, vor verdorbener oder madiger Nahrung, Exkreten, eiternden Wunden und geronnenem Blut und bezeichnen all dies als *hama*. Im übertragenen Sinne ist auch alles tatsächlich oder vermeintlich Glitschige und Schleimige wie etwa Frösche, Kröten oder Schlangen *hama*. Die schlimmste Beleidigung, die man gegenüber jemandem ausstoßen kann, ist nicht »Du Mutterficker« oder ähnliches, sondern *ipondela hama* oder *iponj*, »Verfaultes, stinkendes Ding!«, oder man sagt »Du wäschst dich ja überhaupt nicht!« Sagt man gar »Du frißt ja Scheiße wie ein Hund!«, so ist dies eine tödliche Beleidigung, mehr für einen selber als für den anderen, denn man muß damit rechnen, von dem anderen daraufhin getötet zu werden.[43]

Die Wogeo-Insulaner sind äußerst geruchsempfindlich, besonders gegenüber Körpergerüchen wie dem von Schweiß, den man durch Einreiben mit Kokosmilch, in die man zuvor gewisse Blumen gelegt hat, bekämpft oder indem man wohlriechende Kräuter in ein Armband stopft. Der Geruch, den eine an Ringelflechte leidende Person ausströmt, wird als so unerträglich empfunden, daß diese sich, wenn sie zusammen mit anderen arbeitet, stets unter dem Winde aufhalten muß.[44]

Auch die Trobriander sind sehr empfindlich gegen jede Form von Körpergeruch, weshalb sie sehr reinlich sind,[45] während die Hukwe-Buschleute sich ein Pulver aus scharfriechenden Blättern und zwei Holzsorten unter die Achseln reiben, um den Schweißgeruch zu lindern,[46] und die Massai unter den Achseln als Deodorant Leleshwa-Blätter tragen.[47]

Bei starkem Geruch von Fäkalien, Sputum oder Verwesung empfinden die Hagenbergstämme einen solchen Ekel, daß sie große Schwierigkeiten haben, sich nicht zu übergeben,[48] und die Trumaí gehen nicht nur aus Schamgründen zum Defäkieren und Urinieren weit in den Urwald, sondern auch weil sie der Gestank von Kot und Urin anekelt. Als ein Ethnologe einmal in seinem Garten sein Bedürfnis verrichtete, reagierten die Indianer mit Abscheu und meinten, den Garten könne er nun vergessen.[49]

Diese Beispiele zeigen, daß der Geruch von Körperausscheidungen, Körpersekreten, verwesenden Leichen usw. in den verschiedensten Kulturen zumindest bei den Erwachsenen Ekelgefühle erzeugt. Diejenigen, welche behaupten, es gebe

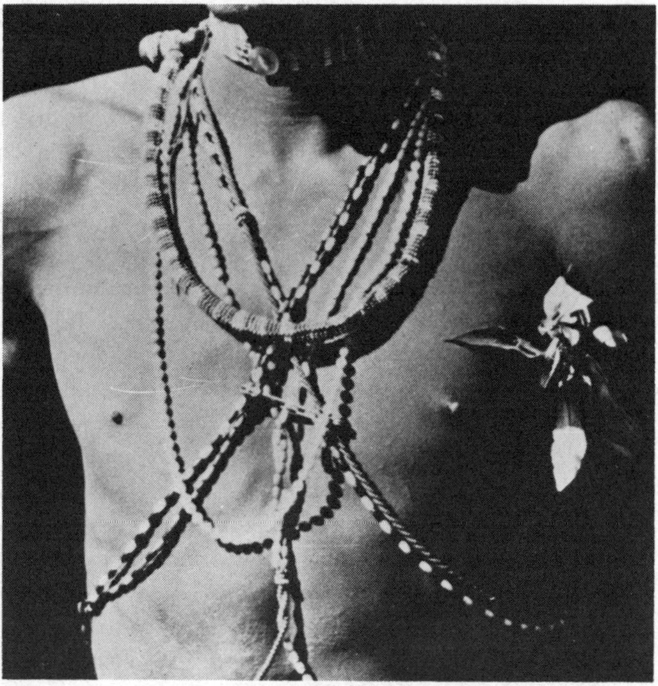

142 Leleshwa-Blätter der Massai.

keinen »normalen, gesunden, letztlich objektiven Ekel«, haben dagegen eingewendet, daß es doch Hindus gebe, die Kuhmist zu sich nehmen, daß man Kot in Liebestränke gemischt habe und daß schließlich auch auf dem Hexensabbat allerlei Widerliches vor sich gegangen sei. So hätten sich etwa die Hexen Kröten und andere schleimige Tiere auftischen lassen, oder sie hätten dem Teufel den After geküßt.[50]
Doch derartige Beispiele beweisen gerade das Gegenteil: Wenn man sich die Hexen als Feinde der Kultur so vorstellte, daß sie nackt, mit aufgelösten Haaren zum Sabbat flogen,[51] um dort Widerwärtiges zu vollführen, so bestätigt diese Kulturlosigkeit ja gerade die kulturellen Normen der frühen Neuzeit, nach denen eine Frau selbstverständlich alles das nicht tun durfte.

Und wenn gewisse Hindus den Mist von Kühen kosten, dann tun sie dies nicht deshalb, weil sie etwa keine Ekelgefühle gegenüber Fäkalien hätten, sondern weil es sich bei den Kühen um heilige Tiere handelt. Im Gegenteil haben gerade die Inder gegenüber Körperausscheidungen und -sekreten wesentlich stärkere Ekelgefühle als wir.

Bei den südindischen Coorg dürfen insbesondere die Angehörigen der höheren Kasten weder ihre Zunge noch ihre Zähne anfassen, weil sie nicht mit ihrem Speichel in Berührung kommen dürfen,[52] und bei den Rājputen erzeugt die Vorstellung, daß man etwas mit den Lippen berühren könnte, was vorher ein anderer mit den Lippen berührt hat, Ekelgefühle. Deshalb gehört alle Nahrung, die man zum Munde geführt hat, zu den *jutha*, den »Resten«, und Zigaretten und Pfeifen raucht man ähnlich wie hierzulande einen Joint, d.h., man hält sie zwischen den Fingern der geschlossenen rechten Hand, so daß man ziehen kann, ohne die Zigarette oder die Pfeife mit dem Mund zu berühren, denn nur so kann man sie anschließend weiterreichen.[53]

Verunreinigend ist nicht – wie Mary Douglas in ihrer mittlerweile klassischen These behauptet – dasjenige, was deplaciert ist, denn vieles ist ›fehl am Platze‹, ohne verunreinigend zu sein, etwa eine Frau, die ›oben ohne‹ den Gottesdienst in der Kirche besucht.

Verunreinigend ist vielmehr das, was schmutzig ist, und Schmutz ist meist mit den Ausscheidungen und Sekreten des Körpers sowie mit der Verwesung von Organischem verbunden.[54] Eine Gesellschaft, die solche Infektionsherde nicht ausgrenzte, würde sich selber gefährden und hätte nur geringe Chancen zu überleben.

Hier wird man wiederum einwenden, daß doch bekanntermaßen die mittelalterlichen Städte beinahe im Schmutz erstickt sind und daß es in ihnen gestunken haben muß wie in einer Kloake, was doch wohl zeige, daß die Menschen im Mittelalter niedrigere Ekelschwellen gegenüber dem Gestank haben mußten als wir Heutigen.

Nun hat man zum einen mit Recht bemerkt, daß eine mittelalterliche Stadt bis zur Zeit ihrer Überbevölkerung wahrscheinlich nicht anstößiger gerochen hat als ein gewöhnlicher Bauernhof[55] und daß man das Ausmaß von Dreck und Gestank in ihr meist übertrieben hat: In manchen Städten, etwa in Paris, stank es in der frühen Neuzeit offenbar sehr viel mehr als ein paar Jahrhunderte zuvor.[56]

Zum anderen spricht nichts dafür, daß den mittelalterlichen Menschen der Gestank nicht gestunken hätte.

So bestimmte etwa Eduard III. im Jahre 1332, daß die Einwohner von York wegen des »abominable smell abounding in the said city« dieselbe sauber zu halten hätten,[57] und auch auf dem mittelalterlichen Kontinent sind Klagen über Geruchsbelästigungen – etwa hervorgerufen durch die *privets* – sehr häufig.

Der Wiener Bürger Veit Schattauer wurde beispielsweise dazu verpflichtet, über seinem heimlichen Gemach einen schornsteinartigen Abzug anzubringen, damit seine Nachbarn vor dem »pos gesmachen« bewahrt blieben,[58] und im Jahre 1494 wurde in Basel eine ältere Verordnung wiederholt, in welcher erkannt war, »dz nyeman kein sweinstall in der rechten statt nit haben, noch schwin ziehen soll umb des bösen gestanks willen, sonnder sollich schwinställ und swin haben und halten in den vorstetten. Desgleichen die kuttler den wust nit tags sieden, so die lut uff der stross wandeln, sonnder nachts, damit der gestanck den luten desterminder trang tuo«.[59]

Aber auch der bloße Stallgeruch scheint für viele mittelalterliche Nasen unangenehm gewesen zu sein. Jedenfalls erklärte im 14. Jahrhundert Johannes von Hildesheim die Überlieferung, wonach die Weisen aus dem Morgenland dem neugeborenen Jesuskind Weihrauch und Myrrhe schenkten (Matthäus 2,11), damit, daß mit Hilfe dieser Duftstoffe »die schlechte Luft im Stall« überdeckt werden sollte.[60]

§ 15
Die Entblößung vor Dienern, Sklaven und Ehrlosen

Kehren wir jedoch vom heimlichen Gemach und seinen Gerüchen in die Heimlichkeit des Schlaf- und Badezimmers zurück und erinnern wir uns, daß allem Anschein nach die Schamfreiheit der mittelalterlichen und frühneuzeitlichen Menschen in Bad und Bett maßlos übertrieben worden ist.

Nun wird man vielleicht sagen, daß es doch genügend Zeugnisse gebe, die bewiesen, daß man sich noch im 18. Jahrhundert, wenn auch nicht vor Gleichrangigen, so doch zumindest vor Personen, die in der sozialen Stufenleiter wesentlich niedriger standen, etwa vor Dienern, nackt und ohne Scham bewegt habe.

Ein solches von Norbert Elias wiederholt angeführtes Zeugnis[1] für die angebliche Unbekümmertheit, mit der sich die Herrschaften hüllenlos dem Dienstpersonal zeigten, ist eine Begebenheit des Jahres 1746, in welcher eine Marquise vor einem jungen Kammerdiener sogar die Genitalien entblößte.

»Mme du Châtelet«, berichtet der Diener Longchamp, »me dit de prendre une bouilloire qui était devant le feu, et de lui verser de l'eau dans son bain, parce qu'il refroidissait. En m'approchant, je vis qu'elle était nue, et qu'on n'avait point mis d'essence dans le bain, car l'eau en était parfaitement clair et limpide. Madame écartait les jambes, afin que je versasse plus commodément et sans lui faire mal l'eau bouillante que j'apportais. En commençant cette besogne, ma vue tomba sur ce que je ne cherchais pas à voir.«[2]

Voller Scham wandte der junge Mann das Gesicht ab und goß mit zitternder Hand das heiße Wasser in die Wanne, so daß Madame ihn zurechtwies, er solle gefälligst genauer hinsehen, sonst verbrühe er ihr noch die Schenkel.

Wie ist nun diese Begebenheit zu interpretieren?

Schon die Tatsache, daß Longchamp es für wert hält, die Geschichte in seinen Memoiren en détail zu schildern, und auch die Scham, mit der er auf die Entblößung der Marquise reagierte, zeigen, daß ein solches Verhalten – entgegen der Annahme Elias' – äußerst ungewöhnlich gewesen sein muß, und es scheint, daß eine andere Erklärung plausibler ist. So schreibt etwa Brantôme im späten 16. Jahrhundert, es gebe gewisse Damen der Gesellschaft, die sich, von keinerlei Gewissensbissen belastet, vor ihren Dienern entblößten, um diese sexuell zu erregen. Von einer adeligen Dame berichtet er, sie habe sich sogar mit entblößtem Unterleib auf den Bauch gelegt und ihrem Diener den Hintern entgegengestreckt, um den jungen Mann scharfzumachen. Als dieser sich nicht länger beherrschen konnte und die Dame von hinten bestieg, wandte sie lediglich den Kopf um und fragte ihn, wer ihn denn so dreist gemacht habe, »ihn hineinzustecken«. Als der Kammerdiener erwiderte: »Befehlen Madame, daß ich ihn herausziehe?«, entgegnete sie: »Nicht das sage ich Euch, Herr Dummkopf. Ich sage Euch: wer hat Euch so dreist gemacht, ihn hineinzustecken?«[3] Und in der Tat war Mme la marquise du Châtelet (cf. Abb. 143) eine Frau, die, wie ihr Englischlehrer und späterer Liebhaber Voltaire es ausdrückte, zwar mannigfache geistige Interessen hatte, doch überdies »elle n'aimait pas moins le monde, et tous les amusements de son âge et de son sexe«.

Mit ihrem Gemahl, dem Marquis du Châtelet-Lomont, führte sie eine Pro-Forma-Ehe, und sie liebte es, nicht nur den Männern den Kopf zu verdrehen und sie zu reizen, sondern außer ihrem Mann auch ihren Geliebten Voltaire zu betrügen, zumal als dieser es im Alter von knapp 46 Jahren vorzog, aus Gesundheitsgründen fürderhin den Freuden der fleischlichen Liebe zu entsagen.[4]

Daß man sich für gewöhnlich vor dem Dienstpersonal nicht nackt zeigte, geht auch direkt aus anderen Quellen hervor. So schreibt beispielsweise in der zweiten Hälfte des 17. Jahrhunderts der Abbé Boileau:

143 Die Marquise von Châtelet.

»Une femme véritablement chaste ne craint pas seulement les yeux étrangers et domestiques; mais les siens propres.«[5] Und etwa zur selben Zeit weist Mme de Liancourt ihre Enkelin an, morgens unter keinen Umständen einen Diener das Schlafzimmer betreten zu lassen, solange sie noch im Nachthemd sei, und niemals vor der Dienerschaft die Brust zu entblößen.[6]

Wenn es schließlich im 16. Jahrhundert eine »chambrière« für nötig hält, eigens festzustellen, sie habe ihre Herrin nackt gesehen, aber diese habe »das gleiche« wie sie selber,[7] dann zeigt dies zumindest, daß es in der frühen Neuzeit anscheinend nicht einmal selbstverständlich war, sich vor einem Dienstboten gleichen Geschlechts bis auf die Haut auszuziehen.

Damit soll nicht bestritten werden, daß man sich natürlich vor der Dienerschaft oder anderen Personen von niedrigem Status anders gehenlassen konnte als vor Gleich- oder gar Höherrangigen, weil eben jene viel weniger zählten als diese, was z. B. Horaz sehr gut illustriert, der einmal schreibt, er sei alleine spazierengegangen, während man fünf Verse weiter erfährt, daß ihn einer seiner Sklaven begleitet hatte.[8]

So hat beispielsweise bei den Belutschen ein Diener einen so niedrigen Status wie eine Frau, was es dieser erlaubt, auch vor einem männlichen Diener – gleichgültig, wie alt er ist – ihr Kind zu stillen,[9] und von mancher züchtigen Pflanzergattin der amerikanischen Südstaaten wird erzählt, daß sie sich vor männlichen Negersklaven das Korsett zugeknöpft hätte.[10] In ähnlicher Weise berichtet ein Wissenschaftler, der sich als Scheinpatient in eine amerikanische Nervenklinik eingeschlichen hatte:

»In der Gegenwart einer ganzen Station starrender Männer knöpfte eine Schwester ihre Uniform auf, um ihren Büstenhalter zurechtzurücken. Man hatte nicht das Gefühl, daß sie verführerisch sein wollte. Es war eher so, als bemerkte sie uns nicht. Es kam auch vor, daß eine Gruppe von Klinikangestellten im Tagesraum auf einen Patienten deutete und eine lebhafte Diskussion über ihn begann, als wäre er nicht anwesend.«[11]

Aber wie schon diese wenigen Beispiele zeigen, charakterisiert das Sichgehenlassen vor Niedrigstehenden weder eine bestimmte historische Epoche, noch ist es so, daß man Diener oder Sklaven *wirklich* als ›Sachen‹ betrachtet hätte. So würde sich etwa in Ḥaḍramawt eine Frau vor einem Sklaven ohne Schleier bewegen – so niedrig ist er für sie –, aber ein Mann würde selbst vor einem derart Nichtswürdigen unter keinen Umständen seine Frau küssen.[12] Und es ist auch mehr als fraglich, ob in einer Zeit, in der selbst einer Hebamme für gewöhnlich der Blick auf die Genitalien einer Gebärenden versagt blieb, ebendies einem jungen Kammerdiener gestattet sein sollte. Wir erinnern uns, daß Marie-Antoinette pein-

144 Pariser Dame badet im Hemd, 1774.

lichst darauf achtete, von ihren Dienerinnen niemals ohne ihr bis zum Hals zugeknöpftes langes Badehemd gesehen zu werden, während viele andere Damen das Badewasser undurchsichtig machten, indem sie eine oder zwei Pinten Milch oder Badeessenz hineinschütten ließen.

So empfahl etwa Jean Goulin in seinem im Jahre 1771 erschienenen *Médecin des dames*, das Bad zu trüben »pour être nu sans être vu, avec la pâte d'amandes en poudre, le son, et géné-

145 Im Hemd badende Dame, 1867.

ralement avec tous les farineux et les résineux dissous dans l'esprit de vin et jetés ensemble dans la baignoire.«[13]

Und schließlich meinte auch Casanova, daß »man sich ja vor einem Kellner keinen Zwang anzutun« brauche, doch »um so schlimmer für ihn, wenn er sich irgendwelche Hoffnungen macht, weil man ihm bedeutungslose Kleinigkeiten gewährt«, etwa wenn die Dame ihm erlaubt, ihr beim Anziehen der Stiefel behilflich zu sein.[14] Denn hier lag im allgemeinen schon die Grenze, die ein solches Individuum nicht überschreiten durfte.

Wie aber verhielt es sich im späten Mittelalter und in der frühen Neuzeit in dieser Hinsicht mit den Badern und den Henkern, die doch »unehrliche« oder »ehrlose« Berufe ausübten? Sahen denn diese im Frauenbad und während der Folter nicht nackte Frauen? Und war es nicht so, daß die Frauen sich nicht schämten, weil solche Männer einen sehr niedrigen Status hatten?

Zwar waren die Bader nicht überall und zu allen Zeiten »unehrlich«, ja es gab sogar Orte, an denen sie eine Zunft bildeten, doch im allgemeinen war es in der Tat so, daß selbst derjenige, der die Tochter eines Baders heiratete, aus seiner Zunft gestoßen wurde,[15] und in vielen Gegenden konnte man in Teufels Küche kommen, wenn man sich mit einem Bader zusammensetzte, um gemeinsam einen Schoppen zu trinken.[16] So heißt es noch im Jahre 1660 in einer Geburtsurkunde der Stadt Gronau im Hannoverschen:

»Auss einem keuschen Ehebett, echt und recht gebohren – nicht Balbirer, Bader, Zöllner, Pfeiffer – nicht winsdicher, sondern aufrichtiger Teutscher.«[17]

Ich nehme an, daß die Bader deshalb »unehrlich« oder zumindest »anrüchig« waren,[18] weil sie mit den Körperausscheidungen der Menschen, mit Haaren, Schweiß, Blut usw. in Berührung kamen – im mittelalterlichen Ulm waren die Bader auch gleichzeitig die Leichenwäscher[19] – und dadurch ›unrein‹ und ›verunreinigend‹ wurden, ebenso wie der Henker, der mit Tod und Blut in Berührung kam. Noch heute gilt aus diesem Grunde bei den Zigeunern eine Hebamme als unrein (*marimē* oder *moxadi*), und niemand würde ihr auch nur die Hand geben: »Wenn ich nur daran denke«, meinte ein Sinto, »kriege ich schon eine Gänsehaut.«[20]

Aber auch vor einem Mann mit solch niedrigem Status durfte eine Frau nicht ihren Genitalbereich entblößen, und wenn sie es – ähnlich wie Mme du Châtelet vor dem Kammerdiener – doch tat, war dies von großer Anzüglichkeit.

Dies erhellt sich z. B. aus dem, was Thurneyser über seine laszive und nymphomane Gattin zu berichten weiß:

»Wahr ist es, daß sie in der dritten Wochen nach meinem Abschied mit der Schließerin und den Kindern in des David Ritters Haus gebadet hat. Da hat sie der Baderknecht gewaschen. Wie sie ihm nun zwischen den Beinen gesessen, hat sie zum Baderknecht gesagt: ›Lieber Gesell, sag in Wahrheit, wie dünkt es dich, welche unter uns beiden, die Anna oder ich hat die größte ... und welche hat die meisten Haar?‹ Ist der Badergesell schamrot geworden und hat gesagt: ›Frau, das weiß ich nicht, Ihr mögts selber am besten wissen.‹«[21]

146 Bader und badende Familie. Holzschnitt von Jost Amman, 1566.

Obwohl – wie bereits die frühsten Darstellungen beweisen[22] – die Frauen beim Geschröpftwerden nicht nur den Unterleib, sondern auch die Brüste und den Bauch bedeckt hielten, mochten nicht wenige Frauen bei solchem Geschäfte einen Mann – sei es nun ein Bader oder ein Arzt – nicht leiden und ließen sich deshalb die Schröpfköpfe von einer Frau oder einem jungen Mädchen aufsetzen. So brachte etwa eine Zürcherin, die beschuldigt worden war, sich das Vorrecht der Bader angemaßt zu haben, als Entschuldigung vor, es sei zu ihr geschickt worden, »etwann eine eeren frowen die nit gern einen bader gehept«,[23] und im Jahre 1496 verordnete der Rat von Baden im Aargau den Badern, »darzu soll er denen frowen nun fur hin ein frowen zuo einer riberin halten«.[24]

Zweihundert Jahre später wurde in Zürich den Schweighauserischen Töchtern das Schröpfen untersagt, »ausgenommen, wann etwan Schamhaffte weibs Personen sich lieber von Ihnen Schräpfen lassen wollen«.[25]
Sich gar von einem Bader epilieren zu lassen war für eine Frau undenkbar. Höchstens eine Bademagd durfte einem weiblichen Kunden so nahe kommen, aber auch dies wurde weithin für anstößig gehalten, weswegen etwa im 16. Jahrhundert Jean Liébaut den Frauen riet, so etwas lieber selber zu besorgen, »si pendant qu'estes au bain, le poil vous nuit en quelque partie, et que vous ne vouliez vous commettre entre les mains de vos servantes, gardes, matrones ou autres telles personnes, pour la honte pudique et vérécunde qui vous retient«.[26]
Wie aber verhielt man sich gegenüber den Henkern, die ja manchmal als Stadtärzte angestellt wurden, weil sie häufig bessere anatomische Kenntnisse hatten als die normalen Ärzte,[27] denen weitgehend die Sektion von Leichen untersagt war? So war etwa bis ins 18. Jahrhundert bei den Henkern von Osnabrück die Rede von der »Cur, so viele ihm dieselbe von altershero gebühret«.[28]
Obgleich die Juristen der frühen Neuzeit lediglich von der »Anrüchigkeit« (*levis notae macula*) des Scharfrichterberufs sprachen, war der Makel, der auf dem Henker lastete, in Wirklichkeit keineswegs so »levis«, wie die gelehrten Herrn es haben wollten.
So erhob beispielsweise im Jahre 1709 der Scharfrichter Johann Martin Bürck beim Haller Rat Einspruch, »wann einer wie eine abscheuliche Bestia von aller menschlichen Societät entfernt gleichsam in einem Käfig eingeschlossen in solcher höchsten Verachtung leben muß, zumal der Allerhöchste einem jeden Menschen von Natur eingeprägt, daß er die Einsamkeit fliehen und hingegen die menschliche Societät nach Möglichkeit suchen muß«.[29]
In der Tat waren die Henker häufig verachteter als die Bader, und ihre Frauen mußten oft – ähnlich wie die öffentlichen Huren – besondere Schleier tragen.[30]

Als im Jahre 1571 der Ansbacher Stadtzimmermann mit dem Knecht des Nachrichters »zur schenk gangen, mit ime geessen und aus einem drinkgeschirr gedrunken, und also gemeinschaft zu ime gesucht«, kam er noch glimpflich davon und wurde lediglich »zur abscheu auch 5 dag im turn mit wasser und brot gestraft«,[31] doch noch im Jahre 1823 war ein Bauernbursche, als er erfuhr, daß der Mann, mit dem er in einer Wirtschaft Brüderschaft getrunken hatte, ein Henker war, so entsetzt, daß er in die Einöde floh.[32]
Wie der Bader, so war auch der Henker unrein, weil er mit Blut und Tod in Berührung kam, und aus dieser ›Unreinheit‹ resultierte sicher die ›Unehrlichkeit‹ oder ›Ehrlosigkeit‹. Noch im 16. Jahrhundert wurde in Danzig diese Berührung ganz wörtlich verstanden, denn nur der Scharfrichter wurde ehrlos, der den Verurteilten direkt anfaßte. Derjenige, welcher ihm mit dem Schwert den Kopf abschlug, ohne seine Haut zu berühren, blieb dagegen ohne Makel.[33]
Durch die Berührung eines ehrlosen Henkers wurde man selber ehrlos. So ereilte einen häufig dieses Schicksal, wenn man von ihm gefoltert wurde oder wenn er einem Delinquenten das Körperhaar absengte. Als beispielsweise im Jahre 1671 eine Frau in St. Gallen gefoltert worden war, schrie sie, man könne sie jetzt ruhig töten, denn sie sei ja doch für ihr Lebtag »henkermäßig«,[34] und mit dem Schwert gerichtet zu werden war ein Privileg, dessen sich meist nur Delinquenten aus dem Adel, dem Patriziat und einige Handwerker erfreuten.
So heißt es etwa in einer Gnadenbitte im Jahre 1718, »daß man ihme nicht von denen Henkersknechten möchte anrühren, sondern durch Ehrliche leuthe zur Erdten bestatten laßen, damit sein familia dadurch nicht so sehr beschimpffet würde«.[35]
Standen also derart Verachtete und Verfemte in der sozialen Hierarchie so weit unten, daß sich eine ehrbare Bürgersfrau gar nicht zu schämen brauchte, wenn solche Männer sie bei der Folter nackt sahen oder wenn sie ihr als mutmaßlicher Hexe auf der Suche nach dem »Teufelszeichen« gar das Schamhaar schoren?

§ 16
Der Henker und die Hexe

Zunächst muß man feststellen, daß die als Hexen verdächtigten Frauen und Männer während der Folter durchweg bekleidet waren und daß mithin die junge nackte ›Hexe‹, deren Blöße bei der Tortur von wollüstigen Henkersknechten, Richtern und vor allem von verklemmten katholischen Geistlichen angestarrt wurde, eher der schwülen Phantasie von Illustratoren des vergangenen Jahrhunderts entstammt als der Wirklichkeit.

Im allgemeinen trugen die Delinquenten ein geweihtes gewebtes »Peinkleid« ohne Knöpfe, d.h., es war so beschaffen, daß ein Dämon Schwierigkeiten hatte, sich darin zu verstekken.[1] Im Steirischen heißt es über den »Hexenstuhl«:

»Auf dieser Banck am niedrigsten Theil / wird der Gepeinigte gantz außgezogen / mit einem henfern groben Hembd angethan / gesetzet / und zwar so / daß die (*salvâ venia*) *nates*, oder der Hinderste nicht auf der Banck ruhen / sondern überhängen muß.«[2]

Bei der sogenannten Bambergischen Tortur saß der »Torquendus« auf dem »spanischen Bock« und wurde karbätscht[3] und mit Ruten gestrichen. Dabei trugen die Männer ein Hemd mit Brustlatz, die Frauen ein Leibchen oder eine Schnürbrust, die freilich keine Fischbeineinlagen haben durfte.[4]

Überhaupt kam es in unseren Breiten äußerst selten vor, daß eine Frau mit entblößten Brüsten gefoltert wurde. Fast immer war sie mit einem »Marterkittel«, auch »Drudenhemd« genannt,[5] bekleidet, der einen besonderen Brustteil aufwies,[6] und auch die Männer trugen meist eine lange Schürze.[7]

In seltenen Fällen ist die Rede von der Nacktheit der Delinquenten beim peinlichen Verhör, aber auch dann zeigt es sich oft, daß mit dem Wort »nackt« lediglich gemeint war, daß man sich seiner gewöhnlichen Kleidung zu entledigen hatte.

147 Entkleidung einer ›Hexe‹ vor der Inquisition, Kupferstich, 19. Jh.

Als sich beispielsweise im Jahre 1644 die Schottin Margret Thomsone über die Folter beschwerte, die darin bestand, daß man sie zwanzig Tage lang am Schlafen hinderte, fügte sie hinzu, sie sei dabei nackt gewesen, »having nothing on her but a sackcloth«.[8] Wenn in den Akten eines Hexenprozesses im kurtrierischen Winningen erwähnt wird, daß bei den Prozessen der Jahre 1648 bis 1651 mehrere Frauen und Männer »auf einem gescherpften Faß nackend sitzend« gefoltert worden seien, dann ist dies – falls die Betreffenden wirklich nackt waren – äußerst ungewöhnlich. So wundert man sich auch nicht, neben dem Text eine Randnote zu finden, in der es heißt: *notetur: novum et inauditum toture genus!* (»Eine neue und unerhörte Art der Tortur!«)[9]
Freilich scheint es nicht selten vorgekommen zu sein, daß sich als Hexen verdächtigte Frauen beim Umziehen vor dem Henker entblößen mußten, weshalb etwa der Verfasser der *Cautio criminalis* feststellte, es gehe nicht an, solche Frauen zum Anlegen der Folterkleidung vor den Augen des Nachrichters

148 Folter von Hans Spieß. Luzerner Chronik des Diepolt Schilling, 1513.

nackt auszuziehen, »weil das für das weibliche Geschlecht noch schlimmer ist als die Tortur«.[10] Und in der Tat sind uns auch aus dem Spanien des frühen 17. Jahrhunderts Stimmen überliefert, die sich über derartige Demütigungen des weiblichen Geschlechts empörten.[11]

Zwar achtete die spanische Inquisition darauf, daß die Genitalien beider Geschlechter stets bedeckt waren,[12] doch war es für eine Spanierin extrem beschämend, wenn ihr vor fremden Männern – auch wenn es nur Henkersknechte waren – der Oberkörper entblößt wurde.[13]

Auch die populären Darstellungen aus neuerer Zeit, auf denen splitternackte ›Hexen‹ vor aller Augen auf dem Scheiterhaufen verbrannt werden, gehören allem Anschein nach ins Reich der Phantasie, denn nirgendwo in den schriftlichen Quellen ist davon die Rede, und auch auf den bildlichen Darstellungen der Exekution ist zumindest der Unterleib der Verurteilten bedeckt, bei Frauen meist auch die Brüste.[14] So heißt es bereits im frühen 13. Jahrhundert in den Anweisungen, nach denen die Ketzer – manchmal bis zum Tode – gegeißelt werden sollten, daß man sie zuvor entblöße, doch nur

149 »Kaltwasserprobe« bei einer deutschen ›Hexe‹. Holzschnitt aus dem 17. Jh.

150 »Kaltwasserprobe« bei einer englischen ›Hexe‹.

»soweit der Anstand und die Rauheit der Witterung es zulassen«.[15]

Auch über die Wasserprobe scheint man sich falsche Vorstellungen zu machen, wozu nicht zuletzt jene berühmte Darstellung aus dem 17. Jahrhundert beigetragen hat, die offenbar auf den Titelholzschnitt eines *Berichtes Von erforschung / prob vnd erkentnis der Zauberinnen durchs kalte Wasser* von Hermann Neuwalt aus dem Jahre 1584 zurückgeht, auf der einer mutmaßlichen Hexe Arme und Beine in einer Weise zusammengebunden sind, daß das anwesende Publikum einen freien Blick auf ihre Vulva und ihren After gehabt hätte. Derartiges mag sich zwar abgespielt haben, wenn der fanatisierte Mob sich einer Frau bemächtigte, um auf eigene Faust nachzuprüfen, ob die Betreffende eine wirkliche Hexe war. So zerrten beispielsweise im Winter des Jahres 1610 baskische Bauern verdächtige Nachbarn aus ihren Häusern, rissen ihnen die Kleider vom Leibe, banden ihnen die Glieder zusam-

151 »Hexenschwemmen« in der Schweiz, 1513.

men und ließen sie von den Brücken an Seilen in die eiskalten Flüsse hinab, um herauszufinden, ob sie untergingen oder nicht.[16] Doch bei offiziellen Proben befleißigte man sich seit alters größerer Schicklichkeit.

Bereits Ludwig der Fromme verbot in einem Kapitular des Jahres 829 die völlige Entkleidung der bei der Kaltwasserprobe einzutauchenden Person, und zwar aus Anstandsgründen, da dieses Gottesurteil ja in der Öffentlichkeit stattfand. Auch später waren die Delinquenten bekleidet, meist mit einem geistlichen Gewand,[17] auch wenn dies den Betreffenden – falls sie ihr Leben über die Schamhaftigkeit stellten – gar nicht so recht sein mochte, da sich in dem langen Hemd ja Luftblasen bilden konnten, die ein Sinken behinderten.

Im *Dreieicher Wildbann*, einem Volksrecht aus dem Jahre 1388, heißt es ausdrücklich, man solle den Delinquenten bei der Wasserprobe das Hemd zubinden; der berüchtigte »Witchfinder« Matthew Hopkins empfahl, den Frauen zwar wie auf Abb. 149 Arme und Beine zusammenzubinden, jedoch

152 »Wippen« des geschorenen Lambertus Sanikelenhouet in den »grote dyke«. Soester Nequambuch, frühes 14. Jh.

darauf zu achten, daß sie bekleidet waren,[18] und auch beim Ertränken oder bei der Schandstrafe des ins Wasser »Schnellens« oder »Wippens« legte man stets Wert darauf, daß alles züchtig vor sich ging. Mitunter ertränkte man im 16. Jahrhundert Frauen mit entblößten Brüsten,[19] doch weiter ging man nicht, und bezüglich des »Schnellens« der ›wilden‹ Straßenhuren heißt es in der Straßburger Polizeiordnung des Jahres 1409, daß man »die laichende fraulen oder maide dreiwerbe in den korb buoszen« und anschließend aus der Stadt werfen solle, wobei man später erläuterte, daß »bei diesen Wasser-Ordalien weder Manns- noch Weibspersonen entblösset, sondern stets mit eigens dazu gemachten Kleidern (*cum vestimentis exorcisatis, cum pallio et cappa*) aufs Wasser geworfen worden« seien.[20]

Nun mag man sagen, daß es sich ja hier um Vorgänge handelte, die sich in der Öffentlichkeit abspielten. Wie aber stand es um die nicht abzuleugnende Tatsache, daß der Henker der verdächtigen Frau alles Körper- und damit auch das Schamhaar abrasierte, um ihren Genital- und Afterbereich nach einem dort verborgenen »Teufelszeichen« abzusuchen?

Das Abscheren des Körper- und insbesondere des Schamhaares[21] der mutmaßlichen Hexe geschah aus zwei Gründen. Zum einen fürchtete man, daß in den Schamhaaren irgendwelche magischen Mittel verborgen seien – man denke an das Haar als bevorzugten Sitz der Dämonen –, die den Erfolg der Tortur gefährden könnten.[22] So schreibt etwa im Jahre 1520 der Dominikaner Silvester Prierias die Rasur vor, weil die Hexen »in locis secretissimis non scribendis nec nominandis« magische Sprüche und Amulette verborgen hielten,[23] und in einem 1593 im Augsburgischen durchgeführten Hexenprozeß heißt es, daß vorzüglich darauf geachtet werden müsse, »daß Ir alle Härlin deß ganzen Leibs, auch an Haimblichen orthen zuvörderst abgeschoren werden, dan sich in den haimlichen orthen der Hexen mehrmaalen solliche sachen befunden«.[24]

Zum anderen suchte man Hautwucherungen, versteckte Warzen oder Zitzen, an denen der Teufel oder die Familiargeister der Hexe zu saugen pflegten und die gegen Nadelstiche unempfindlich waren. So fand man z. B. in der zweiten Verhandlung gegen die Lancashire-Hexen im Jahre 1634 bei fast jeder Angeklagten »paps or marks in her secrets«, an denen ihre »imps« oder der Teufel saugten,[25] und in Essex verlautete im Jahre 1645 eine gewisse Anne Leech »that her imps did usually suck those teats which were found about the privie parts of her body«.[26]

Anscheinend handelte es sich dabei keineswegs um einen normalen, lustvollen Cunnilingus, denn die ›Hexen‹ scheinen an dem Gesauge – ähnlich wie am Koitus mit dem Teufel[27] – keinen sonderlichen Spaß gehabt zu haben.

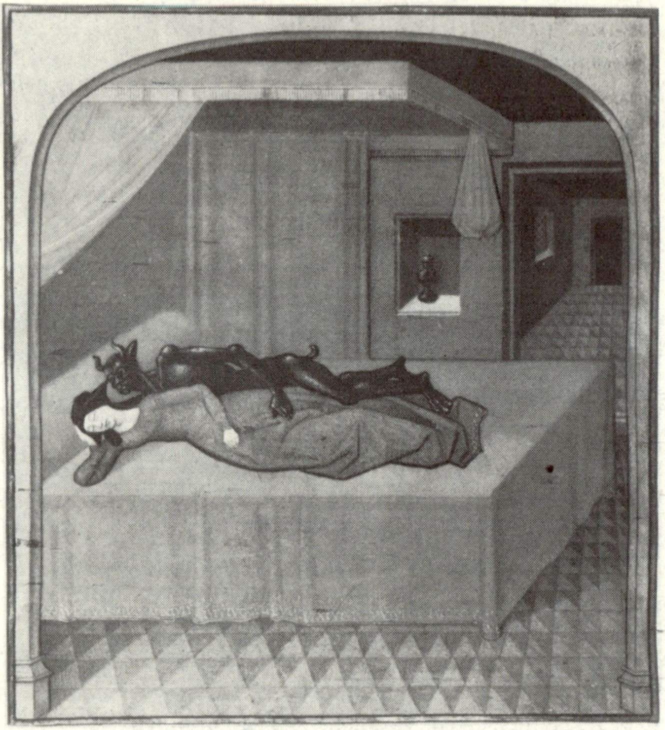

153 Der Teufel nähert sich einer Jungfrau, um sie zu beschlafen.
Aus *Ystoire de Merlin*, 15. Jh.

Was für eine Sachkompetenz diejenigen hatten, welche die Untersuchungen der »geheimen Orte« vornahmen, sieht man etwa daran, daß die betreffenden Frauen und Hebammen nicht selten untereinander in heftigen Streit darüber gerieten, ob nun etwas ein *stigma diabolicum* sei oder nicht.[28] Offenbar hielt man manchmal eine etwas größere Klitoris oder eine sonderlich geformte Schamlippe für die Teufelszitze.[29] Als man etwa bei Ernni Vuffiod im Kanton Fribourg das Teufelszeichen fand, meinte diese, wenn das ein Teufelszeichen sei, dann wären viele Frauen Hexen.[30] Und als im Jahre 1692 in Neuengland ein Komitee von neun Hebammen während der Untersuchung von fünf angeklagten Frauen bei dreien »a preternatural excrescence of flesh between the pudendum and anus, much like to teats, and not usual in women« feststellten, ließ sich bei einer Nachuntersuchung am selben Tag keine Spur dieser Zitzen wiederfinden.[31]

Wer aber nahm nun die Rasur und die Untersuchung vor?

In England und Neuengland scheinen es fast immer[32] und in den übrigen Ländern sehr häufig Hebammen oder andere ehrbare Matronen gewesen zu sein, doch recht früh ist auch schon die Rede davon, daß Bader,[33] Chirurgen und Scharfrichter dieses Geschäft besorgten, nachdem noch im Jahre 1264 Ludwig der Heilige verfügt hatte, daß fortan kein Henker eine Frau auch nur berühren dürfe.[34]

So verlautet etwa im Jahre 1494 Diepolt Hartmann von Miltenberg, Henker in Diensten des Grafen Philipp von Virneburg und des Erzbischofs von Trier, er sei in den vergangenen zwei Jahren mit dreißig Zauberinnen wie folgt verfahren:

»Unde alsbalde sie in das gefengnuß komet, alle hare abscheren, es sy an der scheym, an oren und an braen.«[35]

Freilich waren solche intimen Untersuchungen nichts weniger als ›archaische‹ Phänomene. Im Gegenteil gewinnt man eher den Eindruck, daß das Scheren und die Suche nach dem *stigma* gerade in der Spätphase der Hexenverfolgung den Scharfrichtern überlassen blieb.

So heißt es beispielsweise in einem Schweizer Hexenprozeß im Jahre 1701 über eine gewisse Anneli Wiser:

»Weilen also bei ihro nichts gütliches mehr angehen wollte, ward sie dem Scharfrichter von Winterthur / der für den hiesigen Meister, als er die Sache besser verstehen solle, vorgeschlagen und also berufen / um sie ob keine stigmata diabolica, oder Tüfelszeichen bei ihro sich finden, an dem ganzen Leib ohne Ausnahmen zu visitieren, übergeben.«[36]

Und sehr viel später im selben Jahrhundert wird in Westfalen angeordnet, eine alte Frau »vorläufig durch einen Scharfrichter (trotzdem sie eine Frauensperson ist!) visitiren zu lassen«.[37]

Zwar scheint es so, daß der Henker den Genitalbereich der

betreffenden Frau lediglich ›besah‹, es ihm also untersagt war, beispielsweise ihre Schamlippen auseinanderzuziehen oder gar in ihre Vagina zu fassen. Denn wenn z.B. Jungfrauen behaupteten, vom Teufel beschlafen worden zu sein, wurden sie stets von Hebammen oder anderen erfahrenen Frauen und nicht vom Scharfrichter untersucht,[38] und als ein Mädchen Alonso de Salazar gestand, der Teufel habe sie dabei mit seinem ebenso kalten wie riesigen Penis dermaßen verletzt, daß sie viel Blut verloren habe, ließ jener dies ebenfalls von einer Hebamme nachprüfen.[39]

Doch deuten bereits Formulierungen wie »trotzdem sie eine Frauensperson ist!« an, daß solche Rasuren und Untersuchungen einer Frau durch einen Henker oder Bader das Schamgefühl der angeblichen Hexe dermaßen verletzte, daß man annehmen muß, man habe mit voller Absicht die Frauen auf diese Weise ihrer Würde berauben wollen, damit sie freiwillig gestanden.

In der Tat berichtet Jean Bodin, daß das Scheren des Genitalbereichs dermaßen beschämend war, daß viele Frauen zusammenbrachen und ohne Folter alles gestanden,[40] wie etwa im 16. Jahrhundert die ›Hexe‹ Agnes Sampson, deren Widerstandswille durch die schamlosen Handlungen, die man an ihr ausführte, völlig gebrochen wurde und die hernach alles gestand, was man ihr in den Mund legte.[41]

Doch auch bei Männern genügte manchmal die Androhung, ihnen Genital- und Analbereich zu rasieren, um die gewünschten Details über ihre Teilnahme am Sabbat zu erfahren. So heißt es etwa in den Akten eines Prozesses gegen Silvain Neuillon in Orléans:

»Le Vendredy 20 Iuin 1614 ledit Lieutenant procedant à l'audition dudit Neuillon couureur & Masson, aagé de 77 ans.

Ledit Lieutenant Criminel luy ayant dit qu'il luy vouloit faire raire ou razer de poil & changer d'habits: afin qu'il dict verité. L'accusé s'escria en ces mots, Comment me veut-on faire mourir, Messieurs, si ie vous confesse la verité, vous ne me ferez pas razer. A confessé auoir esté au Sabbat prez Nouan (etc.).«[42]

154 Die Suche nach den *stigmata diabolica*, Niederlande, 17. Jh.

Andererseits scheint es aber auch Ärzte gegeben zu haben, die sich nicht nur bei den Frauen, sondern auch bei den Männern der größtmöglichen Dezenz befleißigten, um die Schamgefühle der Delinquenten zu schonen. Dies ergibt sich etwa aus der Formulierung eines Chirurgen, der im Jahre 1635 einen Bauern rasieren und nach dem Teufelszeichen absuchen mußte:

»Je soubsigné Maistre chirurgien certifie que j'ay visitté Lazare Lamy de Safre accusé de sortilège à toutes les partyes de son corps où ma veue et le tact s'est peu porter.«[43]

Am schamlosesten war es jedoch, wenn ein Mann eine Frau rasierte und sich anschließend ihre ›heimlichen Orte‹ betrachtete, und dies empfanden nicht nur die wehrlosen Opfer, sondern auch zahlreiche andere Zeitgenossen, bis schließlich im Jahre 1657 die römische Inquisition das Scheren einer als Hexe verdächtigten Frau verbot.[44]

War diese Reaktion Ausdruck eines neuen Schamgefühls, das sich im Barockzeitalter entwickelte?

Keineswegs, denn seit seiner Einführung im späten Mittelal-

ter wurde das Scheren der Hexe von vielen Inquisitoren und Hexenjägern als Schamlosigkeit abgelehnt.
So fordern bereits im Jahre 1486 keine Geringeren als die Verfasser des *Malleus maleficarum*, daß männliche Büttel lediglich Männer entblößen sollten, wohingegen der Hexerei verdächtige Frauen von »ehrbaren Frauen von gutem Rufe entkleidet werden« müßten, sei doch zu beobachten, daß nicht selten Frauen von Männern »an den geheimsten, nicht namhaft zu machenden Orten« nach magischen Amuletten und dergleichen abgesucht würden. Über das Scheren des Schamhaares schreiben sie schließlich:
»Mag nun auch in den deutschen Landen ein solches Abscheren (*abrasura*), besonders an den geheimen Stellen, für durchaus unanständig (*inhonesta*) erachtet werden, aus welchem Grunde auch wir Inquisitoren keinen Gebrauch davon gemacht, sondern mit Gottes Gnade von den meisten die Hexenkunst der Verschwiegenheit entfernt haben, indem wir ihnen nach Abscherung der Kopfhaare einen Tropfen geweihtes Wachs mit einem Becher oder Pokale Weihwasser mischten und drei Tage lang unter Anrufung der heiligsten Dreieinigkeit bei nüchternem Magen im Tranke reichten: so befehlen doch in anderen Ländern die Inquisitoren ein solches Abscheren am ganzen Körper«, wobei sie namentlich das nördliche Italien erwähnen.[45]
Im Jahre 1562 gaben die beiden württembergischen Hofprediger Matthaeus Alber und Wilhelm Bidembach zur allgemeinen Kenntnis, daß das Rasieren mutmaßlicher Hexen eine unbestreitbare Schamlosigkeit darstelle,[46] und so dachten nicht wenige: Als in einem steirischen Hexenprozeß des Jahres 1701 bekannt wurde, daß der »Freimann« in der Scham der Angeklagten ein Teufelszeichen gefunden hatte, war die Regierung in Graz empört, und es gab einen Skandal.[47]
Was es in jenen Zeiten bedeutete, jemandes Genitalien zu betrachten, erhellt etwa der Fall einer gewissen Mary Parsons, die in den vierziger Jahren des 17. Jahrhunderts in Massachusetts ihren Mann der Hexerei verdächtigte. Sie wartete, bis ihr

Gatte fest schlief, und begann damit, seinen Leib nach dem Teufelszeichen abzusuchen, doch aus Schamgründen brachte sie es nicht über sich, bei der Suche auch seine »secret Ptes« mit einzubeziehen. Als Hugh, ihr Mann, der wiederum seine Frau für eine Hexe hielt, diese bat, sich von ihm an allen Stellen ihres Körpers untersuchen zu lassen, »she resisted for she tould him it was an imodest Thinge«.[48]

Deswegen untersuchte man in manchen Gegenden – wenn überhaupt – den Körper der Hexe erst nach der Exekution. So fanden beispielsweise nach einem englischen Hexenprozeß im Jahre 1593 der Kerkermeister und seine Frau am Leichnam der hingerichteten Alice Samuel eine etwa einen Zentimeter lange Zitze, die sie »meant not to disclose, because it was adjoining to so secret a place which was not decent to be seen: yet in the end, not willing to conceal so strange a matter, and decently covering that privie place a little above which it grew, they made open shew thereof unto divers that stood by«.[49]

Es nimmt daher nicht wunder, daß auch ein so entschiedener Gegner der Hexenverfolgungen wie Friedrich Spee von Langenfeld, Professor für Moraltheologie in Paderborn, sich über solche Schamlosigkeit empörte. In seiner *Cautio criminalis* aus dem Jahre 1630 bittet er zunächst den Leser, mit Verlaub »vor seinen Ohren etwas besprechen zu dürfen, was an manchen Orten ohne Rücksicht auf das Schamgefühl nicht bloß besprochen, sondern sogar ungehindert getan wird«, daß nämlich der »verrufene Henker« der Angeklagten nicht nur die Haare am Kopf und unter den Achseln schere oder mit einer Fackel absenge, »sondern auch dort, wo sie ein Weib ist«. Aus vier Gründen, so meint Spee, müsse dies verboten werden:

»I. Grund: Das ist etwas Ekelhaftes, Unflätiges, an das zu denken die von Christentum und Evangelium geforderte Reinheit nicht gestattet. II. Grund: Es verbindet sich bei einem sittenlosen, unzüchtigen Menschen damit die Gefahr einer Sünde«, was Spee damit erläutert, ihm sei zu Ohren ge-

kommen, ein Büttel habe sich bei dieser Gelegenheit dermaßen erregt, daß er die betreffende Frau vergewaltigt habe.
»III. Grund: Es gibt lüsternen Wüstlingen Gelegenheit, sich mit unzüchtigen Berührungen zu vergreifen. IV. Grund: Es ist gar zu unerträglich für das von Natur schamhafte weibliche Geschlecht, das nicht selten lieber sterben möchte, als vor einem verrufenen Taugenichts alle Scham so ungeheuerlich fallen lassen zu müssen.«[50]

Doch nicht nur gelehrte und geistliche Herren wie Alber, Bidembach oder Spee empörten sich über derlei Praktiken. So beschwerten sich beispielsweise im Jahre 1612 die Bader und Barbiere von Dillingen aufs höchste, daß man ihnen das entehrende Scheren der Hexen zumuten wollte, was noch ihren Kindern und Kindeskindern abträglich sein würde. Deshalb durfte der Rat der Stadt zufrieden sein, wenn sich wenigstens der Scharfrichter dazu bereit fand, im Beisein einer »beschworenen« Hebamme die peinliche Leibrasur vorzunehmen.[51]

Wir sehen also, daß sowohl im Spätmittelalter als auch in der folgenden Zeit die Entkleidung der mutmaßlichen Hexe sowie das Rasieren und das Absuchen ihres Körpers, und zwar vor allem dann, wenn dies von einem Mann wie etwa dem Scharfrichter oder seinen Knechten durchgeführt wurde, weithin als Schamlosigkeit betrachtet und häufig offen kritisiert worden ist.

Wenn man sich jedoch bereits über das Schamgefühl der Feinde des Glaubens, ja der Menschlichkeit und Kultur überhaupt Gedanken machte, wie stand es dann mit der Rücksichtnahme auf das Schicklichkeitsempfinden gewöhnlicher Delinquenten?

§ 17
Die Entblößung als Strafe

Wenn Friedrich Spee von der dem Weibe angeborenen Schamhaftigkeit sprach und meinte, daß die Weiber häufig lieber den Tod erlitten, als vor einem Henker ihre Scham zu entblößen, dann gibt er eine Auffassung wieder, wie sie auch dem Mittelalter eigen war. Der Rücksichtnahme auf diese dem weiblichen Geschlecht eigentümliche natürliche Dezenz war es zu verdanken, daß bis weit in die Neuzeit hinein gewisse entehrende Strafen nur an Männern vollzogen wurden.

Im *Westgöta lagh*, dem alten Recht Westergötlands, heißt es, daß einer Frau weder Hieb noch Hängen gebühre, »außer wegen Hexerei«, dem schlimmsten Verbrechen, und in den alten oberschwedischen Gesetzbüchern wird ebenfalls ausdrücklich verboten, daß ein Weib gerädert oder gehängt werde.

Auch hierzulande heißt es bereits im 13. Jahrhundert, derartige Strafen seien »pro honore muliebri« zu unterlassen[1] oder, wie es im Lübischen Recht vom Jahre 1348 heißt:

»Dat wif de mit duue vorsculdet to hangende De scal men leuendich begrauen dor wiflike ere.«[2]

Auch in der Radolfzeller Halsgerichtsordnung des Jahres 1506 heißt es, ähnlich wie in der Tiroler des Jahres 1499, daß »der Diebhalben die mit dem Stranngen zerrichten vnd ain Weybs Person zuertrenncken«,[3] und als schließlich im Jahre 1584 die ›Schützen Maria‹ und das ›Bauern Kätterlein‹, zwei Huren und Einbrecherinnen, »zu Nürnberg beede mit den strang gericht«, lautet der Kommentar des Scharfrichters:

»Ist zuvorn nie erhört worden, auch nicht geschehen, das man ein Weibsbildt, zu Nürnberg hette mit den Strang gericht.«[4]

Zwar kommt es in der folgenden Zeit häufiger vor, daß man Frauen hängte,[5] aber noch im England des 18. Jahrhunderts

155 Hängen von ›Hexen‹ in England.

heißt es über zum Tode Verurteilte weiblichen Geschlechts:

»As the decency due to their sex forbids the exposing and publicly mangling of their bodies their sentence is to be drawn to the gallows, and there to be burnt alive.«[6]

Freilich machte man bisweilen Ausnahmen, vor allem wenn es sich um Hexen, Jüdinnen und Zigeunerinnen handelte, und wenn man den Darstellungen in der Ausgabe des Jahres 1613 von Las Casas' Bericht über die Verwüstungen der Spanier in den indianischen Ländern glauben darf, dann fanden auch die Spanier nichts dabei, die Indianerinnen nackt aufzuhängen, während man deren Männern immerhin eine Unterhose zubilligte.[7]

Was war es jedoch, das die »wiflike ere« oder die »decency« des weiblichen Geschlechts so gröblich verletzte, wenn man eine Frau am Galgen aufknüpfte?

»Es mag seyn«, meint gegen Ende des 18. Jahrhunderts ein Rechtsgelehrter,

»daß die Weiber damals nach der Costume der heutigen nordischen und gemeiner Marschweiber, welche die Trachten

156 Hängen von Täufern in Amsterdam, Zeichnung, 1535.

der Urgrosmütter noch immer behalten, kurze und kaum die Waden bedeckende Unterröcke getragen. Wenigstens ist es gewis, daß man in Teutschland an einigen Orten die Weibspersonen erst im XVI. Jahrhundert entweder in Beinkleidern, oder mit unten zusammengeschnürten längeren Röcken gehänket.«[8]

In der Tat geht aus englischen Gerichtsakten hervor, daß junge Frauen, die zum Strang verurteilt worden waren, darum baten, daß man sie so niedrig wie nur möglich hängte, damit ihnen keiner unter den Rock schauen könne,[9] und als man beispielsweise im Jahre 1535 in Amsterdam die Täufer hängte, band man den Frauen unten die Röcke zu.
Es ist zwar übertrieben, zu sagen, daß in jener Zeit die Bauernweiber »vestimenta genua vix tegentia« getragen hätten, und wie wir in einem späteren Band dieses Buches sehen werden, ist es auch unrichtig, daß den Frauen auf dem Lande weibliche Unterhosen unbekannt gewesen seien.
Ob sie nun aber Unterhosen trug oder nicht, in jedem Falle war es für eine Frau beschämend, wenn fremde Männer auch nur ihre entblößten Oberschenkel sehen konnten, und spezielle Strangbeinkleider anzuziehen, wie es in größerem Umfange erst seit dem 17. Jahrhundert üblich wurde,[10] war vermutlich früher deshalb nicht möglich, weil es dem göttlichen Verbote zuwidergelaufen wäre, die Kleidung des anderen Geschlechts anzulegen.
Indessen scheint es nicht nur beschämend gewesen zu sein, der sterbenden oder toten Frau unter den Rock zu schauen, auch das ganze erbärmliche Schauspiel des am Galgen Baumelns sowie des am Strick Erstickens mit all seinen Begleiterscheinungen war mit der Würde einer Frau unvereinbar.
So hat man häufig bei erhängten Frauen ein Anschwellen und Verfärben der Schamlippen, bisweilen verbunden mit einem schleimigen Ausfluß und einer Schwarzfärbung der Blutadern, die zur Vulva führen, beobachtet.[11]
Bei erhängten Männern haben Ärzte Ejakulationen festgestellt und Erektionen beobachtet, die bis zu siebzehn Stunden anhielten,[12] und es ist nicht unwahrscheinlich, daß dieser Sachverhalt dazu beigetragen hat, auch die männlichen Delinquenten niemals mit entblößten Genitalien zu hängen, da die Peinlichkeit einer öffentlichen Erektion und Ejakulation wohl unüberbietbar gewesen wäre.
So beschreibt auch Sastrow, wie im Jahre 1547 der Henker

157 Ludwig Krug: Der Schmerzensmann, um 1520.

den Verurteilten zunächst strangulierte; dann »zug« er »jme alle Kleider ab, bis aufs Hembde«,[13] und »schnitt jme unter dem Hembde ab *virilia*«, so daß niemand den Genitalbereich des Toten sehen konnte.[14]

Daß bei vielen Männern, die am Galgen hingen oder auf andere Weise erstickten, der Penis steif wurde und das Sperma sich ergoß, war bei vielen Völkern eine altbekannte Tatsache. Im Mittelalter hieß es, daß das Bilsenkraut zum ersten Mal an der Stelle gewachsen sei, an welcher das Sperma in den Boden eingesickert war, das der gekreuzigte Jesus während seines

158 Wehpahnohyah: Neulebenshütte der Cheyenne mit aufgehängtem Kriegsgefangenen, 1970.

Erstickungstodes ejakuliert hatte, und es mag auch sein, daß die Erektion, die anscheinend auf Abb. 157 unter dem Lendenschurz des vom Kreuze abgenommenen Jesus stattgefunden hat, die typische Erektion eines Erhängten darstellen soll.[15]
Im alten Indien wies man unfruchtbare Frauen an, direkt unter einem erhängten Mann zu baden[16] und auch das Püppchen eines Mannes mit erigiertem Glied, das bei den Sutaío am Zentralpfeiler der ›Sonnentanzhütte‹ hängt, ist wahrscheinlich der Ersatz für den Kriegsgefangenen, den früher die Cheyenne an dieser Stelle lebend aufhängten und dessen steifer Penis die Tierwelt regenerierte.[17]
Schließlich hängen sich bei manchen Völkern die jungen Männer auf, um sich sexuell zu erregen, etwa die jungen Polar-Eskimo, die sich an einem Lederriemen über den Abhang einer Klippe oder zwischen zwei Kisten hängen,[18] wobei sie allerdings mitunter nicht zur Ejakulation, sondern zu Tode kommen.[19]

159 Ejakulation durch Hängen. Illustration zu de Sade, um 1790.

Freilich war es für die Männer nicht nur beschämend, wenn das Publikum ihren Penis im Zustand der Erektion sah, sondern auch wenn überhaupt ihr Genital- und Afterbereich fremden und insbesondere weiblichen Blicken zugänglich gemacht wurde, wie etwa der Holzschnitt aus dem Jahre 1525

160 Bauern hängen einen Mönch wegen Ablaßhandels. Federzeichnung von Niklaus Manuel Deutsch, 1525.

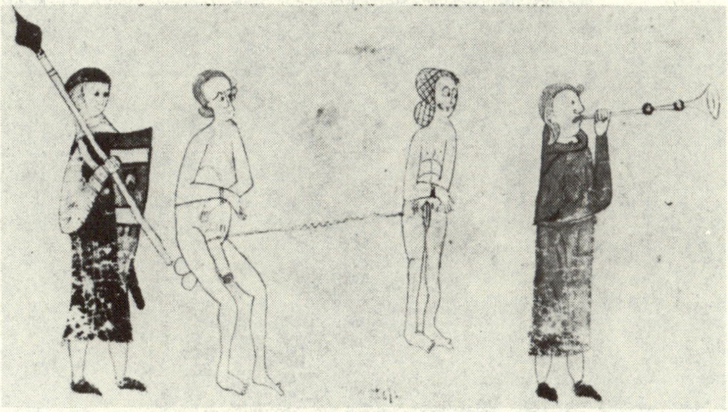

161 »Coutume de Toulouse«, 1296.

zeigt, auf dem zu sehen ist, wie eine Frau einem wegen Ablaßhandels aufgehängten Mönch auf eine Stelle schaut, über der er vermutlich keine Unterhose trägt, um ihn damit zu entwürdigen.

Um sie zu demütigen, führte man bisweilen in Italien im Trecento gewisse Missetäter nackt durch die Stadt, wobei es sich meist um eine »spiegelnde Strafe« für Homosexuelle und andere Sexualverbrecher handelte,[20] ja, nach den Bestimmungen von Treviso nagelte man Homosexuelle, bevor man sie verbrannte, an dem Organ, mit welchem sie vornehmlich gesündigt hatten, an einen Pflock.[21]

Ein Toulouser Manuskript aus dem Jahre 1296 zeigt ein ehebrecherisches Paar, wobei der Mann mit einem an seinem Penis befestigten Strick an die Frau gebunden ist,[22] und entsprechend heißt es 1218 in Tours über ein in flagranti mit einem fremden Partner erwischtes Paar:

»Quicumque habitator villæ Martelli cum aliqua uxorata in eadem villa captus esset et Approbatus per adulterium, trahetur per genitalia nudus et adultera nuda.«[23]

Heißt dies, daß auch die untreue Frau splitternackt durch die Straße geführt wurde, wie es die Darstellung auf dem Toulouser Manuskript suggeriert? Hier scheinen erhebliche Zweifel angebracht zu sein, und es läßt sich auch vermuten, daß die

162 Schnitzerei am Chorstuhl der Kirche Sainte-Materne in Walcourt, 1531.

bildliche Darstellung aus dem Jahre 1296 von einem Illustrator stammt, der das Wort *nudus* dort, wo es sich auf die Frau bezieht, falsch verstanden hat.

So heißt es beispielsweise etwa zur selben Zeit, nämlich im Jahre 1292, in Avignon, daß Ehebrecher zwar »semel nudi per villam« herumgeführt werden, »pudibundis tamen mulieris coopertis«,[24] d.h., der Genitalbereich war nur beim Mann entblößt, und entsprechend bestimmt zwei Jahre später das alte lübische Recht, daß ein Mann, der »bi enes echten mannes wive begrepen wert, de schal getoghet werden van deme wive bi deme pintte (*per veretrum*) dor de stat in den straten up unde neder«.[25]

Ähnlich heißt es 1270 in den Statuten von Güstrow, daß eine verheiratete Frau, die beim Beischlaf mit einem anderen Mann ertappt wird, diesen »naken leden« solle, und zwar indem sie »strate uppe, strate dael trecken«.

Wenn nun ein gelehrter Kommentator Bestimmungen wie die beiden letzten dahingehend erläutert, »daß der Hörnermacher und Madame, nachdem beide vorher am Pranger gestellet am obern Leibe entblösset, mit einem Strick gebunden,

demnechst mit hurtigen von der Peitsche des Frohners geförderten Schritten durch die Gassen und darauf aus der Stadt gejaget worden«,[26] dann scheint dies unrichtig zu sein, denn von einem nackten Oberkörper der Frau ist – im Gegensatz zu den französischen Bestimmungen – nirgends die Rede.
Im Gegenteil wird die untreue Frau vielmehr damit gedemütigt, daß sie nach rigischem Recht die »schanthoycken«, den Schandmantel, tragen muß, während das »nackethtrecken« oder das »bloth thogen« allein für den Mann bestimmt ist.[27]
Nun könnte einem der Gedanke kommen, daß möglicherweise erst die christlichen Autoritäten eine Entblößung der straffällig gewordenen Frau verhindert haben. Berichtet nicht Tacitus, daß bei den Germanen der betrogene Ehemann seine Frau »abscisis crinibus nudatam coram propinquis« aus dem Hause jagte und sie anschließend durch das Dorf peitschte?[28]
Eines ist sicher: Die Ehebrecherin war ›entblößt‹ (*nudata*), nicht ›nackt‹ (*nuda*).[29] Doch welcher Körperteil wurde entblößt? Die Genitalien? Oder lediglich die Brüste? Oder wurde ihr – in Anbetracht der Tatsache, daß auch *nudus* bei Tacitus häufig »ohne Mantel« oder »leicht bekleidet« heißt[30] – nur das Oberkleid heruntergerissen, so daß sie vor aller Augen im Hemde dastand?
Im 8. Jahrhundert tadelte der hl. Bonifatius König Aethelbald und schrieb dabei, es sei im Volke der heidnischen Sachsen Sitte, der Ehebrecherin und der Jungfrau, die sich im Hause ihres Vaters mit einem Manne eingelassen habe, das Gewand »bis zum Gürtel« abzuschneiden, und von den alten Franken wird überliefert, daß sie die Huren »nudo usque ad umbilicum corpore« an den Kirchpfahl gestellt haben.
Doch auch diese Aussagen scheinen uns kaum weiterzuhelfen. Denn was heißt »bis zum Gürtel« oder »bis zum Nabel«? Handelte es sich um eine »spiegelnde Strafe«, so daß ihr Unterleib entblößt wurde?[31] Oder wurde nur der obere Teil des Kleides abgeschnitten,[32] so daß die Frau dadurch erniedrigt wurde, daß jedermann sie mit nacktem Oberkörper sah?

163 Ehebrecherin und ihr nachsichtiger und deshalb gehörnter Ehemann auf Schandeseln, um 1500.

Was immer man bei den untreuen Germaninnen und Sächsinnen auch im einzelnen entblößt haben mag, so ist es doch wahrscheinlich, daß es sich nicht um ihren Genitalbereich handelte.

Nach westergötländischem Recht wurden der Ehebrecherin der Mantel von der Schulter gerissen und der *hintere* Teil des Hemdes (*bakskiurta*) abgeschnitten,[33] so daß auf alle Fälle die Scham bedeckt blieb, und ebenso heißt es im Seligenstedter Landrecht des Jahres 1390 über eine Frau, die einem unehelichen Bub das Leben geschenkt hatte:

»Und die frawe sal den sun umb die kirchen tragen, wollen unde barfuß und sal man ir har hinden an den haubet abesniden und ir rock hinden abesniden.«[34]

Doch selbst wenn in gewissen Gesellschaften auch der Genitalbereich der untreuen Frau entblößt wurde, darf diese Tatsache nicht zu voreiligen Schlüssen verleiten. So zogen offenbar die Juden in biblischer Zeit die Ehebrecherin splitternackt aus, »wie sie war, als sie geboren wurde«,[35] und es scheint auch, daß damals gewisse Verbrecher ohne jede Bekleidung aufgehängt wurden,[36] und trotzdem waren die Juden alles andere als ein Volk mit niederen Schamschranken.[37]

Oder als im ›prüden 19. Jahrhundert‹, nämlich im Juli 1808, in Glogau vier Frauen, die einen ganz besonderen »instinctum et appetitum« besaßen, um »coitum zu exerciren und libidinem zu extinguiren«, sich ins Lager der Soldaten begeben hatten, um dieselben im Fleische zu bedienen, ließ der kommandierende General die nämlichen Subjekte ergreifen, ihnen das Haupthaar scheren und sie bis auf die Haut entkleiden. Anschließend wurden sie in diesem Kostüm – vor sich zwei Trommler und hinter sich eine Wachabteilung – durch das Lager geführt.[38]

Eine derartige völlige Nacktheit bei den Schandstrafen war im Mittelalter und in der frühen Neuzeit indessen – insbesondere im Falle von Frauen – äußerst selten. Normalerweise war es so, wie das Schlettstadter Recht vom Jahre 1374 es für Bigamisten männlichen und weiblichen Geschlechts bestimmte, daß sie nämlich »barfus, barhoubt und in dem hemede« oder im wollenen Büßerkleid der Öffentlichkeit gezeigt wurden.[39]

So wurde im Jahre 1331 in Ceresy eine Frau wegen *fornicatio*, also Ehebruch, dazu verurteilt, zur Buße eine gewisse Zeit lang »in tunica, nudis pedibus, incapillata, non cinta« bei der Sonntagsprozession mitzuziehen.[40] Der Sire de Joinville berichtet, daß man einen französischen Ritter, der bei der Einnahme Cäsareas durch Ludwig den Heiligen im Jahre 1251 in unheiliger Vereinigung mit einem leichten Mädchen gefunden wurde, vor die Alternative stellte, entweder seine Waffen und sein Pferd herzugeben und aus der königlichen Armee ausgestoßen zu werden oder aber sich im Hemd durch das Lager führen zu lassen.[41]

Diese Äquivalenz führt indessen vor Augen, wie entehrend und beschämend es gewesen sein muß, im bloßen Hemd in der Öffentlichkeit gesehen zu werden, weshalb dies ansonsten auch als grobe Unschicklichkeit galt: Im Jahre 1602 zahlte beispielsweise ein gewisser Martin Stiermer in Freiburg im Breisgau gesalzene drei Pfund Rappen Strafe, weil er »in voller weys«, also betrunken, »uff offner gassen sich bis uff hembd ußgezogen«.[42]

Allerdings wurden manchmal den Frauen zur Entehrung die Brüste entblößt, wie es vermutlich bereits vor dem Mittelalter bei den germanischen Stämmen üblich gewesen ist. So wurde etwa im mittelalterlichen Paris die schöne Jeanne Shore, die ihrem Mann, einem reichen Goldschmied auf der Cité, untreu geworden war, mit nacktem Oberkörper um die Kirche Saint-Paul geführt,[43] und im Jahre 1417 verordnete der Domherr von Freising, daß ein der Zauberei überführtes schändliches Weib ihre Irrtümer öffentlich abschwören solle und überdies zwei Jahre lang an bestimmten Tagen in Gegenwart einer größeren Volksmenge mit geschorenem Haupthaar und entblößten Brüsten auf dem Kirchhof zu stehen habe.[44]

Im Jahre 1523, also in einer Zeit, als die spanische Inquisition keine unkontrollierten Erscheinungen mehr duldete, wurde die fünfundzwanzigjährige Francisca La Brava wegen einer ›wilden‹ Marienvision dazu verurteilt, auf einem Esel durch die Gassen von Belmonte geführt zu werden, und zwar »nuda del medio cuerpo arriba«, also mit entblößtem Oberkörper, sowie hundert Stockschläge (»çient açotes«) zu erhalten.[45] Auch ›Hexen‹ und andere Frauen verbrannte oder enthauptete man zuweilen mit nackten Brüsten,[46] nachdem Ludwig IX. im 13. Jahrhundert vergeblich durchzusetzen versucht hatte, daß Frauen nicht von einem Scharfrichter mit dem Schwert ums Leben gebracht werden, weil die Delinquentinnen dazu den Nacken und die Schultern entblößen mußten.[47]

Weiterhin hatte der französische König geboten, daß wegen Blasphemie verurteilte Frauen ausschließlich von eigens dafür angestellten Frauen und keinesfalls von Henkersknechten mit Ruten gestrichen würden, und zwar unter Ausschluß der

164 Goya: Ketzerin wird auf Schandesel zur Hinrichtung geführt, 1796.

männlichen Öffentlichkeit, damit diese keine Gelegenheit hatte, sich an dem entblößten Rücken oder Hintern der Delinquentin zu delektieren.[48]
In vielen Gegenden war es freilich ohnehin nicht üblich, Frauen auszupeitschen, und als dies beispielsweise im Jahre 1574 in Nürnberg der Frau eines Steinmetzen wegen Hehlerei widerfuhr, wurde ausdrücklich vermerkt, es sei das erste Mal, daß eine Frau mit Ruten gestrichen würde.[49]
Aber auch wenn dies der Fall war, verzichtete man darauf,

das Gesäß der Frau in der Öffentlichkeit zu entblößen. Entweder schlug man der Betreffenden hinter verschlossenen Türen auf den Hintern, wie etwa in Freiburg einer Hure, die »in dem thurm von einem starkhen weibe mit 20 wohl angemessenen ruthenstreichen auf den bloßen s.v. hinderen gezüchtigt« wurde,[50] oder man entblößte lediglich den Rücken der Abzustrafenden wie im Jahre 1639 im puritanischen Rhode Island, wo man die Ehebrecher »publickly whipped on his or her naked Back, not exceeding Thirty Stripes«.[51] Im spätmittelalterlichen Hamburg trugen die Frauen während des Auspeitschens oder des Staupenschlags eine eigens zu diesem Zwecke angefertigte Lederhose, so daß sich alles im Rahmen der Schicklichkeit abspielte.[52]

§18
Das Mittelalter und die Entblößung des Leibes

»Allgemein wird angenommen«, so heißt es in einem einflußreichen und vielgelesenen Werk zur Geschichte der Sexualität, das der Zivilisationstheorie von Norbert Elias vieles verdankt, »daß zu Beginn des 16. Jahrhunderts das Nacktsein im Alltag und auch bei besonderen Anlässen nicht tabuisiert war.«[1]

Nun mag es in der Tat so sein, daß dies heute allgemein angenommen wird. Doch wie wir bereits gesehen haben und noch weiter sehen werden, ist diese Annahme falsch.

Wir erinnern uns an den sündigen Kreuzritter, dem man die Wahl ließ, entweder unter Zurücklassung seines Pferdes und seiner Waffen schmählich aus der christlichen Armee entlassen zu werden oder aber sich von seinen Mitstreitern im Hemde sehen zu lassen, und wir erinnern uns auch an die empfindlichen Geldbußen, die jemandem blühten, wenn er auf der Gasse im bloßen Hemd erschien.

Noch saftigere Geld- und entehrende Schandstrafen drohten jedoch den Exhibitionisten – die es entgegen der »allgemeinen« Erwartung im Mittelalter und in der frühen Neuzeit recht häufig gab[2] –, und zwar vor allem jenen, die mehr als nur ihr Hemd zur Schau stellten.

So wurde beispielsweise im Jahre 1496 in Breslau ein Exhibitionist, der sich vor einer Frau »entblösset und aufgedekt hat«, zu einer Gefängnisstrafe sowie zu fünf Mark Groschen verurteilt,[3] und im Jahre 1527 warf man in Freiburg im Breisgau einen gewissen Hans Irmeler »in diebsturn«, also in den Turm, und verurteilte ihn zusätzlich zu einer Mark Silber, weil er in vollgesoffenem Zustand in einer Wirtschaft seine »scham und menlich gelid haruß gezogen« und »am tisch vor yederman mit dem wein gewäschen«, während ein »schiltboß« namens Hanns Schlemmer, weil er sich »bey hellem tag am Vischmarkt fadennacket ußgezogen und alda nacket gele-

165 Frau exhibitioniert sich vor einem Mann, 13. Jh.

gen us lauterm mutwillen«, zunächst ebenfalls eingelocht wurde. Anschließend hieß es jedoch, obgleich »er wegen solcher offentlicher schand gleichwol die schupfen[4] verschuldet, soll man ine doch fortschicken und der statt genzlich verweysen«.[5]

Als »zu vassnacht ziten« des Jahres 1532 fünfzehn junge Burschen »nackendig« auf den Gassen der Stadt Basel »hin und her getanzet«, warf man sie sogleich ins Gefängnis und ließ jeden fünf Pfund Strafe zahlen,[6] und als im Jahre 1399 in Frankfurt ein nackter Mann in den Gassen spazierenging, war jedem klar, daß es sich um einen Verrückten handelte. Deshalb beauftragte man einen Schiffer, den Narren zu ergreifen und auf dem Main aus der Stadt zu entfernen.[7]

Wenn in jener Zeit der Anblick des nackten menschlichen Körpers tatsächlich eine Selbstverständlichkeit gewesen sein sollte, wie ist dann erklärbar, daß in Nürnberg eine riesige Menschenmenge »sonderlich von fürwitzigen Weibspersonen« anrückte, um die entblößten Genitalien eines gehängten Einbrechers zu begaffen, den ein Dieb über Nacht bis auf die zerrissenen Strümpfe seiner Kleidung beraubt hatte? Schleunigst ließ ihn daraufhin der Nürnberger Rat mit einem langen Hemd und einem »leinen Blodergesäß« versehen, auf daß die Menge sich zerstreue.[8]

In einem populären mittelalterlichen Text, den *Meditationen* des Pseudo-Bonaventura, heißt es, Maria sei bei der Kreuzesabnahme maßlos beschämt gewesen, weil ihr toter Sohn völlig entblößt war, und sie bedeckte so schnell wie nur möglich seinen Unterleib mit dem Schleier, den sie über dem Haar trug.[9]

Daß es sich in diesem Falle nicht um die übersteigerten Schamgefühle der Muttergottes handelte, geht aus zahllosen anderen Quellen des Mittelalters und der frühen Neuzeit hervor.

Als beispielsweise im Jahre 1492 vier Straßenräuber eine Schusterin aus Oels entführten und ihr die beiden Röcke, das Hemd sowie ihr »fräulich gebende« wegnahmen, bevor sie die nackte Frau erschlugen, empörte sich der Chronist darüber, daß die Verbrecher nicht zunächst die Frau ermordeten und sie dann erst auszogen,[10] und auch in zahlreichen anderen Fällen erregte man sich über die Schamlosigkeit von Räubern, die ihren Opfern nicht einmal die Unterbekleidung ließen.[11]

Daß sie im Jahre 1219 von ungarischen Schafhirten, die keinen Bedarf nach Gottes Wort zeigten, gezwungen wurden, sich bis auf die Haut auszuziehen und sich zu guter Letzt sogar von ihrer Unterhose trennen mußten, blieb den franziskanischen Missionaren zeitlebens als äußerst beschämend in Erinnerung.[12] Und halb Europa empörte sich, als die Türken nach ihrem Sieg über den ungarischen König Ludwig II. bei Mohács im Jahre 1526 christliche Frauen auf dem Sklavenmarkt splitternackt auszogen (cf. Abb. 166):

»Doch sie werden gantz mueter nacket abgezogen weyb vnd man«, heißt es in einem zeitgenössischen Bericht von Marx Eysenkern aus Padua, »wirtt auch keiner Junckfrawen verschonet / muessen also auff dem platz lauffen vnnd sprinngen / Das man auch offenlich sehen moege den mangel / ob es gesund oder kranck krumb oder lam sey. Vnd wo etwartt ein schamhafftigs ist / so würt es mit ruoten vnd geyßlen darzu gezwungen.«[13]

166 Sklavenmarkt der Türken, 1526.

Aber wird nicht immer wieder in den kulturgeschichtlichen Standardwerken als Beleg für die Schamfreiheit des 16. Jahrhunderts jene Episode angeführt, die sich im Jahre 1561 am Hofe Herzog Friedrichs III. von Liegnitz abgespielt hatte und die Hans von Schweinichen wie folgt erzählt?

»Allhier erinner ich mich, daß ich wenig Tage zu Hof war; badete die alte Herzogin, allda mußte ich aufwarten als ein Junge. Es währt nicht lange, kommt eine Jungfrau, Unte Riemen genannt, stabenackend raus, heißt mich, ihr kalt Wasser geben, welches mir seltsam vorkam, weil ich zuvor kein nakket Weibesperson gesehen, weiß nicht, wie ich es versehe, begieße sie mit kaltem Wasser. Schreit sie laut auf und rufet ihren Namen an und saget der Herzogin, was ich ihr mitgespielet; die Herzogin aber lachet und saget: ›Mein Schweinlein wird gut werden!‹ Inmittels habe ich gewußt, was nacket Leute sind, warum sie sich aber mir also erzeiget, wußte ich nicht zu was vor ein Ende.«[14]

Freilich scheint es, daß diese Begebenheit kaum hinreicht, zu zeigen, daß Nacktheit im Alltag noch im fortgeschrittenen 16. Jahrhundert gang und gäbe war. Daß nämlich der neunjährige Hans noch nie zuvor einen nackten Erwachsenen gesehen hatte und erst jetzt erfuhr, »was nacket Leute sind«, daß er es für nötig erachtete, die kleine Episode nach Jahr und Tag in seine *Denkwürdigkeiten* aufzunehmen, und daß er sich schließlich auch hinterher nicht erklären konnte, was die Jungfer zu diesem merkwürdigen Verhalten getrieben hatte, macht vielmehr deutlich, daß es sich – wie knappe zweihundert Jahre später das Benehmen der Marquise du Châtelet gegenüber dem Kammerdiener – um nichts Alltägliches, sondern um etwas Ungewöhnliches gehandelt haben muß.

Daß man in jener Zeit einen neunjährigen Jungen noch für so unschuldig hielt, daß eine voll entwickelte Jungfrau sich »stabenackend« vor ihm zeigen konnte, ist unwahrscheinlich.

Zwar meinte im hohen Mittelalter Bartholomäus Anglicus, kleine Jungen, *pueri*, hießen so, weil sie *purus*, rein, seien: sie schämten sich nicht ihrer Nacktheit und seien nicht zu sexuellen Regungen fähig, weil ihre Genitalien noch unentwickelt sind,[15] doch erstens war der englische Franziskanermönch ein etwas weltfremder Mann, dem offenbar unbekannt war, daß so manche Bäuerin ihrem Söhnchen die Genitalien rieb, um ihn zu stillen. Und zweitens bezog sich der fromme Gelehrte auf ganz kleine und nicht auf neunjährige Jungen. Doch selbst über solche Winzlinge meinte ein gewisser Andreas Hoppenrod:

»Wenn die kinder klein und unerzogen, lassen sie die morgens und abends etliche stunde (und bissweilen eben grosse kelber) nackend und bloss durch einander lauffen, das sie also jung der schamhafftigkeit und zucht entwohnen.«[16]

Schließlich präzisierte im Jahre 1405 Giovanni Dominici, einem dreijährigen Kinde dürfe sich ein Erwachsener nicht mehr nackt zeigen, denn selbst »wenn man annimmt, daß es bei einem Kind vor dem fünften Lebensjahre keine sexuellen Gedanken und keine natürliche Regung gibt, wird es sich doch, wenn man keine Vorsorge trifft und es im Angesicht von solchen Handlungen aufwächst, so daran gewöhnen, daß es später keine Scham dabei empfindet«, und eine solche Schamfreiheit wäre in der Tat schamlos.[17]

Nicht erst im späten, auch im frühen und im hohen Mittelalter wurde die Nacktheit der Frau im Gegensatz zu der des Mannes als die größere Schamlosigkeit erkannt.

So heißt es etwa, daß Adalgisa, die Frau des Langobardenfürsten Sighart, während eines Kriegszuges ihres Mannes, auf dem sie ihn begleitete, beim Waschen im Zelt ihre Füße entblößte, so daß der Blick eines Mannes auf sie fiel. Darüber empörte sich der Fürst dermaßen, daß er seiner Frau das Gewand »bis zu den Waden« abschneiden und sie so entblößt durch das Heerlager führen ließ.[18] Dem entspricht die Härte der langobardischen Gesetze Liutprands aus dem 8. Jahrhundert, die denjenigen trafen, der eine Frau nötigte, sich vor ihm nackt zu zeigen:

»Es wurde Uns berichtet, daß ein verdorbener (*peruersus*) Mensch, indessen eine Frau in einem Flusse badete, all ihr Gewand, das sie dort [am Ufer] hatte, wegnahm, so daß sie nackt zurückblieb und wer [des Weges] kam und an dem Platz vorüberging, sündhafterweise ihre Blöße sah (*pro peccatis uedebant turpitudinem eius*). Denn [einerseits] konnte sie doch nicht immerzu im Flusse stehen bleiben, andererseits schämte sie sich, nackt zu ihrem Haus zurückzugehen. Wir also setzen fest: wer eine solche unerlaubte Frechheit an den Tag legt, der zahlt der Frau, der gegenüber er sich [solch eines] verbotenen Tuns erfrecht, sein Wergeld (*uuirigild*). Und das erklären Wir deshalb: hätte ihr Bruder oder Mann oder der Nächstgesippte dieser Frau ihn [dabei] betroffen, so hätte er einen [blutigen] Strauß mit ihm gehabt; und [wie leicht] hätte der eine es gehabt, wenn er den anderen zu Boden schleudern konnte, ihn zu töten! Da ist es denn doch besser, er lebt und zahlt sein Wergeld, als daß um seinen Tod unter den Verwandten Fehde ausbricht und eine höhere Buße [die Folge ist].«[19]

Aus dieser Bestimmung läßt sich ersehen, daß ehedem ein Langobarde, der eine Frau mutwillig in eine Situation brachte, in der sie sich von ihm ohne Kleider betrachten lassen mußte, normalerweise sein Leben verwirkt hatte oder aber das Leben des Rächers in Gefahr brachte, indem er sich zur Wehr setzte. Deshalb sah das Gesetz Liutprands vor, daß der betreffende Sittenstrolch der Frau ein volles Wergeld zah-

167 »der rumer ist aller scham frei«, Mitte des 13. Jh.s

len mußte, also genausoviel, wie wenn er den Mann oder den Bruder der Frau totgeschlagen hätte.

Auch bei den alten Friesen war das *dîcrâf*, der Raub der Kleidung, die den Unterleib einer Frau bedeckte, ein Kapitaldelikt.[20] Nach dem Fivelgoer Recht aus dem frühen 15. Jahrhundert büßte man die »schmählichste Entblößung« (*hagiste bleszinge*), die man einer verheirateten Frau antun konnte, also die Entblößung ihres Genitalbereiches, um 15 Mark. Im Falle einer Schwangeren, einer Jungfrau, aber auch einer Witwe kostete diese Schandtat (*skonnede*) anderthalbmal soviel.[21] Daß man diese hohe Strafe auch zahlen mußte, wenn man den Unterleib einer Witwe entblößte, zeigt zudem, daß durch ein solches Delikt in erster Linie nicht die Ehre des Ehemanns, sondern die Ehre der Frau selber verletzt wurde.

In der vermutlich im Jahre 1256 entstandenen bebilderten Ausgabe des *Welschen Gastes* ist die Allegorie von *rum*, der Prahlerei, bezeichnenderweise ein nackter Mann, denn die Angeberei war ebenso schamlos wie die Nacktheit vor anderen,[22] doch die Genitalien sieht man bei dem Nackten ebenso wenig, wie man sie bei der berühmten Lady Godiva sehen konnte. Jedenfalls heißt es im frühen 13. Jahrhundert in den *Flores historiarum* des Roger von Wendover, daß Lady Go-

diva, die Gattin des Grafen Leofric von Mercien, zwar splitternackt in aller Öffentlichkeit über den Markt von Coventry geritten war, doch hatte sie zuvor ihr langes Haupthaar gelöst, so daß dieses über ihren ganzen Körper fiel und nur die weißen Schenkel unbedeckt ließ.[23] Denn wie bereits der *Clef d'amors* es ausdrückte, hat eine jede Frau so manches, das anständigerweise bedeckt und niemals entblößt sein solle.[24]
Aber gibt es nicht Gegenbeispiele aus der höfischen Zeit, die belegen, daß so manche Frau oder Jungfrau sich ohne Schamgefühle sogar vor fremden Männern[25] nackt zeigte?
Als nämlich z.B. im *Armen Heinrich* von Hartmann von Aue im 12. Jahrhundert der Arzt dem jungen Mädchen, das mit seinem Tod Herrn Heinrich retten soll, ankündigt, daß er ihm jetzt die Beschämung der Entblößung zufügen muß – »ich ziuh dich ûz, sô stâstu blôz, und wirt dîn schame harte grôz, diu du von schulden danne hâst, sô du nacket vor mir stâst« –, streift das Mädchen selber das Gewand vom Leib, und zwar ohne sich im mindesten zu schämen:
»sî zart diu cleider in der nât. schiere stuont sî âne wât und wart nacket unde blôz; sî schamt sich niht eins hâres grôz.«[26]
Wie schon aus der Erwartung des Arztes hervorgeht, war eine solche Schamfreiheit eines jungen Mädchens im Hochmittelalter völlig ungewöhnlich, und die unrealistische Schilderung des Dichters soll entweder zeigen, daß die Jungfrau im paradiesischen Stande der Unschuld ist – sie kennt keine Sünde und daher auch keine Scham[27] –, oder es handelt sich um eine apotropäische Nacktheit, mit der das Mädchen den armen Heinrich in ähnlicher Weise vor dem Schicksal retten soll wie die Gräfin Godiva die Bevölkerung von Coventry.[28]
Eine völlige Entblößung des Mädchens ist zudem gänzlich unmotiviert, da der Arzt ihr ja nur das Herz aus dem Leibe schneiden will und aus medizinischen Darstellungen aus dem 12. Jahrhundert ersichtlich ist, daß jeweils nur der Teil des Körpers entblößt wurde, an dem man die Operation vornahm.[29]

Wie aber – so wird man fragen – paßt dies alles zu der Tatsache, daß im späten Mittelalter und in der frühen Neuzeit nackte Huren in aller Öffentlichkeit Wettläufe veranstalteten, daß Männer und Frauen in den Mysterienspielen auf realistische Weise Adam und Eva vor dem Sündenfall darstellten oder daß – man denke an Hans Makarts berühmtes Gemälde vom Einzug Karls V. in Antwerpen – entkleidete Jungfrauen den in die Städte einziehenden Kaisern und Königen entgegeneilten?
In der Tat ist in fast allen kulturgeschichtlichen Werken von diesen Ereignissen die Rede. Fragen wir deshalb, ob diese Tatsachen wirklich Tatsachen sind.

§19
Die Nacktheit der mittelalterlichen Schauspieler und Huren

Was hat es nun mit der Behauptung auf sich, auf der spätmittelalterlichen Bühne seien die Darsteller – falls die Rollen es erforderten – nackt aufgetreten?

In einem im Jahre 1507 in Zerbst aufgeführten geistlichen Spiel beispielsweise wurde das Stammelternpaar von zwei Badern dargestellt, die sich Badequasten vorhielten:

»die Bader. Eynen Bom mit eyner slangen. Adam vnd Eua naket mit questen.«[1]

Bedeutet dies, daß zunächst ein splitternacktes Paar, ein Bader und eine Bademagd, auf der Bühne standen, die sich nach dem Sündenfall lediglich den Badequast vor die Scham hielten?

Nun ist in der Zerbster Anweisung von einem Mann und einer Frau gar nicht die Rede, sondern von »den Badern«, und in der Tat wurde im späten Mittelalter und in der frühen Neuzeit normalerweise auch die Eva von einem Mann oder, genauer gesagt, von einem älteren, aber vorpubertären Jungen dargestellt, um der Stammutter eine tiefe Stimme zu ersparen.[2]

War jedoch eine Eva ohne Brüste nicht ebenso lächerlich oder zumindest desillusionierend?[3]

Dies setzt voraus, daß das Wort »naket« in diesem Zusammenhang tatsächlich nackt bedeutet, aber, wie wir sehen werden, tut es das mitnichten. Vielmehr bedeutet es ›im Hemd‹ oder ›in der Bruche‹ oder aber »trikotnackt«, wie man vierhundert Jahre später sagte.

So heißt es z.B. über die im Donaueschinger Passionsspiel aus der Vorhölle Befreiten:

»doch sond die altvatter nackent oder in wissen hemdern har uss und vil kleinen kinden gantz nackent vor inen mit uff gehepten hendt, des glich die alten us her gan.«[4]

168 Balaam-Meister: Die Vertreibung aus dem Paradies, 14. Jh.

Während in Donaueschingen »nackent« »in wissen hemdern« bedeutete, so hieß es in einer Aufführung des Lebens des hl. Martin im Jahre 1496, daß die Betreffenden lediglich den Unterleib bedeckt trugen, denn als Lucifer einem »nackt« aus der Hölle steigenden Teufel mit der Fackel zu nahe kam, setzte er dessen Hosen in Flammen.[5]

Freilich wurde eine so knappe Bekleidung – die zudem für die Frauenrollen untauglich war – nicht selten als anstößig empfunden, weswegen es viele als göttliches Strafgericht guthießen, als im Cinquecento in Neapel die Bühne unter dem spärlich bekleideten Stammelternpaar zusammenbrach.[6]

Deshalb bevorzugte man meist »body stockings« oder Vergleichbares. So geht aus einer Luzerner Kostümliste aus dem Jahre 1583 hervor, daß Adam und Eva in »lybkleidern über

169 Passionsspiel in Höritz, Böhmen, 1898.

den blossen lyb« erschienen, während Kain und Abel, die ja bereits die Scham kannten, über den ›Trikots‹ »lybröck« trugen.[7]

In Perugia ist im Jahre 1426 die Rede von einem fleischfarbenen Gewand mit Hosen und einem Paar fleischfarbenen Lederhosen[8] und in einer cornischen Aufführung der Genesis von »garmentis of skynnes to be given to Adam and Eva by

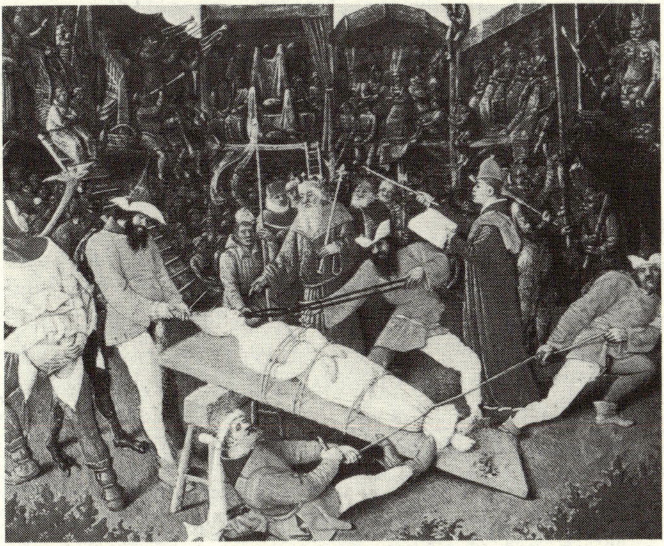

170 Jean Fouquet: Die hl. Apollonia wird »ganz nackt« gefoltert. Theateraufführung, 15. Jh.

the angell«. Vor dem Fall sollten sie »in whytt lether« gekleidet sein, und für den Sündenfall »fig leaves redy« gehalten werden, »to cover ther members«.[9]

Auf der Requisitenliste einer Aufführung der Geschichte des hl. Georg aus dem Jahre 1429, die vermutlich in Turin stattfand, werden zwei Pfund weißer Schminke (»blanc de puillie«) erwähnt, mit der die Fleischfarbe (»l'encarnacion«) der ›Nackten‹ bereitet wurde.[10]

In der Regieanweisung der Passionsgeschichte, die im Jahre 1501 in Mons aufgeführt wurde, heißt es, daß die Soldaten so tun sollten, als entkleideten sie Jesus, und die Jungfrau Maria solle bei der Kreuzesabnahme so tun, als bedecke sie die Blöße ihres Sohnes mit ihrem Schleier, da der Gottessohn natürlich stets bekleidet sei,[11] und in Donaueschingen wird über die Szene im Garten von Gethsemane gesagt:

»Hie by stat der blind Marcellus und hat ein liny tuoch über blossen lib. Nu fliehent die junger und erwúscht Malchus dem blinden Marcello sin mantel und entrint er nackent.«[12]

Das heißt also, daß auch hier das Wort »nackent« lediglich bedeutet, daß Marcellus in einem linnenen Tuch entflieht, wie er auch in einem Luzerner Passionsspiel »im nacketten cleyd« wegläuft.[13]

In der Commedia dell' arte der italienischen Spätrenaissance traten auch Frauen auf, und sie trugen anscheinend bisweilen die Brüste entblößt.[14]

In Bardis Komödie *L'Amico fido*, die in Florenz aufgeführt wurde, waren die Brüste von Göttinnen wie Venus oder Thetis mit einem Band eingefaßt und lediglich mit Schleiern bedeckt, während Amor und die Personifikation des Vergnügens »eine Lederhülle« trugen, »die Nacktheit vortäuschte«,[15] und in einem anderen Stück die Furien »ein hautartiges Gewand von geräucherter Fleischfarbe« anhatten.[16]

Wie aber steht es mit den »lebenden Bildern«, auch »personnages« oder »Mysterien« genannt, von denen es doch heißt, daß in ihnen splitternackte Frauen Szenen aus der griechischen Mythologie oder aus dem Alten Testament darstellten, und zwar vor allem, um im späten Mittelalter Könige und Fürsten zu ergötzen, wenn diese in die größeren Städte des westlichen Europa, vornehmlich in der Schweiz, im Elsaß, in Burgund, Frankreich oder in den Niederlanden, Einzug hielten?

So berichtet etwa Jehan de Troyes, daß beim Einzug Ludwigs XI. in Paris im Jahre 1461, also im Jahre seiner Krönung zum König von Frankreich, unter anderem drei »ganz nackte« Sirenen zu bewundern waren:

»Et ung peu avant dedans la dicte ville estoient a la fontaine du Ponceau hommes et femmes sauvaiges, qui se combattoient et faisoient plusieurs contenances, et si y avoit encores trois bien belles filles faisans personnages de seraines toutes nues, et leur veoit on le beau tetin droit separé, rond et dur, qui estoit chose bien plaisante, et disoient de petiz motetz et bergeretes.«[17]

Als Philipp der Gute in Gent einzog, erblickte auch er Wasserjungfrauen, die in der Leie herumschwammen, »toutes

171 ›Lebendes Bild‹ in Brüssel, 1496.

nues et échevelées ainsi comme on les peint«, und Philipp dem Schönen bot man bei seinem Einzug in Antwerpen im Jahre 1494 das lebende Bild vom Urteil des Paris:

»Mais le hourd où les gens donnoient le plus affectueux regard fut sur l'histoire des trois déesses, que l'on véoit au nud et de femmes vives.«[18]

Sind dies nun nicht Beweise dafür, daß im späten Mittelalter doch in aller Öffentlichkeit – wenn auch unter dem Deckmantel antiker Mythologie – splitternackte junge Frauen präsentiert worden sind?

Achten wir indessen genau auf den Wortlaut der Texte: In der Tat wird von den Pariser wie von den Genter Nixen gesagt, sie seien »toutes nues« gewesen, und Jehan de Troyes preist ihre runden, stehenden Brüste, die ganz dem gotischen Schönheitsideal entsprachen.

Aber was wird man außer dem Kopf und einem Teil des Oberkörpers noch von den jungen Frauen gesehen haben? Sicher ist, daß die Genter Sirenen im Fluß schwammen, während ihre Pariser Kolleginnen sich im Ponceau-Brunnen aufhielten, so daß zumindest ihr Genitalbereich nicht sichtbar gewesen sein wird.

Dies wird dadurch bestätigt, daß von den Frauen, die auf dem Trockenen lebende Bilder formten, nicht mehr gesagt wird, sie seien »toutes nues« gewesen.

Als beispielsweise Philipp IV. im Jahre 1313 zu Ehren des Königs von England in Paris Liebesszenen aufführen ließ, wurde die erforderte Nacktheit der Leiber wie im Donaueschinger Passionsspiel durch weiße Leinenhemden dargestellt,[19] und als Karl der Kühne im Jahre 1468 in Lille einzog, gab man für ihn ›Das Urteil des Paris‹, offenbar um ihn zu erheitern, denn die Venus war von »rarae proceritatis, ac immensae pinguetudinis, portentosae crassitudinis«, d.h., sie wog über zwei Zentner, Juno war lang und dürr und Minerva verwachsen, mit einem Höcker vorne und mit einem hinten.[20] Doch mit keinem Wort ist die Rede davon, daß etwa der Genitalbereich der drei Göttinnen unbedeckt gewesen wäre.

Wenn man Abb. 171 vertrauen darf, dann konnte man bei keiner der Darstellerinnen des ›Paris-Urteils‹, das man Johanna der Wahnsinnigen von Kastilien, der späteren Mutter Karls V., darbot, als diese im Jahre 1496 in Brüssel einzog, den Schambereich sehen, denn die eine zeigte sich von hinten, während die beiden anderen ihre Scham mit einem Schleier verdeckten.

Wie wir bereits gehört haben, wurden auch zwei Jahre zuvor die drei Antwerpener Göttinnen lediglich als »nud«, als ›nackt‹, und nicht als ›ganz nackt‹ beschrieben, und wir erinnern uns an das Donaueschinger Passionsspiel, in dem nur die kleinen Kinder »gantz nackent« waren, während die als »nakkent« bezeichneten »altvatter« in Wirklichkeit in »wissen hemdern« das Fegefeuer verließen.

Ähnlich wie die jungen Frauen, die man seiner damals sieb-

zehnjährigen Mutter in Brüssel präsentiert hatte, scheinen auch jene Mädchen gekleidet gewesen zu sein, die das lebende Bild formierten, das Kaiser Karl V. erwartete, als er im Spätsommer des Jahres 1520 in Antwerpen einzog.
Bei dieser Gelegenheit war Albrecht Dürer anwesend, der zwar selber lediglich beschreibt, »wie der könig mit ein köstlichen triumpff empfangen ist worden. Da waren die pforten köstlich geziert mit kammerspieln, groß freudigkeit und schöne jungfrauen bilder, dergleichen jch wenig gesehen hab.«[21] Philipp Melanchthon erzählte er indessen weitere Einzelheiten. Dieser berichtet nämlich, er habe von dem Maler Dürer, einem Nürnberger Bürger, erfahren, die »schöne jungfrauen bilder« habe aus jungen Mädchen bestanden, die »beinahe nackt« (*propemodum corpore nudae*), d.h. in dünne Florkleider gehüllt gewesen, durch welche die Körperformen geschimmert hätten.
Während der junge Kaiser es schamhaft vermieden hätte, die Mädchen anzuschauen, habe Dürer die Scham ein wenig beiseite gelassen und – »als Maler« – einen Blick riskiert.[22]
Sowohl aus dem Verhalten des jungen Kaisers als auch dem Dürers läßt sich wohl der Schluß ziehen, daß das »Vagabundierenlassen« der Augen über leicht bekleidete junge Mädchen an der Schwelle zur Neuzeit zumindest keine Selbstverständlichkeit war, wie Dürer es ja auch für notwendig erachtete, sich bei dem Wittenberger Professor für sein Hinschauen damit zu entschuldigen, daß er sich von Berufs wegen die Freiheit nahm, »ein bißchen schamloser« (*aliquantulum inverecundius*) umherzusehen.
Obgleich solche »jungfrauen bilder« im späten Mittelalter und in der frühen Neuzeit in aller Öffentlichkeit gezeigt wurden, scheinen sie etwas Anrüchiges gehabt zu haben, was man dadurch abzumildern versuchte, daß man das nackte Fleisch nicht direkt präsentierte. Nicht anders ist man auch in jenen Zeiten verfahren, von denen man gewöhnlich sagt, daß sie zu den prüdesten der Geschichte zählten. Als nämlich zu Beginn unseres Jahrhunderts »tableaux vivants« mit völlig nackten

Darstellern gezeigt wurden, lösten sie solche Skandale aus, daß die Behörden sie allenthalben verboten. Schließlich milderte man die Splitternacktheit, indem man die Leiber der entblößten Frauen bronzierte und ihnen die Auflage machte, sich nicht zu bewegen. In anderen Worten: Man vermied so gut wie möglich, daß die nackten Körper den Eindruck von lebendem Fleisch machten, und näherte sie metallenen und steinernen Skulpturen an.[23]

Wie aber verhielt es sich im späten Mittelalter mit den öffentlichen Huren? Berichtet nicht Machiavelli, daß Castruccio nach der Schlacht bei Serravalle auf einem Volksfest nackte Huren um die Wette laufen ließ, wonach die Siegerin ein Stück Seidenzeug als Preis erhielt.[24] Und weist nicht Norbert Elias, der die im Mittelalter übliche Integration von Sexualität und Nacktheit in den Alltag zeigen will, darauf hin, daß die Huren »im öffentlichen Leben der mittelalterlichen Stadt ihren ganz bestimmten Platz« hatten, daß man in manchen Städten mit ihnen um die Wette lief und sie häufig hohen Gästen zur Begrüßung entgegenschickte?[25]

Bevor wir uns mit der angeblichen Nacktheit der Huren in der Öffentlichkeit befassen, sollten wir einen Augenblick bei der behaupteten Integration der mittelalterlichen Prostituierten verweilen.

Was heißt es, daß die Huren »in der mittelalterlichen Stadt ihren ganz bestimmten Platz« hatten?

Im Jahre 1271 wurden beispielsweise die Bürger von Toulouse dazu ermächtigt, die öffentlichen Huren aus ihrer Nachbarschaft zu vertreiben, ihnen zur Demütigung die Kleider vom Leibe zu reißen und sie zum Priester zu zerren, der das Strafmaß bestimmte.[26] Im 14. Jahrhundert wurden zwei Huren verurteilt, weil sie es gewagt hatten, sich in der Kirche zu den ehrbaren Frauen zu setzen, und das auch noch ohne Kopfbedeckung,[27] und 1417 heißt es in Basel, daß man eine ganze Reihe von Huren aus dem Bereich verwies, der innerhalb der den Marktfrieden der Stadt bezeichnenden Kreuzsteine liegt:

»Item so sint ettlich spontziererin und frowen verwiset 3 jar und 5 mil vor den crützen ze leistende, umbe daz sy offelich bi erbern frowen elichen mannen gesessen sint.«[28]

Wenn man also davon spricht, daß die öffentlichen Huren »ihren ganz bestimmten Platz« hatten, dann kann das – entgegen der Behauptung von Elias – nur heißen, daß dieser Platz außerhalb der Ehrbarkeit und damit außerhalb der Gesellschaft lag.[29] So wurde beispielsweise im Jahre 1469 in Arles eine Frau bestraft, weil sie es gewagt hatte, eine Sklavin eine Hure zu nennen, denn auch eine Sklavin war ehrbar, was eine Prostituierte per definitionem nicht sein konnte.[30]

Schließlich kann von einer »Integration« der Huren nur insofern die Rede sein, als im Spätmittelalter im Gegensatz zu früheren Zeiten die städtische Prostitution in stärkerem Maße institutionalisiert und damit kontrollierbarer gemacht wurde, so daß man häufig auf die traditionelle äußere Kenntlichmachung der Huren verzichten konnte. In Frankreich waren etwa im 15. Jahrhundert die Zeichen, an denen man die »Hüpscherinnen« erkennen konnte, kaum noch verbreitet.[31]

Steht aber dem nicht entgegen, daß man die Huren – wie Elias sagt – häufig Kaisern und Königen entgegenschickte, wenn diese sich einer Stadt näherten, wie etwa Albrecht II., als er im Jahre 1438 in Wien einzog, oder wie lange vorher Friedrich Barbarossa, und daß sich beispielsweise ein Kaiser wie der betagte Sigmund ein paar Jahre zuvor persönlich und in aller Öffentlichkeit ins Frauenhaus von Bern und von Ulm begab?

Nun ist in keiner Weise überliefert oder auch nur angedeutet, daß Kaiser Sigmund das Frauenhaus aufgesucht habe, um sich dort sexuell zu erleichtern,[32] und es ist auch ganz unwahrscheinlich, daß er sich so etwas hätte leisten können.

Wenn er jedoch im Freudenhaus keine Freuden suchte, was suchte er dann? Und was war der Sinn, daß man den anreisenden Herrschern zuweilen[33] die in solchen Häusern Beschäftigten entgegenschickte?

In vielen Teilen Europas gab es den Volksglauben, die Begegnung mit einer öffentlichen Hure bringe Glück, die Begegnung mit einem Priester, einem Mönch oder einer Nonne dagegen Unglück.[34]

Dahinter verbarg sich die Vorstellung, daß eine Prostituierte als Verkörperung der uneingeschränkten Sexualität die Fruchtbarkeit der Felder förderte, weshalb man sie häufig zu religiösen Zeremonien und Festen einlud.[35]

Auch in Indien verhieß es Glück, einer Hure zu begegnen: In Khandesh hieß es, daß die Gebete einer Hure den Regen bringen, und in Karnāṭak wurde sie in einer Prozession mitgeführt, um den Regen zu beenden.[36]

In diesem Sinne muß auch die Teilnahme der *meretrices* an den Floralien, dem Fest der römischen Fruchtbarkeitsgöttin Flora, verstanden werden, auf dem sie in obszöner Weise die Vulva zeigten, weshalb viele ehrbare Römer, etwa der jüngere Cato, das Fest als unsittlich bezeichneten.[37]

Auch im späten Mittelalter brachten die Huren Glück und wehrten Schaden ab: In Leipzig etwa, wo man sie das fünfte Kollegium nannte, weil die Studenten, die nur vier Kollegien hatten, das fünfte bei ihnen abzuhalten pflegten, vollzogen sie während der Fastenzeit eine sogenannte Hurenprozession. Um die Stadt vor der Pest zu bewahren, zogen sie gemeinsam zur Parthe und warfen dort eine Strohpuppe in den Fluß.[38]

Wenn also den Herrschern öffentliche Huren entgegengeschickt wurden oder wenn ein Kaiser wie Friedrich III. sich von solchen Frauen »gefangennehmen« ließ, um sich mit einer Geldsumme wieder auszulösen und dergleichen, dann ist dies alles andere als ein Indiz dafür, daß die »gemeinen Frauen« in die mittelalterliche Gesellschaft integriert waren. Vielmehr erhoffte man sich, daß unmittelbar dem Herrscher und mittelbar seinem Land durch eine solche Begegnung mit einer ›Ausgegrenzten‹ Glück und Fruchtbarkeit zuteil wurde.

In ähnlicher Weise ist das von Machiavelli erwähnte Wettrennen der Huren zu verstehen, bei dem es sich – zumindest ursprünglich – um ein dem Boden Fruchtbarkeit bringendes Laufen oder Umlaufen handelte. Bei den altrömischen Floralien waren es nicht allein die *meretrices*, die das Gedeihen der Natur förderten, vielmehr ließ man auch Hasen und Ziegen laufen, also jene Tiere, die als besonders geil und fruchtbar galten.[39]

Waren die Teilnehmerinnen an dem Wettlauf nach der Schlacht von Serravalle nun wirklich nackt?

Es ist kaum denkbar, daß sich im Italien des Trecento Frauen, auch wenn es sich um Huren handelte, in der Öffentlichkeit nackt zeigen konnten, und dies gilt in gleichem Maße für Mitteleuropa.

So wurden beispielsweise im Jahre 1530 in Danzig sieben Kaufleute »nicht unbillig gar scharff bestrafft«, weil sie mit einigen unehrlichen Frauen »einen nackenden Tantz angestellet«,[40] und wenn man zeitgenössische Darstellungen von Wettläufen findet, die dem von Machiavelli angeführten entsprechen, so sind die daran teilnehmenden Huren gar züchtig bekleidet. Dies sieht man z.B. auf einer Abbildung aus der Sammelhandschrift des Augsburger Landsknechtsführers Sebastian Schertlin von Burtenbach, die ein Wettrennen der »jungen Gesellen und gemeinen Frauen« zeigt, das anläßlich des Augsburger Armbrustschießens vom Jahre 1509 stattgefunden hatte (cf. Abb. 172).[41]

Wenn es im Mittelalter oder auch später heißt, jemand sei »nackt« gewesen, dann kann damit lediglich gemeint sein, daß der oder die Betreffende unzureichender bekleidet war, als der Beschreibende es normalerweise für angebracht hielt.

Schon bei den alten Griechen und Römern müssen γυμνός und *nudus* nicht »nackt« bedeuten, sondern »ohne Chiton« oder »ohne Waffen«, wie bei Pindar,[42] und wenn im Lupanar die Huren γυμναί oder *nudae* zur Wahl standen, dann trugen sie höchstwahrscheinlich Gewänder aus dünnem Stoff und hatten allenfalls die Brüste entblößt.[43]

Auch das hebräische Wort '*arweh* heißt nicht selten »im blo-

172 Wettrennen zwischen jungen Burschen und Huren im Jahre 1509.

ßen Untergewand«,[44] und der ist gleichfalls *'arweh*, der unter Zurücklassung seiner Rüstung fliehen muß.[45]

»ir sehet wol, ich bin nacket gar«, sagt der unbewaffnete Wigalois,[46] während auch Willehalm, der seine Brünne anbehält, statt sich festlich zu kleiden, von der römischen Königin als »nackt« bezeichnet wird.[47] Doch normalerweise ist es umgekehrt. Als beispielsweise im Jahre 1365 die Engländer im Elsaß einfielen, heißt es über die einfachen Soldaten, daß sie »nacket«, d.h. nicht gewappnet waren:

»ire klaider warent lang und kostbar und hatten gute harnaschne beinwat; aber die armen unter den Engenländern, die gingent barfusz unde nacket.«[48]

Nudus werden im Hochmittelalter die Armen genannt, die lediglich ein schäbiges Schafsfell umgeworfen haben oder in Lumpen (*pannosus*) gekleidet sind,[49] und ebenso wird ein Henker bezeichnet, weil er nur eine leichte Tunika trägt.[50]

Ähnliches gilt auch für jene, die von Rechts wegen zur Entehrung und Demütigung »entblößt« wurden. So heißt es beispielsweise von einem Mann, der auf einem Bild der *Wickiana* aus dem 16. Jahrhundert durch die Stadt gepeitscht wird, er sei »nackend«, doch wie man sehen kann, ist er mit einem Lendentuch bekleidet,[51] was höchstwahrscheinlich auch im 8. Jahrhundert die *nudi cum ferro* waren, also diejenigen, welche man dazu verurteilt hatte, »nackt« und aneinandergekettet durch die Dörfer zu ziehen.[52]

Doch auch heutzutage wird das Wort »nackt« nicht selten so benutzt, daß seine Bedeutung nicht unmittelbar einsichtig sein muß. So erklärte etwa im Juli 1980 der Ajatollah Khomeini, die Regierungsbüros seien Brutstätten von Korruption und Prostitution, da es dort »nackte Frauen« gebe,[53] und im Spätsommer des Jahres 1984 forderten Tausende von verhüllten Frauen aus den Elendsvierteln Süd-Teherans in Sprechchören die Todesstrafe für solche »Nackten«, womit vornehmlich die Frauen aus den bürgerlichen Kreisen im Norden der Stadt gemeint waren.[54]

Bei diesen »Nackten« handelt es sich um europäisch Gekleidete,[55] und hierbei liegt keineswegs ein eigentümlicher Sprachgebrauch einiger fundamentalistischer Ultras vor, denn auch in Marokko wird traditionellerweise eine unverschleierte Frau *aryana*, »nackt«, genannt.[56]

Nun gibt es freilich Steigerungsformen von »nackt«: So unterscheiden z.B. die Lakandonen zwischen *chäk pit-en*, »nackt«, und *chäk pi-pit*, was man etwa mit »splitterfaser-

173 Die Entdeckung Amerikas. Aus Kolumbus: *Epistola*, Basel 1493.

nackt« übersetzen könnte,[57] und wir haben ja auch gehört, daß die in der Donaueschinger Vorhölle bratenden Altväter »nackent« und die kleinen Kinder »gantz nackent« waren. Kann man sich also darauf verlassen, daß wenigstens die »gantz Nackenten« ganz nackt waren?

Leider kann man auch das nicht. Christoph Kolumbus schreibt beispielsweise, daß die Indianer, auf die er im Jahre 1492 traf, nackt umhergegangen seien, »wie Gott sie erschaffen hat«, und zwar die Männer wie die Frauen, worauf man freilich beiläufig erfährt, daß die Frauen ein Baumwolltuch um die Lenden trugen![58]

Von Franz von Assisi ist überliefert, er sei einmal »nackt, wie er geboren ward«, eine Straße entlanggegangen, aber sogleich wird einem mitgeteilt, daß er eine *bruoch* anhatte,[59] und etwas später, im Jahre 1247, heißt es in einer französischen Quelle:

»la fame qui dira vilonie à autre, si come putage, paiera 5 sols ou portera la pierre toute nue en sa chemise à la procession.«[60]

Im Jahre 1589 führte der Priester François Pigenot, »qui estait tout nud«, eine Prozession durch die Pfarre Nicolas-des-Champs, doch wir erfahren alsbald, daß er ein linnenes Hemd, »une guilbe de toile blanche sur luy« trug,[61] und als in *Le Mystère de saint Vincent* der Heilige völlig nackt ausgezogen werden sollte (»Despouilles serez tres tout nu«), wurde dies dahingehend erläutert, daß man ihn bis auf sein Lendentuch (»jusques aux petits draps«) zu entblößen habe.[62]

Dennoch ist nachweisbar, daß es in jenen Zeiten immer wieder Menschen gab, die sich im Stande der Unschuld wähnten und dies damit demonstrierten, daß sie sich in der Öffentlichkeit tatsächlich splitternackt bewegten. Wenden wir uns deshalb den Bewegungen zu, die auf Erden das Paradies errichten und in den Zustand vor dem Sündenfall zurückkehren wollten.

§ 20
Das irdische Paradies

Wie damals die Juden glaubten, stammte der Olivenzweig, den die von Noah ausgesandte Taube zur Arche brachte, aus dem »irdischen Paradies«, dem einzigen Landstrich der Erde, das von der Sintflut verschont worden war und in dem nicht nur die zehn verlorenen Stämme Israels, sondern unter anderem auch der hl. Paulus und alle christlichen Märtyrer leben sollten.[1]
In der Antike hieß es, daß die »Inseln der Seligen« jenseits der Säulen des Herakles, also der Meerenge von Gibraltar, lägen, während das »irdische Paradies« im Osten der jüdischen Welt lokalisiert wurde, und man vermutete, daß Euphrat, Tigris, Ganges und Nil dieses unerreichbare Land entwässerten.
Für diejenigen, die im ausgehenden Mittelalter an die Kugelgestalt der Erde glaubten, fielen Osten und Westen und damit das »irdische Paradies« und die »Inseln der Seligen« zusammen.
Christoph Kolumbus war der Überzeugung, die Erde habe die Gestalt einer Birne – denn nur so hätte das »irdische Paradies« die Sintflut überstehen können –, und im Golf von Mexiko schienen ihm alle Navigationszeichen darauf hinzudeuten, daß er am Stiel der Birne emporführe.[2]
Auf der Seekarte, die Kolumbus benutzte, war Elysium im fernen Osten eingezeichnet, und er merkte an, daß das »irdische Paradies« nicht in den Kanarischen oder in den Kapverdischen Inseln liegen könne, da die portugiesischen Seefahrer es dort ja nicht gefunden hatten. Anscheinend hatte er von Giovanni di Marignoli gehört, der während seiner Rückreise aus China im 14. Jahrhundert südlich der Insel Ceylon die Gipfel des »irdischen Paradieses« in der Morgensonne leuchten sah,[3] und vielleicht auch von Odoardus Barbosa, der ebenfalls in dieser Gegend das Paradies vermutete, weil Seeleute, die vom Indischen Ozean zurückkehrten, bisweilen

von wunderbar duftenden lauen Brisen berichteten, von denen man annahm, daß sie aus dem »irdischen Paradies« kamen.[4]

Kolumbus rechnete also damit, dieses Paradies aufzufinden, und schon auf seiner ersten Reise im Jahre 1492 hatte er für besondere Erkundungen Luis de Torres eingesetzt, da dieser als konvertierter Jude hebräisch und aramäisch sprach und somit als Dolmetscher zwischen den Seefahrern und den zehn verlorenen Stämmen Israels dienen sollte.[5]

Da die Indianer augenscheinlich weder Mohren noch Neger waren – die einzigen fremden Rassen, die die Spanier im späten Mittelalter näher kannten – und vor allem weil sie nackt oder beinahe nackt waren, glaubte Kolumbus zunächst, daß es sich bei den Bewohnern der Antillen-Inseln um jene verlorenen Stämme handle, und wenn er später auch Zweifel haben mochte, so wurde er doch auf seiner dritten Indienreise zumindest in der Annahme bestätigt, daß das Paradies nicht weit war. Denn als er auf die riesigen Süßwasserfluten des Orinoco stieß, war er sicher, daß dies einer der vier Ströme sei, die das »irdische Paradies« entwässerten.[6]

Daß die Indianer und auch andere fremde Völker ohne Scham ihre Blöße zeigten, wurde zwar von vielen Spaniern als unmißverständliche Aufforderung zum Geschlechtsverkehr interpretiert, der sie ebenso gerne wie brutal nachkamen[7] – man betrachte nur Abb. 174, auf der die Spanier eine nackte, Früchte bringende Indianerin begaffen, an der sich der Gouverneur Petrus Errera, wie es im Begleittext heißt, »nicht satt sehen« konnte (*eam intuendo oculos explere non posset*). Doch für andere war diese Nacktheit noch lange Zeit der Beweis, daß diese Menschen in paradiesischer Unschuld lebten.

So schreibt noch Bartolomé de Las Casas, die Konquistadoren hätten es in der Hand gehabt, im »irdischen Paradies« zu leben, und Peter Martyr verlautet im Jahre 1555:

»But amonge these simple sowles, a fewe clothes serve the naked. So that if we shall not be ashamed to confesse the

174 Theodor de Bry: Der spanische Gouverneur und die Frau des Königs von Cumana, 1594.

truthe, they seeme to lyue in that goulden worlde of which owlde wryters speake so much: wherin men lyued simplye and innocentlye without inforcement of lawes.«[8]

Auch der Schiffsarzt Walter Hammond verteidigte in seinem 1640 erschienenen Buch *A Paradox: Prooving, That the Inhabitants of the Isle called Madagascar, Or St. Lawrence, (In Temporall things) are the happiest People of the World* die Nacktheit der Madegassen damit, daß sie sich nur geringfügig unterscheide von der »Adam's in his innocency, for both men and women go naked«, was bedeute, daß diese Wilden dem vollkommenen Menschen, der noch nicht im Stande der Sünde lebe und deshalb keiner Kleidung bedürfe, sehr nahe kämen.[9]

Vermeinten diese Reisenden und Gelehrten, den annähernd sündlosen und deshalb unbefangen nackten Menschen in den fremden, gerade erst entdeckten Ländern gefunden zu haben, so gab es in Europa auch immer wieder Gruppen von Menschen, die behaupteten, selber im Stande der Unschuld zu sein, und die deshalb besonderen Wert darauf legten, voreinander und auch vor Fremden nackt zu sein.

Bereits im 4. Jahrhundert berichtet Epiphanius über den Nacktgottesdienst der Fibioniten oder Barbelioten, bei dem die Gläubigen sich der Promiskuität hingaben,[10] und in den achtziger Jahren des 13. Jahrhunderts versammelten sich auch die Dualisten in Verona ohne jegliche Bekleidung.[11]

Die »Brüder des Freien Geistes« predigten, daß derjenige nicht vollkommen sei, in dem die Nacktheit des anderen Geschlechts noch Scham oder Wollust aufkommen ließe,[12] und im Jahre 1397 wandte sich Jean de Gerson in heftigen Worten gegen jene, die in den gleichen Irrtum fielen wie die Begarden und Turlupins.[13] Diese glaubten nämlich, daß es keine natürlichen Dinge gebe, vor denen man erröten müsse, und wiederholten damit nach Gerson nur die Auffassung der antiken Kyniker, nach der man ohne Scham wie die Hunde in aller Öffentlichkeit die Genitalien zeigen und betätigen könne.[14]

Siebzehn Jahre später polemisierte er erneut gegen »la temerité et fole erreur des Turelupins qui vouloient converser nus et nues sans honte à l'exemple de Adam et Eve«, denn schließlich unterschieden wir uns von unseren Stammeltern und lebten nicht länger im Stande der Unschuld.[15]

Schon der im Jahre 1367 in Erfurt verhaftete Begarde Johannes Hartmann hatte verkündet, »ein frey geist« könne auf dem Altar seine Mutter oder Schwester beschlafen, ohne damit eine Sünde zu begehen, denn nur die »grop liute« seien »unter den gesetzen«, wie auch im Jahre 1410 eine von der Sekte der Amalrikaner beeinflußte Frau, die sich als Seraph bezeichnete, vom Koitus behauptete, daß »ille enim actus est pure naturalis, sicut comedere et bibere«.[16]

Zwei Jahre später gelang es in der Grafschaft Fermo einem Mönch, eine große Menschenmenge davon zu überzeugen, er sei Gottvater. Darauf hieß er sie, sich zu entkleiden, und taufte sie in einem Fluß. Als die Menge jedoch von Kleidern

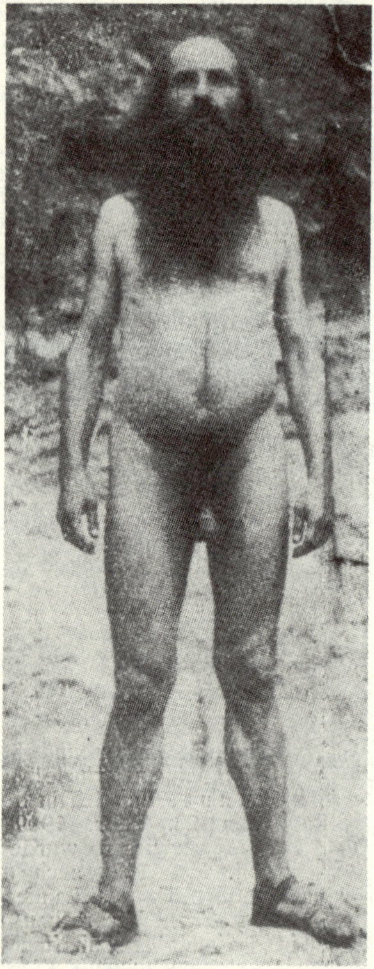

175 Ludwig Christian Haeusser (1881-1927).

entblößt in die Stadt Fermo einzog – wobei einige der frischgetauften Männer sogar splitternackt (»etiam sine tarabolis«) waren –, erregte sich das ›gesunde Volksempfinden‹ der Bürger über eine solche Schamlosigkeit, und die Nackten wurden verhaftet und ins Gefängnis geworfen.[17]

Doch auch die Adamiten selber hatten teilweise erhebliche

Schwierigkeiten, ihre Schamgefühle zu überwinden und die Genitalien zu entblößen. Als beispielsweise die Pikarden von Příběnice südwestlich von Tabor, die im Jahre 1421 die Scham abschaffen und das »irdische Paradies« errichten wollten, sich auszogen, um nackt um ein Feuer zu tanzen, regte sich bei manchen Männern doch das Schamgefühl, und sie weigerten sich, vor den anderen ihren Lendenschurz (*rúšce*) fallen zu lassen. Darauf entblößten die weiblichen Mitglieder gewaltsam den Genitalbereich der Männer und forderten sie mit den Worten »Verlasse dein Gefängnis, gib mir deinen Geist und empfange den meinen!« zum öffentlichen Beischlaf auf, der auf der Stelle vollzogen wurde.[18]

Wenn die Adamiten des späten Mittelalters meinten, der Geschlechtsverkehr sei ebenso natürlich wie Essen und Trinken und könne deshalb ohne Scham vor aller Augen stattfinden, fügte dem in unserer Zeit der adamitische Guru Ludwig Christian Haeusser, der 1927 starb, die Lehre von der »Gleichberechtigung aller Organe« hinzu. Um zu demonstrieren, daß es z. B. keinen Unterschied »zwischen den Lippen und den sog. Schamlippen« gebe, führte er mit besonderer Hingabe an seinen Jüngerinnen den Cunnilingus aus, was diese offenbar in solche Begeisterung versetzte, daß eine seiner Anhängerinnen, die Oberlehrerin an einer Mädchenschule war, mit dem Versprechen warb, daß in der Welt, die der Meister erstrebe, der Geschlechtsverkehr nur noch oral stattfinden werde.[19]

Auch der thüringische Täufer Claus Ludwig war der Überzeugung, das wahre Sakrament bestehe allein in der fleischlichen Vermischung der Brüder und Schwestern, denn nur durch den Koitus würden Mann und Frau sich gegenseitig heiligen. So sprach er nach der Bibellesung die Worte »Gehet hin, mehret euch und wachset, wie Gott befohlen hat«, worauf seine Jünger und Jüngerinnen sich nackt auszogen und einander querbeet beischliefen, was »Christerie« genannt wurde.[20]

Ist auf Virgil Solis' berühmtem Kupferstich »Die Badstube der Wiedertäufer« aus der Mitte des 16. Jahrhunderts, von dem es heißt, er sei nach einer Zeichnung Heinrich Aldegre-

176 Virgil Solis: Badstube der Wiedertäufer, Mitte des 16. Jh.s

vers angefertigt worden, die Andeutung einer solchen »Christerie« zu sehen?

Auf alle Fälle zeigt auf dem Bild eine Frau mißbilligend auf ein sich umschlingendes Paar, was bedeutet, daß es sich um eine moralisierende Darstellung handelt.[21] Aber was wird hier angeprangert?

Das Treiben in einem Badebordell der frühen Neuzeit oder zumindest in einer anrüchigen Badstube, was bedeuten würde, daß man das Bild erst nachträglich und willkürlich mit den Wiedertäufern in Verbindung gebracht hat?

Dagegen scheint zweierlei zu sprechen. Zum einen ist es

177 Heinrich Aldegrever zugeschrieben: Jan van Leyden und sein Hofstaat, erste Hälfte des 16. Jh.s

kaum vorstellbar, daß man Kinder in ein derartiges Etablissement mitgenommen hätte. Zum anderen scheint das Monogramm Aldegrevers auf dem Gesims im Hintergrund zu bedeuten, daß Solis die Authentizität der Szene durch einen Augenzeugen – eben Aldegrever – beglaubigen wollte,[22] und es ist wohl kaum anzunehmen, daß er für die Darstellung des lockeren Treibens in gewissen zeitgenössischen Badstuben einen solchen Zeugen nötig gehabt hätte.
Nun hat man die Meinung vertreten, daß mit einer Darstellung wie der von Solis die Wiedertäufer ganz offensichtlich diffamiert werden sollten und daß sie selber eine derartige Szenerie als teuflische Unzucht angesehen und mit dem Tode bestraft hätten.[23]
Zuzugestehen ist, daß es unter den Täufern der verschiedenen Regionen eine erhebliche Bandbreite diesbezüglicher Verhaltensweisen und Anschauungen gab, daß etwa die Straßburger Brüder sogar einen der Ihren wegen Bigamie verbrannten

178 ›Adamiten in Amsterdam‹. Tendenzbild, 17. Jh.

oder ein österreichischer Täufer im Jahre 1529 ausführte, daß selbst der eheliche Beischlaf eine Sünde sei.[24]

Freilich spielten sich Szenen wie die von Solis dargestellte nachweislich zwischen den Jahren 1527 und 1535 in Basel, Augsburg, Heilbronn, Schwäbisch Gmünd und anderen Orten ab,[25] und auch von Jan van Leyden wird überliefert, daß er – ähnlich wie im darauffolgenden Jahrhundert die Mennoniten, ein Amsterdamer Zweig der Wiedertäufer[26] – nackt durch die Gassen von Münster gelaufen sei, nachdem er sich im Jahre 1534 zum Propheten ausgerufen hatte.[27]

In einem Verhör des Siebnergerichts wegen unzüchtigen Gebarens von Täufern auf dem Brühl, einem Platz vor den Mauern St. Gallens, heißt es im Jahre 1526 von sieben Männern und Frauen, sie seien »umbgeloffen in blossen hembdern ald underhembden, habend ainandern kuoßt unnd gehalset unnd byainanndern gelegen«,[28] nachdem bereits drei Jahre zuvor ein Chronist desselben Ortes über die dortigen Täufer vermerkt hatte:

»Vermaintend och clader nut not sin ze tragen. Sach och ainmal ze Buoch usßen ain lustig hubsch wib der maßen verirt

sin, das si offenlich nackent sasß an ainem rain mit luten gschray sprechende, schlug ir selbs ain das haimlich ort und sagt: thuond imm, wie ir wellend, so mußend ir durch dißes in das rich gottes kommen! Si maindt frilich durch disen widertoff recht geboren werden. Ward ain groß glechter!«[29]
Und schließlich berichtet ein anderer Chronist aus St. Gallen, daß sich eine gewisse Frena Buwmenin »nackend ußziechen« hieß. Nachdem sie eine weitere Frau, Barbara, »gar ußzogen hätt, sass sy nackend, wie sy Gott an die welt erschaffen, vor allem volk. Nun saß ein mansbild gegen ir über; der gedacht, wann sy doch nur die scham bedackte. Das erkante sy in gedenken und straft in darumb; wann so einer begert etwas wider sy ze reden, thet sy so grusam und zorniclich, als welt sy ainen zerrissen.«[30]
Im Gegensatz zu den bisher angeführten religiösen Gruppierungen, die sich öffentlich entblößten, ging es anderen keineswegs um die Demonstration der eigenen Sündlosigkeit und Schamfreiheit, und deshalb verwundert es nicht, daß sie Rücksicht auf den Anstand nahmen und gewisse Körperteile, vor allem den Genitalbereich, stets bedeckt hielten.
So heißt es bereits im Jahre 1260 über die männlichen Flagellanten, sie »s'en alloient tout-nuds, à la réserve des parties naturelles qu'ils couvroient, et sans aucune honte«, während die Frauen sich so sehr schämten, in der Öffentlichkeit notgedrungen ihre Brüste zu entblößen, daß sie sich innerhalb ihrer vier Wände kasteiten,[31] und Sebastian Münster schreibt über die Flagellanten des Jahres 1628:
»Zu Speyer vor dem Thumbstifft / umb 1. uhr nach Mittag / machten sie ein Ring / zogen ab ihre Kleyder biß auff das Hembd / das gemacht war wie ein Niderkleyd / reicht von den Lenden bis auff die Füß.«[32]
Auch die Quäker achteten strengstens darauf, daß bei ihren Aktionen wenigstens der Unterleib bedeckt war, was freilich die Puritaner nicht daran hindern konnte, ihr halbnacktes öffentliches Auftreten als »whorish and monstrous immodesty« zu bezeichnen.[33]

179 Bußzug der Geißler. Chronik für Rudolf v. Erlach in Spiez, 1484.

Zwar ist häufig die Rede von der »Nacktheit« der Quäker, aber beim näheren Hinsehen waren sie dann doch nur »Naked and in Sackcloth« wie etwa William Simpson, der den Propheten Jesaja imitierte und in diesem Aufzug durch die Straßen und über Märkte zog, was ihm »whippings with horse whipps & coach whipps, stoneinges & Imprisonments« einbrachte.[34] Auch wenn Samuel Pepys in seinem Tagebuch berichtet, daß am 29. Juli 1667 ein Quäker »nackt« durch die vollbesetzte Westminster Hall schritt und dabei »Tuet Buße, tuet Buße!« rief, war dessen Unterleib bekleidet, denn Pepys schildert den Mann als »very civilly tied about the privities to avoid scandal«.[35]

Obgleich die Quäker sich über die Schamlosigkeit der tiefen Brust- und Rückendekolletés der zeitgenössischen Frauen-

The Ranters Ranting: 8

With

The apprehending, examinations, and confeſſion of *John Collins*, *I. Shakeſpear*, *Tho. Wiberton*, and five more which are to anſwer the next Seſſions. And ſeverall ſongs or catches, which were ſung at their meetings. Alſo their ſeveral kinds of mirth and dancing. Their blaſphemous opinions. Their belief concerning heaven and hell. And the reaſon why one of the ſame opinion cut off the heads of his own mother and brother. Set forth for the further diſcovery of this ungodly crew.

180 Obszöne Rituale der Ranters, 1650.

mode ereiferten,[36] trat so manche Quäkerin mit nackten Brüsten in der Öffentlichkeit auf, natürlich mit der Absicht aufzurütteln und nicht um aufzureizen.

Als beispielsweise Lydia Wardel halbentblößt in einem Gottesdienst in Newbury, Massachusetts, auftauchte, sorgte sie damit für einen solchen Skandal, daß der Magistrat der Stadt sie – dieses Mal zur Strafe – mit nacktem Oberkörper, »her naked Breasts to the Splinters of the Posts« festbinden und vor aller Augen auspeitschen ließ, »tho' it miserably tore and bruised her tender Body«.[37]

Anders verhielt es sich allerdings bei den Ranters oder den »Neuen Quäkern«, einer extremistischen Splittergruppe der Quäker, die von sich behaupteten, wie das Urelternpaar vor dem Fall ohne Sünde zu sein.

So trat etwa eine gewisse Mary Ross aus Long Island splitternackt auf und meinte, »that it was a sign of *Guilt* to be ashamd of one Part of ones Body more than another«.[38]

Auch von den indischen Weltentsagern, die – zumindest theoretisch – nicht nur jenseits der gesellschaftlichen Normen, sondern der Gegensätze überhaupt stehen,[39] heißt es traditionellerweise, daß sie nackt sind. Schon im Rg Veda ist die Rede von langhaarigen Asketen, die lediglich »mit Wind gegürtet« sind,[40] und in der Yājñavalkya-Upanischade wird der Entsager wie folgt charakterisiert:

»Mit der Himmelsluft als Gewand, ohne Verehrung, nicht sich nach Weib und Söhnen sehnend, vom Wahrnehmbaren und Unwahrnehmbaren abgewandt«.[41]

Die Paramahaṃsas, die »höchsten Wandervögel«, unterteilen sich in »Bekleidete« (*sāmbara*) und »Luftgewandete« (*digambara*),[42] und auch die Dasnami Nagas, die ihr Lendentuch »verinnerlicht« haben, bewegen sich splitternackt in der Öffentlichkeit.[43]

Doch das sind Ausnahmen, denn normalerweise achten die Asketen darauf, daß wenigstens die Genitalien bedeckt sind. Bereits Augustinus schreibt dort, wo er die Existenz eines »natürlichen Schamgefühls« nachweisen will:

»Daher ist es allen Völkern – alle sind sie ja aus jenem Stamm entsprossen – so sehr angeboren, die Scham zu verhüllen, daß man bei manchen Barbaren nicht einmal im Bade diese Körperteile entblößt, sondern sich mit deren Umhüllung badet. Und die Philosophen, die in den dichten Wildnissen Indiens nackt philosophieren und deshalb die Gymnosophisten heißen, bedienen sich ebenfalls einer Bedeckung für ihre Scham, obwohl sie sonst ganz nackt sind.«[44]

181 Indischer Weltentsager.

Auch heutzutage sind die Asketen selten unbekleidet und tragen meistens einen Lendenschurz oder einen eisernen Keuschheitsgürtel. So hat ein Indologe, der drei Jahre lang die verschiedenen Asketensekten am Paśupati-Tempel in der Nähe Kathmandus beobachtet hat, in diesem Zeitraum lediglich zwei Asketen gesehen, die ihre Genitalien entblößten, und beide gehörten der Sekte der sich besonders hart kasteienden Aghoris an:

»Einmal durchbohrte sich ein Aghori mit dem schönen Namen Pāgalānanda (»der, dessen Wonne der Wahnsinn ist«) mit einem kleinen Spieß den Hodensack, ein anderes Mal onanierte ein älterer, vor Ort äußerst geschätzter Asket in der Öffentlichkeit.«[45]
Aus der Tatsache also, daß man sich nicht nur im ausgehenden Mittelalter über die relativ nackten Wilden erstaunte, sondern sich auch vorher schon über die entblößten oder halbentblößten Sektenangehörigen empörte, läßt sich ein weiteres Mal folgern, daß von einer unproblematischen öffentlichen Nacktheit in jener Zeit nicht die Rede sein kann. Bestätigt wird dies nicht nur dadurch, daß die Ketzer selber nicht selten große Hemmungen hatten, die Genitalien zu entblößen, und daß z.B. die Geißlerinnen sich im 13. Jahrhundert nicht einmal dazu bereitfanden, öffentlich den Oberkörper zur Kasteiung zu entkleiden, sondern auch durch die simple Tatsache, daß die Entblößungen derjenigen, die das Paradies auf Erden verwirklichen wollten, gar keinen Sinn ergeben würden, hätten sie keine Schamgefühle verletzt.
Ähnlich wie die taboritischen Adamiten, die sich weigerten, vor den Frauen ihren Lendenschurz abzulegen, verhielten sich übrigens auch diejenigen, von denen man zumindest zeitweise behauptet hatte, sie lebten bereits im »irdischen Paradies« und verfügten somit über keine Schamgefühle.
Gegen Ende des Zweiten Weltkrieges sandte nämlich ein Prophet auf Espiritu Santo im Archipel der Neuen Hebriden Missionare aus, die den Eingeborenen verkündeten, die Männer sollten ihre Lendentücher und die Frauen ihre Blätterschurze wegwerfen und »wie die Hunde und das Geflügel« ohne Scham in aller Öffentlichkeit den Koitus vollziehen.
Aller Wahrscheinlichkeit nach handelte es sich um einen Cargo-Kult, denn den Leuten wurde versprochen, daß alsbald »America«, also so etwas wie das Paradies, errichtet würde. Dann könnte jeder haben, was er sich wünschte, und alle würden ewig leben.
Freilich weigerten sich viele der Eingeborenen, dem Kult bei-

zutreten, denn sie waren nicht bereit, in der Öffentlichkeit ihre Genitalien zu entblößen. Besonders einige pubertäre Mädchen, deren Eltern sie zwingen wollten, vor allen anderen den Blätterschurz fallen zu lassen, brannten von zu Hause durch und kehrten nie mehr zurück.[46]

§21
Der Nachweis der Impotenz und die öffentliche Kopulation

Wenn man nun bereit sein mag, zuzugeben, daß die Nacktheit des Genitalbereichs nicht nur bei den mittelalterlichen Frauen, sondern auch bei den Männern in beträchtlichem Maße das Schamgefühl verletzte, so wird man doch einwenden, daß zumindest die Männer sich unter gewissen Umständen bereit gefunden haben, vor fremden Personen nicht allein ihre Genitalien zu entblößen, sondern diese sogar erregen zu lassen.

So wurde beispielsweise im Jahre 1433 in York eine weibliche Zeugin bestellt, die auf handgreifliche Weise feststellen sollte, ob der Penis eines von seiner Frau als impotent bezeichneten Mannes auch bei Variation der Partnerin schlaff blieb: Die Zeugin entblößte ihre Brüste, umarmte und küßte den Mann und rieb ihm mit den Händen, die sie zuvor an einem Feuer gewärmt hatte, Penis und Hodensack. Freilich blieb im überlieferten Fall alle Liebesmühe vergebens, denn auch nach der psychologisch nicht allzu geschickten Aufforderung, er solle sich schämen und sich mal ein bißchen Mühe geben, blieb Johns Glied knappe drei Zoll lang.[1]

Auch im Venedig der Frührenaissance bestellte das Gericht zwei öffentliche Huren und beauftragte diese, an einem Mann »zahlreiche Versuche« anzustellen. Offenbar sollten die beiden Frauen die Erektions- oder auch die Ejakulationsfähigkeit des Mannes testen, denn dieser stand unter der Anklage, sexuelle Beziehungen zu seiner Ziege unterhalten zu haben, und verteidigte sich mit der Behauptung, eine »physische Schwäche« mache es ihm unmöglich, sein Glied in die Vagina einer Frau einzuführen.[2]

Schließlich artete im Jahre 1476, und zwar wiederum in Venedig, der Nachweis der Potenz eines Mannes in eine Sex-Posse aus.

Als ein gewisser Nicolò vor Zeugen, darunter einem Priester, eine Prostituierte beschlief, ließ er sich von dem Priester mit den Worten »Schau her, ich bin ein Mann, auch wenn einige sagen, daß ich keinen hochkriege!« das teilweise in die Vagina eingeführte Glied betasten. Darauf zog er sein Glied heraus und ejakulierte dem Priester über die Hand, der wiederum – offenbar ebenfalls ein wahrer Scherzbold – dem verdutzten Protokollanten die vom Sperma triefende Hand in die seine schob.[3]

Zeigen diese Beispiele nicht eindeutig, daß im Mittelalter in der Tat die Scham- und Peinlichkeitsschranken wenigstens in bestimmten Situationen wesentlich niedriger waren als heutzutage?

Nun handelt es sich in den beiden ersten Fällen um äußerst seltene Ausnahmen[4] und bei der zuletzt angeführten Episode um die Schilderung eines Exzesses.

Sicherlich gab es manchmal auch in Frankreich im ausgehenden Mittelalter die »procédure du congrès«, die darin bestand, daß etwa eine Woche lang allabendlich der der Impotenz bezichtigte Mann im Beisein einer vom Gericht bestimmten *matrona* bei seiner Frau sein Glück versuchen durfte, doch normalerweise nahmen statt solcher »procédures« Ärzte eine »inspectio corporalis« vor.[5]

Auffällig ist auch, daß solche Nachweise der Erektionsfähigkeit oder gar »Congresse« vor Vertrauenspersonen erst zögernd im ausgehenden Mittelalter, während der Renaissance und dann häufiger im 17. und im 18. Jahrhundert auftauchen, während es im hohen Mittelalter im allgemeinen nur »Befragungen« gab,[6] d.h., man verließ sich eher auf indirekte Zeugnisse wie die Aussagen von Verwandten oder Nachbarn.[7]

War der Mann ejakulationsfähig, doch blieb die Ehe trotzdem kinderlos, untersuchte nicht selten ein Arzt das frische Ejakulat, denn man war im späten Mittelalter der Meinung, gesundes Ejakulat sei weiß, ins Gelbe spielend, überhitztes und damit steril gewordenes Sperma hingegen zitronengelb. Jedoch erregten solche Untersuchungen Anstoß, und zwar

182 Ehescheidungsklage einer Frau wegen Impotenz ihres Mannes, frankoflämische Miniatur, 13. Jh.

vermutlich deshalb, weil die betreffenden Männer in Anwesenheit des Arztes masturbieren mußten, und kein Geringerer als der berühmte Arzt Savonarola lehnte diesen Test in der ersten Hälfte des 15. Jahrhunderts als unanständig (*inhonest*) ab.[8]

Daß die pure *Existenz* solcher Praktiken nicht den Schluß erlaubt, die mittelalterlichen Schamschranken seien niedrig gewesen, sieht man auch daran, daß es noch zu Beginn des ›prüden 19. Jahrhunderts‹ mancherorts üblich war, im Verlaufe von Ehescheidungsprozessen wegen angeblicher Impotenz die Erektionsfähigkeit der Männer »in Gegenwart der Medicinalpersonen« zu testen,[9] obwohl solche Prozeduren für die Betreffenden äußerst peinlich waren. Wie wir in einem der folgenden Bände sehen werden, ließen selbst die erzpuritanischen Pietisten Beischlafhelfer zu, die in der ›Stunde der

Wahrheit‹ dem unerfahrenen Ehemann den rechten Weg zu weisen hatten.

Auch ein so sittenstrenges Volk wie die Darden kennt im Falle behaupteter Potenzschwäche des Mannes die Prozedur, in der »irgendeine andere Frau« mit dem Betreffenden in ein Zimmer geht und ihn dort masturbiert. Freilich ist das Ganze dermaßen schambesetzt, daß der pakistanische Ethnologe, durch »zunehmende Aggression« der Informanten »entmutigt«, auf weitere Fragen zum Thema verzichtete.[10]

Daß zumindest im höfischen Zeremoniell des Mittelalters die Entblößung des Körpers und der Genitalien »nicht despektierlich oder aufreizend« gewesen sei, wird von modernen Kulturhistorikern auch gerne damit begründet, daß bei den damaligen Fürstenhochzeiten das Paar vor aller Augen den Beischlaf vollzogen habe, wobei der Geschlechtsakt so schamfrei gewesen sei wie heute die Entblößung des Körpers vor einem Arzt.[11]

Wie wir jedoch sehen werden, haben diese Historiker den Begriff der »öffentlichen Kopulation« falsch verstanden, denn das Wort bezeichnet keinen wirklichen, sondern einen *symbolischen* Geschlechtsverkehr, bei dem die beiden Ehepartner keineswegs nackt waren.

Dieses Beilager oder »svenne se in sin bedde gat«, wie es im *Sachsenspiegel* heißt, bestand in einem einfachen Zusammenliegen unter einer Decke – so untersagte z. B. das Würzburger Konzil vom Jahre 1330 die »Beschlagung der Decke« für den Fall, daß der Ehemann unmittelbar nach der Hochzeit gestorben war[12] – oder auch nur im Berühren des Bettes mit dem Fuß – »Femme gagne son douere a mettre son pied au lict«[13] – und war zum rechtsgültigen Vollzug der Ehe notwendig.

Deshalb konnte dieser Akt auch von einem Stellvertreter besorgt werden, falls der Zukünftige etwas Wichtigeres zu tun hatte oder sonst verhindert war.

So berührte etwa im Jahre 1514 der Marquis de Rothelin in Stellvertretung Ludwigs XII. von Frankreich dessen Braut, die achtzehnjährige englische Prinzessin Maria, vor Zeugen

183 Symbolische Kopulation (*velatio*) des Brautpaars, 14. Jh.

mit dem eigens zu diesem Zwecke entblößten Bein.[14] (Als der sich bereits im reiferen Alter befindliche Monarch die Kopulation später ohne Zeugen und »im Fleische« nachvollzog, übernahm er sich dabei so sehr, daß ihn der Schlag traf und er verschied.)

Auch Maximilian I. ließ sich im Jahre 1489 bei seiner Kopulation mit Anna von Bretagne vertreten; »Kunig Maximilian«, so heißt es, schickte Herbolo von Polhaim

»gen Britannia zu emphahen die kunigliche prawt: der war in der stat Remis erlichen empfangen, und daselbs besluff der von Polhaim die kunigliche prawt, als der fursten gewonhait is. das ire senndpotten die furstlichen prauwt mit ainen gewaptn man mit den rechten arm und mit dem rechten fues plos, und ain plos swert darzwischen gelegt, beslaffen.«[15]

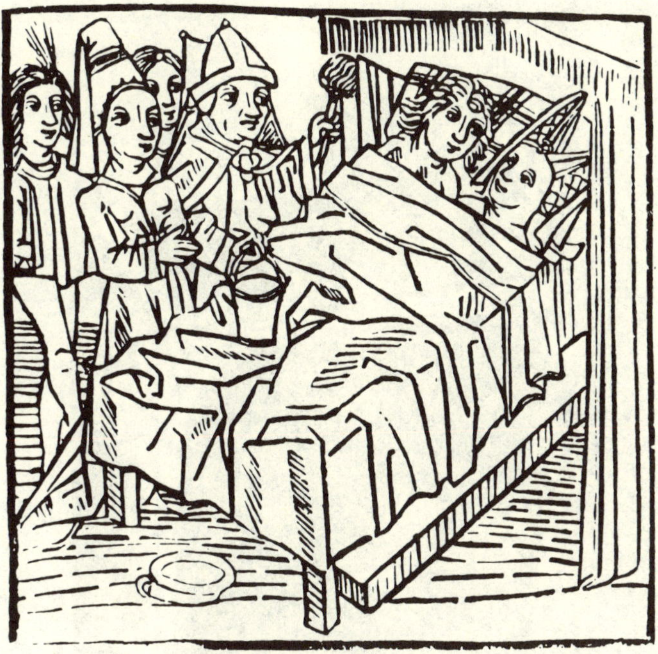

184 Öffentliche Kopulation und Segnung durch den Bischof, *Raymond und Melusine*, 1478.

Als Friedrich III. im April 1452 in Neapel Leonor, eine Schwester des portugiesischen Königs, heiratete, ließ er ein Lager herrichten, worauf sich das Paar vollständig bekleidet legte. Als man jedoch die Decke über sie breitete, schrien die Damen aus dem Gefolge der kaiserlichen Braut laut auf und beschimpften den Herrscher, weil sie – ähnlich wie die erwähnten modernen Historiker – dachten, daß unter der Decke in aller Öffentlichkeit eine »copulatio carnalis« vollzogen werden sollte, die freilich erst in der darauffolgenden Nacht auf dem Programm stand und natürlich ohne Zuschauer stattfand.[16]

Selbst bildliche Darstellungen des wirklichen Geschlechtsverkehrs gibt es im Mittelalter sehr wenige – so etwa die sehr züchtige im *Régime du Corps* im 13. Jahrhundert mit dem

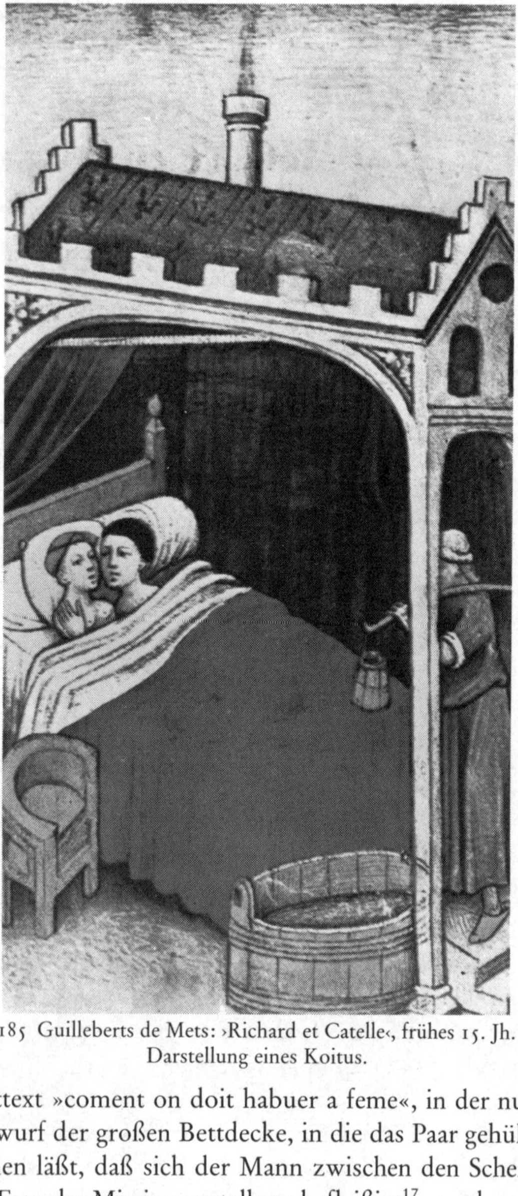

185 Guilleberts de Mets: ›Richard et Catelle‹, frühes 15. Jh. Darstellung eines Koitus.

Begleittext »coment on doit habuer a feme«, in der nur der Faltenwurf der großen Bettdecke, in die das Paar gehüllt ist, erkennen läßt, daß sich der Mann zwischen den Schenkeln seiner Frau der Missionarsstellung befleißigt[17] – und auch bei

den angeblich primitiven Völkern findet das ehestiftende öffentliche Beilager nur symbolisch statt.
So besteht es etwa bei den Hima in Uganda darin, daß der Bräutigam der Braut Urin – das den Samen repräsentiert – auf den die Vulva stellvertretenden Schenkel streicht,[18] denn keine Hima-Frau würde sich ohne Zwang (cf. Abb. 83) dazu bereit finden, ihre Genitalien in der Öffentlichkeit zu entblößen.
Ist aber nicht häufig in der Literatur die Rede davon, die Hochzeitsnacht sei im Mittelalter öffentlich gewesen? Heißt es nicht, daß die Gäste daran teilhatten, nachdem sie das entkleidete Brautpaar zum Geschlechtsakt ins Bett gebracht hatten?
Nun ist es zwar richtig, daß das Brautpaar nicht selten zum Bett gebracht wurde, aber nichts spricht dafür, daß das Paar dabei nackt war und daß die Geleitpersonen im Zimmer blieben.
Im Gegenteil schreibt bereits Augustinus:
»Werden nicht alle Diener und sogar die Brautführer und wem sonst noch irgendein Geschäft den Zutritt gewährte, aus dem Gemache geschafft, bevor der Gatte die Gattin zu liebkosen beginnt?«[19]
Im späten Mittelalter war es sicherlich manchmal im Hochadel üblich, bei der Brautschau die Jungfrau zu entblößen, doch der Genitalbereich wurde – wenn überhaupt – nur vor Angehörigen des gleichen Geschlechts entkleidet.
So mußte beispielsweise Violante, die Tochter Jakobs II., im 14. Jahrhundert den Gesandten des französischen Königs, dessen Sohn sie heiraten sollte, lediglich eine ihrer Brüste zeigen, damit die Herren entscheiden konnten, ob die Brust der blaublütigen jungen Dame *utilis ad prolem*, »nützlich fürs Kinderzeugen« war,[20] und als sich die gleichermaßen schönbusige Isabella von Bayern vor ihrer Heirat mit Karl VI. im Jahre 1385 in entkleidetem Zustand begutachten lassen mußte, waren ausschließlich Damen anwesend. Froissart schreibt hierzu:

»Il est d'usage en France que quelconque dame, comme fille de hault seigneur que elle soit, que il convient que elle soit regardée et avisée toute nu par dames, à savoir si elle est propise et fourmée à porter enfans.«[21]

War in diesem Falle eine solche Prozedur – wie peinlich sie einer spätmittelalterlichen Jungfrau auch immer sein mochte – unerläßlich, weil der Fürst nicht die Katze im Sack kaufen wollte, so bestand keinerlei Notwendigkeit, das Brautpaar in der Hochzeitsnacht zu entblößen.

In diesem Sinne ist in der Haushaltsrechnung Heinrichs VII. im 15. Jahrhundert vermerkt:

»All men at her coming in to be voided, except woemen, till she be brought to her bedd: and the man, both: he sitting in his bedd, in his shirte, with gowne cast about him. Then the bishoppe with the chaplaines to come in and blesse the bedd.«[22]

In Lübeck wurde im Jahre 1612 der alte Brauch abgeschafft, nach dem die Brautfrauen die Neuvermählte ihrem Manne ans Bett brachten, was ebenfalls bedeutet, daß nur sie es waren, die die junge Frau im Hemd sahen.[23]

Indessen weiß niemand, ob nicht trotz aller Wahrung der Schicklichkeit solche Hochzeitsnächte zumindest das Schamgefühl der jungen Frauen arg strapaziert haben, wie es heute noch in vielen Teilen der Welt der Fall ist. So ist beispielsweise bekannt, daß die ›indirekte Öffentlichkeit‹ der Brautnacht bei den Kurden mit den vor der Zimmertür wartenden Männern und der Matrone, die hinterher der – wie jeder hofft – Entjungferten auf rauhe Weise mit einem Tuch über die Vulva reibt, um einen möglichst gut sichtbaren Blutfleck zu erzielen, von den jungen Kurdinnen als äußerst beschämend und entwürdigend erlebt wird,[24] und es ist gar nicht unwahrscheinlich, daß die beinahe obligatorischen Tränen der mittelalterlichen Braut vor der Hochzeitsnacht doch keine Krokodilstränen gewesen sind.

Weil der Widersacher der in diesem Buche vertretenen Auffassung, der uns von Anfang an begleitet hat, weiß, daß der

186 Frau klagt mit Zeugin ihren Mann wegen Ehebruchs beim Magistrat an, 13. Jh.

erste Band gleich zu Ende ist, wird er noch – zum vorerst letzten Male – einen Einwand vorbringen.

Sehen wir nicht – so wird er fragen – auf der aus dem 13. Jahrhundert stammenden Abb. 186, wie eine Frau und ein Mann vor mehreren Personen den Beischlaf ausüben und wie auf einer etwa aus der gleichen Zeit stammenden Darstellung (Abb. 182) ein Mann vor anderen den Unterleib entblößt? Wer freilich die beiden Miniaturen auf diese Weise interpretiert, begeht denselben Fehler, den wir bereits in § 2 Norbert Elias angekreidet haben.

Auf dem einen Bild sind nämlich zwei Ereignisse, die nacheinander und an verschiedenen Orten stattgefunden haben, *simultan* dargestellt: wie ein Mann seine Gattin mit einer fremden Frau betrügt und wie die Betrogene den Ehebruch

187 Herakles, der rechts gezeugt wird, erwürgt in der Mitte zwei Schlangen. Französische Miniatur, 15. Jh.

hinterher beim Magistrat zur Anzeige bringt. Und auf ähnliche Weise wird in der anderen Miniatur gezeigt, wie eine Frau vor dem Magistrat ihren Mann mit der Behauptung belastet, er sei unfähig, mit ihr den ehelichen Verkehr durchzuführen. Damit nun der Betrachter des Bildes – und zwar vor allem der des Lesens Unkundige, der mit dem Begleittext nichts anfangen kann – weiß, worum es sich bei der Anzeige handelt, wird das Corpus delicti, in diesem Falle der schlaffe Penis des Gatten, dargestellt.

Dieses Prinzip der Simultandarstellung kam im Mittelalter und in der frühen Neuzeit nicht nur bei Bildern, sondern auch auf der sogenannten Simultanbühne zur Anwendung. Auf dieser Bühne, die häufig den gesamten Kosmos darstellte, blieben sämtliche Schauspieler, einschließlich des Regisseurs, vom Anfang bis zum Ende ohne Auf- und Abgang stehen.

Der ›Kosmos‹ enthielt kleine Aufbauten, die z. B. im Falle von Passionsspielen aus den Häusern von Mitwirkenden wie Anna, Pontius Pilatus oder dem Hohepriester Kaiphas bestanden, wobei diese simplen Konstruktionen nur wenige

Meter von anderen *loci* oder *mansiones* entfernt waren, die den Tempel, den Ölberg, Golgatha, den Himmel und die von zahlreichen Teufeln bewohnte Hölle darstellten, so daß ein Schauspieler mit wenigen Schritten das Heilige Land durchmessen konnte.[25]

Wir haben also gesehen, daß allem Anschein nach Nacktheit und Scham nicht nur in der Antike und im Mittelalter, sondern auch in fremden, angeblich primitiven Gesellschaften so eng miteinander verbunden sind, daß vieles für die Wahrheit des biblischen Mythos spricht, nach dem die Scham vor der Entblößung des Genitalbereiches keine historische Zufälligkeit ist, sondern zum *Wesen* des Menschen gehört.
Bevor wir indessen so weitreichende Schlußfolgerungen ziehen, wollen wir im folgenden Band zunächst untersuchen, ob tatsächlich in allen menschlichen Gesellschaften zumindest die Genitalien schambesetzt sind oder waren und ob nicht in gewissen Ausnahmesituationen, etwa während der Geburt, der ärztlichen Untersuchung oder auch vor Angehörigen des eigenen Geschlechts, solche Schamgefühle abwesend sind oder außer Kraft gesetzt werden.

Anmerkungen

1 Cf. z.B. N. Elias, 1939, I, S. 79f., 89, 142.

2 Elias (I, S. XIIf.; ders., 1987, S. 10) meint, daß der Mensch, der in »zivilisierten Gesellschaften« heranwachse, den Prozeß wiederhole, den diese Gesellschaften im Laufe ihrer Geschichte durchlaufen hätten. Deshalb habe »die Affekt- und Bewußtseinsstruktur des Kindes eine gewisse Verwandtschaft mit der von ›unzivilisierten‹ Völkern« (I, S. XIII). Lange vor Ariès und anderen behauptet Elias (I, S. 229), daß erst sehr spät die Distanz zwischen Kindern und Erwachsenen so groß geworden sei, daß das stattgefunden habe, was man »die Entdeckung der Kindheit« nennen sollte. Ich werde diese These in einem späteren Band dieses Buches kritisieren.

3 Wenn Elias auf fremde oder ›archaische‹ Gesellschaften eingeht, so erwartet den Leser für gewöhnlich das vollständige Gruselkabinett von Stereotypen über die »primitive Mentalität« oder das »magische Weltbild«, wie sie selbst bei Lévy-Bruhl oder Frazer vor dem Ersten Weltkrieg kaum noch auftauchen. So ist etwa die Rede davon, daß die Primitiven Subjekt und Objekt nicht getrennt, zwischen Traum und Wirklichkeit nicht unterschieden hätten oder daß für sie bezüglich wichtiger Ereignisse Kausalerklärungen sinnlos gewesen seien. Cf. N. Elias, 1983, S. 91ff.; Gespräch am 28. Februar 1980. Wenn es etwa heißt: »Menschen lebten auf jener Stufe wie die wilden Tiere, die sie jagten – stets auf der Hut«, und weiterhin: »Was sie hatten, war eine generalisierte angeborene Alarmreaktion, die sie in einen anderen Funktionszustand versetzte, in die Bereitschaft zu angespanntestem Handeln, etwa Kampf oder Flucht«, so kann man sich kaum vorstellen, daß Elias auch nur eine einzige neuere, von Ethnographen oder Prähistorikern verfaßte Abhandlung über die Lebensform von Wildbeutern gelesen hat. Mit den Ethnologie-Kenntnissen vieler seiner Anhänger scheint es sich nicht wesentlich anders zu verhalten. Jedenfalls berichtet N. Wilterdink, 1984, S. 291, daß der Ethnologe Thoden van Velzen auf einem Amsterdamer Kongreß über Elias' Zivilisationstheorie Ende 1981 »die anwesenden Zivilisationssachverständigen« »einigermaßen aus der Fassung« brachte, indem er beschrieb, wie die Djuka-Buschneger in Surinam »äußerst höfliche, umsichtige und beherrschte Umgangsformen« aufwiesen (cf. H. U. E. Thoden van Velzen, 1984, S. 85ff.).

4 Cf. N. Elias, 1939, I, S. XII. Das heißt, daß die Erwachsenen nicht viel mehr Triebverzicht leisten mußten als ihre Kinder. Cf.

Elias, a.a.O. S. 191f.; ähnlich auch J. van Ussel, 1970, S. 78f. Um den Meister davor zu bewahren, die unglaubwürdige These zu vertreten, der »Affekthaushalt« der mittelalterlichen Erwachsenen habe sich kaum von dem ihrer Kinder unterschieden, hat M. Schröter, 1987, S. 469, sie abgemildert.

5 Cf. N. Elias, 1987, S. 49 oder A. Blok, 1977, S. 191, nach dem – wie es scheint – eine Gesellschaft um so »primitiver« ist, je weniger sie die Lebenssphäre in einen privaten und in einen öffentlichen Bereich teilt. Cf. hierzu § 10.

6 Im Sinne von Elias meint auch R. König, 1958, S. 147: »Die Scham ist wohl ein Gefühl, das erst auf unverhältnismäßig hoher Kulturstufe auftritt.« In sehr viel gröberer Weise meint z.B. N. Postman, 1984, S. 26f., im ausgehenden Mittelalter und in der frühen Neuzeit sei den Menschen »die Vorstellung, sexuelle Triebäußerungen zu verbergen«, »fremd« gewesen. »Verhaltensvorschriften« habe es »kaum« gegeben und das Schamgefühl habe durch Abwesenheit geglänzt.

7 Cf. N. Elias, 1939, I, S. 107.

8 A.a.O., S. 162.

9 Cf. C. Groffy, 1981, S. 12. Um die Mitte des vorigen Jahrhunderts meint ein Historiker, es gebe Verblendete, die dem Mittelalter »Zucht« und »Ehrbarkeit« zuschrieben und die keine Ahnung davon hätten, daß das »ewige Gesetz der Entwicklung, dem sowohl Natur als Menschenwelt unterliegt«, nichts anderes sei als »ein Herausbilden des Ungestalten, Rohen, Ungeschlachten, zu vernünftigerer Gestaltung, Verfeinerung und Idealisierung« (B. Ritter, 1855, S. 233).

10 N. Elias, 1939, II, S. 348. Elias (1984, S. 33) meint, daß diese neue Triebmodellierung im Vergleich zu denjenigen der »früheren Entwicklungsformen« als die »bessere« zu bezeichnen sei – eine Wertschätzung, die ihn von all jenen seiner Anhänger trennen wird, die der Auffassung sind, daß der von unserer Gesellschaft geforderte Triebverzicht unnötig hoch sei. Als Elias freilich einmal direkt gefragt wurde, ob er den Zivilisationsprozeß positiv bewerte, hielt er sich seltsamerweise bedeckt und antwortete: »Das ist eine Nullfrage!« (also offenbar eine Frage, die sinnlos ist, weil es auf sie keine Antwort gibt). Cf. U. Greiner, 1987, S. 46.

11 Cf. N. Elias, 1939, I, S. 187, 256; II, S. 68, 321f. Elias (1956, S. 231f.) meint überdies, daß die zunehmende Interdependenz in der Neuzeit und in der Moderne dem Menschen eine bislang nicht bekannte Zuversicht und eine Absage an die Angst vor unverstehbaren und unlenkbaren Naturkräften beschert habe. Ich

habe diese These an anderer Stelle kritisiert. Cf. H. P. Duerr, 1984.

12 N. Elias, 1939, I, S. 192. Sehr viel feinfühliger hatte neun Jahre vorher Freud geschrieben: »Über den heute lebenden Primitiven haben wir durch sorgfältigere Erkundung erfahren, daß sein Triebleben keineswegs ob seiner Freiheit beneidet werden darf; es unterliegt Einschränkungen von anderer Art, aber vielleicht von größerer Strenge als das des modernen Kulturmenschen« (S. Freud, 1978, II, S. 403). Den Hinweis auf diese Stelle verdanke ich Brigitte Niestroj.

13 Cf. A. L. Epstein, 1984, S. 31f.

14 Cf. M. Mitterauer, 1984, S. 26f.; A. Higounet-Nadal, 1984, S. 252; M. Schröter, 1984, S. 168.

15 Man mag versucht sein, dies als Bestätigung der Eliasschen Theorie zu werten. Doch nichts wäre verfehlter, denn diese relative Freiheit im Herbst des Mittelalters war eben kein *archaisches* Phänomen, sondern das Ergebnis eines gesellschaftlichen *Prozesses*. Cf. hierzu H. P. Duerr, 1978, S. 66ff.

16 So läßt sich z.B. zeigen, daß die spätmittelalterliche Regierung Venedigs nicht umhin konnte, disziplinierend in das Familien- und Geschlechtsleben ihrer Bürger einzugreifen, da die traditionellen Mittel der Selbsthilfe unter den neuen städtischen Bedingungen nicht länger funktionierten. Cf. G. Ruggiero, 1985, S. 18f.

17 Auf die Frage, weshalb die ›Körperscham‹ offenbar in allen menschlichen Gesellschaften unabdingbar ist, werde ich im nächsten Band eingehen.

18 Spätestens seit der ›Essentialismus-Kritik‹ Wittgensteins (und ihrer etwas dünnblütigen Wiederholung durch Popper) ist es üblich geworden, jemanden, der vom ›Wesen‹ einer Sache spricht, als eine Art epistemologischen Neandertaler anzusehen. Ich erinnere deshalb daran, daß sich die Ausführungen Wittgensteins nicht gegen die *Existenz* des Wesens (der *essentia*) richten, sondern gegen die falschen Vorstellungen, die wir uns vom *Wesen* des Wesens machen, gegen das »Bild«, das uns dabei »gefangenhält«.

19 Damit bestreite ich natürlich nicht, daß Scham- und Peinlichkeitsschranken sich geschichtlich verändern. Ich bestreite allerdings, daß sich der historische Prozeß (innerhalb unserer Spezies) als Evolutionsprozeß beschreiben läßt.

20 1. Moses 3,24.

1 *Odyssee* 6, 127ff.
2 So z. B. W. G. Sumner, 1906, S. 452. J. C. Bologne, 1986, S. 301, meint, Odysseus habe sich einfach »vulgaire« gefühlt, und deshalb sei es vergeblich, »de vouloir chercher dans la Grèce antique les origines de notre pudeur moderne«.
3 *Odyssee* 6, 135ff.
4 *Odyssee* 6, 221ff.: ἄντην δ'ούκ ἂν ἐγώ γε λοέσσομαι˙αἰδέομαι γὰϱ γυμνοῦσθαι κούϱῃσιν ἐϋπλοκάμοισι μετελθών. Auch später weigert sich der Held, von jüngeren Frauen gebadet zu werden, und läßt dies eine alte Frau besorgen: *Odyssee* 19, 347. Cf. C. Segal, 1974, S. 475f.
5 Hierbei ist zu beachten, daß mit ›homerischer Zeit‹ nicht speziell das achte vorchristliche Jahrhundert gemeint ist, da die ›homerischen‹ Epen ja ein Amalgam aus Elementen darstellen, die aus verschiedenen Jahrhunderten stammen. Cf. J. N. Coldstream, 1977, S. 18.
6 Cf. *Odyssee* 4, 49f.; 8, 454; 10, 361ff.; 17, 88. Die Dienerinnen gehörten zum Besitz ihres Herrn. Cf. G. Ramming, 1973, S. 119. Sie hießen mykenisch *rewotorokowo*, griechisch λοετϱοχόοι. Cf. J.-C. Billigmeier/J. A. Turner, 1981, S. 3, 18; S. Laser, 1983, S. 142f. Kirke badet die Gefährten des Helden (*Odyssee* 10, 449ff.), doch C. F. v. Nägelsbach, 1884, S. 232, meint, daß die Dame die Herren nicht wirklich selber gebadet hat, sondern dies von ihren Dienerinnen ausführen ließ, »ohngefähr so wie Odysseus von Nausikaa sagt καὶ λοῦσ' ἐν ποταμῷ, während er in der That selbst gebadet hat«. Wenn Alkinoos seine Frau Arete anweist, dem Gast ein Bad zu bereiten, gibt diese den Befehl an die Dienerinnen weiter (*Odyssee* 8, 433ff.). Nur ausnahmsweise – wohl als besondere Ehrung – bereiteten unverheiratete Töchter des Hauses das Bad zu, verheiratete Frauen offenbar nie. Cf. M. Schmidt, 1976, S. 174.
7 Im klassischen Griechenland fand man diese Sitte meist anstößig. Cf. C. F. v. Nägelsbach, 1861, S. 251. Dioskurides sieht in ihr hingegen nicht – wie dies wohl Elias tun würde – den Ausdruck der größeren Unbefangenheit ›archaischer‹ Zeiten, sondern den Beweis, daß in der guten, alten Zeit die Menschen noch zu strengerer Sittsamkeit erzogen wurden. Cf. H. Licht, 1929, S. 172.
8 Cf. W. Arend, 1933, S. 126; S. Hiller, 1980, S. 246. Als die Dienerinnen des phäakischen Königs Alkinoos Odysseus gebadet hatten, »warfen sie ihm den Leibrock um und den Mantel«; dann erst verließ er die Wanne: *Odyssee* 8, 454f.; cf. auch 17, 88ff.

9 Cf. H. Lutz, 1927, S. 13. Wenn Helena in Troja den als Bettler verkleideten Odysseus badet, tut sie dies offenbar nur, um ihn aushorchen zu können: *Odyssee* 4, 252f.; cf. C. F. v. Nägelsbach, 1884, S. 231.

10 *Odyssee* 3, 464ff.

11 Cf. H. Lutz, 1927, S. 19, 29.

12 C. F. v. Nägelsbach, 1861, S. 253.

13 Cf. H. Licht, o.J., S. 79.

14 Später meinen Dionys von Halikarnassos und Julius Africanus, vor dem Spartaner Akanthos sei die Sitte unbekannt gewesen. Pausanias hatte gehört, daß bereits während der 15. Spiele von Olympia Orsippos von Megara beim Stadionlauf seinen Lendenschurz verloren habe oder, wie der Historiker argwöhnt, ihn absichtlich löste, um schneller laufen zu können, und dieses Ereignis habe die Sitte begründet. Cf. K. Palaeologos, 1976, S. 124. Man geht wohl sicher, wenn man den Beginn der ›athletischen Nacktheit‹ zwar in die nachhomerische, aber in die vorklassische Zeit verlegt, das heißt in die Epoche, die von den Kunsthistorikern die »archaische« genannt wird. Cf. I. Weiler, 1981, S. 116; T. Woody, 1949, S. 337.

15 Cf. W. R. Ridington, 1935, S. 85

16 *Odyssee* 18, 66f. Cf. auch *Ilias* 23, 683 und 710; J. Jüthner, 1968, II, S. 48.

17 *Odyssee* 8, 186.

18 Cf. S. Marinatos, 1967, A 12.

19 Cf. F. Studniczka, 1886, S. 109. Dies scheint auch bei den Minoern so gewesen zu sein, die offenbar eine Art *braguette* zur Bedeckung der Genitalien trugen.

20 Cf. *Ilias* 11, 99f.; 22, 510.

21 Cf. *Ilias* 22, 75. Unüberbietbar war es, dem Lebenden die Genitalien auszureißen »zum rohen Fraß für die Hunde«: *Odyssee* 18, 87; 22, 476.

22 Als Thersites vor Troja in heftigen Worten die Achäer auffordert, wieder nach Hause zu gehen, erzürnt sich Odysseus und droht, er wolle, falls Thersites sich noch einmal zu derartigen Vorschlägen erdreiste, nicht mehr leben, »wenn ich dich nicht nehme und dir deine Kleider ausziehe, den Mantel und den Rock und was deine Scham (αἰδῶ) umhüllt, und dich selbst weinend zu den schnellen Schiffen jage« (*Ilias* 2, 261ff.).

23 Diese ›kriegerische Nacktheit‹ hielt sich noch lange vor allem in Sparta, aber auch in Korinth und teilweise bis in die Tage Alexanders des Großen. Cf. P. Couissin, 1932, S. 10, 13, 15, 50, 77. Auch die Italioten, Bergkrieger aus Apulien, Lukanien und

188 Nackter piktischer Kopfjäger. Aquarell von John White, um 1590.

Bruttium, besonders die Samniten, kämpften nackt oder zumindest mit entblößtem Unterleib – ein in Tanagra gefundenes Reiterfigürchen trägt eine Brünne, welche die Genitalien freiläßt (cf. W. A. Müller, 1906, S. 86, 129) –, was den Gedanken aufkommen läßt, daß es den Kriegern auf die Entblößung des Penis ankam, mit dem der Feind bedroht wurde. Auf einem mykenischen Silberrhyton aus dem 16. Jahrhundert v. Chr. sind auch nackte *achäische* Krieger dargestellt, die eine Stadt belagern. Cf. P. Ducrey, 1985, S. 20. Es ist schwierig zu entscheiden, ob diese Achäer wirklich nackt sein sollen oder ob ihre Nacktheit eher – wie dies auf ägyptischen Darstellungen des Alten Reiches üblich war (cf. P. Behrens, 1982, Sp. 292f.) – ihre Statuslosigkeit bedeutet. Allgemein scheint mir tatsächliche ›kriegerische Nacktheit‹ zu bedeuten, daß die Betreffenden aus dem Verband der Zivilisation ausgegliedert sind – sie sind jetzt ›Wilde‹, die Blut vergießen und damit auch ›unrein‹ geworden sind. Cf. H. P. Duerr, 1978, S. 79. Bei den Nyole beispielsweise wird der Krieger, der seinen ersten Feind getötet hat, gemieden: Er muß die Tierhäute ablegen, splitternackt gehen, und er darf nicht auf Leute treffen, die sonst ›erbleichen‹ würden. Mehr als drei Monate lebt er in einer abgeschiedenen Hütte und ernährt sich von dem, was man ihm in einiger Entfernung von seiner Behausung niederlegt. Erst nach einem Reinigungsritual für ihn und seinen blutbefleckten Speer darf er sich wieder kleiden und wird in die menschliche Gesellschaft reintegriert. Cf. G. Wagner, 1949, I, S. 193.

24 Herodot 1, 10.

25 Walter Burkert, Brief vom 17. Dezember 1984.

26 Zit. n. H. Licht, 1924, S. 86. Das εἴδωλον der Helena soll besonders erregend gewesen sein. Cf. G. Devereux, 1982, S. 172.

27 Als einzige Frau durfte in Olympia die Priesterin der Demeter Chamyne den Wettkämpfen beiwohnen. K. Kerényi, 1972, S. 107, nimmt an, dieses Privileg habe ihr zugestanden, weil der Boden der Anlage ursprünglich Herrschaftsbereich der Demeter war, die in Olympia dem Zeus so vorausging wie in Delphi die Ge dem Apollo. Cf. auch H. Jeanmaire, 1939, S. 415.

28 Cf. H. A. Stützer, 1980, S. 94. In der Tat hat man in der Tomba delle Bighe das Fries eines Faustkampfes mit Zuschauern gefunden, unter denen sich eine Frau befindet. Cf. G. Lukas, 1982, S. 14.

29 Die Künstler legten einen solchen Wert auf die Sichtbarkeit des Penis, daß er in der Vasenmalerei häufig auch dann zu sehen ist, wenn er auf Grund der Haltung des dargestellten Mannes eigentlich verdeckt sein müßte. Cf. K. J. Dover, 1978, S. 130.

30 Sichtbares Indiz seiner im wahrsten Sinne des Wortes sagenhaften Potenz war auch sein dichtes Afterhaar, über das sich die zwerghaften Kerkopen lustig machten, die Herakles an einen Knüppel gebunden und an seinem Rücken herunterhängend wegtrug. Solche Männer nannte man μελαμπύγους, »Schwarz-

ärsche«, im Gegensatz zu femininen Männern, die »Weißärsche« genannt wurden. Cf. T. Hopfner, 1938, S. 243f.

31 Cf. K. J. Dover, 1978, S. 125ff. Cf. auch W. Burkert, 1987, S. 29.

32 Die Römer stülpten später eher einen Ring, die *fibula*, über die vorgezogene Vorhaut. O. Stoll, 1908, S. 497, meint, daß man besonders bei jüngeren Sklaven den Ring verlötete, um sie an der Ausübung des Koitus zu hindern. Cf. auch J. Jeannel, 1869, S. 52. Noch später infibulierten sich die Mönche des Klosters Athos mit Draht, um Masturbation und nächtliche Samenergüsse unmöglich zu machen. Cf. T. Healey, 1982, S. 304.

33 Cf. A. Edwardes, 1967, S. 109f. Auch die Römer fanden die jüdische Beschneidung anstößig, und Horaz nannte die Juden spöttisch *curti*, »Verkürzte«. Cf. A. Glassberg, 1896, S. 124f. Die für die griechische Lebensart schwärmenden hellenistischen Juden zur Zeit des Makkabäer-Aufstandes nahmen an den Spielen des neuerrichteten Gymnasiums in Jerusalem teil, was von den orthodoxen Juden als schamlos und barbarisch angesehen wurde. Hundertfünfzig Jahre später hielt Philo die Teilnahme von Juden an den Spielen von Alexandria für vertretbar, vorausgesetzt, daß keine Frauen zusehen konnten. Cf. L. M. Epstein, 1948, S. 27.

34 Cf. T. Hopfner, 1938, S. 29f.

35 Bereits Hesiod, mehr noch die klassischen Griechen, reden wesentlich ungezwungener über erotische Dinge oder über die Geschlechtsorgane als der äußerst dezente Homer, der weder die weiblichen Genitalien noch Päderastie erwähnt, aber auch nicht Defäkieren, Urinieren, Flatulieren und dergleichen. Cf. F. Blaß, 1904, S. 273; J. Wackernagel, 1916, S. 224ff. Die meisten Gräzisten scheinen anzunehmen, daß αἰδώς, ›Scham‹, ursprünglich ›Genitalien‹ bedeutet. Cf. C. E. v. Erffa, 1937, S. 39f. Allgemein hat man den Eindruck, daß die homerischen Griechen dort αἰδώς spüren, wo auch wir uns schämen. Odysseus »schämte sich vor den Phäaken der strömenden Tränen« (*Odyssee* 8, 86) – was übrigens zeigt, wie unrichtig die Behauptung ist, die Helden der Epen hätten hemmungslos geheult wie die Schloßhunde; die Göttinnen schämen sich, im Gegensatz zu ihren Göttergatten, Ares und Aphrodite zu betrachten, wie diese gefesselt im Lotterbette liegen (*Odyssee* 8, 24), und Penelope will aus Scham »nicht allein zu den Männern« (*Odyssee* 18, 184). Cf. auch J. M. Redfield, 1975, S. 115.

36 Euripides, *Andromache* 595ff.

37 Theokrit erwähnt im 3. Jahrhundert v. Chr., daß sich am Eurotas

189 Atalanta im Bikini. Attische Schale, um 470 v. Chr.

täglich zweihundertvierzig Jungfrauen versammelt hätten, um Laufübungen abzuhalten. Zuvor hätten sich die Mädchen nach Männerart eingeölt. Cf. J. Jüthner, 1928, S. 13. Auch in diesem Fall scheinen die Mädchen – unter sich – mit nacktem Oberkörper gelaufen zu sein.

38 Cf. J. Jüthner, 1965, I, S. 101. Dieses ›Nacktturnen‹ wurde auf Lykurgos zurückgeführt, der mit dessen Hilfe gesündere Mütter züchten wollte.

39 Angaben wie die von Athenäus, der im 3. nachchristlichen Jahrhundert verlautbart, daß auf Chios Jungen und Mädchen miteinander den Ringkampf pflegten, werden von den Spezialisten als »the scandal of café society« bezeichnet (H. A. Harris, 1964, S. 183). Wenn die mythische Heroine Atalanta dargestellt wird, trägt sie mindestens Büstenhalter und Schlüpfer; ringt sie mit Peleus, mindestens letzteren. Cf. F. A. G. Beck, 1975, Abb. 409; Tf. 85; B. Schröder, 1927, S. 164. Erst in später Zeit erscheint sie nackt, ebenso wie Kassandra während – oder genauer: kurz vor –

der Vergewaltigung durch Aias: In der schwarzfigurigen Malerei trägt die Seherin meist einen Mantel oder wenigstens einen kurzen Chiton; in der rotfigurigen Malerei ist sie stärker entblößt. Cf. W. A. Müller, 1906, S. 148f. Da Skulpturen im Gegensatz zur Vasenmalerei zur ›öffentlichen‹ Kunst gehörten, stellten die Bildhauer im 6. und noch im größten Teil des 5. Jahrhunderts keine Frauenakte her: Auch Aphrodite war bekleidet. Cf. P. Friedrich, 1978, S. 137. Freilich bildeten sich auf den Skulpturen häufig die Brustwarzen und die Körperformen unter der Kleidung ab, was insofern nicht dem Bild einer Frau entsprach, das man in der Öffentlichkeit zu sehen bekam, als dort die Frauen ja meist noch über dem Chiton einen Peplos trugen. Cf. H. Blanck, 1976. Wie wenig man noch um die Mitte des 4. Jahrhunderts an Skulpturen völlig nackter Frauen gewöhnt war, sieht man vielleicht an der Anekdote, in der sich ein Mann so sehr in die von Praxiteles geschaffene Aphrodite – deren Modell die Hetäre Phryne gewesen war – verliebte, daß er sich nachts an ihr rieb und seine Erregung einen Fleck auf der Skulptur hinterließ, der sich nicht mehr beseitigen ließ. Bei den Darstellungen nackter Frauen in der Vasenmalerei handelt es sich nicht um ehrbare Frauen, sondern um Hetären. Cf. D. Williams, 1983, S. 99.

40 Cf. H. A. Harris, 1964, S. 181f.; J. H. Krause, 1841, S. 682ff., 686. Plato, *Gesetze* 11, 7, sprach sich auch für Vorsorgeuntersuchungen bei bevorstehender Eheschließung aus. Bezeichnenderweise sollte sich dabei der Mann völlig, die junge Frau aber nur bis zum Nabel entblößen. Die Mädchen, die bei den Heraien den Wettlauf bestritten, hatten das Haar gelöst; ihr Gewand war etwas über knielang und ließ die rechte Schulter bis zur Brust frei. Cf. K. Kerényi, 1972, S. 108f. In Süditalien gibt es bereits im 6. Jahrhundert Vasendarstellungen von Athletinnen, die mit entblößtem Oberkörper den Handstand oder Waffentänze vorführen (cf. L. Bonfante, 1975, S. 21), aber es wird sich bei ihnen um Schaustellerinnen von zweifelhaftem Ruf gehandelt haben. Die griechischen Prostituierten trugen bekanntlich häufig knappe, halbdurchsichtige und sehr enge Kleider. Cf. R. Flacelière, 1962, S. 132; H. Licht, 1926, II, S. 47f. Schon Hesiod warnt seinen Bruder vor den Frauen, deren Hintern sich unter der Kleidung abzeichnet. Cf. E. Mireaux, 1956, S. 188f.

41 Cf. L. Kahil, 1983, S. 238; H. Rühfel, 1984, S. 44, 103f. Auf Fragmenten eines brauronischen Kraters führen die »Bärinnen« ihren kultischen Tanz nackt auf; auf einem anderen Fragment tragen kleine Mädchen den kurzen Chiton. Eine »Bärin« trägt auch eine Art Bikini. Cf. E. C. Keuls, 1985, S. 314.

42 In diesem Fall hat offenbar Athene die Rolle der Artemis usurpiert. Cf. J. Fontenrose, 1959, S. 371f.

43 Um die heidnische Religion zu diskreditieren, behauptete im Jahre 353 Papst Liberius anläßlich einer Nonnenweihe, sie sei völlig nackt auf die Pirsch gegangen. Cf. K. Hoenn, 1946, S. 205.

44 Cf. H. Herter, 1950, S. 120. Offenbar ist es überhaupt gefährlich, die Götter – manchmal auch nur ihre Abbilder – zu sehen. So heißt es schon über den kühnen Achilles, daß Furcht ihn ergreifen wird, »wenn ihm ein Gott entgegentritt im Kampf. Denn schwer zu ertragen sind Götter, wenn sie sichtbar erscheinen.« (*Ilias* 20, 130f.) Eurypylos wird wahnsinnig, als er bei der Plünderung Trojas eine Truhe öffnet, in der sich ein Bild des Dionysos befindet; Jason wendet den Blick, als er zur Mittagszeit auf die libyschen Nymphen trifft, um nicht νυμφόληπτος zu werden, »elwetritsch«, wie man im Kurpfälzischen sagt; und im Tempel der vielhodigen Diana von Ephesos warnte man die Besucher, die Augen in acht zu nehmen, wenn sie am Bildnis der Hekate vorbeigingen. Cf. W. Kroll, 1977, S. 120f. Als Philipp von Makedonien, der Vater des großen Alexander, das Auge verliert, mit dem er durch einen Türspalt linst, um mitzukriegen, wie der Gott Amun es in Schlangengestalt mit seiner Gattin treibt (cf. W. Beierwaltes, 1957, S. 17ff.), bleibt unklar, wem oder was genau der Verlust zuzuschreiben ist: der Sicht des Gottes, des Koitus oder der Vulva der Gattin. Im Christentum, aber auch in anderen Kulturen, sind es meist die Genitalien, die solches bewirken: Der junge Mann, der die Reize der gewaltsam entkleideten hl. Agnes erblickt, erblindet auf der Stelle; ebenfalls die dreiundfünfzig Zuschauer beim Martyrium der hl. Epistene (cf. W. E. H. Lecky, 1904, S. 670; K. Knortz, 1920, S. 34) und Peeping Tom, der es nicht lassen kann, durch ein Astloch des Fensterladens nach der splitternackt durch Coventry reitenden Lady Godiva zu spähen. Den schwäbischen Buben sagte man früher: »Bub, lug net auf den Kirschbaum, wenn ein Mädle oben sitzt, du wirst noch blind« (cf. F. Eckstein, 1935, Sp. 839); bei den Bhaca im Transkei erblindet eine Frau, wenn sie die Genitalien ihres Schwiegervaters sieht (cf. W. D. Hammond-Tooke, 1962, S. 117), und in Bhopal heißt es nicht nur, daß ein Mann, der bei einer Frau etwas sieht, das er nicht sehen darf, sein Augenlicht verliert, sondern zudem, daß die betreffenden Stellen der Frau, z.B. ihre Brüste, abfaulen. Cf. D. A. Jacobson, 1980, S. 492.

45 Plutarch, *Mulierum virtutes* XI. Nach Isocrates (*Brief an Archidamos* 10) demütigten die griechischen Truppen die griechischen Städte im Herrschaftsbereich des persischen Großkönigs, indem

190 Freier faßt Hetäre an die Brust. Rotfigurige attische Vasenmalerei, 5. Jh. v. Chr.

sie die schönsten Frauen vergewaltigten, den übrigen aber die Kleider vom Leibe rissen, so daß sie entblößt vor der Menge standen. Im hellenistischen Ägypten war es die größte Schande, die einer Frau zuteil werden konnte, wenn man sie nackt durch die Straßen der Stadt oder des Dorfes trieb. Es galt als schamlos, wenn sie sich unverschleiert in der Öffentlichkeit zeigte (cf. S. B. Pomeroy, 1984, S. 51), und Herakleides Pontikos schreibt im 4. vorchristlichen Jahrhundert über die Frauen Athens: »Die Umhüllung der Gewänder am Kopf ist so, daß das ganze Gesicht wie mit einem Schleier bedeckt zu sein scheint. Denn nur die Augen blicken hindurch; die übrigen Teile des Gesichts aber werden ganz durch das Obergewand verdeckt.« (Zit. n. R. Hampe/E. Simon, 1959, S. 34.)

46 Cf. J. Jüthner, 1950, Sp. 1135.

47 Cf. K. Sudhoff, 1910, S. 69f. Wie mir Walter Burkert in einem Brief vom 21. Oktober 1987 mitteilt, ist ὤα ein sehr ausgefallenes Wort, das in Verbindung mit λουτρίς bei Komikern des 5. Jahrhunderts v. Chr., vor allem bei Theopompos, auftaucht. In einem Papyrus des 3. Jahrhunderts ist die Rede von einem ἐκλουστρίς (cf. R. Ginouvès, 1962, S. 223f.), und Pherekrates, ein Komödienautor aus dem 5. Jahrhundert, erwähnt ein »Badevlies«, offenbar eine Art Fellschurz, mit dem die Frauen den Unterleib bedeckten. Cf. E. C. Keuls, 1985, S. 116. Vereinzelt scheint es in sehr später, nachchristlicher Zeit Familienbäder gegeben zu haben, wie wir Polydeukes entnehmen können, der im ausgehenden 2. Jahrhundert n. Chr. in Athen Rhetorik lehrte. In diesen Bädern trugen Männer und Frauen Badekleidung.

48 Im klassischen Griechenland wurden etwa bis zur Mitte des 5. Jahrhunderts Männer und Frauen – was Figur und Haltung betrifft – meist in gleicher Weise, nämlich ›männlich‹ dargestellt, so daß man das Geschlecht einer Person häufig nur auf Grund von Brüsten oder Penis feststellen kann; die Frauen weisen sogar die typisch männliche Muskelausbuchtung oberhalb des Hüftbeins auf (cf. Abb. 190). Cf. K. J. Dover, 1978, S. 71. Ganz offensichtlich hatten die für eine meist pädophil ausgerichtete Kundschaft arbeitenden Künstler kein Interesse an den Körperformen einer Frau, und es gehört schon ein gerüttelt Maß an Ahnungslosigkeit dazu, wenn feministische Autorinnen wie M. Wex, 1983, S. 56, die Meinung kundtun, diese Breitschultrigkeit spiegle »die frühere untergeordnete Stellung des Mannes wider«!

49 C. Bérard, 1985, S. 135.

50 Cf. E. Mehl, 1927, S. 60f.

Anmerkungen zu § 2

1 N. Elias, 1939, I, S. 223.

2 Wir werden in einem der folgenden Bände sehen, daß in sehr vielen Gesellschaften die sexuelle Initiative nicht von den jungen Männern, sondern von den jungen Mädchen ausgeht, bis schließlich letzteren auch dieser ›Zahn gezogen‹ wird.

3 Wolfram v. Eschenbach, *Parzival*, 166, 26; 167, 1ff.; 167, 21ff. Die »juncfrouwen« müssen nicht unbedingt unberührte Mädchen gewesen sein. ›Jungfrau‹ in unserem Sinne hieß »maget«,

afrz. »puciele«. Solange noch die »altfrouwe« lebte, war das verheiratete »wîp« im allgemeinen »juncfrouwe«, afrz. »damoiselle« oder »danzelle«, mochte sie auch noch so viele Kinder haben. Cf. A. Schultz, 1889, S. 210f.

4 *Wolfdietrich*, ed. J. E. v. Lindhausen, 1317ff. »Ich muosz doch sêre biten«, meint er in einer anderen Version ob dieses Ansinnens.

5 In vielen Bädern, z.B. dem im Glotterthal, gab es die Bestimmung, die wohl auf alten Brauch zurückgeht, daß die Männer ihre Unterhosen und die Frauen ihr Hemd erst ablegen durften, wenn sie sich im Badezuber befanden. Cf. J. Marcuse, 1903, S. 64.

6 Cf. J. Falke, 1862, S. 35, 37.

7 Im Jahre 1403 kaufte Margarete von Flandern 64 Ellen Leinen (»toille bourgeoise«), um damit zwei Badebottiche abzuschirmen, sowie rotes Tuch aus Mecheln für die Baldachine. Cf. E. Camesasca, 1971, S. 390f. Cf. auch D. Régnier-Bohler, 1985, S. 362.

8 Als ihr offenbar leicht vertrottelter Gatte unvermutet die Kammer betritt, sagt die geistesgegenwärtige Frau zu ihm, ein Chorherr säße bei ihr im Zuber, er möge nur nachsehen. Als der Mann sich im Spaß davon überzeugen will, spritzt sie ihm Wasser in die Augen, so daß er nichts sehen kann und über den gelungenen Scherz lachend die Szenerie verläßt. Cf. K. Kochendörffer, 1892, S. 493f.

9 Cf. F. H. v. d. Hagen, 1846, S. 19; R. Gelse, 1977, S. 13f.; H. Naumann, 1934, S. 130.

10 Wenn eine Frau einem Mann eine Blume reichte, so hatte dies dieselbe Bedeutung. Bis zur Mitte des 16. Jahrhunderts überreichten die öffentlichen Huren von Paris dem französischen König im Mai als Zeichen der Wiederkehr von Liebe und Fruchtbarkeit einen Blumenstrauß. Cf. W. Danckert, 1963, S. 152f.

11 Cf. J. v. Schlosser, 1893, S. 297; J. Krása, 1971, S. 77.

12 Cf. F. H. v. d. Hagen, 1853, S. 12f.

13 Zit. n. A. Martin, 1906, S. 14. Auch im *Roman de la Rose* tragen die Männer und Frauen, die gemeinsam baden, den Minnekranz, wohl zu Recht, da für sie die Sauberkeit sicher nur von zweitrangiger Bedeutung ist: »Puis revont entr'eus as estuves, Et se baignent ensemble es cuves, Qu'ils ont es chambres toutes prestes, Les chapeles de flors es testes.« (10847ff.)

14 Cf. S. Lechner-Knecht, 1980, S. 135f. Das Rosenwasser wurde im Mittelalter von den Arabern übernommen. Cf. E. Rimmel, 1985, S. 151f.; C. Vakarelski, 1973, S. 687.

191 Venusdienst im Badebordell, sog. *Mittelalterliches Hausbuch*, um 1480.

15 Cf. A. Corbin, 1984, S. 105.

16 »Nach einem solchen Bad ist die Frau ähnlich liebesbereit wie nach einem zärtlichen Vorspiel, jedoch sind die Empfindungen ihrer Liebesorgane noch nicht durch Berührungen abgestumpft« (H. E. Fritz, 1980, S. 170).

17 Cf. H. Bastian, 1983, S. 71.

18 Wenn in einem französischen Schwank des späten 13. Jahrhunderts drei vornehme Damen in Zubern baden, während daneben Tisch und Stuhl für einen Spielmann aufgestellt sind, dann ist dies Posse, nicht Realität, und Dichter wie Publikum wissen, daß so etwas unanständig wäre. Cf. J. Schultz, 1940, II, S. 3.

19 Cf. G. Duby, 1981b, S. 62f. Im Hochmittelalter empört sich Jacques de Vitry über die schamlosen Frauen und Jungfrauen, die sich nicht scheuen, in Kirchen und auf Wallfahrten mit Männern über private Dinge zu reden. Cf. J. Longère, 1975, S. 401.

20 Cf. A. Schultz, 1889, I, S. 197. Cf. auch M. Schröter, 1987, S. 473f. Ähnlich verhielt es sich in Byzanz. Im *Leben des Philaretos*, um 821 entstanden, wird die Indignation beschrieben, mit der Philaretos auf die Frage der Gesandten, die für den jungen Kaiser eine Frau suchen, reagiert, nämlich ob sie seine Enkelinnen sehen dürften. Kekaumenos rät im 11. Jahrhundert davon ab, männliche Gäste mit weiblichen Familienangehörigen zu-

192 ›Ritterbad‹. Faksimile einer mittelalterlichen Darstellung aus dem 17. Jh.

sammentreffen zu lassen, und sei es auch nur zum Essen. Cf. E. Patlagean, 1985, S. 552f.

21 Cf. H. Jacobius, 1908, S. 23. Um ihr nicht in irgendeiner Weise zu nahe zu treten, reden noch in der ersten Hälfte des 16. Jahrhunderts Wittenberger Studenten vor einer einfachen Jungfer »*latine*, das sich vor Jungfrawen teutsch zu reden nicht geziemet« (B. Sastrow, 1823, S. 23).

22 Anders verhält es sich mit den Bademägden der öffentlichen Bäder. Immerhin scheint es nicht gänzlich unbedenklich gewesen zu sein, wenn eine solche Frau dem Gast den Rücken massierte, denn ein Chronist hält es für notwendig, zu betonen, daß dies – im Erfurt des 13. Jahrhunderts – »in allen êren« geschehen sei. Cf. J. Le Goff, 1972, S. 438f.

23 Cf. Dr. Heffner, 1864, S. 195f.

24 Hartmann v. Aue, *Iwein*, 3392ff., 3487ff. Aber auch vor anderen Männern scheinen sich viele Männer geschämt zu haben. Jedenfalls schreibt derselbe Autor um das Jahr 1200, daß Gregorius, der siebzehn Jahre als Strafe für Inzest auf einem Felsen mitten im Meer zugebracht hatte, mit einem grünen Zweig seine Genitalien bedeckt, als er die Retter nahen sieht. Cf. O. Rank, 1919, S. 196. Ein gleiches tut der schiffbrüchige Orendel, als ein Fischer ihn auffindet. Auch auf den bildlichen Darstellungen aus jener Zeit bedecken die entblößten Ritter vor anderen stets die Genitalien mit den Händen. Cf. z.B. B. Degenhart/A. Schmitt, 1980, Tf. 112c, 120a. Um die Mitte des 10. Jahrhunderts erzählt Liudprand, wie alle Anwesenden in ein peinliches Lachen ausbrechen, als der gefangene Graf Giselbrecht beim Sich-Niederwerfen vor König Berengar unfreiwillig die Genitalien entblößt. Cf. S. Reiter, 1986, S. 214, 224.

25 Cf. D. Régnier-Bohler, 1985, S. 370.

26 Robers de Blois, 1808, 203ff.

27 Pleier, *Meleranz*, 724ff., 776ff.

28 Zit. n. J. Bumke, 1986, S. 471.

29 Diese These gilt heute nicht mehr als wahrscheinlich. Cf. J. C. Hutchison, 1985, S. 14f.

30 N. Elias, 1939, I, 294f., 261, ferner E. Dunning, 1987, S. 368.

31 Dies sind auch die Bilder Pieter Brueghels nicht. Cf. C. Grimm, 1985, S. 353.

32 *Mittelalterliches Hausbuch*, ed. A. Essenwein, Bl. 14a. Cf. auch Text und Bild im *Elsässischen Planetenbuch* aus den dreißiger Jahren des 15. Jahrhunderts. Dort findet ein Koitus scheinbar direkt neben den Badenden und den Musikanten statt. Allerdings trägt die mit zwei Männern badende Frau ein Badhemd. Cf. H. T. Musper, 1976, Abb. 142.

33 An anderer Stelle habe ich versucht, die These zu begründen, daß die Tierdarstellungen der jungpaläolithischen Höhlenkunst nur in den allerwenigsten Fällen Kompositionen darstellen, also einen gemeinsamen Raum haben. Cf. H. P. Duerr, 1984, S. 89ff.

34 Cf. H. P. Duerr, 1978, S. 69ff., 260.

35 Das Wort ›Stube‹ hängt etymologisch mit ›stieben‹ zusammen

und bedeutet ursprünglich den Ort, wo der Wasserdampf stiebt, also das Schwitzbad. Das Wort *istupa* wiederum leitet sich von *typhos*, ›Dampf‹, her. Cf. A. Dächler, 1911, S. 46. Später wurde der Badeofen auch zur Beheizung anderer Räume verwendet, die dann Stube genannt wurden. Die ersten Belege für *stupa* finden sich im frühmittelalterlichen *lex Alemannorum*. Als Bezeichnung für einen adeligen Warmraum ist das Wort erstmals im Jahre 1194 belegt. Cf. H. Stampfer, 1984, S. 366. Im 13. Jahrhundert hatten neben Burgen und Adelssitzen auch Bürgerhäuser »Intim- und Warmräume«, die durch eine Oberdecke abgeschlossen waren und von außen mit einem Hinterladeofen geheizt wurden. Cf. O. Moser, 1980, S. 213ff.; W. Rösener, 1985, S. 91ff. Hier stand für gewöhnlich das Ehebett des Hausherrn und seiner Frau. Cf. G. Benker, 1984, S. 19. Auch in Nowgorod und am alten Ladogasee hatten manche Holzhäuser bereits im Hochmittelalter solche Stuben. Cf. M. Iljin, 1971, S. 133.

Anmerkungen zu § 3

1 Die älteste Quelle, in der eine öffentliche Badstube erwähnt wird, scheint das Soester Stadtrecht aus der ersten Hälfte des 12. Jahrhunderts zu sein. Cf. W. Gail, 1940, S. 23. Auch Nürnberg besaß zu jener Zeit eine Badstube, das ›Rosenbad‹. Cf. Dr. Heffner, 1864, S. 156. Vorher gab es anscheinend nur private Bäder. Cf. K. Schier, 1973, S. 585. Öffentliche Badstuben kamen zwar in den Städten auf, doch im ausgehenden Mittelalter und in der frühen Neuzeit gab es sie auch bisweilen auf dem Lande. Cf. A. S. Andreànszky, 1978, S. 113. Wenn man H. Guarinonius, 1610, S. 947, glauben darf, hatten noch zu Beginn des 17. Jahrhunderts in Tirol selbst kleinste Dörfer ein Schwitzbad. Cf. auch H. Pöhlmann, 1909, S. 190. Trotzdem habe ich den Eindruck, daß sich der Wille zur Sauberkeit in den damaligen Zeiten in Grenzen hielt. So bemerkt z.B. Graf Wolrad v. Waldeck in seinem Tagebuch, 1548 hätten sich die Bürgerinnen von Augsburg höchstens ein- oder zweimal im Jahr von Kopf bis Fuß gewaschen, und sie hätten den Gestank, den ihr Körper ausströmte, nur mit Moschus, Lavendel, Bisam und anderen scharfen Essenzen mildern können. Cf. F. Zoepfl, 1930, II, S. 168. So trugen um diese Zeit viele Damen parfümierte Schwämmchen unter den Achseln und zwischen den Beinen, um einen Liebhaber nicht schon dann in die Flucht zu schlagen, wenn noch gar nichts passiert war. Cf. N. Epton, 1962, S. 110. Im 13. Jahrhundert besaß die Tochter An-

dreas II. zwar eine feine Silberwanne, aber im allgemeinen beschränkte sie sich darauf, lediglich die Fußspitzen einzutauchen. Weitere Körperteile folgten erst dann, »wenn ihre Umgebung es nicht mehr aushielt«. Cf. S. Schall, 1977, S. 70. Wie aus den Inquisitionsprotokollen der Jahre 1318-25 über die in der Grafschaft Foix der albigensischen Ketzerei Angeklagten hervorgeht, wuschen sich die Bauern von Montaillou äußerst selten, und wenn, dann wurde der Genital- und Analbereich stets ausgelassen. Die Wäsche wechselte man alle Jubeljahre, und wenn man einmal nach Ax-les-Thermes reiste, besuchte man nicht die Bäder, die meist Aussätzigen oder Räudigen vorbehalten blieben, sondern das Bordell. Cf. E. Le Roy Ladurie, 1980, S. 169ff. Auch im Toggenburgischen gab es um 1400 auf dem Lande offenbar keine Badstuben. Cf. E. C. Lutz, 1976, S. 299.

2 Cf. A. Franklin, 1911, II, S. 202f.; E. Faral, 1938, S. 193; C. Gaignebet/J.-D. Lajoux, 1985, S. 50.

3 Cf. G. Duby, 1985, S. 519.

4 »Vortmer schall men dat badent aldus holden, dat de vrowen scholen baden alle werkeldage van des morgens beth to seven tyd dages sunder man unde nicht lenger. Van twen tyd dages scholen de man baden beth dat men tho deme dome vesper luedet, sunder frowen unde nicht lenger. Van vespertyd scholen de vrowen baden beth des avendes sunder man, mer des sunnavendes scholen de frowen nicht mer baden den van des morgens beth tho twen tyd dages unde nicht lenger. Unde denne scholen de man allen dagh vortom uthbaden.« Bei Zuwiderhandlung drohte man dem Bader wie folgt: »Welck badstover, de hirane brickt, also dat he man baden leth, wanne de man baden scholen, ofte man unde vrouwen tosamende baden leth, de schall dat beteren mit 10 schilling dem rade unde viven dem werke. Unde des schal men eme nicht laten, also dicke alse he dat brickt.« Cf. O. Rüdiger, 1885, S. 135; ders., 1874, S. 5f.

5 Cf. T. Lund, 1882, S. 223. »Die Mannes vndt die Frauwen« durften nach den Statuten der Stadt Wittstock aus dem Jahre 1523 nicht zusammen baden (cf. G. Zappert, 1859, S. 83); in Speyer ist 1357 die Rede von »die manne bastube vnde die vrouwen badstube« (cf. A. Martin, 1906, S. 87) und in Freiburg im Breisgau 1317 von der »roten männer-badstub« und der »roten frauenbadstub« vor dem Ledergerbertor (cf. U. Knefelkamp, 1981, S. 75). Aus der Ordnung für die »maister und gesellen des gantzen handwercks der bader auff den syben stuben zu Saltzburg« vom Jahre 1472 geht hervor, daß jede dieser Badstuben einen Männer- und einen Weiberboden hatte. Cf. H. Klein, 1973,

193 Entwurf eines Bades mit Dampfheizung und Geschlechtertrennung, aus Konrad Kyesers *Bellifortis*, 1405.

S. 119. Cf. auch I. Pfeiffer, 1966, S. 17 (Eßlingen); K.-S. Kramer, 1961, S. 42 (Eckersmühl in Franken); W. Varges, 1895, S. 286f. (Wernigerode); P. Lahnstein, 1983, S. 99 (Schwaben); W. R. Alter, 1951, S. 104 (Pfeddersheim); K. Becher, 1902, S. 221 (Karlsbad); V. Bazala, 1967, S. 47 (Varaždinske-Toplice in Kroatien). Auf der Pergamentrolle der Zürcher Bader vom Jahre 1503 heißt es: »es sol ouch niemant den andern in kein standen zuo samen lassen sitzen, Sy sygent dann Eelich personen, die zuosamen gehoerent, Oder Eelich natuerlich geboren geschwisteryit.« Cf. G. A. Wehrli, 1927, S. 123. Und ähnlich verfügt die Eßlinger Badeordnung von 1512, daß lediglich der »familia domus omnis, cum uxoribus suis« baden dürfe. Cf. E. J. Mone, 1851, S. 291. Auch in den spätmittelalterlichen Brautbädern waren die Geschlechter meist getrennt. Cf. A. Schultz, 1892, S. 261, 263; A. v. Müller, 1979, S. 205.

6 Cf. A. Martin, 1906, S. 86.

7 Cf. G. A. Wehrli, 1927, S. 44.

194 Der Landvogt v. Wolfenschießen vergnügt sich im Badezuber, Holzschnitt, 1548.

8 Cf. B. M. Lersch, 1863, S. 204. In anderen Gegenden war die Frage, »ob sie mit frembden mannen badete / one jres mannes willen verholen«, deshalb nicht ganz unwichtig, weil die betreffende Frau, wenn dies der Fall war, nach dem Tode des Mannes ihrer Leibrente verlustig ging: G. v. Rotschitz, 1561, S. 143. Wenn derartiges bekannt wurde, gab es zumindest einen Skandal. Als nach dem Bericht von Sastrow der Herzog Moritz in Augsburg mit einer schönen »Metze, hies Jungfraw Jacobina«, in die Bütte stieg, zerriß sich die ganze Stadt das Maul darüber, oder es war, in der etwas vornehmeren Ausdrucksweise des Chronisten, »viell Sagens jn der gantzen Stadt dauon«. Cf. B. Sastrow, 1824, S. 88f. Schlimmeres widerfuhr dem Landvogt Wolfenschießen, der anno 1307 – so berichtet das *Weiße Buch von Sarnen* – in Altzellen mit des Bauern Baumgarten Weib »einsaß«. Unglücklicherweise kam der Bauer zu früh heim und beendete, nachdem er sich von der Sachlage in Kenntnis gesetzt hatte, »die grundherrlichen Badegelüste mit einem tödlichen Axthieb«. Cf. H. Ebner, 1984, S. 112; G. A. Wehrli, 1927, S. 44. Die Geschichte war sehr populär und wurde noch jahrhundertelang in ihrer Endphase auf Holzschnitten dargestellt, wobei die Details etwas in Vergessenheit gerieten, weshalb es auch vorkommen konnte, daß der arme Lustmolch gleich mit zwei Frauen im Bottich sitzend ins Holz geschnitten wurde. Auf die Episode läßt

sich auch die bekannte Redensart »Ich will im das Bad gesegnen, dass er's keiner mer tut« zurückführen. Cf. L. Röhrich, 1973, S. 89.

9 Cf. B. Fricker, 1880, S. 425.

10 Cf. A. Martin, 1906, S. 87.

11 Cf. J. Day, 1985, S. 310.

12 Die gleiche Strafe drohte auch demjenigen, welcher einer im Fluß oder Teich badenden Frau die Kleider wegnahm, vorausgesetzt, sie war keine öffentliche Hure. In mehreren Städten Kastiliens wurde auch eine Frau, die das Männerbad betrat, bestraft. Bei einer solchen Frau konnte es sich praktisch nur um eine Prostituierte handeln. Wurde sie daraufhin von einem Badegast vergewaltigt, konnte der Täter nicht strafrechtlich verfolgt werden. Cf. H. Dillard, 1984, S. 152, 175 f. Drang im 12. Jahrhundert ein Mann in ein Frauenbad ein und belästigte die Badenden mit anzüglichen Worten, hängte man ihn oder stürzte ihn von einer Klippe. Cf. J. F. Powers, 1979, S. 659.

13 Cf. R. Sablonier, 1984, S. 293.

14 Cf. B. M. Lersch, 1863, S. 204. Was es bedeutete, eine ehrbare Frau zum gemeinsamen Badstubenbesuch aufzufordern, mußte im Jahre 1364 der Geheimschreiber des Erzbischofs von Magdeburg, Konrad Schütze, erfahren; als er in Berlin auf dem Wege zur Badstube eine Bürgersfrau fragte, ob sie ihn dorthin begleiten wolle, erhob die Frau ein solches Geschrei, daß die hinzulaufenden Bürger ihn ob dieser Frechheit auf dem Molkenmarkt totschlugen. Cf. G. Zappert, 1859, S. 133. Dies erinnert an das Gesetz des Manu, nach dem ein Mann, der in der Nähe eines Badeplatzes (*tīrtha*) eine Frau ansprach, wegen Ehebruchs angeklagt wurde. Cf. F. Henriques, 1963, S. 165.

15 Cf. M. Scott, 1980, S. 14, 41.

16 So z. B. unlängst J. C. Bologne, 1986, S. 65 f. Die ›Geschichte der Scham‹ dieses kenntnisreichen Gelehrten leidet sehr darunter, daß er nicht nur in diesem Falle sämtliche sperrigen Fakten mit der gängigen Evolutionstheorie, wie sie Elias, Ariès und zahllose andere vertreten, weghobelt.

17 Es gab im Mittelalter natürlich nicht nur Dampf- und Wannen-, sondern auch Wildbäder, die wir getrennt behandeln werden. Ein Zwischending waren z. B. die vier öffentlichen Bäder im Augsburg des 13. Jahrhunderts, die aus Tuffsteinbassins bestanden, die je ein Dutzend Personen faßten. Sie lagen an fließendem Wasser und wurden über Wasserräder gefüllt. Cf. R. Reith, 1985, S. 30.

18 Cf. J. Rossiaud, 1976, S. 314. Im *Roman de la Rose* heuchelt eine

Frau ihrem Mann eine Schwächlichkeit vor, um sich mit ihrem Liebhaber in der Badstube treffen zu können: »›Sire, ne sai quel maladie, ou fievre ou goute ou apotume, tout le cors m'anbrase et alume; si m'esteut que j'aille aus estuves!‹« (14328ff.). Hier wird allerdings nicht klar, ob es sich um eine normale Badstube oder um ein Badebordell handelt. Auf letzteres deutet eine andere Stelle, wo es heißt: »et vos baignerez en l'estuve ou Venus les dames estuve« (12721f.).

19 Cf. K. Baas, 1926, S. 18. Wenn ausnahmsweise ein Baderknecht in einem Straßburger Frauenbad zugelassen wurde, mußte er »mit breittem mider bedeckt« sein, und zwar »hinden und fornen« (J. Hatt, 1929, S. 345).

20 Cf. J. Seemüller, 1886, III, 45.

21 Cf. J. Marcuse, 1903, S. 58.

22 Cf. S. Schall, 1977, S. 47f.

23 Cf. K. Schiller/A. Lübben, 1875, I, S. 139; H.-F. Rosenfeld/H. Rosenfeld, 1978, S. 232.

24 Cf. G. Zappert, 1859, S. 79. Daß die *wadel*, der Badequast, ausdrücklich als Schambedeckung gedacht war, sieht man auch daran, daß er in zeitgenössischen Glossaren nicht selten mit *perizoma* übersetzt wurde. Cf. A. Schultz, 1889, S. 225. Im 13. Jahrhundert schreibt Herrand v. Wildonie über den Dampfbadbesucher: »ein wadel was sîn niderkleit«, womit er »dacte sîne scham« (*Der blôze keiser*, 269).

25 Cf. C. F. Barnes, 1975, S. 62. Schon im hohen Mittelalter beschreibt Lambert v. Ardres, der Geschichtsschreiber des Grafen von Guines, wie eine von dessen Töchtern in einem Weiher vor dem Schloß schwamm, aber natürlich, wie der Chronist hervorhebt, in einem weißen und züchtigen Hemd. Cf. G. Duby, 1985, S. 519. Wie aus einer um 1510 entstandenen Federzeichnung Hans Süß von Kulmbachs hervorgeht, scheint die *badehr* bisweilen auch in reinen Frauenbädern mit weiblicher Bedienung getragen worden zu sein. Cf. F. Winkler, 1942, Abb. 119.

26 So z.B. J. C. Bologne, 1986, S. 33.

27 Cf. A. Martin, 1906, S. 165. In *Elie de Saint Giles* bereitet die Prinzessin Rosemonde dem Ritter Elie, an den sie ihr Herz verloren hat, ein Bad und versorgt ihn mit einem sittsamen Badeanzug. Cf. T. Wright, 1869, S. 110. In der Handschrift *De balneis probe Neapolim* aus dem 13. Jahrhundert tragen alle miteinander badenden Männer eine Badehre (cf. G. Zappert, 1859, S. 76), und auch im heimischen Bad stieg das Ehepaar meist im Lendenschurz, die Hausfrau jedoch häufiger noch in der Badehre in die Wanne. Cf. F. Piponnier, 1986, S. 246; J. Wilhelm, 1983,

S. 318f. Wenn also etwa A. Kuntz, 1985, S. 18, behauptet, im mittelalterlichen Gemeinschaftsbad wäre eine »Bekleidung als peinlich, als aggressionsauslösend erlebt worden«, so ist dies aus der Luft gegriffen.

28 Cf. A. Martin, 1906, S. 168.

29 Cf. C. Jäger, 1831, S. 498. *Bruoch* bzw. *badehr* war auch die Standardbekleidung im Freibad. Sie war z.B. 1449 im englischen Bath vorgeschrieben. Cf. V. H. H. Green, 1971, S. 19. In der Glotterthaler Badeordnung heißt es: »Item es sollen die Mann in jren Niderklaidern zu vnd vß dem Bad gehn, auch die Hembder oder Badmentel, biß sie in dem Casten nidersitzen wollen, anbehalten.« Wer dies »vbergüenge«, der solle »straffwürdig sein« und vor Gericht gestellt werden. Cf. J. Bader, 1868, S. 249f., R. Süß, 1980, S. 70. Im steirischen Tobelbad lautet die Verordnung, es solle »ein Herr oder ander Person«, womit ein Mann gemeint ist, der kein Herr ist, »sonderlich so das Frauenzimmer vorhanden, an ain Pfaidtn (= Badhemd) mit ainen guertl umbpunden«, nicht ins Bad steigen. Cf. A. Martin, 1906, S. 262f.

30 Cf. O. Šroňková, 1954, S. 146.

31 W. Hansen, 1984, Abb. 94.

32 Cf. M. Goldberg, 1909, S. 130.

33 Cf. A. Martin, 1906, S. 166.

34 Cf. z.B. W. L. Strauss, 1981, S. 18.

35 So heißt es 1375 in Hamburg, der Baderknecht dürfe nicht ohne (lange) Hosen den Rinnstein kehren: »Vortmer en schal nen knecht ut sines heren hues ghan barschinket unde myt blotem hovede vorder den syn ronsteen keret.« Cf. A. Martin, 1906, S. 166. Nach einer Bamberger Verordnung vom Jahre 1480 durften der Bader und seine Knechte nicht barfuß und ohne lange Hosen oder langen Rock in der Öffentlichkeit erscheinen. Cf. Dr. Heffner, 1864, S. 187f. 1419 verordnete der Rat von Breslau in ähnlicher Weise, daß die Betreffenden so bekleidet sein müßten, daß man die »peine nit sehen« könne. Cf. W. Rudeck, 1905, S. 9f.; ferner E. Bodemann, 1883, S. 22 und J. Gebauer, 1922, S. 239.

36 N. Elias, 1939, I, S. 319.

37 Diese Information verdanke ich Christa Dericum (Brief vom 24. April 1986). Daß wirklich Anton von Burgund gemeint ist, ist freilich nicht sicher. H. Dollinger/B. Klawunn, 1979, S. 215, meinen, daß es sich um Papst und Kaiser handeln soll. Wie dem auch sei, völlig abwegig scheint mir F. Seibts Meinung (1987, S. 324), der hohe Herr habe sich als Kunde ins Bordell begeben. Sicher ist, daß der größte Teil des Textes der Handschrift auf

Anordnung des französischen Königs Karl V. ab dem Jahre 1375 von Simon de Hesdin verfaßt und einige der Miniaturen erst sehr viel später in die Handschrift eingefügt wurden. Cf. R. Bruck, 1906, S. 271; G. Karpe/I. Kratzsch/H. Vogt, 1976, S. 40f. Heute nimmt man an, daß Abb. 25 wahrscheinlich von dem aus Frankreich stammenden und in Brüssel ansässigen Philippe de Mazerolles angefertigt wurde.

38 Cf. R. Bruck, 1906, S. 270; H. Wolf, 1978, S. 36. Um das Jahr 1360 gab es in Brügge nicht weniger als vierzig Badebordelle und in Dijon immerhin etwa ein Dutzend. Cf. J. Rossiaud, 1980, S. 533.

39 Cf. L. L. Otis, 1985, S. 93.

40 Cf. B. M. Lersch, 1863, S. 139.

41 Cf. I. Bloch, 1912, S. 184.

42 Cf. L. L. Otis, 1985, S. 98; I. Bloch, 1912, S. 184.

43 Cf. L. L. Otis, 1985, S. 98, 122. Manche gewöhnlichen Bordelle scheinen sich auch Badewannen angeschafft zu haben. So wurde 1457 in Moncalieri eine Verordnung erlassen, die den Bürgern der Stadt gestattete, das *domus lupanaris*, also das städtische Bordell, zum Baden, Essen und Trinken und zum Übernachten aufzusuchen (a.a.O., S. 84).

44 Cf. J. Rossiaud, 1976, S. 291.

45 Cf. N. Z. Davis, 1986, S. 97f.

46 Cf. J. Rossiaud, 1976, S. 314, und ders., 1984, S. 97f. Im Jahre 1455 gehörten zum Inventar der Badstube ›Jerusalem‹ in Arras zehn Betten. Bereits fünf Jahre vorher war dem Bader untersagt worden, dort Paare übernachten zu lassen. 1485 war man diesbezüglich etwas liberaler und verweigerte nur den Paaren ein Bett, bei denen einer der Partner verheiratet war. Cf. R. Muchembled, 1982, S. 131. Im Italien der Renaissance hieß es, daß man nur sehr wenige unter den Badern fände, die nicht Kammern vermieteten, in denen man sich mit Bademägden zum Schäferstündchen treffen könne. Cf. J. Marcuse, 1903, S. 65.

47 Auch im islamischen Bereich waren viele der Badehäuser verrufen und es hieß, daß sich dort vor allem die Sufis einfanden, um dem Analverkehr mit bartlosen Jünglingen (*'amrad*) nachzugehen. Cf. H. Grotzfeld, 1970, S. 89.

48 Cf. E. Dühren, 1901, I, S. 240f.; G. Salgado, 1977, S. 52. Schon im ausgehenden 11. Jahrhundert, also früher als in Deutschland, werden auf der Londoner Bankside »estewes« erwähnt. Cf. A. McCall, 1979, S. 182.

49 Cf. I. Bloch, 1912, S. 187f. Die »hothouses« standen unter der Oberaufsicht des Bischofs von Winchester, weshalb die Badehu-

ren »Winchestergänse« genannt wurden. Cf. G. Hindley, 1979, S. 160. Heinrich VII. ließ sie im Jahre 1506 vorläufig, endgültig im Jahre 1546 schließen. Cf. E. Dühren, 1901, I, S. 248f.; G. Trease, 1977, S. 52; W. Sorge, 1919, S. 284. Aber noch im ausklingenden 16. Jahrhundert heißt es: »His answer was, he would unto the stews, And from the common'st creature pluck a glove And wear it as a favour; and with that He would unhorse the lustiest challenger« (Shakespeare, *King Richard the Second*, 5, 2, 16ff.). Wenn auf einer Darstellung aus dem 14. Jahrhundert die badende Dame einen Mann mit einem Glied von anspruchsvoller Größe zu bewundern scheint, während die beiden anderen Herren offenbar masturbieren oder zumindest, wie es die Kommentatorin dezent ausdrückt, »are both seemingly preoccupied with their genitalia« (L. MacKinney, 1965, S. 98), so haben wir in ihr wohl eine »common'st creature« in einem der »stews« zu sehen.

50 Von den zahllosen Huren, die zum Konzil von Konstanz aus allen Himmelsrichtungen angereist kamen, wohnten viele in gewissen Badstuben der Stadt, die offenbar entsprechend eingerichtet waren. Im Jahre 1487 bestimmte der Breslauer Rat den Badern, daß sie offenbare Huren und andere Flittchen nicht beherbergen dürfen. Cf. S. B. Klose, 1847, S. 126; cf. ferner auch W. Stricker, 1856, S. 433; H. G. Gengler, 1873, S. 581f.; F. Irsigler/A. Lassotta, 1984, S. 105, 189f.; C. Mettig, 1897, S. 121.

51 Anscheinend gab es in Straßburg eine Zeitlang gemischte Badstuben, denn in einer Ratsverfügung heißt es, daß »fromme frowen und döchter das bad oft rumen und myden müssen«. Später wurde den Badern aufgetragen, »keine frowe zu einigem mann nirgen gestellen, wodurch etwas argweniges entstünde« (cf. M. Goldberg, 1909, S. 100, 102, 130), und in Zürich verordnete man: »Es sol ouch niemant in keinem wasserbad In heimlichen wincklen baden, Noch in keine kamer verfüren, damit biderben lüten jre kind und ander die jren nit geschwächt, oder geschentt werden.« Cf. G. A. Wehrli, 1927, S. 45, 123.

52 Im mittelalterlichen München gab es aus Schicklichkeitsgründen im Männerbad nur Badeknechte und im Frauenbad nur Bademägde. Cf. F. Solleder, 1938, S. 395.

53 Zit. n. I. Bloch, 1912, S. 184. Wie jeder Leser des *Decamerone* weiß, trafen sich in solchen Badstuben auch häufig Liebespaare zum Techtelmechtel. Cf. G. Boccaccio, 1960, S. 155ff., 399ff. Noch im Jahre 1811 heißt es in einem Bericht des Bischofs von Gurk über das Dekanat St. Veit, die dörflichen Badstuben seien »Pflanzschulen der Immoralität überhaupt«, und zwar wohl vor allem deshalb, weil sich dort nächtlings liederliche ledige Weibs-

personen mit ihren Liebhabern träfen. Cf. M. Mitterauer, 1983, S. 124. Und im Biedermeier wird schließlich über Berlin gesagt: »Es existiren hier nämlich in einer Straße zwei Badehäuser, in deren Nähe sich in der Regel Dirnen befinden, welche es mit den Badedienern halten und durch deren Vermittelung die Badegäste, unter der Firma der Frau, in die Badestuben begleiten. Beide Stuben sind zwar zum Schein durch eine Thür getrennt, diese ist aber nicht verschlossen« (C. Röhrmann, 1984, S. 86).

54 Cf. R. Waldegg, 1957, S. 24, 116.

55 Cf. E. Schubert, 1985, S. 114; M. Wensky, 1980, S. 53.

56 Auch bei Herrand von Wildonie sind die entsprechenden »wîbelîn« »veil«. Cf. A. Martin, 1906, S. 86.

57 Cf. J. v. Schlosser, 1893, S. 278; J. Krása, 1971, S. 87. Auch in der *Weingartner Liederhandschrift* wird Herr Rubin von seiner Angebeteten mit einem Minnestrick festgehalten. Cf. G. Spahr, 1968, Abb.

58 Cf. I. Bloch, 1912, S. 185. In Italien war man im allgemeinen in dieser Hinsicht strenger als in Burgund. In Florenz war es während des Mittelalters den Männern nicht gestattet, in den Bädern Getränke und Speisen zu sich zu nehmen, weil man wußte, daß sich zu solchen Gelagen öffentliche Huren einzustellen pflegten. Die einzige *stufe*, die eine Ausnahme machte, war die Badstube in der Nähe der Porta di Balla, aber auch in diesem Falle beschloß der Rat im Jahre 1294, die Sondererlaubnis aufzuheben. Im Jahre 1308 wurde einmal im Monat in der Stadt und in den Vorstädten, zumal in der Nähe der »Thermen«, die Bestimmung ausgerufen, daß in den Bädern die Wochentage abwechselnd dem einen und dann dem anderen Geschlecht vorbehalten seien. Cf. R. Davidsohn, 1927, IV, S. 338. Die meisten Badehuren, die es indessen im Trecento weiterhin gab, waren nicht nur in Florenz, sondern auch in Venedig oder Rom deutsche Bademägde, die man eigens zu diesem Zwecke über die Alpen brachte. Cf. P. Larivaille, 1975, S. 136f.

59 Cf. A. Schultz, 1892, S. 69.

60 Cf. I. Bloch, 1912, S. 186.

61 Cf. A. Franklin, 1908, I, S. 32f.

62 Nach dem Pestgutachten der Medizinischen Fakultät der Universität Paris im Jahre 1348 galten die öffentlichen Bäder als gefährlich (cf. H. Schipperges, 1985, S. 85), und zwei Jahre später heißt es am Niederrhein, »man sol sich hüten vor pad«, um der Pestilenz zu entgehen, aber kaum jemand scheint sich an diesen Rat gehalten zu haben. Manche Kulturhistoriker haben das Auftreten der Syphilis für die Schließung der Badstuben verantwort-

lich gemacht, doch die These ist nicht haltbar, denn in den meisten Fällen schloß man nicht die Bäder, vielmehr schloß man die Erkrankten aus. So heißt es etwa im Jahre 1496 in einer Nürnberger Ratsverordnung: »Allen padern bey einer peen zehen gulden zu gepieten, daß sie darob vnd vor sein, domit die menschen, die an der neuen krankheyt mala franzoß befleckt vnd krank sein, in iren paden nit gepadet, auch ir scherer vnd lasser, ob sie zu denselben kranken menschen scheren vnd lassen giengen, die eysen vnd messer, so sie bey den selben kranken menschen nutzen, darnach in der padstuben nit mehr geprauchen.« Cf. K. Sudhoff, 1912, S. 27f.; ferner K. Siegl, 1927, S. 211. Als ein Jahr später die »Malafrantzoss« in Zwickau auftrat, richteten die Stadtväter zwar ein Krankenhaus für die Opfer ein, doch auf den Gedanken, das städtische Bordell zu schließen, kamen sie nicht. Dies tat erst später die Reformation. Cf. S. C. Karant-Nunn, 1982, S. 24f. Auch in Frankreich schlossen die meisten Badstuben und Bordelle etwa dreißig Jahre nach Auftreten der Syphilis. Cf. J. Rossiaud, 1976, S. 311; L. L. Otis, 1985, S. 41.

63 In Genf befahl der ›Rat der Zweihundert‹ Ende April 1534, also etwa zweieinhalb Jahre bevor Calvin in die Stadt kam, die »louves«, also die »Wölfinnen«, aus den Badstuben zu vertreiben, aber erst nach Jahren reformatorischer Eifers gelang dies auch. Cf. K. Seifart, 1859, S. 767; R. M. Kingdon, 1972, S. 6; G. Heller, 1979, S. 103.

Anmerkungen zu § 4

1 Im vergangenen Jahrhundert neigte anscheinend die Überzahl der Interpreten zur ›Verderbtheitsthese‹. Cf. z. B. F. Amelung, 1885, S. 276.

2 »Ridiculum est videre vetulas decrepitas simul et adolescentiores nudas in oculis hominum aquas ingredi, verenda et nates hominibus ostendentes« (Poggio, 1984, S. 130). Er fügt hinzu, daß er sich an die altrömischen Floralien erinnert fühlte.

3 Allerdings schreibt Poggio weiter unten (S. 131), daß ins Frauenbad eingeladene Männer lange Leinenhemden tragen mußten.

4 Poggio, a. a. O., S. 131. Cf. auch W. Stricker, 1857, S. 329.

5 N. Elias, 1939, I, S. 224f., meint, daß das biblische »und sie sahen, daß sie nackend waren und schämten sich«, also der Sündenfall im Sinne der Belegung der Nacktheit mit Scham, im 16. Jahrhundert beginne.

6 Cf. E. Walser, 1914, S. 265.

195 Balneum De Arcu, Pozzuoli, 1471.

7 Während Poggio den ›guten Wilden‹ entwirft, beschreibt im Jahre 1399, also nur siebzehn Jahre vor dem Florentiner, sein Landsmann Uberto Decembrio das Badeleben der westslawischen Barbaren in Prag, »quod inverecundum et barbarum mihi prorsus apparuit«. Cf. J. Krása, 1971, S. 268.

8 Cf. Poggio, a.a.O., S. 131ff. »O mores dissimiles nostris, qui omnia semper accipimus in deteriores cogitationes, qui usque adeo calumniis delectamur et obtrectationibus, ut si quid parvula

vidimus coniectura, statim pro manifesto crimine attestemur!« (a.a.O., S. 134).

9 Cf. L. Pierotti-Cei, 1977, S. 56. Über die Bäder von Lucca schreibt Montaigne: »Le 19 j'allai au bain un peu plus tard pour donner le temps à une dame de Lucques de se baigner avant moi, parce que c'est une règle assez raisonnable observée ici que les femmes jouissent à leur aise de leur bain« (M. de Montaigne, 1983, S. 328). Auch unter den zahlreichen Darstellungen der Bäder von Pozzuoli, die zwischen dem 13. und dem 15. Jahrhundert angefertigt wurden, befindet sich keine einzige, auf der die Geschlechter gemeinsam baden. Cf. C. M. Kauffmann, 1959, *passim*. In Mitteleuropa wurde das durch Raummangel erzwungene gemeinsame Baden von Männern und Frauen häufig beklagt, so etwa im Jahre 1579 vom Landgrafen Wilhelm zu Hessen bezüglich des Emser Bades. Cf. I. Müller, 1981, S. 20.

10 Cf. B. Fricker, 1880, S. 404; A. Martin, 1906, S. 340.

11 B. Fricker, a.a.O., S. 420. Die Welt las natürlich keine Zürcher Ratsprotokolle aus dem 15. Jahrhundert, sondern Poggio. So nimmt es nicht wunder, wenn etwa im ausgehenden 16. Jahrhundert Brantôme das Lied von den ›wilden‹ Schweizern singt, die sich hüllenlos »peslemesle aux bains et estuves« tummeln, »sans faire aucun acte deshonneste«, und unter denen der Reisende etwas sehen kann, »qui plaist ou deplaist, selon le beau ou le laid« (P. de B. de Brantôme, 1787, S. 259), oder wenn im Jahre 1779 ein Badegast schreibt: »Solche Besuche, wie sie Poggio schildert, sind auch noch durchgehends üblich, nur sieht man die Damen nicht mehr nackt, sondern mit aller möglichen Sittlichkeit in Hemden.« Cf. W. Stricker, 1857, S. 333. Im frühen 18. Jahrhundert heißt es gar über das Verenabad: »Comme ils sont entièrement à découvert & *sub dio*, ceux qui s'y baignent y sont exposez à la vûë des passans. Mais il n'y a pas lieu de craindre, que les objects, qu'on y void tout nuds, induisent à tentation; ils sont plûtôt capables de donner du dégoût, par les divers exemples de misère, qui y paraissent« (A. Ruchat, 1714, S. 446).

12 Auch schon in jenen Zeiten scheint es Frauen gegeben zu haben, die sich genierten, nur mit dem Badhemd angetan vor anderen Frauen zu baden. Jedenfalls gab es im Aargauer Baden, wie Montaigne berichtet, ein privates »cabinet«, in dem »des dames qui se veuillent baigner avec respect et délicatesse«, herumplanschen konnten, ohne von anderen dabei gesehen zu werden. Cf. M. de Montaigne, 1983, S. 98.

13 Cf. A. Martin, 1906, S. 322.

14 Cf. I. Bloch, 1912, S. 190.

15 Cf. J. Marcuse, 1903, S. 76.

16 Cf. B. Fricker, 1880, S. 414ff.; H. P. Duerr, 1978, S. 37.

17 Das Pflichtenheft des Bettelvogtes vom Montag vor Hilari enthält die Bestimmung: »Dero farenden dirnen halb, wo die winter oder summers ein stund nach der bettglogen angeferd uff der gassen bin bedern sinde, daß er die um funff schill. vnd nitt hoher straffe.« Cf. B. Fricker, 1880, S. 590. Anscheinend war es zumindest zeitweise gestattet, mit einer Hure privatim in die Wanne zu steigen, denn der Rat und der Schultheiß von Baden wiesen die Stadtknechte an, jeweils zu überprüfen, ob es sich bei der betreffenden Frau um eine »junckfrowen« oder um eine »frye metzen« handelte. Cf. A. Martin, 1906, S. 246.

18 Cf. z.B. O. Borst, 1983, S. 403.

19 N. Elias, 1939, I, S. 223f.

20 H. Guarinonius, 1610, S. 948.

21 A.a.O., S. 950.

22 Cf. A. Martin, 1906, S. 90.

23 *Seifried Helbling*, ed. J. Seemüller, III, 10. So etwas galt freilich weithin als anstößig. Die Tuchknappenurkunde der Stadt Brandenburg vom Jahre 1407 bestimmte z.B. nicht nur eine wohlanständige Bekleidung in der Badstube, sondern verbot den Gesellen auch, im bloßen Hemd und barfuß zum Baden zu gehen. Cf. O. Tschirch, 1928, S. 232, 236.

24 Cf. B. M. Lersch, 1863, S. 204.

25 Cf. B. Fricker, 1880, S. 448. Im Jahre 1719 heißt es im fürstlich-waldeckischen Brunnenreglement für Wildungen und Pyrmont, daß »viele Persohnen / nicht ihre Gesundheit wieder zu erlangen / oder solche zu conserviren / sondern nur liederliche Compagnie zu haben / liederliche Dirnen bey sich zu haben / und mit selbigen in Schand und Laster zu leben« zur Kur kämen (zit. n. R. P. Kuhnert, 1984, S. 210). Im Mittelalter konnten derlei Eskapaden arg ins Auge gehen. So wurde etwa im Jahre 1479 in Pfäfers ein gewisser Rudi Teller, der im Bade Ehebruch begangen hatte, nur in Anbetracht des vorgerückten Alters seiner Gattin nicht zum Tode verurteilt. Cf. W. Vogler, 1986, S. 530. Doch auch der eheliche Geschlechtsverkehr sollte im Bade unterbleiben: »Onküscheit wil sich gantz nit büren, dan die selb flüchtigkeit wirt durch das bad gnugsam verzert« (A. Sytz, 1516, FIIv.).

26 Cf. H. Sachs, 1971, S. 30.

27 W. Sorge, 1919, S. 286. Schon im Jahre 1512 schreibt Thomas Murner über den Sündenpfuhl Baden-Baden: »Der möcht wol nemen großen schaden/der zur hellen fart gen Baden« (zit. n. J. Steudel, 1958, S. 407).

28 Cf. L. Carlen, 1984, S. 168.

29 M. de Montaigne, 1983, S. 83, 85. »Aussi à toutes filles prostituées et impudiques d'entrer ausdits beings n'y d'en approcher de cinq cens pas, à peine du fuet des quattre carres desdits beings.«

30 Cf. B. M. Lersch, 1863, S. 205.

31 Cf. E. H. Gombrich, 1961, S. 80f., H. P. Duerr, 1978, S. 22f.

32 Cf. M. Ahrem, 1914, S. 43f.; cf. auch P. Feyerabend, 1983, S. 309.

33 Cf. §6, Anm. 38.

34 H. Wölfflin, 1984, S. 131.

35 Henricus de Langestin beschreibt im 14. Jahrhundert Wandmalereien im Wiesbadener Haus des Mainzer Stadtkämmerers Johann v. Eberstein, in denen nackt in der Wanne sitzende Männer und Frauen dargestellt waren, wobei freilich aus dem Text hervorgeht, daß die Männer den Hintern und die Frauen die Brüste entblößten. Cf. A. Schultz, 1892, S. 136f. Nun ist es zwar richtig, wenn S. Harksen, 1974, S. 15, meint, daß mit diesen Darstellungen das Laster der Badhurerei angeprangert werden sollte, doch ich denke, daß es sich dabei um eine Schutzbehauptung handelte: So wie man sich der stillenden Madonna bediente, um auf unverfängliche Weise eine schöne Frauenbrust darzustellen, benutzte man hier wohl die Bekämpfung der Unsittlichkeit, um erotische Bilder anbringen zu können. Solche Darstellungen schufen vor allem Barthel Beham und Hans Sebald Beham. Cf. H. Wendland, 1980; F. Koreny, 1981, S. 241.

36 Cf. A. Rapp, 1976, S. 69, 105. Auch F. Lesure, 1966, S. 106, oder M. L. Göpel, 1986, S. 47ff. halten Abb. 41 fälschlicherweise für die Darstellung eines wirklichen Bades »im sommerlichen Garten«.

Anmerkungen zu §5

1 Ein zweites Motiv bestand vielleicht darin, daß auf diese Weise der Penis knabenhafter wirkte und dem Jugendkult der Griechen entgegenkam.

2 Der jüngere Cato folgte – zumindest was weibliche Nacktheit betrifft – seinem Urgroßvater, denn es heißt, er habe das Theater verlassen, als einmal halbnackte Schauspielerinnen aufgetreten seien. Cf. K. Huber, 1934, S. 69.

3 Auch das Mittelalter spricht von der Schändlichkeit der Entblößung »desienigen, was die Natur verdekt haben wil«, oder, wie Geiler v. Kaisersberg es im 15. Jahrhundert ausdrückt: »Was unschaffens am menschen ist, das hat die natur an die ort gesetzet,

das es also verborgen ist.« Cf. S. B. Klose, 1847, S. 238 bzw. L. Kotelmann, 1890, S. 168f. Dies trifft nun zwar für den After und die vom Schamhaar mehr oder weniger verdeckte Vulva zu, nicht aber für den Penis, weshalb später der Marquis de Sade mit gleichem Recht sagen kann: »Die Scham war noch nie eine Tugend. Hätte die Natur gewollt, daß wir irgendwelche Teile unseres Körpers versteckten, so hätte sie selbst dafür gesorgt.« Cf. D.-A.-F. de Sade, 1980, S. 90.

4 Cf. E. Mähl, 1974, S. 40f. »Andere nackt zu sehen«, meint auch Lucilius (zit. n. M. Batterberry/A. Batterberry, 1977, S. 53), »ist der Ursprung allen Lasters.«

5 Die Himation bestand aus einem viereckigen Tuch, das über den Chiton, also das linnene oder wollene Hemd, geworfen wurde und über das Knie reichte. Cf. H. Licht, o.J., S. 69f. Auch die Griechen fanden den Mann schamlos, der bei irgendeiner Gelegenheit dieses Kleidungsstück über die Knie hochrutschen ließ.

6 Cf. H. Gugel, 1970, S. 17f.

7 Als schamlos galt es auch, wenn die Toga so dünn war, daß bei bestimmten Lichtverhältnissen die Umrisse des Körpers durch den Stoff schimmerten. Auch Schwerarbeiter waren nicht nackt, sondern trugen wenigstens ein *subligar* oder *subligaculum*. Cf. L. M. Wilson, 1938, S. 73, 123. Jemanden in der Öffentlichkeit zu entblößen galt als eine extreme Demütigung, weshalb die Römer es liebten, Angehörige besiegter Völker oder Stämme im Triumphzug mehr oder weniger nackt durch die Straßen Roms zu führen, so etwa 63 v.Chr. und 70 n.Chr. große Mengen versklavter Juden. Cf. A. Edwardes, 1967, S. 75. Nachdem Livia, die Frau des Kaisers Augustus, beim Spazierengehen zufällig auf ein paar nackte Männer getroffen war, sollten diese hingerichtet werden, und zwar auf Grund eines Gesetzes des Romulus, nach welchem auf Nacktheit in der Öffentlichkeit die Todesstrafe stand. Livia meinte freilich, daß für eine sittenstrenge Frau der Anblick eines nackten Mannes auch nichts anderes sei als der einer leblosen Statue, und dies rettete den Betreffenden das Leben. Cf. R. Quanter, o.J., S. 117.

8 Cf. H. Herter, 1976, Sp. 31.

9 Cf. H. Galsterer, 1983, S. 42f.

10 So war es auch – entgegen der landläufigen Meinung – nicht selten im Mittelalter. Jacques d'Amiens hielt es beispielsweise für nötig, darauf hinzuweisen, daß Baden und Unsittlichkeit nicht identisch seien, was man daran erkennen könne, daß die Beginen, an deren Sittlichkeit nicht zu zweifeln sei, das Bad über alle Maßen liebten. Cf. H. Jacobius, 1908, S. 16. Später war dies

noch mehr der Fall. Im 1715 erschienenen *Nutzbaren, galanten und curiösen Frauenzimmer-Lexicon* heißt es etwa: »Man findet auch fast in allen Städten öffentliche Badstuben, worein die Weibsbilder von schlechtem Stande zu gehen und sich daselbst zu baden pflegen.« Cf. G. Benker, 1984, S. 38.

11 Cf. F. Henriques, 1963, S. 100.

12 Cf. E. Bäumer, 1903, S. 31 ff.; M. Wissemann, 1984, S. 88 f.

13 Cf. J. P. V. D. Balsdon, 1963, S. 268 f. Im 4. Jahrhundert meint der Historiker Ammianus Marcellinus, nur unanständige Frauen trieben sich in einem solchen Bad herum. Cf. J. Marquardt, 1886, S. 282. Bereits Plinius der Ältere hatte von derartigen Frauen gesagt, daß es sich »durchweg um übelbeleumundete Personen« handelte oder solche, die à la ›Belle de Jour‹ ohne das Wissen ihrer Männer diese Etablissements besuchten. »Vor ihren Ehemännern«, so Clemens v. Alexandrien, »enthüllen sie sich ungern und schützen heuchlerische Schamhaftigkeit vor. Aber die zu Hause so züchtig Verschlossenen kann jeder beliebige andere Mann nackt im Bade sehen. Da erröten sie nicht und enthüllen sich vor Zuschauern, als träten sie vor Mädchenhändler« (zit. n. J. Zellinger, 1928, S. 36).

14 Die erste Ausführung des Bades bestand aus einem zweistöckigen Gebäude mit den Kammern für die Huren im ersten Stock. Cf. K. Weitzmann, 1979, S. 358, ferner A. Berger, 1982, S. 44.

15 Ursprünglich war das *subligar* ein unter der Toga getragenes Gewand zur Bedeckung des Unterleibes; später wurde es nur noch von Arbeitern, Sportlern und Badenden aus Schicklichkeitsgründen getragen. Cf. U. E. Paoli, 1948, S. 23.

16 Cf. W. Heinz, 1983, S. 148 f.; J. P. V. D. Balsdon, 1963, S. 268. Wenn z. B. Vitruv fordert, daß die Frauen nicht dasselbe Kaldarium benutzen sollten wie die Männer, oder wenn Martial das gemeinsame Baden der beiden Geschlechter beschreibt, dann haben beide solche ›unehrbaren‹ Badeanstalten im Auge.

17 Cf. H. Herter, 1976, Sp. 30. Auch die Männer und Frauen, die in den Thermen an Spielen und athletischen Übungen teilnahmen, waren leicht bekleidet. Cf. J. Carcopino, 1949, S. 403. Auf spätantiken Bildern, auf denen nackte Männer, die verletzt sind, verbunden werden, halten sich diese meist die Hände vor die Genitalien. Cf. K. Sudhoff, 1914, S. 5. Offenbar ließ man in der Spätantike bisweilen mehr oder weniger entblößte Prostituierte im Amphitheater herumschwimmen, denn in einer Predigt über das Evangelium des Matthäus sagte Johannes Chrysostomos: »Die nackte Hure schwimmt; du aber, der du sie ansiehst, gehest unter in sündhafter Begierde!« Cf. E. Mehl, 1927, S. 87. Ohne

weitere Informationen ist es unmöglich, zu sagen, was hier genau mit »nackt« gemeint ist. Im zweiten und dritten nachchristlichen Jahrhundert ließen sich manche Damen und Herren in Form von Skulpturen als nackte Omphale oder als Venus bzw. als Mars oder Hercules darstellen, wobei freilich bei beiden Geschlechtern stets der Genitalbereich mit dem Gewand verdeckt blieb. Cf. H. Cancik-Lindemaier, 1985, S. 209ff.

18 Auch Ambrosius v. Mailand berichtet, daß die Männer im Männerbad und die Frauen im Frauenbad sich »tunlichst« bedeckten. Cf. J. Zellinger, 1928, S. 34. Ob damit gemeint ist, daß die Frauen dann auch die Brüste bedeckten, ist wohl schwer zu entscheiden. Griechischen Berichten zufolge scheinen die Etrusker sehr viel weniger schamhaft gewesen zu sein, doch wird die Verläßlichkeit dieser Quellen heute bezweifelt, ja, man hat sogar von einem versuchten und teilweise erfolgreichen Rufmord der Griechen an den Etruskern gesprochen. Cf. J. Heurgon, 1961, S. 99f. Timaios v. Tauromenion berichtet beispielsweise, »daß auch die Dienerinnen bei ihnen nackt bedienen, bis sie erwachsen sind«, doch auf den Fresken der Festmähler gibt es keine einzige Dienerin oder Tänzerin auch nur mit entblößtem Oberkörper (cf. A. J. Pfiffig, 1970, S. 19, 23, 25), und das höchste der Gefühle ist es, wenn sich bei einer der Frauen die Brustwarzen durch das Gewand abzeichnen. Auch daß, wie im 4. Jahrhundert v. Chr. Theopompos v. Chios behauptet, junge Mädchen und junge Männer miteinander nackt Sport betrieben hätten, wobei mit γυμνός gemeint ist, daß die Betreffenden nur ein Perizoma anhatten, ist sehr fragwürdig. Cf. L. Bonfante, 1975, S. 89, 117.

19 Cf. J. Zellinger, 1928, S. 34. Es handelt sich dabei um eine innerfamiliäre Meidungsvorschrift, die sich auch bei indoeuropäischen Völkern, und zwar nicht nur im Orient, nachweisen läßt.

20 Cf. z. B. W. H. Heinz, 1979, S. 31, 174 oder P. M. Duval, 1979, S. 219.

21 Cf. S. Grunauer, 1977, S. 54. D.h., den Frauen stand das *balneum* vom Morgengrauen bis zur 7. Stunde und den Männern ab der 8. Stunde zur Verfügung.

22 Endlich sorgte im 4. Jahrhundert Epiphanius für die Lösung, indem er einfügte, daß der Jünger Christi vom Heiligen Geist zu dieser Handlung gezwungen worden sei. Cf. J. Jüthner, 1950, Sp. 1141f.

23 Cf. E. J. Mone, 1863, S. 33. Im hohen Mittelalter war man etwas milder, verbot aber den Mönchen, das *petrinum balneum* zu betreten, weil man dann den mehr oder weniger nackten Leib der Mitbrüder gesehen hätte. Cf. G. Zimmermann, 1973, S. 417.

24 Cf. J. Zellinger, 1928, S. 37f.; ferner C. J. Hefele, 1855, S. 742; C. W. Weber, 1983, S. 207. Nach einer Bestimmung der ersten Synode von Aachen im Jahre 816 wurde den Benediktinern gestattet, zweimal im Jahr warm zu baden, und zwar an Weihnachten und an Ostern, jedoch *separatim*. Cf. W. Braunfels, 1980, S. 235, ferner L. Sladeczek, 1962, S. 20. Im späteren Mittelalter wurde ihnen der Besuch der Badstuben mit der Begründung verwehrt, daß dort »nackte« Bademägde beschäftigt seien. Cf. H. Kühnel, 1980, S. 27. Cf. auch R. Schneider, 1980, S. 60.

25 Mildere Strafen trafen den Mann, der sich unterstand, mit einer oder mehreren Frauen zu baden. Forderte das Bußbuch des hl. Hubertus immerhin in einem solchen Falle ein volles Jahr Buße (cf. H. Wasserschleben, 1851, S. 383), so war die Strafe für denjenigen, welcher »cum mulieribus se lavare praesumpserit«, bei Burchard von Worms auf drei müde Tage bei Wasser und Brot geschrumpft (cf. H. J. Schmitz, 1883, S. 826; ders., 1898, S. 438), und auch im alten England mußte der Betreffende »tres dies paeniteat, et ulterius non praesumat«. Cf. G. Zappert, 1859, S. 82; W. Gramm, 1938, S. 30. Auf angelsächsischen Darstellungen werden zwar Männer gezeigt, die nackt miteinander baden, aber nie zusammen mit Frauen. Cf. T. Wright, 1862, S. 57.

26 Cf. A. Y. Syrkin, 1982, S. 152f.

27 Cf. J. Zellinger, 1928, S. 41. Vorherrschend war allerdings im Mittelalter die Sitte, daß die Ehepartner miteinander und mit ihren kleinen Kindern baden durften. Cf. z.B. Dr. Heffner, 1864, S. 188. Im ausgehenden Mittelalter durften die Straßburger Bürgerinnen ihre Buben mit ins »frowgen badt« nehmen, falls sie noch nicht das achte Lebensjahr erreicht hatten. Cf. J. Hatt, 1929, S. 344.

28 Bei Caesar ist keine Rede davon, daß die Gallier nackt gebadet hätten. Vielmehr heißt es, daß ihre Kleidung dabei aus Wildschuren und Lammfellen bestanden habe, weshalb ein großer Teil des Körpers unbedeckt geblieben sei (»pellibus aut parvis renonum tegimentis utuntur, magna corporis parte nuda«). Cf. Caesar, *Bellum Gallicum*, VI, 21, 7ff. Man darf also wohl annehmen, daß bei beiden Geschlechtern allemal der Genitalbereich und bei den Frauen sicher auch die Brüste bedeckt waren.

29 Möglicherweise beunruhigte ihn auch der Gedanke, daß die Frau dabei ihr Kleid hochschürzte. Jedenfalls schaute der hl. Ciarán, als er der Königstochter Psalme beibrachte, dem jungen Mädchen immer nur auf die Füße, um nichts Reizenderes zu erblikken. Cf. L. M. Bitel, 1986, S. 32.

30 Cf. A. T. Lucas, 1965, S. 89. In diesem Falle hieße das natürlich,

daß auch die Frauen durch die Männer verunreinigt werden konnten. Die Vorstellung, daß das Sperma, ferner auch Speichel, Schweiß usw. des Mannes eine Frau schädigen und unrein machen können, ist, wie wir später sehen werden, recht weit verbreitet.

31 Cf. J. Preuß, 1923, S. 636f.; L. M. Epstein, 1948, S. 30.

32 Cf. L. M. Epstein, 1948, S. 30.

33 A. a. O., S. 33. Bei den Essenern mußten die Männer beim Baden einen Lendenschurz und die Frauen ein langes Gewand tragen, das auch die Brüste vollständig bedeckte. Cf. J. Z. Smith, 1965, S. 219.

34 Diese rituelle Reinigung war immer wieder notwendig, weil der Körper durch den Beischlaf, Samenergüsse, Menstruation, Krankheiten und dergleichen unrein geworden war.

35 Cf. L. M. Epstein, 1948, S. 147.

36 Cf. S. Krauss, 1910, S. 680.

37 Auch mit einem König oder Hohepriester durfte man nicht nackt baden, wohl aber mit Heiden, denn man war ihnen ja keinen Respekt schuldig. Cf. L. M. Epstein, 1948, S. 33; S. Krauss, 1910, S. 226; ferner T. Somogyi, 1982, S. 97.

38 Cf. *Sanhedrin* 7a.

39 Als einmal in der Hafenstadt Akko eine junge Frau, die in die Sklaverei verkauft werden sollte, vor den Kunden entblößt wurde, sah sie plötzlich ihren früheren Lehrer nahen, worauf sie sofort ihr Haar löste und sich darin einhüllte. Cf. S. Krauss, 1910, S. 194, 649.

40 Cf. H. Grotzfeld, 1970, S. 22.

41 Cf. H. Ellis, 1928, IV, S. 35f.

42 Cf. C. H. Becker, 1924, I, S. 408.

43 Cf. J. Wellhausen, 1897, S. 173.

44 Cf. A. Bouhdiba, 1973, S. 112. In Marokko – aber auch in vielen anderen Ländern (cf. J. R. Klíma/K. Ranke, 1977, Sp. 1140) – ist das Bad der Aufenthaltsort böser Geister, vor allem der weiblichen *jnun*, die den Männern sexuell nachstellen. Cf. V. Crapanzano, 1981, S. 30; E. Westermarck, 1928, S. 165. Fast überall sind die Muslims gehalten, das Badehaus wie den Ort, an dem sie defäkieren, mit dem linken Fuß zuerst zu betreten, weder mit *salāmun ʿalaikum* zu grüßen, noch den Koran zu rezitieren, denn es ist ein unreiner Ort und das Reich der *djinn*. Cf. A. Bouhdiba, 1973, S. 404. Auch die Weiß- und Großrussen sahen in der Sauna einen ›unreinen‹ Ort (*nečistoje mésto*), an dem sich eine ›unreine Macht‹ (*nečistaja síla*) und andere böse Geister aufhielten. Deshalb durften dort keine Ikonen hängen, und man

196 In einem türkischen Frauenbad, 18. Jh.

durfte auch kein Kreuz um den Hals tragen. Es war der Ort, an dem Zauberer und Hexen versuchten, mit dem Teufel in Verbindung zu treten. Cf. I. Vahros, 1966, S. 25f., 79f. Ähnliche Vorstellungen haben die Zigeuner. Bei den Róm ist der Badeplatz ein befleckender (*marime*) Ort, und es gilt als unanständig, ihn zu erwähnen oder allzu offensichtlich hinzugehen. Cf. A. Sutherland, 1977, S. 387. Auch nach Johannes Chrysostomos mußte man das Kreuz schlagen, wenn man die Schwelle eines Bades überschritt. Cf. H. Hunger, 1980, S. 354.

45 Cf. A. Petersen, 1985, S. 12. Die Omani-Frauen waren schokkiert, als sie hörten, daß in Marokko die Frauen in ein öffentliches Bad gehen, da dies eben bedeutet, daß man von den anderen Frauen zumindest teilweise entblößt gesehen wird. Cf. C. Eickelman, 1984, S. 126.

46 Cf. A. Bouhdiba, 1973, S. 406.

47 Cf. C. Niebuhr, 1774, S. 165.

48 Zit. n. W. Leeks, 1986, S. 37.

49 Cf. E. W. Lane, 1836, II, S. 44.

50 Cf. H. Grotzfeld, 1970, S. 94.

51 Cf. A. Bouhdiba, 1973, S. 407.

52 Zwar darf ein muslimisches Ehepaar den ganzen nackten Körper des Partners betrachten, doch wird nicht selten davon abgeraten, sich die Genitalien anzuschauen, weil man davon blind würde. Cf. A. Bouhdiba, 1973, S. 110. Wenn bei den Beduinen in der südtunesischen Wüste ein Mann ein zerknittertes und vorzeitig gealtertes Gesicht hat, sagt man: »Er ist ein Mösenglotzer.« Cf. E. G. Gobert, 1951, S. 31.

53 Cf. A. Marcus, 1986, S. 168. In vielen spanischen und portugiesischen Städten der Reconquista waren die Juden und die Muslims aus den christlichen Bädern ausgeschlossen. Cf. J. F. Powers, 1979, S. 661. In den Statuten des Freisinger Konzils vom Jahre 1440 heißt es: »Nullus cum Iudaeis praesumat edere aut balneari.« Ruprecht von Freysing bestimmte 1473 in seinem *rechtpuech* (1839, S. 192): »Es sol chain chrisst mit kainem judenn padn.« Cf. auch P. Dirr, 1936, S. 516. Bereits im Jahre 1267 hatte das Wiener Konzil bestimmt: »Prohibemus etiam, ne stubas et balnea seu tabernas Christianorum frequententent«, während Kaiser Wenzel im frühen 15. Jahrhundert sämtliche Nichtchristen ausschloß. Cf. Dr. Heffner, 1864, S. 174.

54 Cf. R. I. Burns, 1971, S. 455. Der christliche Klerus von Aleppo bestand hingegen darauf, daß Christinnen keine Buben mit ins Frauenbad nahmen. Cf. A. Marcus, 1986, S. 169.

55 Cf. H. Grotzfeld, 1970, S. 99.

56 Cf. E. Eggebrecht, 1982, S. 91.

57 Nach E. W. Lane, 1836, II, S. 38, hieß in Kairo das Tuch *mahh'-zam*. In einer andalusischen *ḥisba* aus dem 9. Jahrhundert verglich man einen badenden Mann ohne Genitalbedeckung mit einer Frau, die unmittelbar nach einer Geburt oder der Menstruation badete. Cf. J. F. Powers, 1979, S. 662f.

58 Cf. H. Grotzfeld, 1970, S. 67, 76, 92; ferner J. Katzenberger,

1985, S. 49. Im *ḥammām* des alten Aleppo erhielt der Badende für den Heißraum einen Seidenschurz, und auch in den Fluß stieg man mit einem Schurz (*mīzār*) bekleidet oder – falls man keinen hatte – im Oberkleid, welches man, sobald man ins Wasser eintauchte, auszog. Cf. G. Dalman, 1937, V, S. 199. Heute werden offenbar im gesamten Bereich des Islam in den Männerbädern die Genitalien bedeckt, so in Afghanistan (cf. M. Kumorek, 1970, S. 42), und zwar bei allen dortigen Ethnien, auch den turkomongolischen Hazara (Lukas Kopecky, mündliche Mitteilung vom 11. April 1987); wenn ein Al Murrah-Beduine sich an einem Wüstenbrunnen wäscht, würde er vor anderen Männern nie seinen Unterleib entblößen. Cf. D. P. Cole, 1985, S. 208. Im Jahre 1881 wurde der deutsche Philologe und Orientreisende Siegfried Langer im Wādi Yoḥār von jemenitischen Beduinen ermordet, da diese sich in ihrem Schamgefühl verletzt fühlten, weil er nackt im Wādi gebadet hatte. Cf. T. Dawani, 1987, S. 71f. Auf den mittelalterlichen persischen Badehausdarstellungen sieht man nur Männer mit Badetüchern um die Lenden. Cf. S. C. Welch, 1978, S. 106.

59 Cf. A. Bouhdiba, 1973, S. 407.

60 Cf. H. Grotzfeld, 1970, S. 95.

61 Laut Ibn Munqiḏ fuhr der Bader wie folgt fort:
»Er sah, daß ich mir gerade das Schamhaar hatte abrasieren lassen. ›Sālim!‹ rief er. Ich näherte mich ihm. Er streckte die Hand nach meiner Scham aus und meinte: ›Sālim! Gut so! Bei der Wahrheit meines Glaubens! Mach mir das auch!‹
Er legte sich auf den Rücken. Er hatte so viel Haar an dieser Stelle, daß es wie ein Bart aussah. Ich rasierte ihn, und er fuhr mit der Hand darüber. Als er bemerkte, daß die Stelle glatt war, sprach er zu mir: ›Sālim! Bei der Wahrheit deines Glaubens! Mache das auch mit der Dame!‹ (Ad-dāmā bedeutet in ihrer Sprache die Frau.) Er meinte also seine Frau. Einem seiner Sklaven befahl er: ›Sag der Dame, sie soll kommen!‹
Der Sklave ging und brachte sie ins Bad. Auch sie legte sich auf den Rücken, und der Ritter sprach: ›Verfahr mit ihr so, wie du es mit mir getan hast!‹ Ich rasierte also jenes Haar ab, während ihr Ehemann dabeisaß und mir zuschaute« (U. Ibn Munqiḏ, 1985, S. 153).
Der Quellenwert dieser Geschichte dürfte praktisch Null sein. Wahrscheinlich hat der Syrer sie erfunden, um dem arabischen Publikum vor Augen zu führen, daß es sich bei den »Franken« um Wilde, wenn auch um höherstehende als z.B. die Neger (cf. M. Gordon, 1987, S. 105f.), handelte, die »weder Eifersucht

noch Ehrgefühl« kannten – wir erinnern uns, daß Poggio dasselbe über die Schweizer berichtete –, so daß man bei diesem Volk z. B. ohne weiteres mit der Frau eines anderen schlafen oder der erwachsenen Jungfrau im Beisein ihres Vaters das Kleid lüften konnte, um ihre Genitalien zu betrachten.

62 E. Çelebi, 1987, S. 146.

63 Cf. H. Grotzfeld, 1970, S. 93.

64 Cf. R. I. Burns, 1975, S. 59. Einem *Frauen*bad durfte ein Mann gar nicht erst nahe kommen. Im 12. Jahrhundert hieß es in Andalusien, daß der Kassierer eines Frauenbades sich nicht vor dessen Eingang aufhalten solle, um das Etablissement nicht in Verruf zu bringen. In Fez mußte ein Hausbesitzer ein Stockwerk abtragen, damit man von dort nicht eventuell in die Fenster des Frauenbades Bint al-Bāz schaute. Cf. J. F. Powers, 1979, S. 663.

65 Cf. H. Grotzfeld, 1970, S. 93.

Anmerkungen zu §6

1 Cf. M. Köhler, 1985, S. 347.

2 Cf. A. Jegel, 1954, S. 62 und W. A. Luz, 1958, S. 126; ferner H. Marggraff, 1881, S. 28.

3 Im Bürgermeisterbuch heißt es für das Jahr 1548: »Als anpracht, daß die handwercksgesellen, so taglichs im Main baden, vil vnzvcht treiben, ist beschlossen: den meisternn in den handtwercken zu bevelhen, iren dienern anzuzeigen, das sy hinfurter ir nidercleider anziehen.« Offenbar nutzte diese Verfügung nicht allzuviel, denn zwei Jahre darauf wurde den »ungepurlichen« Jünglingen mit strengen Strafen gedroht, falls sie weiterhin darauf verzichteten, »gedeckt und zuchtig« zu baden. Cf. W. Rudeck, 1905, S. 35; G. Zappert, 1859, S. 4. 1560 tadelt der Stadtarzt des oberelsässischen Ensisheim die adeligen Herrn, weil sie ihren Buben das Nacktbaden im Fluß erlaubten, denn das Baden »ohne hemmet sollt nit seyn«. Cf. S. Schall, 1977, S. 116. Siebzehn Jahre danach sprach der Rat in Straßburg ein 1652 erneuertes Verbot aus, nach welchem das Baden und das Schwimmen in Ill und Breusch »auch wol gar entbloßet« untersagt wurde. Cf. U. Crämer, 1931, S. 229, und J.-P. Kintz, 1984, S. 188.

4 Cf. C. Kaiser, 1982, S. 21.

5 Cf. J. C. Bologne, 1986, S. 35. Der Hof von Fontainebleau badete zwar bisweilen in der Seine, aber die Damen und Herren waren eingehüllt in »grandes chemises de toile grise«, die bis zu den Knöcheln reichten. Cf. L. Wright, 1960, S. 99.

6 Cf. A. Franklin, 1908, I, S. 35. Auch im Rhein konnte man solche »spectacles indécents« verfolgen. So wurde 1606 bei fünf Thaler Strafe sowie Einziehung der Kleider und Rutenstreichen das Baden im Rhein bei Köln verboten, denn vorwiegend junge Burschen hatten »Christliche zucht und erbarkeit so fern und weit zurueck und in vergeß gestelt / daß sie – kein schew trugen, bey dem vornemenden Baden im Rheinstrom / sich gestracks vor der Statt / und derselben warffern ungeschewet / vorueber gehender Jungkfrawen und Kindern genzlich und zumahlen unverschaembter weiß zuentblossen«. Cf. H.-P. Korsch, 1958, S. 85. Nach den Heilbronner Schulgesetzen des Jahres 1661 war das Baden in den Flüssen wohl weniger wegen der Nacktheit der badenden Schüler, sondern wegen der Gefährlichkeit des Schwimmens verboten, denn im selben Atemzuge untersagte man auch das Schneeballwerfen und das Schlittenfahren, die wohl nicht allzusehr die Sittlichkeit gefährdet haben. Erst gegen Ende des 18. Jahrhunderts wurde das Freibaden im Neckar üblich, und 1835 stellte der Rat sogar »ein Individuum, das schwimmen kann«, als Badewächter ein. Cf. W. Steinhilber, 1956, S. 40.

7 Als sich die Grafen daraufhin in die Einöde zurückzogen, um sich dort nackt und jubelnd in die Sill zu stürzen, wurden sie aus dem Unterholz mit Steinen beworfen, und ein neuer Skandal war nicht mehr aufzuhalten. Cf. J. W. Goethe, 1985, S. 766, 794ff.

8 Cf. H. Métraux, 1942, S. 36.

9 Cf. A. Martin, 1906, S. 44f.

10 A. a. O., S. 58.

11 Cf. W. A. Luz, 1958, S. 83.

12 Cf. C. Lipp, 1986, S. 187. Cf. auch F. Rinhart/M. Rinhart, 1978, Abb. auf S. 69 und C. A. Wimmer, 1987, S. 244, 246.

13 Cf. J. H. Weeks, 1909, S. 98.

14 Cf. P. Gay, 1984, S. 338f. Zwei Jahre später entrüstet sich ein Besucher Ramsgates, daß die »bathers on the one hand, and the line of lookers on on the other, some with opera-glasses or telescopes, seem to have no more sense of decency than so many South Sea Islanders«. Cf. C. Wood, 1976, S. 190. In der Heidelberger Polizeiverordnung vom Jahre 1806 ist die Rede davon, daß »verschiedene Personen, besonders aber Kinder bei hellem Tage mit Beiseitsetzung aller Schamhaftigkeit nächst der Stadt und an öffentlichen Spaziergängen in dem Neckar baden«. Cf. W. Deurer, 1807, S. 74. Noch im Jahre 1898 bestimmt das Reglement der Basler Badeanstalt am Rhein ausdrücklich den männlichen Besuchern – die natürlich unter sich waren –, daß sie nicht ohne Badehose baden dürfen. Cf. C. Ludwig, 1962, S. 88.

15 Cf. G. Heller, 1979, S. 70.
16 Viele Städte, wie z.B. Köln, folgten erst im 19. Jahrhundert.
17 Cf. W. A. Luz, 1958, Tf. 44, 45, 52; J. Boudet, 1982, S. 164. Auf einer Darstellung aus dem Jahre 1828 baden allerdings in Dieppe die Damen und Herren voll bekleidet mit Hauben und Hüten im Meer. Cf. D. Rouillard, 1984, S. 20.
18 Cf. J. Tozer/S. Levitt, 1983, S. 150.
19 Cf. J. Laver, 1969, S. 145f.
20 Cf. L. Wright, 1860, S. 83. In Baden bei Wien war es bereits im Jahre 1679 »bey Straff« verboten, »blossen Haupts« im Bade zu erscheinen. Cf. F. A. H. v. Guarient, 1704, S. 148.
21 A.a.O., S. 95. Eines der frühesten Seebäder war das seit 1736 frequentierte Brighton. Gemeinsames Baden von Männern und Frauen gab es dort nicht. Cf. J. Laver, 1972, S. 49. Das erste deutsche Seebad war Heiligendamm bei Dobberan im Jahre 1794. Cf. H.-D. Hentschel, 1967, S. 17. Auf Norderney wurde die erste offizielle Badesaison im Jahre 1800 eröffnet. Cf. G. Möhlmann, 1964, S. 80.
22 G. C. Lichtenberg, 1972, III, S. 97f.
23 Cf. J. C. Bologne, 1986, S. 43.
24 Cf. J. Solé, 1979, S. 248f.
25 Cf. A. Corbin, 1984, S. 236. Offenbar badeten zu jener Zeit viele Damen und Herren auch dann im Bademantel, wenn sie allein waren. So heißt es in einem 1794 erschienenen *Taschenbuch für Brunnen- und Badegäste*, wobei es sich wohlgemerkt um Einzelbäder in der Wanne handelt: »Man setze sich nackend ins Bad. Manche behalten einen Badmantel an, welches nicht wohlgethan ist. Der nasse Bademantel legt sich am Körper an, daß das Wasser solchen nicht frey berühren und seine wohlthätige Wirkung äußern kann.« Cf. J. Göres, 1982, S. 28.
26 Cf. A. Weber, 1982, S. 35.
27 Cf. H. E. Fritz, 1980, S. 169.
28 »La seule chose qui nous ennuyait c'est qu'on n'avait pas le droit de prendre un bain sans mettre un peignoir, une espèce de cagoule. On se baignait tous les quinze jours. Dans une grande salle, il y avait une rangée de baignoires, séparées par des rideaux de caoutchouc. On nous donnait de grandes cagoules blanches, un grand tissu épais. A tout moment la soeur qui nous surveillait tirait le rideau pour voir si on n'enlevait pas la cagoule. Elle nous faisait la leçon; il falloit savonner l'intérieur de la cagoule – on avait de gros morceaux de savon de Marseille – et se frotter le corps presque sans le toucher. Il fallait ensuite s'essuyer, mais on avait ordre de ne pas se regarder« (G. Heller, 1979, S. 211).

197 Im Familienbad an der französischen Atlantikküste, um 1900.

29 A.a.O., S. 71ff.
30 J. M. Seitz, 1925, S. 14.
31 Cf. G. Jacob, 1971, S. 99. In der mehr ländlichen Umgebung von Mannheim blieb das Strandbad freilich noch lange anrüchig. »Ans Strandbad hedd isch als Meedsche nedd gedefft«, meinte z.B. eine alte Neckarauerin, »do hodd's kheese: Sindebabel« (K.-H. Bausch/H. Probst, 1984, S. 137).
32 Cf. J. Guttzeit, 1910, S. 232. Man wird verstehen, daß die Bekleidung von Dr. Riklis Lichtluftbad, die 1870 entworfen wurde und aus kurzer Hose und offenem Hemd bestand, als sehr gewagt empfunden wurde. Cf. S. Giedion, 1982, S. 727.
33 Cf. B. Mundt, 1977, S. 105.
34 Cf. J. F. McMillan, 1981, S. 164.
35 Cf. C. Diem, 1960, S. 613.
36 Zit. n. W. A. Luz, 1958, S. 194f.
37 Cf. A. Schultz, 1890, S. 143. Als im Jahre 1649 der Arzt Peter Chamberlen das Privileg erlangen wollte, in ganz England Badstuben zu errichten, wurde ihm dies aus Sittlichkeitsgründen verweigert. Cf. E. Dühren, 1901, I, S. 250. Viele Badstuben der damaligen Zeit waren Bordelle, was auch Casanova erfahren

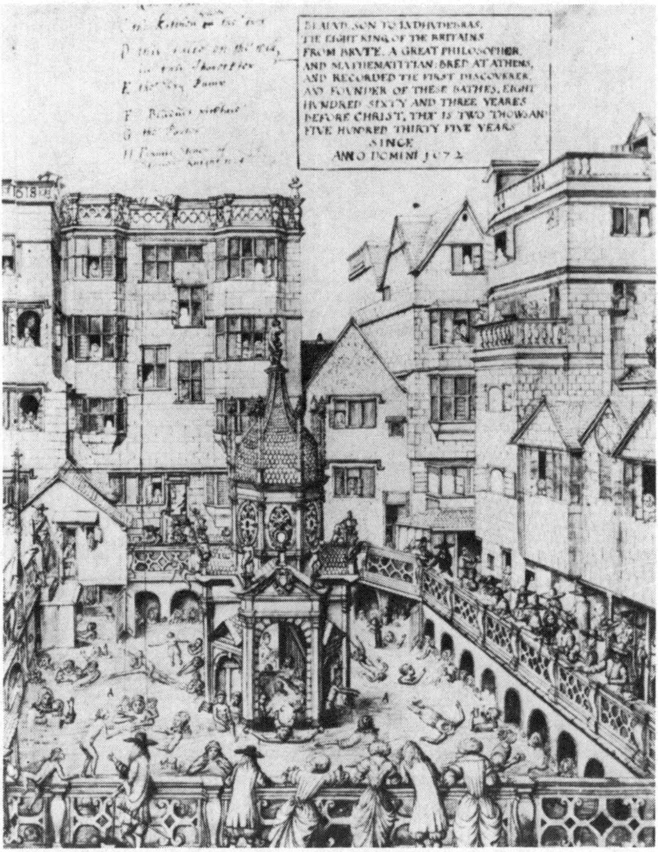

198 Das ›King's Bath‹ in Bath im Jahre 1672.

mußte – falls er es nicht bereits vorher wußte –, als er im Jahre 1760 die Matten-Bäder in der Unteren Stadt von Bern an der Aare aufsuchte. Dort fand er eine große Anzahl von Kabinen vor, »die mir eine Art von Badestübchen zu sein schienen. Ein höflicher Mann fragte mich, ob ich ein Bad nehmen wolle. Als ich bejahte, öffnete er eine der Kabinen, und zugleich eilte eine Menge dienstbarer Mädchen auf mich zu. ›Monsieur‹, sagte der Bademeister zu mir, ›jedes dieser Mädchen strebt nach der Ehre, Sie im Bade zu bedienen; Sie brauchen nur zu wählen. Mit einem kleinen Taler bezahlen Sie Bad, Mädchen und Kaffee‹« (G. Casanova, 1985, VI, S. 207).

199 Thomas Rowlandson: Das ›King's Bath‹ in Bath im späten 18. Jh.

38 »The Ladye goes into the bath with garments made of a fine yellow canvas, which is stiff and made large with great sleeves like a parsons gown, the water fills it up so that it is borne off that your shape is not seen, it does not cling as close as other lining. The Gentlemen have drawers and wastcoates of the same sort of canvas, this is the best linning, for the bath water will change any other yellow; when you go out of the bath you go within a doore that leads to steps which you ascend and let your canvass drop off by degrees into the water. Meanetyme your maide flings a garment of flannell made like a nightgown with great sleeves over your head, and the guides take the taile and so pulls it on you just as you rise the steps, and your other garment drops off so you are wrapped in the flannell and your nightgown on top, your slippers, and so you are set in Chaire which is brought into the roome.« Zit. teilweise n. J. Laver, 1969, S. 145 f., teilweise n. A. Buck, 1979, S. 100. Auf einer Zeichnung von Thomas Johnson aus der Mitte des darauffolgenden Jahrhunderts sieht man allerdings, daß die Männer den Oberkörper entblößt haben, während die Buben sogar ganz nackt sind (Abb. 198). Sollten sich in knapp siebzig Jahren die Sitten dermaßen liberalisiert haben? Oder ist es, wie so oft, auch diesmal der Zeichner, der mehr Nacktheit darstellt, als die Augenzeugin gesehen hat?

39 Cf. A. Martin, 1906, S. 263; G. Zappert, 1859, S. 77.

40 Cf. den Brief des Herrn Keysler bei S. Schall, 1977, S. 36.

41 Man muß dabei bedenken, daß die meisten Bäder eine Geschlechtertrennung hatten, so daß eine Frau, der ein Mißgeschick zustieß, sich meist nur vor anderen Frauen entblößte.

200 Thomas Rowlandson: ›Dr Graham's Bathing Establishment‹.

Nach einer Pariser Polizeiverordnung vom Jahre 1742 mußte auch in solchen Bädern auf strengste Sittsamkeit geachtet werden, und das Personal wurde ermahnt, ein stetes Auge auf »les particuliers« zu werfen, »qui se baignent avec indécence«. Cf. J. P. Haesaert, 1938, S. 66. Im böhmischen Teplitz gab es im ausgehenden 16. Jahrhundert für einfache Leute das »gemeine Männerbad« und das »gemeine Weiberbad«, die beide offen waren, sowie das gedeckte »Bad der gemeinen Bürger- und Bauernweiber«; für die besseren Kreise standen das »Große Herrenbad«, das »fürnehme Bürgerweiberbad« und endlich das »Herzogin- oder Frauenzimmerbad« zur Verfügung, die letzten drei Bäder natürlich ebenfalls gedeckt. Cf. A. Niel, 1984, S. 82. Die Badeordnung von Pfäfers verlautet im Jahre 1619, daß von nun an Männer und Frauen, solange sie nicht miteinander verheiratet oder verwandt seien, »in abgesünderten Schrancken baden theten«, da es im Gedränge vorgekommen sei, daß Weibspersonen »etwan vnzüchtiger und mutwilliger weiß von den Mannsbildern in den Schrancken angetastet« worden seien. Cf. A. Martin, 1906, S. 349. Trotzdem gab es manche Wildbäder, die erst im Biedermeier die Geschlechtertrennung in den Bädern des einfachen Volkes einführten. So wurden z. B. im Aargauer Baden 1824 das Freibad und 1827 auch das Verenabad – nachdem sie bereits im Jahre 1812 mit Jalousien umgeben worden waren – »für beide Geschlechter in zwei Abtheilungen unterschieden«. Cf. B. Fricker, 1880, S. 474 f. In Gastein wurde im Jahre 1641 das gemeinsame Baden der Geschlechter verboten, später aber wieder zugelassen (cf. H.-J. v. Schumann, 1980, S. 2); in Wiesbaden wurden Frauen und Männer im Jahre 1688 voneinander getrennt. Cf. W. Liese, 1961, S. 1212. Nach der Darstellung Rowlandsons (Abb. 200) waren in ›Dr Graham's Cold Earth and Warm Mud Bathing Establishment‹, das der 1794 verstorbene Quacksalber James Graham in der Londoner Fleet Street eröffnet hatte, die Geschlechter nur auf schlampige Weise durch einen Vorhang voneinander getrennt, aber man darf nicht vergessen, daß es sich hier um eine Karikatur handelt. Graham war schon vorher in aller Munde, als er sein »Erdbaden« gemeinsam mit einer jungen Frau vorstellte, beide angeblich »stripped to their first suits«. Cf. J. Baskett/D. Snelgrove, 1977, S. 12. Im Jahre 1824 wurde in Deutschland das erste »russische Bad« eröffnet, aber da die deutschen Sitten sich von den russischen unterschieden, badete man in Einzelzellen. Cf. S. Giedion, 1982, S. 715 f.

42 Cf. A. Martin, 1906, S. 355.

43 Cf. P. Perrot, 1984, S. 42; J.-L. Flandrin, 1978, S. 112.

44 Cf. G.-J. Witkowski, 1903, S. 96. Ich möchte hier Elizabeth Marshall und Elliot Klein dafür danken, daß sie das dreibändige Werk der *Tetonia*, das in Deutschland nicht aufzutreiben war, für mich in Paris photokopiert haben. Nach einem zeitgenössischen Bericht vom Jahre 1586 schämte sich auch Maria Stuart vor ihrer Hinrichtung, sich vom Scharfrichter den Mantel und das lange schwarze Atlaskleid ausziehen zu lassen, zumal ihr Unterkleid aus rostrotem Samt »nidrig außgeschnitten« war: »Vnd da die Hencker jhr helffen wolten / sprach sie / solches were jhr vngewöhnlich / daß sie sich vor einem solchen hauffen Volck solte außziehen« (zit. n. E. Buchner, 1912, S. 15). Schließlich ließ sie sich von ihren Zofen – nach einer anderen Quelle tat sie es selber (cf. G. Doublier, 1959, S. 283) – bis auf den Unterrock entkleiden. Cf. C. Blennerhassett, 1907, S. 383.

45 Cf. *Frankfurter Rundschau*, 3. August 1978.

46 Cf. W. A. Luz, 1958, S. 99, 117.

47 Cf. H. P. Treichler, 1980, S. 122 f.

48 Cf. H. E. Fritz, 1980, S. 169.

49 Cf. L. Wright, 1860, S. 75.

50 Cf. P. Perrot, 1984, S. 16 f.

51 Cf. G. R. v. Bock, 1976, S. 31. Cf. auch É. Magne, 1942, S. 166 f. Ähnlich halten es die Korana-Hottentotten, die sich nicht waschen, sondern salben und pudern. Für fette Babies verwendete man ein starkes Parfum namens *≠?aieb*, das den Urin- und Kotgeruch lindern sollte. Viel scheint das alles nicht genützt zu haben, denn aus den frühen Berichten geht hervor, daß man die

Korana lange riechen konnte, bevor man sie sah. Cf. J. A. Engelbrecht, 1936, S. 106ff.

52 Cf. L. Stone, 1977, S. 485.

53 Cf. G. R. v. Bock, 1976, S. 42.

54 Cf. W. Stengel, 1950, S. 134. Im vorgeschrittenen 18. Jahrhundert wurden unter dem Eindruck der Lehre von der ›Rückkehr zur Natur‹ viele Kinder aus den besseren Kreisen häufig gebadet: »J'avais été élevé à la Jean-Jacques«, berichtet etwa der im Jahre 1777 geborene Graf von Neuilly, »et plongé tous les matins dans un bain glacé; c'était la mode ...« (zit. n. F. Bluche, 1980, S. 47).

55 Cf. L. Stone, 1977, S. 486ff.

56 Cf. E. Shorter, 1984, S. 296. Im ausgehenden 18. Jahrhundert heißt es, daß in den katholischen Ländern die meisten Frauen sterben, ohne jemals gebadet zu haben, und noch achtzig Jahre später war es in manchen französischen Klosterschulen den Mädchen verboten, dieser Tätigkeit jemals nachzugehen, was freilich jenen, die vom Lande kamen, ohnehin nicht eingefallen wäre. Noch im Jahre 1897 heißt es, daß die Mehrzahl der Französinnen Ludwig XIV. überboten und kein einziges Mal in ihrem Leben badeten. Cf. G. Thuillier, 1977, S. 59. Nicht selten wurde das Waschen des Unterleibes mit den Vaginalspülungen der Prostituierten in Verbindung gebracht. Cf. A. Corbin, 1986, S. 263. Immerhin ergaben Umfragen im Jahre 1886, daß der Durchschnittsdeutsche wenigstens alle dreißig Jahre badete. Cf. G. Heller, 1983, S. 201.

Anmerkungen zu § 7

1 J. D. Johnston, 1861, S. 139, zit. n. G. C. Schwebell, 1970, S. 150f. Auch K. Rosenkranz, 1875, S. 349, der im Jahre 1860 ein japanisches Badehaus besuchte, war zunächst verblüfft, aber im Gegensatz zu dem US-Puritaner vergißt er nicht anzumerken, daß dort in einem Maße Anstand und Ordnung herrschten, »wie man sie nur in den Salons der feinsten Gesellschaft finden kann«. Cf. auch T. Yokoyama, 1987, S. 49, 103.

2 Cf. E. Kaempfer, 1779, II, S. 173, 183. In Beschreibungen des »Nacktfestes« (*hadaka matsuri*) heißt es auch heute noch bisweilen, daß die teilnehmenden Männer – und nur Männer nehmen daran teil – nackt seien, um den *kami* zu demonstrieren, daß sie ›rein‹ sind. Cf. H. Haga, 1970, S. 115. Auf Hagas Fotos und auch auf denen, die Klaus-Peter Koepping kürzlich aufgenommen hat, sieht man, daß bei allen Männern die Genitalien und der After fest mit einer T-Binde verhüllt sind. Nur mit dem baum-

wollenen Lendenschurz (*shita-obi*) bekleidet, arbeiteten früher in vielen Gegenden Japans die Männer bei sommerlichen Temperaturen. Cf. J. J. Rein, 1905, I, S. 565. Während man auch noch nach dem Zweiten Weltkrieg in Fischerdörfern bisweilen an heißen Tagen Männer in Lendenschurzen sehen konnte – obgleich es etwas anrüchig war, so spärlich bekleidet außerhalb des Bereichs des Hauses gesehen zu werden (cf. E. Norbeck, 1954, S. 73) –, war dies bei den Bauern im Landesinnern selbst bei brütender Hitze ein äußerst seltener Anblick. Cf. R. K. Beardsley/ J. W. Hall/R. E. Ward, 1959, S. 99.

3 Cf. C. J. Dunn, 1972, S. 161f.; F. S. Krauss/T. Sato, 1965, S. 121, 331. Im *Schmuckkästchen der Hohen Schule für die Frau* (*Onna daigaku takarabako*), einem sehr populären Erziehungsbuch aus dem Jahre 1716, heißt es, daß junge Mädchen und Frauen nie gemeinsam mit Männern baden sollten und daß »die Frauen der Unterschicht wegen Mißachtung dieser Regel« Tadel verdienten. Cf. E. Gössmann, 1980, S. 27f. Nachdem in Edo die Geschlechter herkömmlicherweise getrennt gebadet hatten, verbot im Jahre 1790 die Regierung das gemeinsame Baden von Männern und Frauen generell. Cf. S. Ikeda, 1930, S. 438.

4 Cf. *Kodansha Encyclopedia of Japan*, Bd. 1, Tōkyō 1983, S. 146. Cf. allerdings L. Frois, 1955, S. 115.

5 Cf. z.B. Ō. Mori, 1983, S. 46; C. J. Dunn 1972, S. 161; J. Barth, 1979, S. 207, S. B. Hanley, 1987, S. 21. »Ins Bad gehen« war in der japanischen Ganovensprache eine Umschreibung für ›eine Frau vergewaltigen‹ (cf. P. Crome, 1981, S. 97), in vielen arabischen Ländern für ›koitieren‹. Cf. A. Bouhdiba, 1973, S. 404. Prostituierte wurden häufig *taishū-buro*, »öffentliches Bad«, genannt. Cf. M. Beurdeley et al., 1979, S. 263f.

6 Cf. T. Lésoualc'h, 1978, S. 65. Im *toruko*, dem ›Türkischen Bad‹, kann man meistens zwischen Massage, »Spezial« und »Schaumtanz« wählen. Der letztere besteht darin, daß der Herr von einem jungen Mädchen unter der Dusche eingeseift wird. An allen Stellen des Körpers, versteht sich. Cf. M. Braw/H. Gunnarsson, 1982, S. 225.

7 Massagesalons, von denen man euphemistisch sagen kann, daß sie einen zweifelhaften Ruf hatten, gab es mindestens seit dem 14. Jahrhundert, besonders in den Vergnügungsvierteln der Städte. Sie wurden immer wieder verboten, vor allem ab 1722, als viele der Künstler, die die in den Massagesalons vertriebenen pornographischen *ukiyo-e*-Holzschnitte herstellten, ins Gefängnis geworfen wurden. Cf. T. Lésoualc'h, 1978, S. 66, 71. Womit im alten Japan das Badehaus (*sentō*) assoziiert wurde, sieht man

auch daran, daß manche Etablissements über dem Eingang das Bild eines Granatapfelbaumes (*zakuro*) trugen, weshalb jener *zakuroguchi*, ›Granatapfeltor‹ hieß, ein Wort, das gleichzeitig ein poetischer Ausdruck für die Vulva war. Cf. P. Crome, 1981, S. 97. Nach E. Neumann, 1956, S. 290, stellte der Granatapfel die Vulva wegen seiner Röte und die Fruchtbarkeit wegen seiner Kerne dar. Nach H. M. Westropp/C. S. Wake, 1875, S. 44, bedeutete er auch den schwangeren Leib. Bekanntlich banden Zeus die Hera und Hades die Kore an sich, indem sie die Frauen in den Granatapfel beißen ließen. Auch der Liebesapfel des Paris wird ein Granatapfel gewesen sein. Cf. W. Schwartz, 1885, S. 50f.

8 Cf. T. Sampei, 1958, S. 906.

9 Cf. S. Krebs/P. Krebs, 1982, S. 29. Die amerikanische Besatzungsmacht verbot nach dem Kriege, daß Männer und Frauen dasselbe Becken benutzten. Wenn man die Berichte von Reisenden verschiedener Nationen, die Japan besucht haben, miteinander vergleicht, gewinnt man den Eindruck, daß die Amerikaner viel schockierter auf die japanischen Badesitten reagiert haben als die Europäer. Man denke an den oben zitierten Fregattenkapitän, oder man lese etwa, welche Anstrengungen im Jahre 1875 die junge Amerikanerin Clara Whitney unternahm, um beim Baden nicht von den japanischen Dienstmädchen gesehen zu werden: »The side of the room facing the garden is entirely glass and has no blinds, screen, or anything of any kind. The door is a sliding screen without a lock and very movable. There is also a window opening into the kitchen. I brought some towels, shawls and pins down and set to work, much to the surprise of the maids who know no sin in washing with all open – in the boiler too. First I pinned the shawls over the large glass window – as far as they would go – then I filled up the chinks with towels. I gave the girls a lesson on American bathrooms and put them out. I then pinned towels over the other window, which was partly glazed, and fixed the door with a chair, towels, my wrapper, and sundries. When all was finished I prepared to wash, but notwithstanding all my previous preparations I did not dare to undress entirely lest someone should stray in« (C. Whitney, 1981, S. 30).

10 Cf. F. Maraini, 1958, S. 87; Wolfgang Schamoni, mündliche Mitteilung vom 5. Dezember 1985.

11 P. Crome, 1981, S. 97.

12 K.-P. Koepping, 1981, S. 306.

13 Cf. z.B. E. v. Hesse-Wartegg, 1900, S. 614f., der die Haltung der badenden Frauen mit der der kapitolinischen Venus vergleicht, sowie F. S. Hulse, 1948, S. 353.

14 Cf. A. Goldsmith, 1975, S. 209, der meint, im japanischen Bad gäbe es deshalb nicht »the unself-conscious atmosphere of a Northern European sauna, for example, or even the locker-room casualness of the U.S.«.

15 Cf. C. H. Stratz, 1925, S. 83f.

16 Was der deutsche Übersetzer etwas unglücklich mit »höflicher Gleichgültigkeit« wiedergegeben hat. Cf. E. Goffman, 1971, S. 85.

17 Traditionellerweise wurde den Kindern beigebracht, jemandem, der ihnen übergeordnet war, nie höher als bis zum Brustbein zu schauen. Auch bleibt das Gesicht – was die Emotionen betrifft – ähnlich wie bei vielen Indianern und Eskimos relativ ausdruckslos: »In Japan little use is made of the facial-visual channel, either in encoding or decoding« (M. Argyle/M. Cook, 1976, S. 77, 33).

18 Ein Japaner meinte: »Ich habe Angst davor, jemandem ins Gesicht zu schauen; wenn ich mich dazu zwänge, erschiene mein Blick zu konzentriert und erzeugte bei den anderen Unbehaglichkeit.« Cf. T. S. Lebra, 1983, S. 198.

19 Schon C. H. Stratz, 1902, S. 87, erwähnt, daß es unsittlich sei, eine halb oder ganz entblößte Frau im Bad »durch zudringliche Blicke zu belästigen«. Cf. auch E. Norbeck, 1970, S. 264. »The nude is seen in Japan«, meint B. H. Chamberlain, 1905, S. 60, »but it is not looked at.«

20 Cf. J. F. Embree, 1939, S. 173, 193.

21 Cf. K. Yanagida, 1957, S. 278.

22 Cf. C. Davidsohn, 1896, S. 257.

23 Cf. F. S. Krauss/T. Sato, 1965, S. 130, 140.

24 Cf. M. Kawakita, 1974, S. 39f.; T. Kagesato, 1977, S. 162ff. Über die Reaktion des japanischen Publikums machte man sich wiederum in Europa lustig, was z. B. die Karikatur des französischen Malers Georges Bigot zeigt, auf der die Ausstellungsbesucher dargestellt sind, wie sie den Akt begaffen. Cf. S. Miyao, 1967, S. 196.

25 Allerdings wurde die Nummer der Kunstzeitschrift, in der das Triptychon abgebildet war, verboten. Cf. J. Clark, 1986, S. 220. Den nächsten größeren Schock beim Publikum wie bei den Kunstsachverständigen löste 1912 Tetsugorō Yorozu mit seinem Gemälde ›Nackte Schönheit‹ aus. Cf. M. Torao, 1967, S. 102. Auch Akte, auf denen keine Genitalien zu sehen waren, wurden in Räumen ausgestellt, die dem allgemeinen Publikum nicht ohne weiteres zugänglich waren.

26 Cf. G. Schwarz, 1984, S. 398.

27 In Ōshimas *Ai no korīda* (*Im Reich der Sinne*) aus dem Jahre 1976

sind zwar in keiner Szene die Genitalien des Liebespaares zu sehen, doch der Film wäre trotzdem sofort in Japan beschlagnahmt worden, weshalb der Regisseur das belichtete Material in Frankreich entwickeln ließ. Cf. K. Yamane, 1985, S. 52.

28 Cf. H. Hunger, 1984, S. 68.

29 Cf. C. F. Yamada, 1977, Abb. 227.

30 Cf. G. B. Sansom, 1958, S. 384f.; U. Bitterli, 1976, S. 67; M. Maruyama, 1967, S. 131.

31 In den folgenden Jahren wurden in der Tat bisweilen Männer verhaftet, die bei der Arbeit ihre Beine entblößt hatten. Außerdem durfte man sich nicht mehr am Straßenrand erleichtern oder in der Öffentlichkeit ausspucken. Cf. M. Hane, 1982, S. 62f. Die Hälfte der Delikte, die 1876 in Tōkyō registriert wurden, bezogen sich auf öffentliches Urinieren. Cf. E. Seidensticker, 1983, S. 92. Nicht alle Europäer belächelten freilich das »unzivilisierte« Japan. So beschrieb etwa der Brite Bridge mit Bewunderung die Landarbeiter, »the men exposing nearly the whole of their thick-set muscular bodies to the sun, and the women as lightly clothed as the ›single-garmented‹ Spartan maidens«. Cf. T. Yokoyama, 1987, S. 162.

32 In den dreißiger Jahren des 17. Jahrhunderts schreibt der Reisende Adam Olearius über seinen Besuch eines Bades in Astrachan: »Es war zwar die Badestube mit Brettern unterschieden, daß die Männer und Weiber gesondert sitzen konnten. Sie gingen aber zu einer Tür aus und ein, und zwar ohne Schurztücher; etliche hielten sich einen von Birkenlaub gemachten Busch vor, bis sie sich gesetzet, etliche auch nicht. Die Weiber kamen bisweilen ganz bloß – ohne Scheu vor andern, um mit ihren Männern zu reden« (A. Olearius, 1959, S. 111). Diese Beschreibung wird im wesentlichen von Baron Mayer im Jahre 1688 bestätigt. Cf. B. Stern, 1907, I, S. 429f.

33 Cf. G. B. Sansom, 1958, S. 385f., ferner K. B. Pyle, 1969, S. 101; D. Irokawa, 1985, S. 125. Heute hat sich beispielsweise die Einstellung zum gemischten Baden dahingehend geändert, daß es als etwas Vorsintflutliches und deshalb als peinlich empfunden wird. »Ein typischer Dialog im Empfang eines kleineren Onsen-Hotels, dem man seine Einrichtung nicht von außen ansieht: ›Sie haben doch Männer- und Frauenbad getrennt?‹ Worauf die beflissene Antwort kommt: ›Aber ja doch, selbstverständlich‹« (Sebastian Frobenius, Brief vom 19. März 1987).

34 Cf. W. Schamoni, 1976, S. 59, 61.

35 Ō. Mori, 1973, S. 5. Auch die ›Nacktheit‹ der Sumō-tori, die nur einen knappen Lendenschurz tragen, wurde kritisiert, und 1876

wurde den Frauen verboten, bei dem Ringkampf zuzuschauen. Cf. E. Seidensticker, 1983, S. 92. Nach der Jahrhundertwende war die Nacktheit auf der Straße weitgehend verschwunden. Im Jahre 1904 schreibt beispielsweise der deutsche Arzt Erwin Bälz, man könne »keine oder doch wenig Angehörige beider Geschlechter splitternackt über die Straße gehen sehen«, wenn sie sich auf dem Wege zum Bad befänden. Cf. U. Kajima, 1978, S. 56. Dies wäre allerdings auch fünfzig Jahre vorher ein ungewöhnlicher Anblick gewesen.

36 Zit. n. J. S. Hohmann, 1981, S. 25.

37 Cf. K. Rasmussen, 1982, S. 190. Auf russischen pornographischen Frauendarstellungen aus der Mitte des 18. Jahrhunderts wurden bezeichnenderweise häufig Frauen wiedergegeben, die ihre Beine spreizen oder auf andere Weise die Vulva zeigen. Cf. A. Flegon, 1976, S. 51 und Abb. 21f.

38 Cf. S. Giedion, 1982, S. 699ff.; H. Fleischhacker, 1978, S. 103ff.

39 Cf. B. Stern, 1907, I, 429.

40 Cf. B. L. Gordon, 1959, S. 411.

41 Cf. B. Stern, a.a.O., S. 431f.

42 Cf. z.B. G. K. Loukomski, 1928, Pl. XLVIf. Im folgenden Jahrhundert gab es anscheinend keine russische Stadt, in der die Geschlechter noch gemeinsam das Badehaus besuchten, und auch am Meeresstrand wurde das gemischte Baden untersagt. An der lettischen Ostseeküste wurde es eine Zeitlang geduldet, wenn die Frauen und Männer Badekostüme trugen, doch schließlich wurde dies dahingehend geändert, daß den Geschlechtern abwechselnd der Strand freigegeben wurde. Die Einhaltung dieser Regelung überwachte man durch ständige Polizeikontrollen. Cf. B. Stern, a.a.O., S. 433, ferner H. Ploss/M. Bartels, 1908, II, S. 45. Wenn man R. Ungewitter, 1913, S. 77, glauben darf, badeten in Kiew noch um die Jahrhundertwende Männer und Frauen getrennt, aber unbekleidet. Auf einer Photographie, die offenbar aus den frühen dreißiger Jahren stammt, sind Arbeiterinnen einer Moskauer Fabrik zu sehen, die nackt oder ›oben ohne‹ sonnenbaden, und zwar in einer Entfernung von zwanzig oder dreißig Metern von Männern. Cf. C. Ferber, 1983, S. 176. Vor längerer Zeit erzählte mir Frau Vera Melnikow, daß in den zwanziger Jahren am Strand bei Riga die jüngeren Männer in Sichtweite der Frauen völlig nackt in die Meeresfluten rannten, sich dabei aber mit einer Hand die Genitalien bedeckten. Noch im Jahre 1965 beobachtete ich an einem bulgarischen Schwarzmeerstrand, wie sich jüngere Frauen und Männer beim Umziehen völlig entblößten, wobei freilich die anderen wegschauten.

An den Binnengewässern scheint dies nicht üblich gewesen zu sein, denn nach C. Vakarelski, 1969, S. 246f., badeten die Frauen im allgemeinen abends, wenn es dunkel war, oder tagsüber an abgelegenen Stellen im Fluß, aber auch das wurde in den katholischen Dörfern als skandalös angesehen.

43 Cf. T. Lund, 1882, S. 223f.

44 A.a.O., S. 444f.

45 Cf. C. Ogier, 1914, S. 97. Ich danke Bengt Ankarloo für die Übersetzung des Zitats aus dem Schwedischen. Die hier verwendete deutsche Übersetzung findet sich bei H. J. Viherjuuri, 1943, S. 25f.

46 Cf. H. Reier, 1976, S. 13, 16.

47 Cf. K. Rasmussen, 1982, S. 187.

48 H. J. Viherjuuri, 1943, S. 30, 90. Eine solch strenge Etikette findet sich überall, wo die Geschlechter nackt oder leicht bekleidet zusammen baden. In Äthiopien gab es beispielsweise früher Thermalquellen, die mit hüttenartigen Strukturen aus Stroh überdeckt waren und die mit dem arabischen Wort *ḥammām* bezeichnet wurden. In ihnen badeten zwar beide Geschlechter gleichzeitig, doch es herrschte, wie ein Reisender im Jahre 1844 berichtet, ›the greatest decorum‹, davon abgesehen, daß es im Bad stockduster war. Sollte sich trotzdem einmal irgendein Lustmolch ins Wasser verirren, so hieß es, daß dann eine große Schlange aus der Quelle käme und es besagtem Molch schlecht erginge. Cf. R. Pankhurst, 1986, S. 314.

49 Cf. E. Aaltonen, 1953, S. 165ff.

Anmerkungen zu § 8

1 Ich selber habe früher – vor allem wegen seiner romantischen Konnotation – den Begriff ›Naturvölker‹ verwendet. Wenn man damit sagen will, daß man auf dem Lande näher an der Natur im Sinne von Wald, Wiese und Tieren lebt oder daß solche Völker sich die äußere Natur in geringerem Maße untertan gemacht haben als die Großstadtbewohner, mag das Wort noch angehen. Wenn man mit ihm freilich meint, daß diese Völker eine größere Naturnähe im Sinne einer geringeren Domestikation ihrer eigenen ›Natur‹ hätten, also weniger Zivilisation im Sinne einer Gesittung, ist er abzulehnen.

2 Cf. J. W. M. Whiting, 1941, S. 48f. Ich verwende hier – wie bisweilen auch sonst – das ›ethnographische Präsens‹.

3 Frauen und Mädchen der eigenen Familie darf ein Kwoma zwar

anschauen, aber er muß jeden Blick auf die Vulva vermeiden. Um die starke Inhibition sexueller Gefühlsäußerungen gegenüber Frauen zu kompensieren, gibt es eine Scherzbeziehung zwischen Bruder und Schwester, in der er zwar nicht ihre Vulva anschauen darf, es ihm aber z.B. gestattet ist, ihr vorzuwerfen, Inzest begangen zu haben und ähnliches. Cf. J. W. M. Whiting, 1961, S. 139.

4 Cf. J. W. M. Whiting/S. W. Reed, 1938, S. 198, 209f.; J. W. M. Whiting, 1941, S. 75ff.

5 Cf. P. Wirz, 1928, S. 145.

6 Begegnete eine Qunantuna-Frau im Busch einem Mann, so wandte sie sich ab, bis der Mann vorübergegangen war, so daß er keine Gelegenheit hatte, einen Blick auf ihren Genitalbereich zu werfen.

7 Cf. C. Laufer, 1949, S. 349f., 352f. Auch heute noch gelten die Qunantuna (Tolai), vor allem die Frauen, als sehr prüde, und schon die kleinen Kinder müssen die Genitalien bedecken. Cf. A. L. Epstein, Brief vom 18. Dezember 1986. Auch die Frauen der Lusi im westlichen Neubritannien bedecken heute ihre Genitalien, und es ist eine schlimme Entehrung, wenn ein Mann seiner Frau im Streit diese Bedeckung herunterreißt. Cf. D. A. Counts, 1984, S. 76, 80.

8 Die Alacaluf (Halakwúlup) trugen einen die Arme und Beine freilassenden Umhang aus Fell, die Ona (Selk'nam) einen solchen aus Leder. Beide hatten lediglich die Funktion, den scharfen Wind abzuhalten. Gegen die Kälte – im wärmsten Monat des Jahres beträgt die Durchschnittstemperatur höchstens 8° – schützten sie sich mit einer dicken Schicht aus Tonerde und Guanakofett. Cf. M. Gusinde, 1946, S. 174f.; H. T. Hammel, 1960, S. 146.

9 Cf. H. Ellis, 1900, S. 18; J. Guttzeit, 1910, S. 30.

10 Cf. D. Pector, 1892, S. 218; A. Chapman, 1982, S. 30f.

11 Cf. H. Ploss/M. Bartels, 1908, I, S. 523.

12 P. Ehrenreich, 1902, S. 157. Noch vor kurzem forderte ein deutsches ethnographisches Filmteam eine Gruppe von Akha-Frauen auf, vor der Kamera die Brüste zu entblößen (Friedhelm Scholz/Vera Scholz-v. Reitzenstein, mündliche Mitteilung vom 21. April 1986).

13 Cf. E. Marno, 1875, S. 157, 366f.

14 Die Onge-Frauen waren schon damals so schamhaft, daß sie ihren Grasrock (*ōbunga*), den sie im Alter von fünf oder sechs Jahren erhalten und der den vorderen Unterleib und das Gesäß bedeckt, nicht einmal vor den Angehörigen des eigenen Ge-

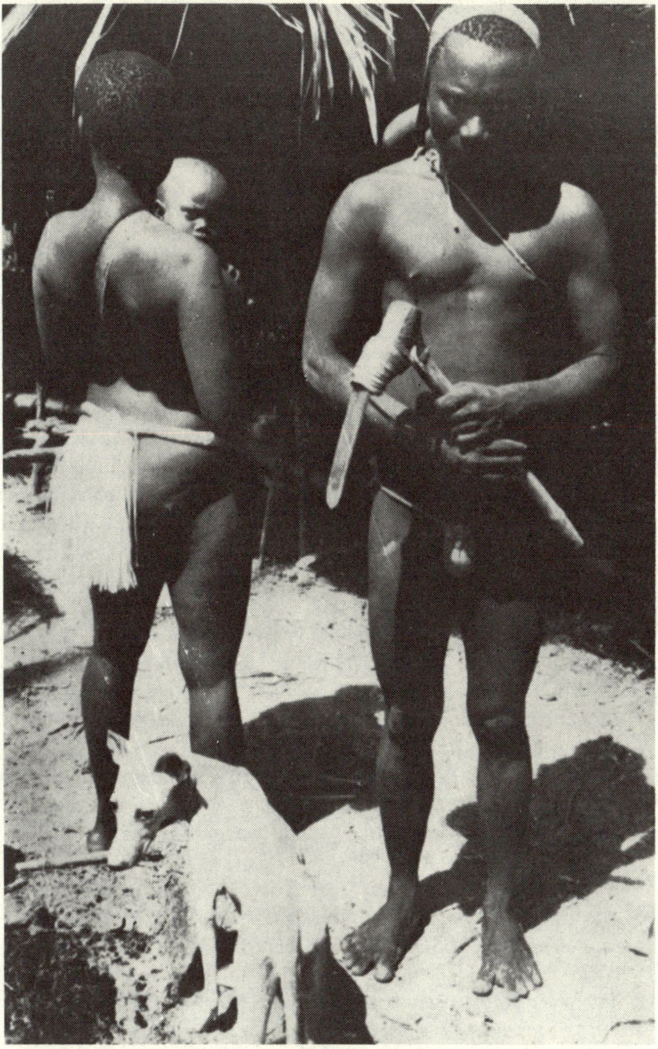

201 Onge-Familie, Andamanen.

schlechts wechselten. Ständig achten sie darauf, daß das *ōbunga* richtig sitzt und niemand ›etwas‹ sehen kann. Auch die Männer verbergen ihre Genitalien in einer Art Beutel. Cf. E. H. Man, 1883, S. 94, 330f.; C. B. Kloss, 1903, S. 188; B. Gupta, 1976,

S. 23. Die Jarawa auf der Insel Klein-Andaman waren traditionellerweise nackt. Heute bedecken beide Geschlechter den Genitalbereich mit Rindenstoff. Cf. E. H. Man, 1885, S. 109f.; ders., 1883, S. 330, 400; L. Cipriani, 1963, S. 98; R. Singh, 1975, S. 75. Über ihre Schicklichkeitsregeln scheint nichts bekannt zu sein, da sich die Jarawa bisher erfolgreich gegen eine ethnologische Erforschung gewehrt haben.

15 Cf. L. Cipriani, 1966, S. 23.

16 Cf. Hr. Vahness, 1900, S. 415.

17 Cf. J. M. Garvan, 1955, S. 773.

18 Cf. M. Baier, 1977, S. 243f.

19 Cf. W. M. Pfeiffer, 1977, S. 16. Auch sonst gab es in Südostasien teilweise sehr harte Strafen für Voyeure. Cf. J. M. Garvan, 1927, S. 599.

20 Cf. J. C. Vergouwen, 1964, S. 266. Wenn sich bei den Garo ein Mann einer Quelle oder einem anderen Gewässer, in dem man badet, nähert, muß er sich bereits außer Sichtweite durch Rufen, Singen, lautes Husten und dergleichen bemerkbar machen und so lange warten, wie eine Frau braucht, um aus dem Wasser zu steigen, sich anzuziehen und wegzugehen. Cf. G. Costa, 1954, S. 1066.

21 Cf. M. Baier, 1977, S. 242f. Auch das Durchstöbern ihrer Kleider wird bestraft. Es ist ebenfalls ein Unzuchtsdelikt, weil die Kleider einer Frau zu ihrer Intimsphäre gehören. Gleiches gilt für die Lushai. Cf. N. E. Parry, 1928, S. 55, aber auch für das Frauenbad des hochmittelalterlichen christlichen Spanien. Cf. J. F. Powers, 1979, S. 660. Bei sämtlichen Dayak-Stämmen Borneos scheinen beide Geschlechter sehr schamhaft zu sein. So ziehen sich bei den Dusun die Frauen – die stets unter sich baden – nie aus, ja, die jungen Mädchen entblößen nicht einmal die Brüste. Vielmehr gehen die Frauen, die im Gegensatz zu den Jungfrauen die Brüste frei tragen, bis zu den Knien ins Wasser und ziehen den Sarong über die Brust nach oben, aber so, daß er immer noch den Genitalbereich bedeckt. Während sie mit der einen Hand den Sarong festhalten, schaufeln sie mit der anderen das Wasser auf ihren Unterleib. Die Männer ziehen dagegen, kurz bevor sie ins Wasser eintauchen, den Lendenschurz aus. Cf. T. R. Williams, 1966, S. 30; J. Staal, 1924, S. 965f. Nach C. Hose, 1926, S. 261, taten die Kajan-Männer dies genauso, und zwar so geschickt, daß kein Mann die Genitalien des anderen sehen konnte. In neuerer Zeit hielten sich die Männer der Kajan, Kenyah und Punan beim Baden die Hand vor die Genitalien, und zwar meistens die linke. Auch die Frauen zeigten sich voreinan-

202 Kinder der Ata Kiwan von Pantar.

der nie nackt (Rodney Needham, Brief vom 25. Oktober 1986), und ein Mann hatte ohnehin kaum eine Chance, die Vulva einer Frau zu sehen. Als ein junger Kajan, der sehr gut zeichnen konnte, für die Ethnographen Zeichnungen von Frauen anfertigte, stattete er diese mit der Vulva eines Tieres aus (cf. L. S. A. M. v. Römer, 1913, S. 141), da er offenbar noch nie die Genitalien eines jungen Mädchens oder einer Frau gesehen hatte. Bei den Bukit wollen deshalb manche Eltern nicht, daß ihre Tochter eine Trance-Heilerin wird, weil eine Frau in der Trance alle Scham verlieren kann und die Möglichkeit besteht, daß sie sich dann nackt auszieht. Cf. L. A. Kimball, 1980, S. 55. Auch bei den Land-Dayak bedecken die Männer während des Badens die Genitalien. Ein Junge, der einen verkrüppelten Arm hatte und deshalb die eine Hand nicht vor die Genitalien halten konnte, während er sich mit der anderen auszog, badete aus diesem Grunde nie mit den anderen. Cf. W. R. Geddes, 1957, S. 60. Man kann sich vorstellen, daß ein junger Brite einen Skandal heraufbeschwor, als er vor aller Augen nackt badete, »considering he was only surrounded by ›niggers‹« (H. Ling Roth, 1896, I, S. 133). Trotzdem zeigen, wie mir Needham schreibt, die Dayak nicht die übertriebene Prüderie wie etwa die Malaien.

22 Der Mann wird freilich bestraft, wenn er eine Frau beobachtet, die sich innerhalb des Hauses wäscht (Informant Pak Lamuri, August 1986). Traditionellerweise blieben bei den Ata Kiwan

Jungen und Mädchen bis zum Alter von etwa zwölf Jahren nackt. Nachdem sie gekleidet wurden, durften sie sich in der Öffentlichkeit nicht mehr entblößen (Informant Bene Boli Koten Tena Wahang, August 1986). Ich selber habe in Belogili und anderen Dörfern des östlichen Flores Buben bis zum Alter von fünf oder sechs Jahren in der Öffentlichkeit nackt gesehen, während die kleinen Mädchen durchweg bekleidet waren. Ich möchte an dieser Stelle Karl-Heinz Kohl für das Dolmetschen aus dem und ins Lamaholot danken.

23 Cf. M. Covarrubias, 1956, S. 49f., 116; C. D. Bryant, 1982, S. 72; W. Dreesen/F. Lindner, 1937, S. 115. Im Sommer 1986 habe ich in den Bewässerungsgräben entlang der Straße von Denpasar nach Amlapura viele Badende gesehen – die Männer nackt, die Frauen meist in Unterhosen –, die sich, wenn Leute vorübergingen, einfach umdrehten.

24 Anette Rein, mündliche Mitteilung, 12. August 1986. Auch beim Sitzen und Hocken achten die Männer sehr darauf, daß ihre Genitalien bedeckt sind, und ziehen das Lendentuch straff über die Schenkel. Cf. J. Belo, 1970, S. 99. Wenn die Pantomimen der Bali Aga beim Umziehen nackt sind, bedecken sie während dieser Zeit wie beim Baden die Genitalien mit der Hand. Cf. J. Danandjaja, 1985, S. 83.

25 Cf. M. Covarrubias, 1956, S. 117. Beim Herausgehen binden sie sich den Sarong um und lassen ihn in dem Maße fallen, wie das Wasser niedriger wird.

26 Während der Mann nicht die Genitalien seiner Frau sehen darf, scheint es umgekehrt gestattet zu sein, daß die Frau den Penis ihres Mannes oder Liebhabers sieht, wie auch Fellatio anscheinend häufiger vorkommt als Cunnilingus. Cf. A. Duff-Cooper, 1985, S. 414. Bei kleinen Kindern schaut man indessen die Genitalien an und findet sie bei beiden Geschlechtern schön. Cf. M. Mead, 1970, S. 200. Jemandem die Vulva zu zeigen käme einer Verfluchung gleich: Noch heute gibt es auf Bali aufgehängte Schlitztrommeln in Form einer Frau mit einem großen Schamschlitz. Diese Trommeln schlägt man zur Vertreibung der Geister mit einem phallusförmigen Schlegel. Ansonsten scheint die Vulva nicht dargestellt worden zu sein. Auch auf den Effigiebrettchen, die verbrannt werden, wenn bei der Verbrennung der Knochen eines Toten das eine oder das andere Knöchelchen fehlt, bedecken sich die Frauen die Genitalien. Cf. G. Krause, 1917, S. 480f.

27 Cf. A. Duff-Cooper, a.a.O., S. 404f. Früher war es üblich, daß die Jungen, denen bereits das Schamhaar sprießte, lediglich ein

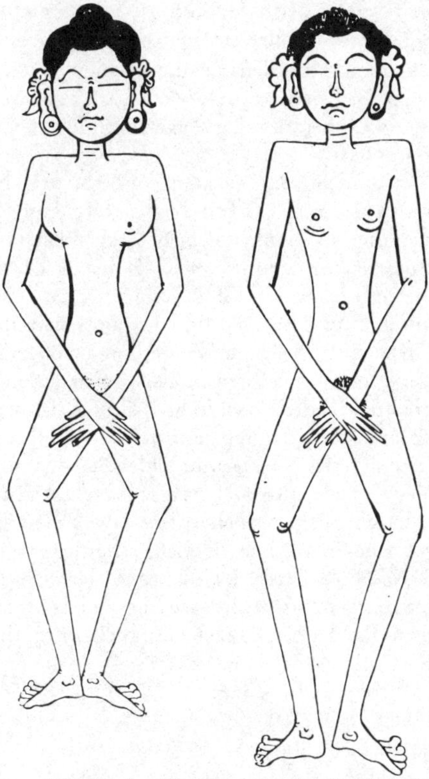

203 Balinesische Effigiebrettchen aus Sandelholz.

Tuch um die Hüfte trugen, dessen eines Ende über den Genitalbereich hing. Heute würden sich Jungen in diesem Alter schämen, so bekleidet gesehen zu werden. Wenn Frauen einen Tempel betreten, wickeln sie den Sarong spiralförmig um den Leib, damit man auf keinen Fall die Schenkel sehen kann (A. Rein, a. a. O.).

28 Cf. A. Vossen, 1956, S. 6.

Anmerkungen zu § 9

1 Cf. W. Leach, 1980, S. 26.

2 Cf. É.-E.-R. Ribo, 1931, S. 102.

3 Zit. n. V. Schmidt-Linsenhoff, 1981, S. 51. Einzelne Nudisten

waren immer wieder dermaßen anti-erotisch eingestellt – z.B. vertraten sie die Auffassung, daß der Koitus ausschließlich der Fortpflanzung und nicht der Lust dienen solle (cf. G. L. Mosse, 1985, S. 69) –, daß man vermuten kann, sie befürworteten die gemeinsame Nacktheit, um das Auge gegenüber sexuellen Reizen abzustumpfen.

4 Er selber sprach nicht vom Nackten, sondern vom »Nackten«.

5 R. Ungewitter, 1907, S. 53. Der Nudist Jörg Lanz-Liebenfels war der Meinung, die dunkelrassigen »Tschandalen« hätten die Nacktheit des Leibes tabuisiert, weil sie den »Hellrassigen« an Schönheit unterlegen waren. Cf. F. Sonnenberger, 1986, S. 300f.

6 R. Ungewitter, 1913, S. 73, 74. Im Jahre 1921 schreibt ein Mitglied des Deutschen Mädchen-Wanderbundes über die Nacktkultur: »Wir streben nach Reinheit, nach einem gesunden natürlichen Verhältnis beider Geschlechter, dessen Unbefangenheit nicht durch sinnliche Erregung gestört wird.« Und es fährt fort: »Den Gipfelpunkt der Nacktkultur bildet das gemeinsame Luftbaden beider Geschlechter. Dafür ist selbstverständliche Vorbedingung eine erhebliche sittliche Reife, sowie eine vernünftige Lebensweise und Ernährung. Fleisch, scharfe Gewürze, Bohnenkaffee, Alkohol, Tabak, Fleischbrühe sind sämtlich unnatürliche Reizmittel des Geschlechtstriebes und schwere Hindernisse für ein wirklich gesundes geschlechtliches Empfinden« (zit. n. M. de Ras, 1985, S. 93).

7 Cf. R. W. Murphy, 1977, S. 126.

8 M. S. Weinberg, 1968, S. 217.

9 Cf. F. Ilfeld/R. Lauer, 1964, S. 35.

10 A.a.O., S. 62, 176.

11 M. S. Weinberg, a.a.O., S. 218.

12 Der Ausdruck »keusches Lichtkleid« scheint von Hans Surén zu stammen. In den zwanziger Jahren wurden zur Vermeidung des Wortes ›nackt‹ unter anderem »barleibig« vorgeschlagen, auch »Gotteskleid«. Während die Wochenschrift *Die Sonne* im Jahre 1927 »barwesig« beisteuerte, weste in der Zeitschrift *Licht-Land* das »blank baden«. Schließlich nannten sich einige Nudisten »Licht-Kämpfer«, doch haben wir hier bereits ›völkischen‹ Boden betreten. Cf. W. Schwerbrock/K. Barthel, 1969, S. 14; ferner J. M. Seitz, 1925, S. 12. »Skyclad« nennen sich die Mitglieder einiger moderner Hexenkultgruppen, wenn sie sich im Zustand ritueller Nacktheit befinden. Cf. J. B. Russell, 1980, S. 168. »By definition (!) all shame vanishes«, schreibt P. Zalasin, 1979, S. 70, über die sich nackt ausziehenden Mitglieder. Auch die ›Satanisten‹ kennen eine rituelle Nacktheit. So wird beispielsweise

204 ›Das Tänzchen im Wasser‹, um 1930.

jedes Ritual der amerikanischen ›Satanist Church of the Trapezoid‹ vor einem »altar of flesh« ausgeführt, der aus dem nackten Leib einer jungen »Hexe« besteht, die in der Woche darauf von einer anderen abgelöst wird. Cf. E. J. Moody, 1974, S. 370 und Abb. 25 in H. P. Duerr, 1978, S. 257.

13 Cf. L.-C. Royer, 1929, S. 47; R. Salardenne, 1929, S. 59.

14 Cf. R. Salardenne, 1930, S. 77f.

15 Cf. H. C. Warren, 1933, S. 177.

16 Cf. F. Ilfeld/R. Lauer, 1964, S. 54ff., ferner M. S. Weinberg, 1968, S. 218.

17 Cf. R. M. Berndt/C. H. Berndt, 1951, S. 22.

18 Deshalb trugen die Nudistinnen der »Insel der Nacktheit« bei Médan in den zwanziger Jahren Bikinis, wenn sie Sport trieben.

19 Cf. M. S. Weinberg, 1968, S. 219. Heute geben zumindest viele Besucher von Nacktbadestränden zu, daß der nackte Körper sie mehr errege als der bekleidete. Als Soziologen habituelle Besucher von Black's Beach bei San Diego, eines bekannten Nacktbadestrandes, nach den Gründen fragten, warum sie hier und nicht an einem gewöhnlichen Strand badeten, gaben diese zunächst teilweise seltsame Rationalisierungen und Pseudoerklärungen, bis sie schließlich damit herausrückten, daß sie es taten, »because it really sexed them up«. Viele junge Männer nehmen junge Mädchen, die sie kennengelernt haben, zum Strand mit, um sie dort

205 Die englische ›Hexe‹ Patricia Crowther.

›scharf‹ zu machen, so daß sie schneller bereit sind, mit ihnen zu schlafen. Cf. J. D. Douglas/P. K. Rasmussen/C. A. Flanagan, 1977, S. 81, 90, 161.

20 Cf. z.B. L. Elder, 1973, passim; ders., 1974, passim.

21 Ich habe dabei nur die Bilder größeren Formats berücksichtigt, auf denen die Personen deutlich sichtbar sind.

22 N. Elias, 1939, I, S. 257f.

23 A.a.O., S. 257.

24 M. Beutelspacher, 1986, S. 128. Auch einige Soziologen, die

Elias' Theorie im wesentlichen zu akzeptieren scheinen, glauben, daß sich zumindest seit Beginn unseres Jahrhunderts ein fortschreitender »Informalisierungsprozeß« beobachten läßt (cf. z.B. H. Eichberg, 1984, S. 106; H. P. Dreitzel, 1983, S. 152), worauf im übrigen bereits Franz Borkenau in der allerersten Rezension des Eliasschen Werkes hingewiesen hat. Cf. J. Goudsblom, 1977, S. 23. Diese Kritik voraussehend, hat Elias geltend gemacht, daß die thematisierte Lockerung der Triebkontrollen nur eine scheinbare sei, da der »Zivilisationspanzer« uns so vollkommen und undurchdringbar umgebe, die Mäßigung des Trieblebens so gesichert sei, daß man sich dererlei »Informalitäten« leisten könne. Cf. N. Elias, 1939, I, S. 190, ferner C. Wouters, 1977, S. 293f. Linken Kritikern wiederum ist diese Auffassung zu fatalistisch, da sie bedeute, daß der Mensch in seinem »Panzer« gefangen sei, ohne eine Chance zu haben, ihn jemals aufzubrechen. Cf. A. Wehowsky, 1977, S. 9f. Demgegenüber hatte indessen Elias, 1939, I, S. XVIII, fortschrittsoptimistisch betont, daß es uns vielleicht eines Tages gelinge, die Gesetze des Zivilisationsprozesses so gut zu durchschauen, daß wir das, was uns heute wie ein Naturprozeß vorkomme, »einer bewußteren Lenkung« zugänglich machen können.

25 Cf. F. Ilfeld/R. Lauer, 1964, S. 62, 92. »The two grounds for expulsion from a nudist camp«, so Diane Arbus im Jahre 1966, »are starting too hard and getting an erection« (D. Arbus, 1984, S. 69).

26 Cf. J. D. Douglas et al., 1977, S. 143f.

27 Cf. a.a.O., S. 172, 195.

28 Cf. F. Ilfeld/R. Lauer, 1964, S. 62.

29 Cf. J. D. Douglas et al., 1977, S. 142ff.: »Penis extensions are not very subject to moral condemnation on the beach. They can be passed over as natural, or people may not be aware at all that there is any difference from the penis at rest.«

30 Cf. a.a.O., S. 174. Black's Beach bei San Diego wird noch heute von den Behörden als Nacktbadestrand geduldet, obgleich seine Gegner weiterhin erwirken wollen, daß er aufgelöst wird, und zwar nicht mit der Begründung, er sei unmoralisch, sondern mit dem Argument, er ziehe Sittenstrolche an (Lola Romanucci-Ross, Brief vom 21. Februar 1986). Richard de Mille teilt mir in einem Brief vom 20. Februar 1986 mit, daß zur Zeit zwar anscheinend nirgendwo in Kalifornien Nacktbadestrände legal seien, daß sie aber überall toleriert würden. Was das Nacktbaden an den Stränden bei Santa Barbara betrifft, so habe es zwar vor Jahren auf Grund von Beschwerden einige Verhaftungen gege-

ben, »but apparently everybody got tired of that game«. Nach einem über hundert Jahre alten kalifornischen Gesetz ist Nacktheit in der Öffentlichkeit nicht strafbar »unless it is both willful and lewd in intent«. Cf. L. Elder, 1974, S. 87. Im Jahre 1957 wurde der in einem Nudistencamp in Florida gedrehte Film *Garden of Eden* zwar in Großbritannien und in Amerika verboten, doch wurde dieses Verbot vom New York Court of Appeals mit der Begründung aufgehoben, reine Nacktheit sei nicht »sufficiently obscene to meet new standards«. Cf. G. Hanson, 1970, S. 78f. Auch in Deutschland wird inzwischen das Nacktbaden zumindest in den Metropolen weitgehend geduldet. Als z.B. im Oktober 1986 in Berlin die ›Verordnung über öffentliches Baden‹ auslief, wurde sie nicht erneuert. Die offiziellen Stellen verlauteten, »auf Grund gewandelter Moralvorstellungen in Berlin« habe kein »Regelungsbedarf« mehr bestanden. Cf. *Rhein-Nekkar-Zeitung* vom 2. Juli 1987. Schon zehn Jahre vorher hatte der Wilmersdorfer Stadtrat für Gesundheit auf die Frage, was er gegen das ›wilde‹ FKK-Treiben zu tun gedenke, geantwortet, man werde einen Toilettenwagen aufstellen. Cf. A. Georgieff, 1987, S. 399.

31 Cf. J. Nicholson, 1972, S. 14.

32 Daß das Interesse daran, öffentlich nackt zu sein, in der allerjüngsten Vergangenheit eher rückläufig zu sein scheint, spricht meines Erachtens weniger für eine erneute Verschärfung der Triebkontrollen, sondern liegt eher daran, daß die öffentliche Nacktheit mehr und mehr die Momente des Provokativen oder Avantgardistischen verliert.

33 Cf. H. Sebald, 1980, S. 18, 22f. Die Kommune erlaubte zu Beginn, im Jahre 1976, Nacktheit nicht nur an den heißen Quellen, sondern auf ihrem ganzen Gelände. Wegen möglicher Konflikte mit der benachbarten Gemeinde und mit Besuchern, von denen die Kommune finanziell abhängig war, beschloß jedoch einige Zeit später der Rat der Kommune, daß die Genitalien derjenigen, die sich nicht unmittelbar an oder in den Quellen oder an einem abgelegenen Ort befanden, bedeckt sein mußten, daß die weiblichen Mitglieder sich jedoch weiterhin überall ›oben ohne‹ aufhalten durften. In Wirklichkeit befürchtete man jedoch keineswegs negative Reaktionen von Fremden. Vielmehr hatten sich die etwas älteren Kommunardinnen über exhibitionistische Verhaltensweisen der jüngeren beschwert. Wie mir Hans Sebald in einem Brief vom 23. September 1986 mitteilt, überlebte auch ›Healing Waters‹ nicht den Tod des ›New Age‹ in Amerika. Im vergangenen Jahr sahen Besucher am Mt. Shasta, der als »letzte

Bastion der Blumenkinder« gilt, zwar viele weibliche Freaks, die nackt oder zumindest ›oben ohne‹ waren, aber nur einen einzigen nackten Mann. Cf. B. Dahlberg/W. Dahlberg, 1986, S. 4.

34 V. Schmidt-Linsenhoff, 1981, S. 54. Solche Darstellungen sollten in der Tat »die Leistungen von Mann und Frau in ihren Urpflichten steigern«, wobei bei den Männern in Anlehnung an die ›heroische Nacktheit‹ der Griechen an den »kämpferischen Geist« und bei den Frauen an die »Fruchtbarkeit« gedacht war. Cf. N. Westenrieder, 1984, S. 46f.

35 Cf. K. Wolbert, 1982, S. 182.

36 Cf. W. Schwerbrock/K. Barthel, 1969, S. 20.

37 Cf. W. Wuttke-Groneberg, 1980, S. 260.

Anmerkungen zu § 10

1 N. Elias, 1939, I, S. 261f.

2 A.a.O., S. 163; cf. ferner P. R. Gleichmann, 1977, S. 261f.

3 R. Sennett, 1983, S. 293.

4 Cf. P. Fejos, 1943, S. 87. Cf. auch E. Buenaventura-Posso/S. E. Brown, 1980, S. 122 (Bari).

5 Cf. E. T. Hall, 1969, S. 159.

6 Cf. D. Maybury-Lewis, 1967, S. 84f. Sobald es möglich war, zogen einige Hare-Indianer in ihren Mehrfamilienwohnungen Zwischenwände ein, und zwar nicht, weil sie etwa aus Statusgründen die Weißen imitieren wollten, sondern weil sie ein Bedürfnis nach größerer Privatheit hatten. Cf. B. Moore, 1984, S. 67.

7 Cf. J. M. Roberts/T. Gregor, 1971, S. 210ff.; T. Gregor, 1977, S. 95.

8 Cf. T. Gregor, 1970, S. 241; ders., 1974, S. 346. Die Ambo in Nordrhodesien haben nicht die Möglichkeit, sich zum Streit in weit entfernte Pflanzungen zurückzuziehen. Deshalb werden die Frauen der Ambo angewiesen, nicht laut, sondern »im geheimen« zu weinen, wenn ihre Männer sie nachts verprügeln, damit der Gatte sich am nächsten Morgen im Dorfe nicht schämen muß. Cf. B. Stefaniszyn, 1964, S. 93.

9 Cf. F. Barth, 1975, S. 24, 26, 203.

10 Cf. R. Needham, 1960, S. 110, ferner J.-P. Dumont, 1972, S. 26f. (Panare) und P.-Y. Jacopin, 1972, S. 120f. (Yukuna). Eine solche »Tabu-Linie« umgibt fast immer den Schlafbereich: In den Malocas (*kenámi*) der Cubeo ist es die Hängematte, die selbst von den kleinen Kindern respektiert wird (cf. I. Goldman,

1963, S. 41), und im Iglu der Utku der Schlafsack, in dem man ungestört seinen Gedanken nachgehen kann, ohne Gefahr zu laufen, daß einen jemand anspricht. Cf. J. L. Briggs, 1970, S. 77. »Bei allen Jäger- und Sammlergruppen, bei denen ich mich aufhielt«, schreibt der Prähistoriker L. R. Binford, 1984, S. 172, »beobachtete ich das gleiche. Stets war der Schlafplatz ein Stück der ganz persönlichen Sphäre seines Besitzers und wurde als solches respektiert. Ja, ich beobachtete sogar, daß man in Jagdlagern Betten aufschlug, die nur symbolische Funktion hatten, da sie niemandem zum Schlafen dienten, sondern einfach Plätze waren, wo man, von niemandem gestört, in aller Ruhe Geräte reparieren oder mit sich allein sein konnte.« M. Fortes, 1949, S. 79f., spricht von »the surprising degree of privacy« der Familie bei den Tallensi, die wohlbehütet wird, »for the essential life of the family goes on inside the homestead«. Freilich werden auch *innerhalb* der Familie die Privatsphären respektiert. Niemand außer ihrem Kleinkind würde den Schlafraum der Eltern betreten, und auch einem Gast ist eine absolute Privatsphäre im Hause garantiert, so daß z.B. der Liebhaber der Tochter des Hauses sicher sein kann, beim tête-à-tête mit dieser bei einem seiner Besuche nicht gestört zu werden.

11 Cf. G. B. Grinnell, 1923, S. 132.

12 Da alle Mitglieder einer Familie in dem einen Raum des Hauses schlafen, bleibt man dabei völlig bekleidet.

13 Cf. hierzu auch J. P. Reser, 1979, S. 86f. (Aborigines).

14 Cf. J. Fajans, 1983, S. 174. Cf. auch T. O. Beidelman, 1972, S. 702 (Kaguru); D. N. Levine, 1965, S. 264f. (Amhara); R. Wagner, 1986, S. 46ff. (Usen Barok in Neuirland).

15 Cf. L. K. Haviland/J. B. Haviland, 1983, S. 346f.

16 Cf. W. H. Crocker, 1974, S. 26. In einem Bericht über die Höfe der Berliner »Familienhäuser« aus dem Jahre 1827 heißt es: »Indes jetzt die ganz offenen Plätze ein Verkriechen der verschiedenen Geschlechter miteinander sowie der Unzucht der jüngeren Personen wegen der jedem Menschen innewohnenden Scham verhindern, indem die Kontrolle aus mehreren hundert Fenstern selbst dem verworfensten Leben zu kräftig entgegenwirkt, um etwas Unanständiges vorzunehmen.« In der Tat waren die Mietshäuser des Berliner Biedermeier so angelegt, daß man an jeder Stelle des Grundstücks beobachtet werden konnte. Cf. J. F. Geist/K. Kürvers, 1980, S. 308.

17 Cf. C. M. Turnbull, 1965, S. 295f.

18 Cf. C. Laufer, 1949, S. 349.

19 Cf. L. Marshall, 1965, S. 258.

20 E. M. Thomas, 1962, S. 16.
21 Cf. M. Gusinde, 1966, S. 168f. Bei vielen Plains-Stämmen bedeuteten zwei gekreuzte Stöcke vor dem Eingang zum Tipi »Wir sind nicht da«, so daß man nicht herantreten durfte. Cf. R. Erdoes, 1980, S. 47.
22 Cf. K.-S. Kramer, 1961, S. 140. Wer bei den Paiela uneingeladen eine Hütte betritt, gilt ipso facto als Dieb. Cf. A. Biersack, 1984, S. 126.
23 Cf. E. R. Koepping, 1981, S. 361.
24 Cf. J. Henry, 1962, S. 19.
25 Cf. H. Strauss/H. Tischner, 1962, S. 300. Cf. auch A. B. Weiner, 1976, S. 87 (Trobriander).
26 Cf. G. F. Vicedom/H. Tischner, 1948, S. 51, 63.
27 Cf. T. Gregor, 1977, S. 94.
28 Cf. T. Wright, 1862, S. 276.
29 Cf. F. J. Bieber, 1923, II, 3, S. 52. Cf. auch R. J. Thornton, 1980, S. 35f. (Iraqu).
30 Cf. J. Fajans, 1983, S. 173.
31 Cf. C. Lumholtz, 1902, I, S. 258f. Auch heute noch bleibt bei den Tarahumara ein Besucher nur ganz kurz, um ja nicht den Eindruck zu erwecken, daß er über Nacht bleiben wolle. Cf. J. Fried, 1969, S. 867.

Anmerkungen zu § 11

1 N. Elias, 1939, I, S. 224.
2 Cf. H. Weiss, 1864, II, S. 411; K. Weinhold, 1938, S. 107f., 101. Es ist sehr wahrscheinlich, daß auch die Germaninnen in den römischen Provinzen in ihren langärmeligen Unterkleidern (cf. hierzu G. R. Owen-Crocker, 1986, S. 39ff.) schliefen. Auch bei den Römern gingen beide Geschlechter bekleidet zu Bett. Cf. L. Wright, 1962, S. 13.
3 Cf. G. Duby, 1985, S. 519.
4 *Der Nibelunge Not*, 633. Man hat hier eingewendet (cf. K. Seifart, 1857, S. 89f.), daß es sich um einen Sonderfall handle, weil Brunhilde ja darauf angewiesen sei – wie es vermutlich die Sitte vorschrieb –, den minnehungrigen Gunther abzuwehren (»ich wil noch magt belîben«), während es in anderen Fällen im 13. Jahrhundert nicht selten geheißen habe, daß ein Paar, das sich geneigt war, sehr schnell der »kleider blôz« geworden sei, »reht alsô daz dâ kein vadem an irem lîbe erschein« (zit. n. R. Müllerheim, 1904, S. 86). Zum einen fragt man sich indessen, wie Brun-

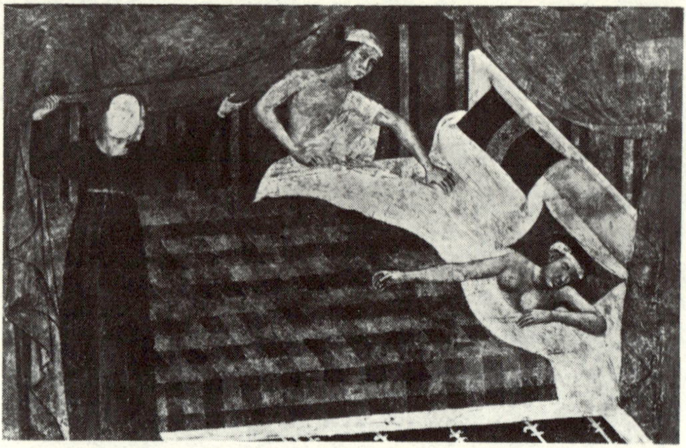

206 Der Beginn der Liebesnacht. Fresko im Palazzo del Popolo in San Gimignano, um 1320.

hilde hätte der Meinung sein können, daß sie den verliebten Burgunder, von dessen übermenschlichen Kräften sie ja noch überzeugt war, mit einem Unterhemd abwehren konnte. Und zum anderen zeigen erotische Nacktszenen wie die erwähnte lediglich, daß es im außerehelichen Sex meist anders zuging als im ›offiziellen‹ Sex der Hochzeitsnacht oder bei einer schlichten Übernachtung. Wenn es heißt, daß in ottonischer Zeit fromme Männer nach dem Vorbild der Mönche noch zusätzlich ihre Wolltunika anbehielten (cf. G. Grupp, 1923, II, S. 295), dann zeigt auch dies, daß man für gewöhnlich in der Unterkleidung schlief. Meist trugen auch Nonnen und Mönche nachts lange Hemden; die Zisterzienser behielten allerdings aus Schicklichkeitsgründen auch die Oberkleider an. Cf. G. Zimmermann, 1973, S. 142.

5 Cf. N. Epton, 1962, S. 20; A. McCall, 1979, S. 179.

6 In talmudischer und in mittelalterlicher Zeit schliefen die Juden stets in ihren Unterkleidern, nie nackt. Cf. S. Krauss, 1910, I, S. 129, 518.

7 Später wurden diese Hemden häufig von Klosterschülerinnen für ihre Aussteuer hergestellt. Cf. F. Loux, 1979, S. 87.

8 Zit. n. R. H. Foerster, 1969, S. 268.

9 Cf. A. Martin, 1906, S. 261.

10 Wenn im *Hortus deliciarum* aus dem 12. Jahrhundert jemand im Bett dargestellt ist, so ist er immer angezogen. Cf. Herrad v. Landsberg, 1977, passim. Für weitere Beispiele cf. J. Porcher,

207 Frau in langärmeligem Nachthemd. Detail eines Gemäldes von Vittore Carpaccio, spätes 15. Jh.

1960, S. 18, 35; K. C. Hurd-Mead, 1938, S. 147; D. Diringer, 1967, Pl. VI 5a; M. L. d'Ancona, 1962, Tav. 25; C. R. Dodwell, 1959, Pl. 3; E. Pirani, 1966, S. 55, 80; P. M. Jones, 1984, S. 74; M. Bohatec, 1970, S. 20; Z. Munk, 1964, Abb. 42; D. Thoss, 1978, Abb. 32; K. Löffler, 1928, Tf. 10a, 13b, 32, 33; R. Nelli, 1979, S. 34; H. P. Kraus, 1962, Tf. LVI; L. E. Stamm, 1981, S. 187; S. Vogel, 1985, S. 53; O. Pächt/D. Thoss, 1974, Abb. 176; dies., 1977, Abb. 18, 32, 72, 84; H. Weiss, 1864, II, S. 818, 820, 824f.; H. Frühmorgen-Voss, 1975, Abb. 30; H. Zotter, 1980, S. 48, fol. 15v, 37v, 85r; C. M. Kauffmann, 1975, Abb. 174; N. Morgan, 1982, Abb. 41, 172; K. Sudhoff, 1916, S. 24, Tf. III, Fig. 6; A. Burgess, 1985, S. 14; W. Cahn, 1982, S. 110; H. Swarzenski, 1943, Abb. 115; E. Irblich/G. Bise, 1979, S. 35, 38, 69f.

11 Cf. E. Le Roy Ladurie, 1980, S. 170f. Im Tiroler Hall schlief man zu Beginn des 17. Jahrhunderts meist völlig bekleidet. Cf. H. Guarinonius, 1610, S. 1280. Nach Erasmus v. Rotterdam, 1947, S. 469, schickt es sich im Jahre 1519, sommers wie winters mit einem langen Hemd bekleidet zu schlafen.

12 Cf. J.-L. Flandrin, 1981, S. 302.

13 Cf. C. de La Roncière, 1985, S. 285.

14 Cf. J. Baader, 1875, S. 473; K. Baas, 1909, S. 36. Auch in den Herbergen des spätmittelalterlichen Italien schlief man im Hemde. Cf. z.B. G. Boccaccio, 1960, S. 62. In der Herberge von Roncevaux erhielt jeder Pilger für die Nacht ein langes weißes Hemd. Cf. P. A. Sigal, 1974, S. 74.

15 A.a.O., S. 473. Im *Gelben Buch* von Bruchsal heißt es über das

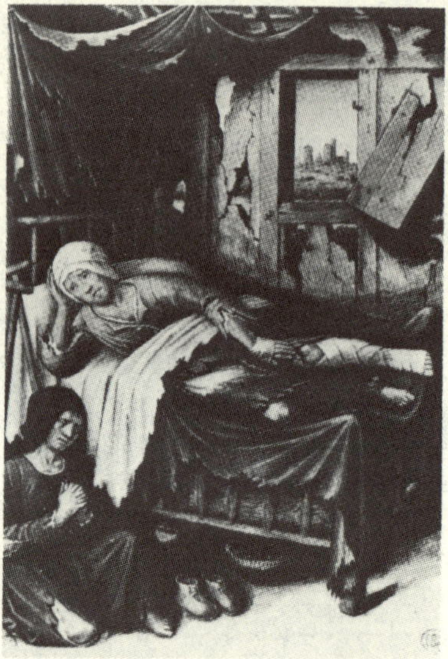

208 Arme Leute in zerlumpter Nachtkleidung, spätes 15. Jh.

Pilgerhaus: »Item der Wirt soll darauf sehen, daß sich die Pilgrim bei Zeit miteinander schlafen legen, die Männer besonders, die Frauen auch besonders, also daß eine zum andern nicht kommen möge, darum sollen die Kammern von außen verschlossen werden« (zit. n. K. Baas, 1909, S. 36).

16 Cf. H. Kellenbenz, 1983, S. 142; D. Jetter, 1980, S. 90.

17 Cf. J. A. van Houtte, 1983, S. 178.

18 Cf. L. Schmugge, 1983, S. 47. Solche Betten müssen natürlich sehr groß gewesen sein. Im Jahre 1586 gibt Noël du Fail die Maße »trois toyses de long et neuf pieds de large« an, was 5,82 m auf 2,79 m entspricht. Cf. F. Deuchler, o.J., S. 86.

19 Cf. T. Szabó, 1983, S. 90. Zu Hause war das häufig anders. So schliefen z.B. im frühen 14. Jahrhundert die Bauern von Montaillou normalerweise in getrennten Betten, die entweder in den Kammern rund um die Küche oder im *solier*, dem Oberstock des Hauses, standen. Cf. E. Le Roy Ladurie, 1980, S. 69.

20 Cf. G. Koch, 1962, S. 23f.; J. Smith, 1978, S. 177f., 181f.; J. Dalarun, 1984, S. 1147f.

21 Cf. K. R. V. Wikman, 1937, S. 339f.

22 Cf. G. Schindler, 1937, S. 275f. Im spätmittelalterlichen Lyon – aber auch anderswo – war die Tatsache, daß man abends mit einer

fremden Frau im selben Haus oder gar im selben Bett angetroffen wurde – »in uno et eodem lecto simul jacentes« –, identisch mit Ehebruch. Cf. N. Gonthier, 1984, S. 34f. In einem nordfranzösischen Ehescheidungsprozeß wurde ein Mann von seiner Frau bezichtigt, ihrer Dienerin nicht nur besondere Aufmerksamkeit geschenkt zu haben, sondern »de la faire coucher dans la même chambre et au pied du lit dans lequel ledit Liger couchoit avec la suppliante, son épouse« (A. Lottin, 1974, S. 71f.).

23 Cf. M. Ingram, 1985, S. 170.

24 Cf. L. Koehler, 1980, S. 101.

25 Cf. G. R. Quaife, 1979, S. 135.

26 Cf. W. Rudeck, 1905, S. 88. Nicht selten kam es vor, daß eine Dienerin, die nachts im Zimmer ihres kranken Herrn schlief, um ihn besser betreuen zu können, von diesem sexuell überrumpelt wurde. Cf. R. A. Mentzer, 1987, S. 104.

27 Cf. B. Sastrow, 1823, S. 241.

28 Cf. W. Dyk, 1951, S. 112f., 116f.

29 Cf. H.-R. Hagemann, 1981, S. 262.

30 C. Bingham, 1971, S. 457, 459.

31 Cf. N. Roth, 1982, S. 26.

32 Cf. M. Beutelspacher, 1986, S. 26.

33 Cf. Erasmus v. Rotterdam, 1673, S. 86f. Man sollte sich freilich in diesem wie in anderen Fällen vor Augen halten, daß die Schicklichkeitsnormen der Autoren solcher Bücher nicht unbedingt mit denen der Leute übereinstimmen mußten, an die sich diese Bücher richteten. Cf. J. E. Mechling, 1975, S. 53.

34 Cf. I. Hilger, 1957, S. 292. In Michoacán legt man einen Besucher, mit dem man verwandt oder befreundet ist, einfach zu einem Familienangehörigen, der das gleiche Geschlecht hat, ins Bett, ähnlich wie man bei uns einen zusätzlichen Teller auf den Mittagstisch stellt. Dies bedeutet freilich nicht, daß die Leute dort in irgendeiner Weise körperkontaktfreudig wären. Cf. G. M. Foster, 1967, S. 105.

35 Cf. H. W. Hutchinson, 1957, S. 143. In manchen Randgebieten Europas schliefen bis in unsere Zeit alle Familienangehörigen in einem Raum, wobei sich freilich jungverheiratete Paare meist absonderten. Cf. z.B. V. Valentová, 1981, S. 192.

36 Cf. A. Schultz, 1889, S. 107.

37 Cf. J. Schultz, 1940, S. 4. In einem Pilgerführer aus dem 12. Jahrhundert wird die schamlose Sitte der Gascogner angeprangert, nachts lediglich ein paar Decken auszubreiten, »auf denen das Gesinde zusammen mit dem Herrn und der Herrin schlafen«. Cf. N. Ohler, 1986, S. 290.

38 Cf. G. Duby, 1978, S. 87.
39 Cf. J. Grimm/W. Grimm, 1877, X, Sp. 879.
40 Cf. M. Schröter, 1985, S. 408.
41 Cf. J. Hashagen, 1905, S. 303.
42 Cf. A. v. Gleichen-Russwurm, 1918, S. 193.
43 Cf. J. Voigt, o. J., S. 177, 180f. Nach Anordnung Maria Theresias durften die Lehrer ihrer Töchter mit diesen nie allein sein. Beim Unterricht waren stets die Hofmeisterin oder wenigstens eine Kammerfrau anwesend, die darauf zu achten hatten, daß der »Meister« und seine »durchläuchtigste« Schülerin nicht über Privates redeten. Cf. E. Kovács, 1986, S. 56.
44 Cf. S. C. Maza, 1983, S. 185f.
45 Cf. M. C. Sullivan, 1976, S. 129.
46 Cf. E. Petri, 1978, S. 46f. Nach dem *Smaragdus*-Kommentar mußten die Betten jeweils eine Elle Abstand voneinander haben. Cf. G. Zimmermann, 1973, S. 145.
47 Cf. a.a.O., S. 346, 448. Den Hinweis auf diese Stellen verdanke ich Bettina Brand.
48 Cf. J. Boswell, 1980, S. 160.
49 Zit. n. H. W. Goetz, 1986, S. 54f. C. W. Bynum, 1986, S. 406f., meint, es sei ein Anachronismus, diese und ähnliche Textstellen als Darstellungen sexueller oder erotischer Erlebnisse zu deuten, doch den Beweis dafür bleibt sie schuldig. Den Hinweis auf diesen Aufsatz verdanke ich Bernhard Lang. In einem englischen Lied aus jener Zeit heißt es:
»Lat a freer of sum ordur
tecum pernoctare,
Odur thi wyff or thi doughtour
hic vult violare;
Or thi sun he weyl prefur,
sicut furtam fortis
God gyffe syche a freer peyne
in inferni portis«
(zit. n. H. J. Kuster/R. J. Cormier, 1984, S. 602f.).
50 Cf. M. Parisse, 1983, S. 187f.
51 Fast alle Orden legen großen Wert darauf, daß die Nonnen einander »nicht einmal im Spiel berühren« oder die Zelle einer Mitschwester betreten. Ist letzteres unvermeidbar, »so darf die Tür niemals geschlossen werden«. Wie eine Herz-Jesu-Schwester berichtet, sagten früher die Nonnen den Novizinnen: »Meine Lieben, wenn ihr zu zweit geht, ist der Teufel der dritte.« Auch gab es die Regel, daß in den Ruhepausen eine Nonne nie zweimal hintereinander neben derselben Mitschwester sitzen durfte. Cf.

M. Bernstein, 1977, S. 120ff. Den Klosterschülerinnen von Port-Royal war es im 17. Jahrhundert strengstens verboten, sich unter welchem Vorwand auch immer zu berühren. Auf besonderen Wunsch der Eltern durften ältere Mädchen zwar im selben Raum schlafen, doch mußte in einem solchen Fall unbedingt die zum Korridor führende Tür offen sein. Cf. M. Krüger, 1936, S. 246f. In den niederländischen Frauenklöstern des späten Mittelalters waren die Betten durch hölzerne Verschläge voneinander getrennt, so daß die Nonnen einander nicht sehen konnten. Cf. E. Persoons, 1980, S. 93.

52 Cf. K. Sudhoff, 1914, Tf. VIII und VIIIa.

53 Cf. M. Mollat, 1970, S. 93.

54 Cf. L. MacKinney, 1965, S. 214.

55 Noch im 17. Jahrhundert mußten sich in französischen Krankenhäusern bis zu vier Personen dasselbe Bett teilen. Cf. R. P. Chalumeau, 1971, S. 81. Auf vielen Darstellungen aus dem späten Mittelalter und der Renaissance liegen die Patienten allerdings einzeln im Bett. Cf. z. B. H. Goerke, 1984, S. 189, 223; B. J. Trexler, 1974, S. 50.

56 In Jerusalem durften weibliche Pilger nur von Frauen gepflegt werden. Cf. E. Seidler, 1970, S. 81. Zur Geschlechtertrennung cf. auch J.-L. Goglin, 1976, S. 166, D. Leistikow, 1985, S. 232 und H. Butte, 1967, S. 159.

57 Cf. C.-W. v. Ballestrem, 1970, S. 274.

58 Cf. K. Sudhoff, 1929, S. 174; B. J. Trexler, 1974, S. 41; T. Haenel, 1982, S. 80f., E. A. Fisher, 1978, S. 258, O. Schmidt, 1977, S. 12f. Strenge Geschlechtertrennung gab es auch in den Gefängnissen. Im Jahre 1577 heißt es z. B. in der Herrschaft Hohenrechberg und Heuchlingen, daß bei Ehebruch der »mann in den thurm und die frau in einer frauengefengnus vier wochen lang mit wasser und brod gespeyst« werden sollen. Cf. H. Fehr, 1912, S. 83.

59 Cf. S. R. Ell, 1984, S. 158; A. Borst, 1979, S. 579; W. Frohn, 1933, S. 165f., 285.

60 Wer gegen diese Verordnungen verstieß, mußte mit den härtesten Strafen rechnen, wobei allerdings die Männer wesentlich strenger bestraft wurden als die Frauen, die lediglich auf Wasser und Brot gesetzt wurden, und zwar so lange, wie der Prior es für nötig erachtete. Cf. H. H. Gwin, 1974, S. 229. Cf. auch A. Mischlewski, 1986, S. 601.

61 Cf. M. Goldberg, 1909, S. 50f., 63. In manchen Gegenden gab es für Männer und Frauen getrennte Leprosenhäuser. Cf. P. Richards, 1977, S. 63.

209 Im Hospital Santa Maria della Scala, Siena, 15. Jh.

62 Cf. I. Hecht, 1982, S. 60; U. Knefelkamp, 1981, S. 127.
63 P. Johansen/H. v. Zur Mühlen, 1973, S. 280.

Anmerkungen zu § 12

1 Cf. G. Schindler, 1937, S. 269.
2 Cf. A. Franklin, 1908, II, S. 313.
3 Cf. D. Hunt, 1972, S. 166.
4 Cf. A. Franklin, a.a.O., S. 312.
5 Zit. n. E. W. Keil, 1931, S. 114.
6 Cf. P. Ariès, 1975, S. 183 f.
7 Cf. P. Contamine, 1985, S. 494.

8 Cf. J.-L. Flandrin, 1978, S. 117. Auch in Ungarn legte man traditionellerweise Kinder nach dem sechsten Lebensjahr nur noch zu Angehörigen des gleichen Geschlechts ins Bett. Cf. E. Fél/T. Hofer, 1972, S. 373.
9 Cf. G. Duby, 1985, S. 91.
10 Cf. D. Herlihy, 1967, S. 3.
11 Cf. D. Matthew, 1977, S. 65.
12 Cf. D. Herlihy/C. Klapisch-Zuber, 1978, S. 567.
13 Cf. L. DeMause, 1977, S. 77.
14 Cf. P. Ariès, 1975, S. 182.
15 Cf. E. Rodocanachi, 1907, S. 46f.
16 Cf. E. Friedberg, 1868, S. 21. Auch in Skandinavien war das die »Kinder zu Tode liegen« ein häufiges Ereignis (cf. T. Lund, 1882, S. 171; J. Granlund/A. Nyman, 1975, S. 146ff.), und die Dogon sagen, daß manchmal Mütter im Schlaf ihre Säuglinge erdrücken. Cf. P. Parin/F. Morgenthaler/G. Parin-Matthèy, 1972, S. 56.
17 Zit. n. K. Arnold, 1980, S. 49f. Später war man diesbezüglich – ähnlich wie im *frühen* Mittelalter (cf. G. Schmitz, 1982, S. 367, 370) – weniger milde. So wurde etwa im Preußischen Landrecht vom Jahre 1817 den betreffenden Müttern und Ammen angedroht: »Die solches tun, haben nach Bewandnis der Umstände und der dabei obwaltenden Gefahr Gefängnis oder körperliche Züchtigung verwirkt« (zit. n. F. v. Zglinicki, 1979, S. 44).
18 Cf. J. v. Steynitz, 1970, S. 49.
19 Cf. E. Le Roy Ladurie, 1980, S. 236. Im ausgehenden 17. Jahrhundert erfand man in Italien ein hölzernes Gestell mit einer Öffnung für die stillende Brust, das verhinderte, daß die einschlafende Frau sich auf das Baby legte. Cf. F. v. Zglinicki, 1979, S. 45; I. Weber-Kellermann, 1979, S. 45; E.-A. Josten, 1984, S. 7.
20 Cf. J. Schlumbohm, 1981, S. 270.
21 Im Jahre 1817 erließ die preußische Regierung ein Gesetz, nach dem es bei harter Strafandrohung verboten wurde, Kinder unter zwei Jahren mit ins Bett zu nehmen. Cf. W. Caudill/D. W. Plath, 1974, S. 148f.
22 Cf. I. Eibl-Eibesfeldt, 1972, S. 59, 63. Bestraft werden die Jungen bei den !Ko bisweilen damit, daß man sie am Penis zupft. Cf. H. Sbrzesny, 1976, S. 237. Wenn sich die Kinder der Zhun/twasi freilich selber an die Genitalien fassen, führt man ihre Hände vom Genitalbereich weg, hält sie fest oder gibt ihnen einen leichten Klaps. Cf. M. J. Konner, 1972, S. 292. Es ist auffällig, daß sich in nicht wenigen Gesellschaften die Sachlage ändert, sobald

die Kinder sich selber berühren. So halten etwa die Paiute und die Kayabí ihre Kinder beiderlei Geschlechts dazu an, nie ihre Genitalien zu befingern (cf. B. B. Whiting, 1950, S. 105; G. Grünberg, 1970, S. 121), und bei den Apache nimmt die Mutter dem kleinen Kind, das beim Herumplanschen im Badewasser seine Genitalien berührt, die Hand weg, wobei sie häufig »Schmutzig!« sagt. Cf. L. B. Boyer, 1982, S. 98. Die Kaska glauben sogar, ähnlich wie bei uns manche Leute im 19. Jahrhundert, daß die kindliche Masturbation zum Wahnsinn führe. Cf. F. W. Underwood/I. Honigmann, 1956, S. 749.

23 Cf. B. Wall, 1975, S. 56.

24 Cf. R. D. Guthrie, 1976, S. 96.

25 Cf. z.B. J. L. Gibbs, 1965, S. 209 (Kpelle); D. G. Haring, 1956, S. 416 (japanisches Dorf); M. Vanoverbergh, 1938, S. 179 (Isneg); R. M. Berndt/C. H. Berndt, 1946, S. 69 (Aborigines); P.C. Ray, 1965, S. 96 (Lodha in Westbengalen); B. Hauser-Schäublin, 1977, S. 106 (Jatmül). Bei den Eipo in Neuguinea betrachtet man einen kleinen Jungen, der sich an seinen Genitalien zu schaffen macht, mit amüsierter Nachsicht; mit anderen Augen sieht man dies, wenn es sich um ein kleines Mädchen handelt. Cf. W. Schiefenhövel, 1982, S. 149.

26 Cf. M. Altschuler, 1971, S. 50f. Ähnlich auch auf Mangaia. Cf. D. S. Marshall, 1971, S. 109.

27 Cf. B. L. Kossodo, 1978, S. 113. Bei den Tungusen kitzeln bisweilen die Mütter auch die Genitalien ihrer kleinen Tochter (cf. S. M. Shirokogoroff, 1929, S. 289), und die Erwachsenen sagen manchmal im Spaß selbst zu Mädchen, die schon zehn bis zwölf Jahre alt sind, sie sollten einmal ihre Vulva zeigen. Cf. ders., 1935, S. 249. Auch die Dusun beruhigen die kleinen Mädchen, indem sie ihnen die Schamlippen streicheln, die kleinen Buben, indem sie diese an der Vorhaut ziehen. Cf. T. R. Williams, 1966, S. 34. Jean L. Briggs schreibt mir in einem Brief vom 30. November 1986, daß bei den Utku »the genitals of *small* children are the object of public admiration and affection. This is true of boys as well as girls«. Cf. auch H. Kuper, 1973, S. 351 (Swazi).

28 Cf. R. Patai, 1967, S. 224.

29 Cf. H. M. Miner/G. DeVos, 1960, S. 58.

30 Cf. J. L. Fischer, 1983, S. 163.

31 Cf. J. L. Fischer/R. Ward/M. Ward, 1976, S. 203.

32 Die Belutschen haben eine ausgeprägte Genitalscham, aber gleichzeitig leben sie in einer sexuell sehr aufgereizten Atmosphäre, in der die Genitalien eine große Rolle spielen. Bereits die kleinen Buben herrschen, wenn sie sich über ihre Mütter oder

210 Das Hausmädchen und der junge Herr.
Zeichnung von Jules Pascin.

Großmütter ärgern, diese mit den Worten an: »Du bist doch bloß eine Votze!«, während umgekehrt die Frauen die kleinen Wichtigtuer am Penis packen und so tun, als schnitten sie ihn ab. Cf. C. M. Pastner, 1980, S. 224ff.

33 Cf. F. J. P. Poole, 1984, S. 88.

34 Cf. P. Arndt, 1954, S. 111.

35 Cf. C. Staewen/F. Schönberg, 1970, S. 222.

36 J. S. Haller/R. M. Haller, 1974, S. 201; cf. auch J. Gathorne-Hardy, 1972, S. 100; R. P. Neuman, 1975, S. 9. Immerhin war es zu jener Zeit nicht allzu selten, daß das Kindermädchen auch den reiferen Sohn des Hauses befriedigte, freilich weniger um sein Schreien als um seine Lust zu stillen. Cf. I. Hardach-Pinke, 1981, S. 215.

37 Zit. n. A. Schultz, 1890, S. 221.

38 Zit. n. J. Schlumbohm, 1983, S. 233f.

39 P. Villaume, 1969, S. 50.

40 Zit. n. L. Kotelmann, 1890, S. 135. Auch im 18. Jahrhundert wird dem Knaben empfohlen: »In gleicher Absicht rathen wir ihm an, des Nachts ehe er zu Bette geht, eine Zeitlang in etwas ernsthaften Büchern zu lesen, um den Schlaf so geschwind es seyn kann dadurch zu befördern, und am Morgen so bald er aufgewachet seyn wird, aufzustehen, und sich zu beschäftigen, damit die Seele immerdar verhindert werde, sich die schädlichen

Bilder der wollüstigen Liebe auf eine lebhafte Weise vorzustellen« (D. Langhans, 1773, S. 73f.).

41 Cf. P. Ariès, 1975, S. 179.

42 Cf. L. Steinberg, 1983, S. 8. Auf den meisten Darstellungen berührt die hl. Jungfrau freilich den Penis ihres Sprößlings nicht direkt, sondern entweder durch ein Tuch – wie z.B. auf dem Kupferstich von Hendrik Goltzius aus dem Jahre 1589 (cf. W. L. Strauss, 1977, S. 495) – oder die Spitze ihres Zeigefingers bleibt ein paar Zentimeter von dem Penis entfernt; so etwa auf dem ungefähr sechzig Jahre vorher entstandenen Gemälde von Joos van der Beke (cf. N. Nikulin, 1987, S. 130).

43 N. Elias, 1939, I, S. 260.

44 So verallgemeinert z.B. M. French, 1985, S. 833, die Héroardsche Beschreibung bedenkenlos und glaubt, das in ihr gezeichnete Bild sei repräsentativ für die sexuellen Beziehungen zwischen französischen Erwachsenen und Kindern bis zum 18. Jahrhundert.

45 Cf. S. W. Mintz, 1956, S. 384; D. Landy, 1959, S. 159f., 236. Cf. auch G. Reichel-Dolmatoff/A. Reichel-Dolmatoff, 1961, S. 87, 96. Wenn früher bei den Suaheli eine weibliche Verwandte zu Besuch kam, sagte die Mutter häufig zu ihrem kleinen Sohn: »Gib der Tante etwas Tabak!« Daraufhin hob das Kerlchen sein Hemd und zeigte den Penis. Die Frau roch dann daran, nieste und sagte: »Ah, der Tabak ist sehr stark, decke nur schnell unseren Tabak wieder zu!« Cf. C. Velten, 1903, S. 143. Bei den Biami, Daribi und den Hagenbergstämmen in Neuguinea kommt es vor, daß eine alte Mutter ihrem erwachsenen Sohn zur Begrüßung zärtlich über Penis und Hoden streicht. I. Eibel-Eibesfeldt, 1973, S. 190, meint, daß dieses flüchtige Streicheln ein Überbleibsel des manuellen ›Stillens‹ des Kleinkindes ist.

46 Cf. E. W. Marvick, 1974, S. 352, 364f.

47 Cf. J. Héroard, 1868, hier zit. n. P. Ariès, 1973, S. 141ff. Geradezu unschuldig erscheint dieses Dokument, wenn man es mit einem anderen vergleicht, das aus der Studentenbewegungszeit stammt und in welchem ein Mitglied der Berliner *Kommune 2* eine Episode aus dem »Versuch der Revolutionierung des bürgerlichen Individuums« schildert. So schreibt er über seine »Erfahrungen« mit der dreijährigen Grischa: »Sie zieht mir die Unterhose runter und streichelt meinen Popo. Als ich mich wieder umdrehe, um den ihren wie gewünscht zu streicheln, konzentriert sich ihr Interesse sofort auf ›Penis‹. Sie streichelt ihn und will ihn ›zumachen‹ (Vorhaut über die Eichel ziehen), bis ich ganz erregt bin und mein Pimmel steif wird. Sie strahlt und strei-

211 Rita Kohmann: Kommune in Köln, 1968.

chelt ein paar Minuten lang mit Kommentaren wie ›Streicheln! Guck ma Penis! Groß! Ma ssumachen! Mach ma klein!‹ Dabei kniet sie neben mir, lacht und bewegt vom ganzen Körper nur die Hände. Ich versuche ein paarmal, sie zaghaft auf ihre Vagina anzusprechen, sage, daß ich sie auch gern streicheln würde, wodurch sie sich aber nicht unterbrechen läßt. Dann kommt doch eine ›Reaktion‹: Sie packt meinen Pimmel mit der ganzen linken Hand, will sich die Strumpfhose runterziehen und sagt: ›Ma reinstecken.‹ Ich hatte zwar sowas erwartet (Marion hatte von Badewannenspielen erzählt, wo Nasser seinen Pimmel vor Grischas Bauch hielt und sie sich so zurückbeugte, daß man ›Penis in Vagina reinstecken‹ konnte, was aber mangels Erektion nicht gelang), war dann aber doch so gehemmt, daß ich schnell sagte, er sei doch wohl zu groß. Darauf gibt Grischa sofort ihre Idee auf, läßt sich aber die Vagina sehr zurückhaltend streicheln. Dann holt sie einen Spiegel, in dem sie sich meinen Pimmel und ihre Vagina immer wieder besieht. Nach erneutem Streicheln und

Zumach-Versuchen kommt wieder der Wunsch ›Reinstecken‹, diesmal energischer als vorher. Ich: ›Versuch's mal!‹ Sie hält meinen Pimmel an ihre Vagina und stellt dann resigniert fest: ›Zu groß‹« (C. Bookhagen/E. Hemmer/J. Raspe/E. Schultz/M. Stergar, 1969, S. 92).

48 Cf. N. Praetorius, 1920, S. 14f., 19ff., ferner R. Kleinman, 1985, S. 11f., 121 und passim.

49 Cf. J. P. Haesaert, 1938, S. 65.

50 Cf. M. Winter, 1984, S. 117.

51 Wenn ich mich recht erinnere, wurden – wie in Puerto Rico so auch in Mannheim – kleinen Mädchen solche Angebote nie gemacht.

Anmerkungen zu § 13

1 Cf. N. Elias, 1939, I, S. 261.

2 A.a.O., S. 224f. L. M. Penning, 1984, S. 188, meint gar, der Prozeß der »Verheimlichung« der Defäkation beginne in der Mitte des 19. Jahrhunderts, als man damit begonnen habe, »privets« und »closets« zu bauen!

3 Cf. G. Benker, 1984, S. 14f., 29. Auch in den Burgen befanden sich die – häufig für Pechnasen gehaltenen – Abtritte gemeinhin in den entlegensten Winkeln. Cf. O. Piper, 1967, S. 489.

4 »Heimlich gemach« etwa 1377 in Breslau. Cf. S. B. Klose, 1847, S. 198. Schon mhd. »heimelîche« oder »heimelîcheit« hat die Bedeutung »Vertraulichkeit, Ort, wo nur Vertraute hinkommen, Geheimnis, *arcanum, menstrua*«. Cf. O. Schade, 1882, S. 381. Auch der Geschlechtsverkehr wird so genannt. So heißt es etwa bei Konrad von Megenberg, daß die schwangeren Frauen »der manne geselschaft hazzent oder ir haimlîcheit fliehent«. Cf. M. Lexer, 1872, Sp. 1218. Die Bezeichnung *sakrèt* ist noch heute im Engadin üblich. Cf. A. Peer, 1961, S. 51.

5 Cf. L. Wright, 1960, S. 47.

6 Cf. z. B. F. V. Spechtler/R. Uminsky, 1978, S. 161. »Eyn priveten edder heimlicheit« heißt es im Mittelniederdeutschen. Cf. K. Schiller/A. Lübben, 1983, S. 237.

7 Cf. O. Borst, 1983, S. 243. In den mittelalterlichen Burgen hießen nicht selten die Umkleideräume »heimlîch gemach«. Auch die Kemenate wurde häufig »heimlîche« genannt. Cf. M. Heyne, 1899, S. 357, 366.

8 Defäkieren wurde im Mittelenglischen auch »privēien« genannt. Cf. S. M. Kuhn, 1983, S. 1336.

212 Hans Baldung Grien: Defäkierende Frau, Rötelzeichnung, 1513.

9 Cf. E. L. Sabine, 1934, S. 303; E. Camesasca, 1971, S. 398; T. Rosebury, 1976, S. 97.

10 Cf. J. C. Bologne, 1986, S. 164f. Der geläufigste altfranzösische Ausdruck war »privee«. Cf. A. Tobler/E. Lommatzsch, 1969, Sp. 1912.

11 Cf. R. Palmer, 1977, S. 15f.

12 Cf. L. Wright, 1960, S. 47, 81.

13 Cf. G. Zimmermann, 1973, S. 411.

14 Cf. E. L. Sabine, 1934, S. 307. Cf. ferner J. B. Loudon, 1977, S. 171. Auch im spätmittelalterlichen Basel gab es eine große Zahl öffentlicher »heimliche gemache«, nicht selten über fließendem Wasser, so z. B. auf der Rheinbrücke. Cf. K. Baas, 1926, S. 15. Diese öffentlichen Bedürfnisanstalten hatten offenbar stets Geschlechtertrennung, so z. B. in Stockholm. Cf. T. Lund, 1882, S. 61. Im Jahre 1461 verfügte Nürnberg über sieben nach

Geschlechtern getrennte Bedürfnisanstalten am Ufer der Pegnitz. Cf. R. Pohle, 1986, S. 293.

15 *Wolfdietrich*, 1210ff. Daß es zu jener Zeit durchaus unüblich war, seine Bedürfnisse in der Öffentlichkeit zu verrichten, läßt sich auch aus der Empörung Wilhelms von Rubruk erschließen, der in der Mitte des 13. Jahrhunderts über die Mongolen schreibt: »Zur Erledigung ihrer Bedürfnisse entfernten sie sich nicht weiter, als man eine Bohne werfen kann. Unmittelbar neben uns schwatzend erledigten sie ihre Schmutzigkeiten« (1984, S. 71).

16 A. Adorno, 1978, S. 73. Wie mir Michael Oppitz (Brief vom 5. August 1987) mitteilt, sind auch bei den Magar im Himalaya die Frauen beim Urinieren und Defäkieren wesentlich schamhafter als die Männer, und es kommt praktisch nie vor, daß ein Mann eine Frau, die sich in die terrassierten Felder zurückgezogen hat, bei diesen Verrichtungen sieht. Bei festlichen Ereignissen, etwa bei Schamanen-Initiationen oder Wintersonnenwendfesten, sinken indessen die Schamschranken und besonders im fortgeschrittenen Stadium gehen die Frauen – meist in Gruppen – »gerade noch hinter den nächsten Felsen oder Baum«.
Ähnlich verhält es sich bei den südlichen Nuba. Fritz Kramer schreibt mir in einem Brief vom 10. August 1987, daß insbesondere die Frauen, aber auch die Männer, sich beim Defäkieren »ausgesprochen dezent« verhalten. Bei den Bierfesten gehen allerdings die Männer zum Urinieren nicht selten lediglich ein paar Schritte beiseite. »Die Frauen werfen ihnen das manchmal vor, obwohl sie sich, wenn's pressiert, auch nicht sehr viel weiter wegbewegen.«

17 F. Geier, 1908, II, S. 426. Etwa um dieselbe Zeit vermerkt ein britischer Reisender, William Smith, daß es in Nürnberg nicht nur verpönt sei, auf der Straße zu urinieren, sondern daß es überdies nicht üblich sei, vor zehn Uhr abends den Urin aus dem Fenster zu schütten. Cf. H. H. Hofmann/G. Schuhmann, 1967, S. 214. In Schottland und in England rief man zu jener Zeit »Gardee-loo!« (von »Gardez l'eau!«), bevor man den Inhalt des Nachttopfes zum Fenster hinausbeförderte. Im Mittelalter war diese Praxis hingegen weitgehend verboten. In London zahlte man im Jahre 1372 für einen aus dem Fenster geleerten Topf mit Fäkalien immerhin vier Shilling, für einen Topf mit Urin oder Wasser zwei Shilling Strafe. Cf. E. L. Sabine, 1937, S. 29. Etwa zur selben Zeit heißt es in Krakau: »Wer ymandes begewst aws eyme hawse bey nacht addir tag, der sal eyn schok zu busse geben.« Cf. E. v. Sokolowski, 1910, S. 50. Ein Schock Groschen

213 William Hogarth: ›Night‹, um 1736.

entsprach einer vierwöchentlichen Haft im Turm. Cf. P. Thilo, 1912, S. 50.

18 Erasmus v. Rotterdam, 1673, S. 29. In einer anderen Publikation läßt Erasmus den Jüngling Sophronius die Frage stellen, wie es denn komme, daß die Menschen vor dem Auge Gottes und in Gegenwart der Engel Dinge tun, bei denen sie sich vor anderen Menschen schämen. Cf. ders., 1947, S. 191.

19 1. Korinther 11,10.

20 Cf. L. Radermacher, 1938, S. 96; E. Mireaux, 1956, S. 21.

21 Cf. A. N. Solanki, 1976, S. 245 f.

22 Cf. A. Bouhdiba, 1973, S. 112.

23 Cf. J. Wellhausen, 1897, S. 173, 196.

24 Cf. A. Bouhdiba, 1973, S. 132f. Im Paradies werden alle diese Vorschriften gegenstandslos, weil es dort keine Körperausschei-

dungen mehr gibt, weder Kot, Urin oder Fürze noch Vaginalsekret, Menstruationsblut oder Sperma. Cf. ders., a.a.O., S. 216f. Trotzdem ist jeder Orgasmus von unbeschreiblicher Köstlichkeit.

25 K. Schiller/A. Lübben, 1983, S. 237.

26 Cf. J. Preuß, 1923, S. 645 f., 649.

27 Cf. S. Weißenberg, 1927, S. 7. Nach alter Tradition sollte die Hand, die den Penis oder den After direkt berührte, abgehauen werden. Berührte man ansonsten eine Stelle, die normalerweise von Kleidern bedeckt war, mußte die Hand lediglich gewaschen werden, doch von vielen frommen Männern sagt man, daß sie nie eine entblößte Stelle ihres Körpers unterhalb des Gürtels angefaßt hätten. Cf. J. Preuß, 1923, S. 651.

28 Cf. a.a.O., S. 647.

29 *Berachoth* 62a.

30 Cf. V. H. H. Green, 1971, S. 22.

31 Cf. G. R. v. Bock, 1976, S. 74.

32 Cf. A. Franklin, 1908, II, App., S. 34.

33 Cf. T. Rosebury, 1976, S. 101. Auch die mitunter im 18. Jahrhundert in der Öffentlichkeit herumgetragenen Kackstühle waren regionale Besonderheiten. So machte man sich etwa allenthalben über eine Edinburgher Sitte lustig, in der Männer große, an einem Joch hängende Eimer durch die Stadt schleppten und »Who wants me for a bawbee?« riefen. (Bawbee = Copper oder Halfpenny. Cf. E. Partridge, 1973, S. 54.) Der Betreffende, der einen solchen Eimer zu benutzen wünschte, wurde dabei unter eine weite Pellerine gesteckt. Cf. R. Palmer, 1977, S. 17f. Wie Johann Christoph Sachse aus Gotha berichtet, rief ihm auf einer Hamburger Gasse plötzlich eine Frau »Will gi wat maken?« zu. »Eh ich mich's versah schlug sie ihren Mantel um mich, unter welchem sie einen Eimer verborgen hatte, dessen Duft mir seine Anwendung verrieth«, worauf Sachse unter dem Gelächter der Leute die Flucht ergriff. Cf. M. Beutelspacher, 1986, S. 48.

34 Das Wort »commodité« war auch in Deutschland gebräuchlich. So war etwa ein fest installiertes Klosett in »Unter den Linden« im Berlin der siebziger Jahre des 18. Jahrhunderts mit einem dezenten »C« versehen. Cf. W. Stengel, 1950, S. 113.

35 Cf. L. Wright, 1960, S. 101. Im 17. Jahrhundert war ein verbreiteter Ausdruck für das Defäkieren »faire ses affaires«. Cf. F. Bluche, 1986, S. 336.

36 Cf. a.a.O., S. 102; W. Stengel, a.a.O., S. 108f., E. Huguet, 1932, II, S. 171. Noch im Jahre 1896 schreibt die Marquise de Pompeillan in ihrem *Guide de la femme du monde*: »Les meubles

indiscrets sont ceux qui révèlent un coin de vie trop intime. Ceux-là doivent être soigneusement tenus cachés. Tels sont les baignoires, les bidets, les lavabos.« Cf. A. de Marnhac, 1986, S. 164.

37 Zit. n. A. Franklin, 1908, II, S. 245. In einem zu Beginn des 18. Jahrhunderts publizierten Anstandsbuch wird selbst den kleinen Buben vorgeschrieben, es zu unterlassen, in Gegenwart anderer ihre Bedürfnisse zu verrichten: »Si vous allez ensuite à vos nécessités de nature, ne les faites pas en présence du monde: gardez l'honneur partout« (a.a.O., S. 313).

38 »Il n'est pas honneste à un gentilhomme bien appris de se préparer devant un chacun pour aller à ses nécessités naturelles; et, ayant mis fin à icelles, il n'est pas bien séant de se revestir en présence d'autruy. Encor je ne trouve pas bon que, revenant d'icelles, il se lave les mains en présence d'une honneste compagnie, pour ce que la raison pour laquelle il se lave représente quelque chose de maussade à l'imagination de ceux qui le voyent« (a.a.O., I, S. 24).

39 Erasmus v. Rotterdam, 1673, S. 80f.

40 Cf. N. Elias, 1939, I, S. 73. Damit will ich nicht *generell* sagen, daß man im späteren 17. und im 18. Jahrhundert genauso befangen oder unbefangen war wie zu Beginn des 16. Jahrhunderts. So schreibt beispielsweise der Übersetzer des Erasmus im Jahre 1673: »Du solt zum offtern die Theile deines Leibes putzen / welche dem Abgang den Weg geben. Diese sind das Haupt / die Ohren / die Augen / die Nasenlöcher / die Schultern und sunst« (S. 121), während im lateinischen Originaltext »& pudenda« steht, was zeigt, daß der Übersetzer offenbar so schamhaft war, daß er nicht einmal das Wort »Schamteile« verwenden wollte. Und wenn Montaigne über die Bäder von Pagno schreibt, es gehöre dort »mit unter die Manieren der Badegäste, daß man es dem folgenden Tag erzehlt, ob man habe gut pissen können«, so fühlt sich zweihundert Jahre später sein Übersetzer ins Deutsche bemüßigt, anzumerken: »Wir sind dem Herrn Montagne für die gar zu genaue Erzehlung eben keinen sonderlichen Dank schuldig.« Cf. M. de Montaigne, 1779, II, S. 94. Freilich scheint mir Elias, wie so oft, so auch an dieser Stelle die Unterschiedlichkeit der Schamschranken der frühen Neuzeit und des Barockzeitalters stark zu übertreiben. Immerhin mokiert sich auch G. Casanova, 1984, IV, S. 216, über gewisse Prager Damen, die sich darüber entrüsteten, daß er in der Beschreibung seiner Flucht aus den Bleikammern erwähnt hatte, er habe in vier Stunden zwei große Nachttöpfe mit Urin gefüllt: »Übrigens sehe ich nichts

Unpassendes bei der von mir berichteten Tatsache; denn Männer wie Frauen sind diesem Bedürfnis unterworfen, geradeso, wie sie essen und trinken müssen; und wenn dabei etwas für empfindliche Nerven anstößig sein könnte, so wäre es höchstens der für unsere Eitelkeit peinliche Gedanke, daß wir dies Bedürfnis mit Schweinen gemein haben.«

41 Cf. A. Franklin, 1908, I, S. 44. In Bayreuth wurde im Jahre 1797 auch das öffentliche Pinkeln der Kinder – bei Strafe für die Eltern – verboten. Cf. H. Haas, 1981, S. 62.

42 Cf. K. Birket-Smith, 1948, S. 227.

43 Cf. H. Möller, 1969, S. 283.

44 Cf. J. C. Bologne, 1986, S. 165.

45 Jennings berichtet: »My offer (I blush to record it) was declined by Gentlemen (influenced by English delicacy of feeling) who preferred that the Daughters and Wives of Englishmen should encounter at every corner, sights so disgusting to every sense, and the general Public suffers pain and often permanent injury rather than permit the construction of that shelter and privacy now common in every City in the World. I could give you particulars as to the opposition I have had to encounter from individuals, who if measured by their obstructive policy, one would suppose that they themselves never required any convenience of any kind« (L. Wright, 1960, S. 201).

46 Die Balinesinnen urinieren im Stehen, wobei sie den Oberkörper etwas nach vorne beugen, damit der Sarong nicht naß wird (Anette Rein, mündliche Mitteilung vom 12. August 1986).

47 R. Schlichter, 1932, S. 49f. Den Hinweis auf diese Stelle verdanke ich Wilhelm Gauger. Ein solches Verhalten sollte man freilich nicht verallgemeinern. Bei den ungarischen Bauern wäre es ein Ding der Unmöglichkeit gewesen. Cf. L. Vincze, 1985, S. 34.

Anmerkungen zu § 14

1 Cf. N. Elias, 1939, II, S. 348.

2 Wenn bei den Lele ein kleines Kind vor Erwachsenen defäkiert, sagt ihm sein Vater, daß er sich sehr schämt und daß es sofort den Kot entfernen soll. Cf. M. Douglas, 1975, S. 10, 12.

3 Cf. E. Vetromile, 1866, S. 89f.

4 Cf. W. H. Goodenough, 1965, S. 270; ferner C. A. Valentine, 1963, S. 451. Auch in anderen Gegenden Neubritanniens ist die Defäkation mit großer Scham verbunden. So legen beispiels-

weise die Kurtatschi jeden Morgen große Entfernungen zurück, um sich an einem entlegenen Ort zu erleichtern. Diejenigen, die an der Küste leben, gehen dafür an den Strand, aber sie achten darauf, daß sie mindestens fünfzig Meter von ihrem Nachbarn entfernt sind. Cf. G. Friederici, 1912, S. 62f. Cf. auch A. L. Epstein, 1979, S. 179 (Tolai/Qunantuna auf der Gazelle-Halbinsel).

5 Dieselbe Gepflogenheit gibt es auch bei den Wiru im südlichen Hochland. Cf. A. Strathern, 1975, S. 348f., 354; G. F. Vicedom/H. Tischner, 1948, S. 40.

6 Cf. H. Himmelheber/U. Himmelheber, 1958, S. 99.

7 Cf. W. A. Lessa, 1966, S. 79f. Auch auf Ifaluk würde man nie zu seinem Ehepartner offen sagen, daß man defäkieren geht; vielmehr sagt man: »Ich gehe jetzt dort hin.« Cf. E. G. Burrows/M. E. Spiro, 1957, S. 297f. Die Jenisej-Ostjaken sagten »Ich gehe allein in den Wald« (cf. K. Donner, 1933, S. 33), und die Trobriander sprachen – zumindest vor Respektspersonen – von *solu* oder *sola*, »hinabsteigen«, *busi*, »hinuntergehen« und *bala baka'ita*, »gehen und wiederkommen«. Cf. B. Malinowski, 1979, S. 352.

8 G. Friederici, 1912, S. 63.

9 Cf. W. Davenport, 1965, S. 169, 203. Cf. auch F. Weiss, 1981, S. 106 (Jatmül); I. Kopytoff, 1980, S. 194 (Suku in Zentralafrika); R. A. LeVine/B. B. LeVine, 1963, S. 55 (Gusii); H. Baldus, 1972, S. 508 (Guayakí); P. Schebesta, 1954, II. 1, S. 19 (Semang); F. Bryk, 1928, S. 49 (Nandi).

10 Obgleich die eigentliche Absicht darin besteht, den Jungen durch die Ejakulation in seinen After zur männlichen Reife zu führen. Wir werden in einem späteren Band mehr davon hören.

11 Cf. J. van Baal, 1984, S. 135f.

12 Cf. O. F. Raum, 1940, S. 318f.; ferner G. Devereux, 1954, S. 24f.

13 Cf. N. Barley, 1986, S. 75. Die Marri Baluch in Belutschistan sagen, daß Adam und Hawa im himmlischen Paradies die Restbestände der Früchte, die ihnen Gott zum Essen gab, ausschwitzten. Zur Verunreinigung des Gartens kam es, als sie verbotenen Weizen aßen und anschließend defäkierten. Cf. R. N. Pehrson, 1966, S. 61.

14 Cf. A. Petersen, 1985, S. 15. Als ich auf einer Reise von Larantuka nach Maumere in Flores gezwungen war, in einem Dorf der Sikkanesen nach einem Ort zu fragen, an dem man urinieren konnte, sorgte ich – wie ich es befürchtet hatte – für eine äußerst peinliche Situation, zumal ich der dortigen Sprache nicht mäch-

tig war und deshalb durch Gesten verständlich machen mußte, welcher Funktion dieser Ort dienen sollte.

15 Cf. P. Riesman, 1974, S. 219. In den meisten menschlichen Gesellschaften sind diese körperlichen Funktionen sehr schambesetzt. Als beispielsweise ein Junge der Gende in Neuguinea dem Ethnographen einen Mythos erzählte, in dem ein Mann sich zur Defäkation zurückzog, verstummte er und sagte *na aravo tu*, »ich schäme mich«. Cf. H. Aufenanger/G. Höltker, 1940, S. 158. Cf. auch A. Lukesch, 1968, S. 106 (Kayapó); H. A. Bernatzik, 1936, S. 93 (Owa Raha-Insulaner); J. Littlejohn, 1973, S. 293 (Temne); F. de Laguna, 1972, S. 523 (Tlingit); L. B. Boyer, Brief vom 18. Februar 1986 (Mescalero Apache); W. J. Smole, 1976, S. 68 (Yanomamö); L. Marshall, 1959, S. 360, dies., 1976, S. 245 (!Kung); E. Haberland, 1963, S. 57 (Galla); M. Read, 1959, S. 80 (Ngoni); L.-V. Thomas, 1959, S. 574 (Diola); J. M. Garvan, 1955, S. 774 (philippinische Negritos); H. J. Heinz, 1975, S. 147 (!Ko); C. Hoffmann, 1956, S. 184 (Sotho); H. S. Stannus, 1910, S. 292 (Anyanja); P. Clastres, 1972, S. 100 (Aché); B. Malinowski, 1979, S. 351 (Trobriander); T. A. Acton, 1971, S. 114 (Zigeuner). Vielleicht trägt zur starken Schambesetzung des Defäkierens und Urinierens bei, daß kindliche Bett- oder genauer: Mattennässer nicht selten dadurch äußerst hart bestraft werden, daß man sie lächerlich macht. Cf. z. B. R. S. Rattray, 1929, S. 12 (Aschanti); M. J. Herskovits, 1938, S. 273 (Ewe); frühe Sauberkeitserziehung findet sich auch bei den Mbuti (cf. P. Schebesta, 1948, S. 413) und bei den Tolai (cf. A. L. Epstein, S. 199f.). Wenn auf dem burmesischen Dorf ein kleiner Junge urinieren will, muß er sich dazu hinhocken und die Genitalien mit der Hand verdecken; unterläßt er dies, wird er mit Kastration bedroht. Cf. M. E. Spiro, 1977, S. 221. Wie mir Paul Parin (mündliche Mitteilung vom 21. Oktober 1986) sagt, sind die jüngeren Männer bei den Bassari in der Trockensteppe des nordwestlichen Guinea beim Urinieren im Busch außerordentlich schamhaft, wenden sich voneinander ab und bedecken den Penis mit der Hand. Marita Kohl-Leitges (mündliche Mitteilung vom 22. August 1987) sagt mir, daß die Frauen bei den Ata Kiwan von Ost-Flores sie dazu aufforderten, wegzuschauen, wenn sie in der Nähe urinierten. Auch die Männer sind beim Urinieren und erst recht beim Defäkieren äußerst dezent.

16 Cf. H. M. Miner/G. DeVos, 1960, S. 51.

17 Cf. H. Ammar, 1954, S. 185.

18 Cf. S. Deaver, 1980, S. 38.

19 Auch über die Perser schreibt Olearius im 17. Jahrhundert, daß

sie sehr schamhaft seien und daß man selten einen Mann sehen könne, »der sein Wasser abschlägt« (A. Olearius, 1959, S. 422f.). Cf. auch F. J. Bieber, 1908, S. 51, über die Verhüllung der auf dem Felde defäkierenden Amhara.

20 Cf. H. Ammar, 1954, S. 104. Bei uns war das Hinhocken eines Mannes beim Urinieren nicht nur verpönt. Vielmehr konnte es passieren, daß der Betreffende sogar verhaftet wurde. So wurde beispielsweise im Jahre 1534 ein Metzgergeselle in Basel eingesperrt, weil er an Fastnacht »under anderm nider gehüret und sich das wasser wie ein wip entplöst« (J. Küster, 1983, S. 55f., 66).

21 Cf. T. Rosebury 1976, S. 99; A. Bouhdiba, 1973, S. 130.

22 Jean L. Briggs, Brief vom 30. Oktober 1986.

23 Cf. N. H. H. Graburn/B. S. Strong, 1973, S. 121.

24 Cf. G. Friederici, 1908, S. 62.

25 Cf. F. Barth, 1975, S. 26.

26 Jeder kennt diesen Ausspruch, doch ich konnte ihn in keiner Ausgabe der Werke Luthers auffinden. Wie mir der Luther-Experte Albrecht Peters in einem Brief vom 25. Juni 1987 mitteilt, weiß auch er nicht, ob der Spruch tatsächlich von Luther stammt.

27 Cf. H. Heckendorn, 1970, S. 62.

28 Cf. H. Christoffel, 1944, S. 40.

29 Erasmus v. Rotterdam, 1673, S. 29f.

30 Cf. A. Franklin, 1908, II, App., S. 69f.

31 Cf. H. Heckendorn, 1970, S. 28, 62.

32 Cf. B. Malinowski, 1979, S. 353.

33 Cf. R. Firth, 1936, S. 473.

34 Cf. T. Gregor, 1977, S. 189. Bei den Aché (Guayakí) entfernen sich selbst die kleinen Kinder von den Hütten, um im Wald ungehört furzen zu können. Cf. P. Clastres, 1972, S. 99f. Sind die Männer im Wald und furzt einer so laut, daß die anderen dies hören, so lachen sie; riecht der Furz, so halten sie sich die Nase zu. Cf. H. Baldus, 1972, S. 501. Die Trumaí beachten im allgemeinen Fürze nicht; stinkt ein Furz jedoch, dann spucken die Umstehenden vor Ekel aus. Cf. B. Quain/R. F. Murphy, 1955, S. 94. Cf. auch H. Becher, 1960, S. 90 (Yanomamö).

35 J. Malaurie, 1979, S. 175.

36 Cf. O. F. Raum, 1938, S. 216.

37 Cf. H. S. Stannus, 1910, S. 299.

38 Cf. H. Christoffel, 1944, S. 37f.

39 Hartmut Geerken schreibt mir in einem Brief vom 7. Dezember 1986, daß es diese Geschichte auch in Afghanistan gibt.

40 Cf. H. M. Miner/G. DeVos, 1960, S. 52f. Auch bei den meisten anderen Ethnien ist das Furzen verpönt. Cf. z.B. E. G. Burrows/M. E. Spiro, 1957, S. 298 (Ifaluk); H. J. Heinz/M. Lee, 1978, S. 90, und I. Eibl-Eibesfeldt, 1972, S. 157 (!Ko-Buschleute); H. A. Bernatzik, 1947, S. 466 (Meau); G. F. Vicedom/H. Tischner, 1948, S. 41 (Mbowamb); P. Riesman, 1974, S. 128 (Djelgobe-Peul); G. Tessmann, 1923, S. 177 (Bubi); L. Vincze, 1985, S. 34 (traditionelles Ungarn); R. S. Rattray, 1929, S. 13 (Aschanti); P. Mercier/G. Balandier, 1952, S. 64 (Lebu), J. Sterly, 1987, S. 59 (Simbu). Häufig verwendet man Euphemismen. So sagen etwa die Banyarwanda und Burundi statt »furzen« (*gusura*) lieber »aushauchen« (*kuhema*) oder *kwitabara*, »sich helfen«. Cf. R. Bourgeois, 1957, S. 306.

41 So W. Schmidbauer, 1973, S. 270.

42 J. van Ussel, 1970, S. 37.

43 Cf. M. Douglas, 1975, S. 12f.

44 Cf. H. I. Hogbin, 1946, S. 196.

45 Den Geruch von Fäkalien und Verwesendem halten die Trobriander nicht nur für ekelhaft, sondern auch für gesundheitsschädlich, und es heißt, daß die fliegenden Hexen (*mulukwausi*) einen solchen Geruch ausströmen. Cf. B. Malinowski, 1979, S. 259, 354.

46 Cf. M. Gusinde, 1966, S. 113. Auch andere Buschleute benutzen solche Parfums, die von den Frauen in verstöpselten Schildkrötenpanzern mitgeführt werden. Cf. A. M. Duggan-Cronin, 1942, S. 4.

47 Cf. A. Fedders/C. Salvadori, 1974, S. 93.

48 Cf. G. F. Vicedom/H. Tischner, 1948, S. 44.

49 Cf. B. Quain/R. F. Murphy, 1955, S. 95. Deshalb gehen auch die Kujamaat Diola selbst in der tiefsten Nacht zum Defäkieren weit in den Busch. Cf. J. D. Sapir, 1977, S. 4. Die Mohave hatten eine ausgesprochene Abneigung gegen den Geruch von Urin, Kot, Menstruationsblut, Vaginalsekret und Sperma (cf. G. Devereux, 1950, S. 89), und den Anyanja ist der Geruch von Eiter und Exkrementen unerträglich, und sie spucken aus, wenn sie ihn in die Nase bekommen. Cf. H. S. Stannus, 1910, S. 286. Cf. auch M. Vanoverbergh, 1938, S. 123 (philippinische Isneg).

50 Cf. L. M. Penning, 1984, S. 164f.

51 Cf. H. P. Duerr, 1978, S. 75ff.

52 Ein Kind, das sich nicht an diese Anweisung hält, wird hart herangenommen. Cf. M. N. Srinivas, 1952, S. 104f.

53 Cf. G. M. Carstairs, 1963, S. 104. Die einzigen Körperausscheidungen, die für die Sherpa nicht verunreinigend sind, sind die

Tränen, weil sie durch hochstehende, »reine« Emotionen hervorgerufen werden. So weint auch kein Tier, sondern nur der Mensch. Cf. S. B. Ortner, 1973, S. 57.

54 Cf. auch A. S. Meigs, 1978, S. 310; S. S. Bean, 1981, S. 590.

55 Cf. O. Borst, 1983, S. 214.

56 Cf. L. Thorndike, 1928, S. 192ff., 203, ferner E. L. Sabine, 1933, S. 335ff.

57 Cf. G. Platt, 1976, S. 70. Cf. auch U. Dirlmeier, 1986, S. 154ff.

58 Cf. H. Kühnel, 1984, S. 52.

59 Einige Zeit später rügte der Rat auch die Tatsache, »als bissher zu vilmalen todt hund, katzen, suw und derglichen abgangen thier in die Birs geworffen, davon grosser gesmack und stanck entstanden«. Cf. K. Baas, 1926, S. 14; cf. auch A. Treichler, 1926, S. 25. Im Jahre 1526 berichtet ein kurpfälzischer Spanienreisender: »Auch vindet man vast in allen heusern Hyspanie und sunderlich yn den herbergen kein haymlich gemach oder sprochheuslein, sunder yderman leufft in die stelle, darvon die stallunge also stincken, daz nicht wunder wer, das gestancks halbe die geulle verdurben. So aber der haußwirth ein stathafftiger man ist, so holdt er zwe seue eingeschlossen, die lest er auff den abent den unflat uffessen« (A. Hasenclever, 1907, S. 431f.).

60 Cf. N. Ohler, 1986, S. 135, ferner A. C. Varron, 1937, S. 1592.

Anmerkungen zu § 15

1 Cf. N. Elias, 1969, S. 77; ders., 1939, I, S. 188 oder J. J. Berns, 1982, S. 322.

2 Zit. n. J. C. Bologne, 1986, S. 41.

3 Brantôme, 1981, I, S. 229, II, S. 29.

4 Cf. Voltaire, 1883, I, S. 7; A. de Condorcet, 1883, S. 212f.; G. Brandes, 1923, S. 355, spricht »von dem Genuß, den es Madame du Châtelet augenscheinlich bereitete, ihre Macht über den von ihr eingefangenen seltenen Vogel«, also Voltaire, »zu fühlen und andere fühlen zu lassen«.

5 Cf. J. C. Bologne, 1986, S. 70. In manchen kulturgeschichtlichen Werken wird behauptet, im 18. Jahrhundert hätten sich nicht selten hochgestellte Damen nach dem morgendlichen Aufstehen vor männlichem Besuch angekleidet. Das ist maßlos übertrieben. Als z. B. in einem Prozeß im Jahre 1708 bekannt wurde, daß die Gattin des Earls of Wigton, Lady Margaret, einen gewissen Lord Belhaven »naked or undressed« in ihrem Schlafzimmer empfangen habe, galt der Ehebruch als erwiesen. Cf. A. D. M.

Forte, 1984, S. 112. Bei der ersten Toilette, der »toilette de propreté«, durfte nicht einmal der Liebhaber der Dame zugegen sein. »Ils n'entrent qu'à l'heure indiquée: on peut tromper une femme, on ne doit jamais la surprendre, voilà la règle« (zit. n. G. Pillivuyt, 1985, S. 20). Im 16. Jahrhundert empfingen die französischen Könige den morgendlichen Besuch erst, wenn sie vollständig bekleidet waren. Cf. A. Lefranc, 1938, S. 14.

6 Cf. S. C. Maza, 1983, S. 187. Im Jahre 1716 warnt der Freiherr von Hohberg in seinem Buch über das adelige Landleben die hohen Töchter »sonderlich vor unverschamten Entblössen«, und zwar vornehmlich davor, »sich an- oder abzukleiden, wo fremde Augen oder das Gesinde das geringste etwas unanständiges ausführen möchte« (P. Lahnstein, 1974, S. 50). Nach G. K. Koenig, 1971, S. 116, schützte der Baldachin, der mitunter sogar Holzwände hatte, zwar auch vor starkem Luftzug, doch bestand seine Funktion vor allem darin, die Intimsphäre der Bettbenutzer vor fremden Augen zu schützen. Spätestens im 12. Jahrhundert waren Paravents eingeführt worden, die das Bett der Herrschaft von den Blicken der Dienerschaft abschirmten. Cf. E. Camesasca, 1971, S. 382.

7 Cf. C. Fairchilds, 1984, S. 189.

8 Cf. P. Veyne, 1985, S. 83.

9 Cf. C. M. Pastner, 1980, S. 217.

10 Cf. K. Amrain, 1908, S. 41f.; E. Goffman, 1958, S. 95.

11 D. L. Rosenhan, 1981, S. 130.

12 Cf. R. B. Serjeant, 1961, S. 739f.

13 Cf. A. de Marnhac, 1986, S. 113.

14 Cf. G. Casanova, 1985, VI, S. 124.

15 Cf. A. Martin, 1906, S. 94f.

16 Cf. z.B. K.-S. Kramer, 1967, S. 235.

17 G. Zappert, 1859, S. 135. Die spätmittelalterlichen Badstuben von Wismar galten als so unehrenhafte Orte, daß man dort »Gegner mit Erfolg schmähen und verunehren« konnte. Cf. F. Techen, 1929, S. 450.

18 Dies gilt auch für den jüdischen Bader (cf. J. Preuß, 1923, S. 632) und den muslimischen *ḥammāmī*, bei dem es stets strittig war, ob er z.B. vor Gericht als Zeuge auftreten könne. Cf. H. Grotzfeld, 1970, S. 111.

19 Cf. W. Danckert, 1963, S. 64f. Die Tamilen vermeiden jeglichen Körperkontakt mit Barbieren, weil diese mit unreinen (*acuttamāna*) Substanzen wie z.B. Haaren und abgeschnittenen Zeh- und Fingernägeln in Berührung kommen. Cf. E. V. Daniel, 1984, S. 125.

20 H. Arnold, 1965, S. 185. Cf. auch F. de Vaux de Foletier, 1983, S. 98. Alles, was auch nur im entferntesten mit den weiblichen Genitalien verbunden ist, ist unrein. Cf. A. Acton, 1971, S. 108.

21 L. Thurneyser zum Thurn, 1956, S. 116.

22 Cf. etwa die französische Illustration aus dem 13. Jahrhundert in L. MacKinney, 1965, S. 233. Zur selben Zeit streichen die »badwîbel« den Männern »rücke, bein und arm«, während diese sich vorne einen »wadel« vorhalten. Cf. J. Seemüller, 1886, III, 34.

23 A. Martin, 1906, S. 77.

24 A.a.O., S. 87.

25 G. A. Wehrli, 1931, S. 62.

26 A. Franklin, 1908, App., S. 18. Es ist wohl anzunehmen, daß hier vom Epilieren des Schamhaares die Rede ist.

27 Cf. W. Schild, 1984, S. 284; H. Aders, 1969, S. 76f.

28 G. Wilbertz, 1979, S. 67.

29 G. Wunder, 1980, S. 149f.

30 Cf. A. Schultz, 1892, S. 75. Im Jahre 1495 wurde in Bamberg ein Baderknecht bestraft, weil er es hingenommen hatte, daß sich bei seiner Hochzeit der uneingeladene Scharfrichter zu den Gästen gesellte und unter ihnen sein mitgebrachtes Essen verzehrte. Cf. Dr. Heffner, 1864, S. 192.

31 K.-S. Kramer, 1961, S. 142. Als bekannt wurde, daß sein Großvater Scharfrichter gewesen war, wollte die Ulmer Goldschmiedezunft im Jahre 1710 einen Lehrling ausschließen. Cf. W. Honselmann, 1964, S. 269.

32 Cf. R. van Dülmen, 1985, S. 95; G. Hensel, 1979, S. 19. Cf. auch K. Henrich, 1980, S. 323.

33 Cf. A. Meye, 1935, S. 52. Manchmal verlor der Henker mit seinem Amt auch die Unehrlichkeit. So heißt es im Jahre 1617 über den Nürnberger Scharfrichter: »Darmit hat er seinen dienst auff geben, und wider redlich gemacht worden« (J. M. F. v. Endter, 1801, S. 184).

34 Cf. R. van Dülmen, 1985, S. 33f.; E. Angstmann, 1928, S. 80ff. Im Jahre 1651 wurde in Fribourg eine Frau unter anderem deshalb »ewiglich verwisen«, weil sie »nach relation des nachrichters gezeichnet« war. Cf. G. Bise, 1980, S. 71. Gleiches erfolgte meist, wenn der Scharfrichter jemanden mit Ruten ausstrich. Deshalb heißt es im 16. Jahrhundert in Nürnberg über die arbeitsscheuen Bettler: »Würden solche Buben mit Ruten ausgehauen, so gäben sie hernach, weil an Ehren geschmäht und unter den Handwerkern nicht geduldet, erst rechte Diebe und Straßenräuber ab, während hingegen durch harte Arbeit schon mancher der Faulheit und des Müßiggangs entwöhnt und zur Besserung

gebracht« wurde (zit. n. R. Jütte, 1986, S. 111). Ein nach Peine verzogener Hildesheimer Bürger ließ sich vom Rat ausdrücklich bescheinigen, daß »de boedel«, also die Büttel, ihn und seine Familie nicht »uth unser stat schulle ghelet hebben« (J. K. Kames, 1910, S. 76).

35 Cf. van Dülmen, S. 94. Nachdem bei einer Hinrichtung in Frankfurt am Main im Jahre 1590 der Scharfrichter einen armen Sünder mit dem Richtschwert recht unvollkommen getroffen hatte und vor der aufgebrachten Menge floh, hob ein Messerschmied das Schwert vom Boden auf, worauf ihn seine Zunft für »unredlich« erklärte. Cf. ders., 1984, S. 237. 1677 wurde einem Schuhmachermeister das Handwerk gelegt, weil er bei der Reparatur des Galgens versehentlich einen Nagel angefaßt hatte, mit dem der Henker die Köpfe der Hingerichteten anzuheften pflegte. Cf. J. Gernhuber, 1957, S. 131. Fünf Jahre vorher hatten sich in Mannheim einige Schmiedgesellen gar geweigert, eine soeben angefertigte Leiter zum Galgen zu tragen, weil sie dies als schmachvoll und entehrend ansahen. Cf. L. Göller, 1930, S. 79. Damit sie mit dem Henker nicht direkt in Berührung kamen, wurden nicht selten Standespersonen an einem schwarzen Band zur Richtstätte geführt, wo sie sich das Haar selber hochbanden. Cf. C. Helfer, 1965, S. 100.

Anmerkungen zu § 16

1 Cf. W. Schild, 1984, S. 237.

2 F. Byloff, 1902, S. 239.

3 Die Karbatsche (türkisch *qyrbatsch*) war eine aus ledernen Riemen geflochtene Peitsche, die hierzulande meist »Ochsenziemer« genannt wurde.

4 Cf. F. Merzbacher, 1957, S. 115.

5 Cf. K. Seifart, 1859, S. 678.

6 Cf. W. Schild, 1980, S. 160.

7 Cf. J. H. Müller, 1872, S. 189. In Luxemburg trug man im 16. Jahrhundert bei der Folter meist ein »chemise de crue toille« (cf. M.-S. Dupont-Bouchat, 1978, S. 108f.); im Westfälischen wurde dem Delinquenten »eine linnen Schürze umbß Leib gebunden« (K. Decker, 1978, S. 343). Im Fränkischen trug er einen entehrenden »Trudenkittel«, der an einem Tag gesponnen, gewirkt und genäht sein mußte. Cf. W. Schreiber, 1977, S. 93.

8 Cf. C. Lerner, 1981, S. 108.

9 Cf. W. Krämer, 1959, S. 69. Nach M. Hirschfeld, 1930, S. 41ff.,

214 ›Die Bamberger Folter‹, Holzschnitt, 16. Jh.

wurden unter dem Pontifikat Pius V. in Rom nicht nur Frauen splitternackt gefoltert, vielmehr soll man ihnen dabei auch zur Steigerung der Demütigung und Entwürdigung die Beine gespreizt und das Schamhaar geschoren haben, so daß die Vulva ungehindert sichtbar war. Ich weiß nicht, ob dieser Bericht der Wirklichkeit entspricht oder antipapistischer Propaganda entspringt. Wie dem auch sei: Selbst wenn eine solche Folter tatsächlich stattgefunden hat, handelt es sich bei ihr nicht um ein ›archaisches‹ Element, sondern um eine Erscheinung des Frühbarocks! Nachweisbar ist, daß im 17. Jahrhundert gelegentlich Männer nackt gefoltert wurden. So empört sich im Jahre 1628 der Bamberger Johannes Junius in einem Brief an eine seiner Töchter: »Und dießes ist alles faselt nackent geschehen: dan sie haben mich fasel nacket ausziehen lassen.« Zit. n. A. Droß, 1978, S. 245.

10 F. v. Spee, 1939, S. 215.

11 Gustav Henningsen, Brief vom 16. September 1986.

12 Jean-Pierre Dedieu, Brief vom 4. Dezember 1986. Cf. auch M. Ruthven, 1978, S. 58 und H. Kamen, 1985, S. 175.

13 Als im Jahre 1568 Elvira del Campo in einer Folterkammer die Brüste entblößt worden waren, sagte sie zu ihren Peinigern: »Ihr Herren, ich habe alles getan, was man von mir sagt, und ich zeuge falsch gegen mich selbst, denn ich mag mich nicht in diesem Zustand sehen« (zit. n. F. Helbling/M. Bauer, 1926, S. 124). Eine Bekannte erzählte mir, daß die anwesenden Spanierinnen das Kreuz schlugen, als sie zu Beginn der siebziger Jahre in einem südfranzösischen Ferienlager zum Waschen den Oberkörper entblößte, und das, obwohl nur junge Frauen anwesend waren.

14 Zur zusätzlichen Demütigung richtete man weibliche ›Hexen‹ bisweilen – wenn man den Illustrationen vertrauen darf – mit nackten Brüsten hin, so etwa 1533 in Oberndorf. Cf. H. P. Müller, 1982, S. 323 oder W. L. Strauss, 1984, S. 453. Über eine junge ›Hexe‹, die im Jahre 1505 in Schwabach verbrannt wurde, bemerkt der Chronist entzückt: »Es war ein schönes Frauchen, hatte einen schönen Leib und weiße Brüste« (zit. n. F. Stöckle, 1984, S. 80). Cf. auch Abb. 215.

15 Cf. H.-J. Wolf, 1980, S. 133.

16 Cf. G. Henningsen, 1980a, S. 209; ders., 1980b, S. 38.

17 Cf. H. Nottarp, 1949, S. 159, 173.

18 Cf. F. Helbling/M. Bauer, 1926, S. 27 bzw. H. Sebald, 1987, S. 214.

19 Cf. H. Schuhmann, 1964, S. 334. Allgemein üblich war dies jedoch nicht. Cf. M. Hirschfeld, 1930, S. 122.

20 J. C. H. Dreyer, 1792, S. 124f.

21 Hierzulande begann man mit solchen Abrasuren etwa um 1400. Cf. F. Merzbacher, 1957, S. 116. Das Rasieren des Schamhaars scheint nicht einfach gewesen zu sein, und das Verletzungsrisiko war hoch. Im handschriftlichen Nürnberger Malefizbuch ist vermerkt, daß der Scharfrichter für das Scheren des Kopfes und unter den Achseln 45 Kreuzer, für das der heimlichen Orte jedoch »1 fl. 30 Kr.« erhielt. Cf. K. Seifart, 1859, S. 681.

22 Cf. H. Fehr, 1926, S. 240f.

23 Cf. J. Hansen, 1901, S. 322.

24 Zit. n. P. Hecker, 1874, S. 729.

25 Cf. C. L'E. Ewen, 1933, S. 63. Es konnte sich auch um ein Muttermal, einen Leberfleck und dergleichen handeln. Der Teufel zeichnete »einen yeden mit dem byss oder klawen, den an arm, den anderen am ruggen, ettlich an der zungen, am gsäss, an gmächten etc. gar unglych« (J. J. Wick, 1975, S. 197).

26 Zit. n. M. A. Murray, 1921, S. 92. Zwei Frauen untersuchten

215 Zwicken und Verbrennen einer Frau, *Wickiana*, zweite Hälfte des 16. Jh.s

Mary Greenleife »and found that the said Mary had bigges or teates in her secret parts, not like emerods, nor in those places where women use to be troubled with them«.

27 In einem Schweizer Hexenprozeß im Jahre 1701 ›gestand‹ Anneli Wiser, der Teufel sei mit der Bitte, »sie solle nüt sagen, er wolle auch nüt sagen«, unter ihre Bettdecke geschlüpft, worauf er sie »ohnzüchtig betastet, und sie ihn an seinem Ding, so wie ein Daumen so gross gsi, angerührt. Dies sein Ding habe er in ihres Ding hineingestossen, welches ihro sehr weh getan, wüsse nicht mehr eigentlich, glaube doch, sei auf ihro gelegen. Habe nit ½ Stund gewähret und habe sie etwas nasses empfunden, als dieses übere gsii. Da habe er gesagt, er wolle wieder gehen.« Auf die Frage, ob der Beischlaf ihnen Spaß gemacht habe, sagen die Angeklagten durchweg, wie Anneli: »Nit wohl.« Cf. D. Meili, 1980, S. 79, 81. Im Jahre 1629 antwortet hingegen in Reichertshofen eine Angeklagte, der Koitus »habe ihr wohl geschmeckht« (S. Hofmann, 1980, S. 219). Cf. auch C. Ginzburg, 1980, S. 170.

Häufig empfinden die Hexen dabei heftige Schmerzen, weil der teuflische Penis im erigierten Zustand gewaltige Ausmaße erreicht. In einem Lothringer Prozeß des Jahres 1598 »sagte die Alexia Dragaea, ihre Bulschafft hätte einen so starcken etc. allezeit gehabt, wenn ihm gestanden, und so gross als ein Ofengabel-Stiel, dessgleichen sie zugegen zeigte, denn ohngefehr eine Gabel zugegen war, sagte auch wie sie kein Geleuth weder Hoden noch Beutel daran gemerckt hat«. Zit. n. M. A. Murray, 1921, S. 179.

28 Cf. J. P. Demos, 1982, S. 181. Wenn sich ein *stigma* bei einer Nachuntersuchung nicht wiederfinden ließ, hieß es bisweilen, der Teufel habe es inzwischen weggezaubert. Cf. J. Schrittenloher, 1963, S. 324.

29 Cf. L. Koehler, 1980, S. 85, 269.

30 Cf. J. Klaits, 1985, S. 57.

31 Cf. P. Boyer/S. Nissenbaum, 1974, S. 13.

32 Cf. M. A. Murray, 1921, S. 92ff.; C. L'E. Ewen, 1933, S. 246f., 271, 365f., 383. 1675 wurde Barbara Kolarin in Salzburg von zwei Gerichtsdienerinnen inspiziert. Auf dem Land besorgte dies bei den Frauen meist die Frau des Scharfrichters. Cf. H. Nagel, 1973, S. 432; ders., 1974, S. 96. Im Jahre 1610 wurde Isabeau Charmigney in Vesoul in der Franche-Comté von zwei »chirurgiennes« untersucht. Cf. E. W. Monter, 1976, S. 160.

33 Cf. z.B. M. Foucault, 1907, S. 201.

34 Cf. M. Hirschfeld, 1930, S. 136.

35 Zit. n. J. Hansen, 1901, S. 593. In Schweden gab es, wie mir Bengt Ankarloo in einem Brief vom 25. September 1986 mitteilt, derartige Prozeduren nur in den südlichen Provinzen und ausschließlich gegen Ende des 16. und im frühen 17. Jahrhundert. Sie wurden von dem Scharfrichter von Jönköping im Beisein einer bestimmten Anzahl verheirateter Frauen durchgeführt. Cf. auch B. Ankarloo, 1984, S. 68f.

36 D. Meili, 1980, S. 49.

37 H. Pollack, 1886, S. 36.

38 Cf. G. Henningsen, 1980a, S. 300.

39 Hans Sebald, Brief vom 23. September 1986. Jean-Pierre Dedieu teilt mir mit, daß er in den spanischen Inquisitionsakten keinen Hinweis auf eine Suche nach dem *stigma* gefunden habe. Freilich ließ die Inquisition bei Männern, die der Homosexualität verdächtigt wurden, durch einen Chirurgen nach Spuren von Sperma im After oder von Kot unter der Vorhaut und dergleichen fahnden.

40 Cf. J. M. Lo Duca, 1968, S. 138. Im Jahre 1659 empfahl der Rechtsgelehrte Dr. Wölckern dem Nürnberger Rat, der mut-

maßlichen Hexe Margareta Mauterin alles Kopf- und Körperhaar abzuscheren, um sie durch diese Schmach zum Geständnis zu bewegen. Cf. H. H. Kunstmann, 1970, S. 95.

41 Cf. W. Notestein, 1911, S. 95. In manchen Gegenden waren die Hexen die einzigen Frauen, für die es keine Alternativstrafen *pro honore muliebri* gab und die deshalb gehängt wurden.

42 Zit. n. M. A. Murray, 1921, S. 246.

43 R. Mandrou, 1980, S. 102. In Luxemburg wurde auch die Rasur der Frauen meist von Ärzten durchgeführt. Cf. M.-S. Dupont-Bouchat, 1978, S. 113.

44 Cf. S. v. Riezler, 1896, S. 268.

45 J. Sprenger/H. Institoris, 1906, III, S. 85, 93f., 96.

46 Cf. H. C. E. Midelfort, 1972, S. 39.

47 Cf. F. Byloff, 1934, S. 146.

48 Cf. L. Koehler, 1980, S. 81.

49 Cf. C. L'E. Ewen, 1933, S. 173.

50 F. v. Spee, 1939, S. 154f., 156.

51 Der Dillinger Bader Thomas Vest erklärte sich bereit, die mutmaßlichen Hexen unter der Bedingung zu scheren, daß man ihn – falls ihm anschließend die Kundschaft wegbliebe – im städtischen Spital anstelle. Cf. W. Wüst, 1987, S. 112; F. Zoepfl, 1964, S. 242f.

Anmerkungen zu § 17

1 Cf. K. v. Amira, 1922, S. 175f., 181.

2 Cf. J. F. Hach, 1839, S. 373. Als der Nürnberger Scharfrichter Frantz Schmidt im Jahre 1580 drei Kindsmörderinnen den Kopf abschlug, bemerkte er: »vor niemahls kein Weibsbild zu Nürnberg mit den Schwerdt gericht worden« (J. M. F. v. Endter, 1801, S. 12).

3 E. Schmidt, 1949, S. 100, 221.

4 J. M. F. v. Endter, 1801, S. 20f. Im Jahre 1563 wurde in Blois eine Hugenottin wegen Ehebruchs gehängt. Cf. P. de B. de Brantôme, 1787, S. 137. Cf. auch J.J. Wick, 1975, S. 143. Von den zwischen dem 16. und dem 19. Jahrhundert im Hochstift Osnabrück hingerichteten zweiundneunzig Frauen wurden sieben gehängt und eine gerädert, vor allem in späterer Zeit. Cf. G. Wilbertz, 1979, S. 87. Auch das Rädern von Frauen kam äußerst selten vor, etwa im Jahre 1600, als die Leiche einer Magd, die Selbstmord begangen hatte, in Flemingen bei Nürnberg aufs Rad geflochten wurde. Cf. J. Opel, 1859, S. 777; G. Schormann,

216 Dreiteilung Brunichildes. Französische Miniatur, 1494.

1974, S. 102. Ähnliches gilt für das Drei- und Vierteilen. Im Jahre 613 soll die fränkische Königin Brunichilde gedreiteilt worden sein, und etwa zur selben Zeit ließ angeblich ein Awarenfürst die Herzogin Romilda zunächst von zwölf Kriegern vergewaltigen und danach mit den Worten »Talem te dignum est mari-

217 Gustave Doré: ›Tod der Brunehaut‹.

tum habere« vaginal pfählen. Cf. S. Stiassny, 1903, S. 23. Solche Pfählungen sind noch während des Zweiten Weltkrieges in Burma bezeugt. Dort führte man bisweilen der Ehebrecherin die Spitze eines Bambus, der täglich mehrere Zentimeter wächst, in die Vagina ein, so daß die Frau nach kurzer Zeit zu Tode gespießt wurde. Cf. G. Devereux, 1981, S. 123.

5 Nach R. His, 1920, I, S. 492, ist das Stadtbuch von Baden im Aargau vom Jahre 1384 die erste und eine der ganz wenigen mittelalterlichen Rechtsquellen, nach denen eine Frau gehängt werden konnte. Nach dem Groninger Recht des Jahres 1505 durfte eine Frau aus Schicklichkeitsgründen zwar nicht gehängt, aber seltsamerweise gevierteilt werden. Cf. B. Reismann, 1928, S. 55f.

6 Zit. n. J. Laver, 1972, S. 17. Unerhört war es, als im Jahre 901 eine Frau wegen Verrats »inusitato ludibrii genere pedibus suspensa exuviis circumquaque defluentibus nudata atroci fine juxta virum interiit« (K. v. Amira, 1922, S. 181), d.h., man entehrte sie so weitgehend, daß man sie mit dem Kopf nach unten aufhängte, worauf ihre Kleider über ihren Kopf fielen und die Scham entblößten. Im Jahre 1580 wurde in Vitry-le-François eine Transvestitin, die eine andere Frau geheiratet hatte, wegen dieses Verbrechens gehängt. Cf. M. de Montaigne, 1777, I, S. 119. Hier wußte man, daß es sich um eine Frau handelte, aber sie wurde trotzdem aufgeknüpft. Anders verhielt es sich elf Jahre später in Wangen im Bernischen, wo man einen Mann zum Tode am Strang verurteilt hatte. »Als aber die urtheil jetzt« an diesem »erstattet, befande der Nachrichter bey den Weiblichen brüsten, dass an dem unterscheid Männlicher und weiblicher Persohn verfählet were«, daß der vorgebliche Mann also in Wahrheit eine »Weibspersohn« in Männerkleidern war. Doch das Urteil war ergangen und konnte nicht mehr geändert werden. Cf. H.-F. v. Tscharner, 1936, S. 35. Wenn eine Person in Männerkleidern im Verdacht stand, eine Frau zu sein, wurde die Untersuchung nicht vom Scharfrichter, sondern von einer Hebamme durchgeführt. Cf. U. Knefelkamp, 1981, S. 133f.

7 Im 18. Jahrhundert kreuzigten beispielsweise die Holländer in Surinam entlaufene Negersklavinnen und zerschmetterten ihnen bei lebendigem Leibe die Knochen. Cf. S. Price/R. Price, 1980, S. 14.

8 J. C. H. Dreyer, 1792, S. 37.

9 Cf. H. Schreiber, 1962, S. 265; L. Barring, 1967, S. 95.

10 Cf. S. Stiassny, 1903, S. 55f.

11 Cf. A. Götz, 1898, S. 5, 7. Nach dem *Corpus Hippocraticus* gab es eine Form der Epilepsie, in der sich die Jungfrauen aufhängten, bis sie den Tod fanden. Nach griechischer Auffassung konnten die Mädchen nur dadurch geheilt werden, daß man sie verheiratete, so daß sie der Freuden der fleischlichen Liebe teilhaftig wurden. Cf. E. Cantarella, 1986, S. 63.

12 A. Goetz, 1898, S. 26.

13 Häufig erhob der Henker Anspruch auf die Oberkleidung des Gerichteten, so daß dieser bisweilen – wie die beiden Verbrecher, die mit Jesus gekreuzigt wurden – nur mit der Bruche bekleidet am Galgen hing. Im Jahre 1429 bestimmte deshalb der Basler Rat, daß »ein jeklicher diep mit den cleidern, darin er begriffen, gehenkt werden und der Henker kein Recht daran haben solle« (Zit. n. K. Metzger, 1931, S. 61).

218 Henker und Gehängter, *Codex statutorum*, 1348.

14 B. Sastrow, 1824, S. 57.

15 L. Steinberg, 1983, S. 86, 90f., deutet die Erektion Jesu – wenn sie tatsächlich dargestellt ist und es sich nicht nur um eine merkwürdige Faltenbildung handelt – als *signum victoriae*, als Ausdruck der Macht, die den Tod besiegt, ähnlich wie die Erektion des getöteten Osiris dessen Resurrektion bedeutet.

16 Cf. R. Schmidt, 1904, S. 478f.

17 Cf. P. J. Powell, 1969, S. 639; H. P. Duerr, 1984, S. 276f. Idealiter handelte es sich um einen Pawnee, also um *den* Erbfeind der Cheyenne. Cf. G. A. Dorsey, 1905, II, S. 97f. Dem steifen Glied des Kriegsgefangenen fiel damit dieselbe Aufgabe zu wie den erigierten Hörnern der Büffelkappe *is' siwun* (*esevon*). Bei den Oglala hingen am Zentralpfeiler der Sonnentanzhütte Darstellungen eines Mannes und eines Bisonbullen, beide mit riesigem

erigiertem Penis. Cf. T. H. Lewis, 1972, S. 45; T. E. Mails, 1978, S. 201. Während des ›Sonnentanzes‹ der Tsistsistas im Juni 1981 bei Watonga, Oklahoma, konnte ich am Zentralpfeiler kein derartiges Püppchen finden. Edward Red Hat, der damalige Hüter der Pfeile, erklärte mir, ein solches Männchen gehöre nicht zur Tradition der Tsistsistas, vielmehr zur Tradition der Sutaío.

18 Cf. J. Malaurie, 1979, S. 177. Ähnlich wie der »Hängegott« (*hanga guð*) Odin, der ja bekanntlich am »windigen Baum« hängend »schreiend« (*œpandi*) die Runen »aufnimmt« (cf. O. Höfler, 1974, S. 138), sollen auch einige Polar-Eskimo das Zweite Gesicht erlangt haben.

19 Auch bei uns sind solche Todesfälle nicht selten. Cf. S. Berg, 1963, S. 133f.

20 Cf. G. Bader-Weiß/K. S. Bader, 1935, S. 45f., 119.

21 Cf. M. Hirschfeld, 1930, S. 61.

22 Cf. G. Duby, 1981, S. 184.

23 D. DuCange, 1840, I, S. 102. Cf. auch C. Gaignebet/J.-D. Lajoux, 1985, S. 53.

24 DuCange, a.a.O., S. 337.

25 R. Reuter, 1937, S. 66. Im rigischen Recht für Hapsal heißt es im Jahre 1279: »Item wen twe begrepen werden tosamende vnde eyn yslyck hefft eynen echten gaden, des wyffes echte mann hefft de gewalth, wath he den hanreyge do wyl. Kumpt ith ock vor gerychte, dath wyff sal den man nacket trecken; wylen se ock de schande beyde losen, dat lych by dem rade, wath de darby don wylen.« (J. G. L. Napiersky, 1876, S. 39. Den Hinweis auf diese Bestimmung verdanke ich Ulrich Kronauer.)

26 J. C. H. Dreyer, 1792, S. 139.

27 Cf. F. Schulenburg, 1933, S. 41, 68. Im 15. Jahrhundert mußte ein Londoner Priester, den man in flagranti mit der Frau eines Krämers erwischt hatte, mit bis zu den Knien heruntergezogenen Unterhosen in der Öffentlichkeit paradieren, wobei man ihm seine Berufsbekleidung hinterhertrug. Cf. R. Gray, 1978, S. 129.

28 Tacitus, *Germania* § 19.

29 Cf. E. Fehrle, 1935, S. 89.

30 Cf. K. Müllenhoff, 1900, IV, S. 292, 573.

31 So z.B. J. R. Reinhard, 1941, S. 195 oder W. Graf, 1982, S. 206.

32 So z.B. W. Rudeck, 1905, S. 216.

33 Cf. H. v. Hentig, 1954, I, S. 122.

34 Cf. R. Quanter, 1925, S. 71; R. Much, 1967, S. 290; G. Buschan, 1922, IV, S. 326. Bei den Kymrern rief der Mann, der in der Hochzeitsnacht seine Frau nicht mehr jungfräulich vorfand, die

Gäste zusammen; Kerzen wurden angezündet, und das Hemd der Frau wurde vorne bis zur Scham und hinten bis zum Gesäß eingeschnitten (cf. R. B. Holt, 1898, S. 160), wobei es sich anscheinend auch hier um eine nur angedeutete Entblößung der Genitalien handelte. Die Babylonier jagten die untreue Gemahlin mit entblößtem Oberkörper, nur mit einem Schurz bekleidet, aus dem Hause (cf. W. A. Müller, 1906, S. 32), und bei einigen kurdischen Stämmen setzte man eine Frau, bei der es sich in der Hochzeitsnacht herausstellte, daß sie bereits vor der Eheschließung mit einem Mann geschlafen hatte, im bloßen Hemd auf einen Esel und jagte sie aus dem Dorf. Cf. H. Berkusky, 1909, S. 728. In der griechischen Kolonie Kyme im späteren Campanien setzte man die Ehebrecherin in einem dünnen Hemd auf den Schandesel, und auch in Lepreon in Elis trug eine solche Frau am Pranger auf dem Marktplatz elf Tage lang einen ungegürteten und »durchscheinenden« Chiton, so daß möglicherweise – falls die Frauen von Lepreon ihr Schamhaar rasierten – etwas von dem durchschimmerte, womit sie die Ehe gebrochen hatte. Cf. K. Latte, 1931, S. 156; H. Herter, 1960, S. 79.

35 Hosea 2,5.

36 Cf. L. M. Epstein, 1948, S. 26.

37 Ähnliches gilt auch für andere Ethnien mit hohen Schamschranken. Bei den Bubi auf Fernando Poo wurde beispielsweise früher das mutmaßlich ehebrecherische Paar völlig nackt und mit gespreizten Beinen in der Öffentlichkeit ausgestellt, bis es gestand, wobei man später zusätzlich ein Feuerchen unter der Vulva des Mädchens entzündete und ihr Pfeffer in die Vagina rieb. Cf. G. Tessmann, 1923, S. 167. Bei den Mongo riß ein Mann seiner untreuen Frau die Kleider vom Leibe, und wenn es ihr nicht augenblicklich gelang, ihren Genitalbereich mit Blättern oder dergleichen zu bedecken, war die Beschämung erheblich. Cf. R. P. G. Hulstaert, 1938b, S. 317. Damit sie letztere nicht abwenden konnte, band ihr Mann sie bisweilen vorher an einen Hauspfahl. Cf. ders., 1938a, S. 17. Bei den Gahuku Gama im östlichen Hochland von Neuguinea zieht man nicht selten Frauen, die unter dem Verdacht stehen, die Ehe gebrochen zu haben, nackt aus und rammt ihnen Stöcke in die Vagina. Cf. K. E. Read, 1954, S. 23; ders., 1955, S. 270.

38 Cf. R. Quanter, 1901, S. 189.

39 Cf. R. His, 1920, S. 570. Im Jahre 1378 wurde in Rothenburg ob der Tauber ein Meineidiger »mit einem blozzen hemde« mit Besen aus der Stadt gepeitscht. Cf. K.-P. Herzog, 1971, S. 111.

40 Cf. R. Weigand, 1984, S. 166.

41 Cf. A. McCall, 1979, S. 194.

42 G. Schindler, 1937, S. 287. Wenn man sich völlig entblößte, wurde man natürlich härter bestraft. Als einige Männer volltrunken die Hosen herunterließen, strich man sie mit Ruten und verwies sie der Stadt. Cf. R. Süß, 1980, S. 106f.

43 Cf. G.-J. Witkowski, 1903, S. 187.

44 Cf. S. v. Riezler, 1896, S. 78. Wenn man einer zeitgenössischen Darstellung (cf. P. Lacroix, 1875, S. 310) glauben darf, wurde im Jahre 1779 die Witwe eines hingerichteten Giftmörders wegen Mitwisserschaft mit entblößten Brüsten und einem Strick um den Hals durch die Straßen von Paris geführt.

45 Cf. W. A. Christian, 1981, S. 179.

46 So etwa im Jahre 1566 eine gewisse Eva Barbierer in Nördlingen. Cf. H. Schuhmann, 1964, S. 319.

47 Cf. H. Schreiber, 1962, S. 245.

48 Cf. J. C. Bologne, 1986, S. 135.

49 Cf. Dr. Lochner, 1856, S. 224.

50 G. Schindler, 1937, S. 67. Bei den Tepehuane-Indianern war es üblich, einem unverheirateten Paar, das ein Kind erwartete, zwei bis vier Streiche auf den nackten Hintern zu verabreichen, aber meist waren die Richter aus Schamgründen nicht dazu bereit, diese Strafe wirklich zu verhängen. Cf. C. Lumholtz, 1902, S. 466.

51 Zit. n. S. A. Queen/R. W. Habenstein/J. B. Adams, 1961, S. 286.

52 Cf. G. Hensel, 1979, S. 19. In Giottos ›Jüngstem Gericht‹ werden Männer am Penis und an der Zunge, Frauen an einem in die Vagina gehauenen Haken und am Haarschopf aufgehängt; in einer Miniatur des Nicolò di Giacomo da Bologna aus dem späten 14. Jahrhundert stechen die Teufel mit Vorliebe den Frauen in die Vagina oder zwicken sie mit Zangen in die Brustwarzen. Daß zumindest Giotto, wie S. V. Edgerton, 1985, S. 27, meint, Strafpraktiken wiedergebe, wie sie in der italienischen Frührenaissance üblich gewesen seien, ist unwahrscheinlich. Daß Hexen und andere verurteilte Frauen allerdings gelegentlich in die Brustwarzen gezwickt wurden, ist überliefert. So heißt es etwa im Jahre 1655 im Fränkischen über eine junge Kindsmörderin, der Scharfrichter habe ihr vor der Exekution »ein Zwiet mit einer glauigen Zangen an die Brüst gegeben« (R. Hambrecht, 1984, S. 369). Cf. auch W. Kohl, 1980, Text-Abb. 7. Auch heißt es in einem Statut von Siena aus dem Jahre 1262, daß Sodomiten, die nicht binnen eines Monats nach ihrer Verurteilung die Summe von 300 Lire entrichteten, einen Tag lang auf dem Marktplatz an

219 Philippotte, Herzogin von Kalabrien, und ihre Tochter werden von Henkersknechten in die Brustwarzen gezwickt, 14. Jh.

ihren Genitalien aufgehängt werden sollten. Cf. W. M. Bowsky, 1967, S. 5.

Anmerkungen zu § 18

1 J. van Ussel, 1970, S. 60.
2 Cf. z. B. R. A. Mentzer, 1987, S. 107f.
3 Cf. S. B. Klose, 1847, S. 85.
4 Die »schupfen« war ein Brett, von dem aus man ins Wasser geschnellt wurde. Von ihm leitet sich unser Ausdruck »schubsen« her.
5 Cf. G. Schindler, 1937, S. 286f.
6 Cf. H. G. Wackernagel, 1936, S. 204. Doch auch mit nackten Schenkeln durfte sich kein Mann – von einer Frau ganz zu schweigen – öffentlich sehen lassen. In einer Görlitzer Ratsverordnung vom Jahre 1467 wurde es verboten, »barschenckig« und mit Badekappe vom Brautbad zur Hochzeit zu schreiten: »dy do tanzen wollen, sullen sein mit Jopen und Hossin angethon.« Cf. H. Pleticha, 1971, S. 54.
7 Cf. W. Mezger, 1981, S. 58.
8 Cf. Dr. Lochner, 1856, S. 223; J. M. F. v. Endter, 1801, S. 48.

9 Cf. L. Steinberg, 1983, S. 28f.
10 Cf. S. B. Klose, 1847, S. 236.
11 Cf. J. Huizinga, 1952, S. 339.
12 Cf. G. G. Coulton, 1960, S. 319.
13 E. Schoen, 1984, S. 472. Nach einer Augsburger Flugschrift aus dem Jahre 1563 wurden nach der Eroberung der litauischen Stadt Polozk durch die Russen »die Frauwen und Jungkfrauwen alle entblösset / und also nacket gebunden und gefangen hinweg« getrieben. Cf. A. Kappeler, 1985, S. 163.
14 H. v. Schweinichen, 1878, S. 16.
15 Cf. M. M. McLaughlin, 1977, S. 197f. Trotz dieser Unschuld seien die *pueri* jedoch listige und raffinierte Kerlchen, die geformt werden müssen.
16 Zit. n. A. Schultz, 1903, S. 199. Kinder im Alter Schweinichens wurden in jener Zeit ja auch häufig wegen Sittlichkeitsdelikten bestraft. Cf. M. Winter, 1984, S. 180f.
17 Cf. L. DeMause, 1977, S. 77.
18 Cf. G. Jung, 1921, S. 38. Liudprand berichtet im 10. Jahrhundert, daß alle Umstehenden schamhaft wegsehen, als bei der Markgräfin Willa eine Leibesvisitation durchgeführt wird. Cf. S. Reiter, 1986, S. 224.
19 F. Beyerle, 1947, S. 303.
20 Cf. H. H. Munske, 1973, S. 165.
21 Widerfuhr es einem Mann, daß ihm jemand die Kleider wegnahm, so daß er von anderen nackt gesehen werden konnte, zahlte der Übeltäter oder die Übeltäterin soviel wie im Falle einer Frau. Cf. B. Sjölin, 1970, S. 335; W. J. Buma/W. Ebel, 1972, S. 141, 145.
22 Cf. T. v. Zerclaere, 1977, S. 75. Die Genitalien des Mannes sind freilich nicht dargestellt, denn das wäre doch ein bißchen *zu* schamlos gewesen. *diu minne* ist übrigens eine nackte Frau (ohne Brüste und Genitalien) und die *untugent* ein nackter Mann, der jedoch seinen Leib mit Armen und Füßen bedeckt. Cf. a. a. O., S. 81, 119. Auf die Darstellung der Nacktheit in der mittelalterlichen Kunst wird in einem späteren Band eingegangen.
23 Cf. K. Häfele, 1929, S. 13f.
24 Völlig abwegig ist es, wenn J. C. Bologne, 1986, S. 55f., aus Treue zur gängigen Evolutionstheorie der Scham diese Stelle nicht als Beleg für die in der damaligen Zeit von den Frauen geforderte Sittsamkeit gelten läßt, sondern behauptet, es handle sich um eine Koketterie, deren sich die Frauen bedienten, »de ne pas éteindre le désir de l'homme«.
25 Wenn der Ulmer Felix Faber beschreibt, wie sehr auf der Ga-

220 Nackte Frau als Allegorie der Minne, Mitte des 13. Jh.s

leere, die ihn im Jahre 1480 ins Heilige Land brachte, die Schamhaftigkeit (*verecundia*) verletzt wurde, weil einige der Pilger nackt zum heimlichen Gemach gingen, um nicht von Brechern durchnäßt zu werden, dann handelte es sich bei diesen Reisenden allesamt um Männer. Cf. P. Braunstein, 1985, S. 580.

26 Hartmann v. Aue, *Der Arme Heinrich*, 1085 ff., 1193 ff.

27 Cf. H. B. Willson, 1973, S. 160.

28 Cf. G. Eis, 1973, S. 146.

29 A. a. O., S. 142 f. Das Problem der Scham der mittelalterlichen Frauen und Jungfrauen vor dem Arzt, der Ärztin und der Hebamme wird im nächsten Band behandelt.

Anmerkungen zu § 19

1 Cf. G. Zappert, 1859, S. 80.

2 Cf. M. B. Evans, 1920, S. 285; O. Jodogne, 1977, S. 159.

3 Cf. W. Tydeman, 1978, S. 213.

4 Cf. L. Schuldes, 1974, S. 131.

5 Cf. J. C. Bologne, 1986, S. 225.

6 Cf. W. G. Sumner, 1906, S. 444 f.

7 Cf. M. B. Evans, 1943, S. 177, 181. Diese Kleidung wurde im Grunde über die Jahrhunderte beibehalten. So berichtet beispielsweise F. Gregorovius, 1892, S. 196, daß im Passionsspiel des Jahres 1865 im Tiroler Thiersee Adam »nackt, d. h. in baumwollenem Überzeug mit einem dicken Laubschurz um die Lenden« auftrat. In Oberufer trugen Adam und Eva vor dem Sündenfall lange weiße Leinengewänder. Cf. H. Moser, 1938, S. 111 und Tf. 4.

8 Cf. P. Meredith/J. E. Tailby, 1983, S. 140. Auch in Coventry waren die Stammeltern im Jahre 1452 in weißgarem Leder gekleidet. Cf. a.a.O., S. 142, ferner H. Kindermann, 1980, S. 48; C. Davidson, 1984, S. 35f. Über einen von den Blattern befallenen Hiobdarsteller heißt es 1546: »Do gehen beide Teuffel zu Job, zihen ihn aus / So steht denn Job auff / und hat ein gemolt Leinenkleidt am Leib / wie das bleterìcht wer« (M. Herrmann, 1914, S. 469f.).

9 Cf. W. Tydeman, 1978, S. 213. In Norwich heißt es im Jahre 1565: »2 costes and a payre hosen for Eve, stayned« und »A cote and hosen for Adam, steyned.« Cf. a.a.O., S. 213.

10 Cf. P. Meredith/J. E. Tailby, 1983, S. 112.

11 A.a.O., S. 146.

12 M. B. Evans, 1920, S. 285.

13 Johannes der Täufer »kumpt mit dem lemly in tierhůten«. Cf. a.a.O., S. 286.

14 Cf. D. Couty/J.-P. Ryngaert, 1980, S. 28.

15 Es gab im Cinquecento Anweisungen, daß *Die Liebe* von einem nackten Knaben dargestellt werden sollte, aber Fachleute halten es für sehr fraglich, ob ihnen wirklich nachgekommen wurde. Cf. S. M. Newton, 1975, S. 158.

16 Cf. H. Kindermann, 1969, II, S. 138.

17 Zit. n. J. v. Schlosser, 1893, S. 298. Eine ähnliche Szene wurde Karl VII. präsentiert, als er 1437 in Paris einzog.

18 Zit. n. J. Huizinga, 1952, S. 340. Cf. hierzu auch L. M. Bryant, 1986, S. 523, 533ff.

19 Cf. B. Ritter, 1855, S. 231.

20 Cf. a.a.O., S. 232; J. E. Wessely, 1884, S. 55. In Nürnberg fand ein »vasnachtspill mit den dreyen nacketten gettin von Troya anno caet. im 1468. jar« statt. Cf. W.-E. Peuckert, 1948, S. 93. Auf einer Darstellung des Einzugs Heinrichs II. in Rouen im Jahre 1550 sind im Fluß Poseidon und einige Seejungfrauen zu sehen. Der Unterleib der Frauen ist von den Fluten verdeckt, während der des Meeresgottes bekleidet ist. Cf. J.-J. Lévêque, 1984, S. 117.

21 Cf. A. Dürer, 1956, I, S. 157f.

22 »Apud Xenophontem vitio datur voluptati, quod saepius in suam respexerit umbram, et oculos ad varia loca volutarit. Sed illa modestia nihilominus est in nostro Imperatore Carolo V., quod sicut aliis magnis modestiae laudibus afficitur, ita praecipue oculos vagabundos non habebat. Dicam vobis historiam. Cum post electionem Imperator Antverpiam ingressus esset, senatus urbis, ut laetari se adventu Caesaris et ipsi gratificari videretur,

221 Karl V. zieht in Antwerpen ein. Darstellung aus dem 19. Jh.

ludos et spectacula in plateis, per quas transeundem erat Imperatori, exhibuit, inter quae pro more ludorum pulcherrimae ac venustissimae erant virgines, toto propemodum corpore nudae, nisi quod tenuissimo tantum et pellucido velamento circumdatae essent. Caesar urbem ingressus et ad eum locum, in quo exhibebantur spectacula, delatus (cum tamen ab aliis undique magnus fieret concursus) ne quidem respexit ad virgines. Narravit haec mihi optimus et honestissimus vir Durerus pictor, civis Norinbergensis, qui una cum Caesare urbem est ingressus. Addebat idem, se quam libentissime accessisse, cum, ut agnosceret, quid ageretur, tum, ut perfectionem pulcherrimarum virginum rectis consideraret, dicens: Ego, quia eram pictor, aliquantulum inverecundius circumspexi« (a.a.O., S. 327). Den Hinweis auf diese Stelle verdanke ich Fedja Anzelewski. Nicht ganz verständlich ist mir, wie z.B. L. Bassermann, 1965, S. 120 und Tf. 9, schreiben kann, die Stadt Antwerpen habe den Kaiser »durch einen Festzug« begrüßt, »an dessen Spitze eine Abordnung hübscher Freudenmädchen, nackt oder mit Blumengewinden bekleidet«, auf ihn zugeschritten sei. Offenbar hat sich der Autor nicht an der Quelle, sondern an bildlichen Darstellungen des Ereignisses aus dem 19. Jahrhundert orientiert. Cf. Abb. 221.

23 Cf. E. Lennartz, 1908, S. 4f., 25.

24 Cf. J. E. Wessely, 1884, S. 55f.

25 Cf. N. Elias, 1939, I, S. 242.

26 Cf. L. L. Otis, 1985, S. 21. Im Jahre 1266 befahl der venezianische Großrat den *signori di notte*, alle *meretrices publicae* aus den *contrade* der Stadt zu vertreiben. Kamen die Frauen zurück, riß man ihnen häufig die Kleider vom Leibe. Cf. E. Pavan, 1980, S. 243, 251. Im spätmittelalterlichen Lyon vertrieb man die Huren nur aus solchen Straßen, die »publiques et honnestes« waren. Cf. N. Gonthier, 1984, S. 36. Wenn man auf der anderen Seite kommunale Bordelle förderte, dann stets, um »ein schlimmeres Übel durch ein weniger schlimmes« zu ersetzen, wie man im Florenz des Trecento sagte (cf. M. B. Becker, S. 293), wobei das »schlimmere Übel« in Italien die Sodomie, in Deutschland eher die Vergewaltigung war: »dardurch vil ybels an frawen und junckfrawen unterstanden werde«, wie es im Jahre 1433 in München heißt. Cf. M. Schattenhofer, 1984, S. 135.

27 Cf. J. Day, 1985, S. 309. Im spätmittelalterlichen Hannover war es Frauen, die »openbar berochtiget« waren, verboten, mit »erlikenn vrouwenn tome dantze noch to jenigher selschup (Gesellschaft)« zu gehen. Cf. S. Müller, 1983, S. 10.

28 H.-R. Hagemann, 1981, S. 265.

29 Meist badeten auch die Prostituierten und die anständigen Frauen an getrennten Orten. Im mittelalterlichen Ulm lag beispielsweise die Badstube der »gemeinen Frauen« in der Nähe des Frauenmünsters. Cf. C. Jäger, 1831, S. 499, 553.

30 Cf. L. L. Otis, 1985, S. 72.

31 Cf. J. Rossiaud, 1984, S. 99. Cf. auch G. K. Schmelzeisen, 1935, S. 25. Häufig mußten die Prostituierten gelbe Kleidungsstücke tragen oder sich zumindest – wie es das Leipziger Stadtrecht vom Jahre 1463 vorschrieb – gelbe Streifen auf die Kleidung nähen. 1417 zwang der Basler Rat die offenen Huren der Stadt, »einen gelwen kugelhuot« zu tragen. Cf. A. Staehelin, 1968, S. 83. Auch der Henker von Braunschweig trug im Jahre 1400 als Zei-

chen seiner Unehrlichkeit eine gelbe Kapuze. Cf. J. Gernhuber, 1957, S. 122. Als die gelbe Farbe auch von der allgemeinen Frauenmode aufgenommen wurde, erregte sich unter anderen Berthold von Regensburg und meinte, diese Farbe sollte den Huren und den Jüdinnen vorbehalten bleiben. »Blôzer nac und gelwer kitel«, bemerkte Hugo von Trimberg, »lockent manigen valschen bitel« (zit. n. J. Bumke, 1986, S. 210). Cf. auch B. Rath 1986, S. 562f. Im Venedig des Quattrocento mußten die *meretrices* zeitweise die Brüste entblößen, wenn sie auf Kundenfang gingen. Cf. E. Pavan, 1980, S. 264.

32 Cf. E. Schubert, 1985, S. 118f. Daß Kaiser Sigmund im Jahre 1434 wirklich persönlich das Ulmer Frauenhaus in der Sterngasse aufgesucht hat, ist freilich nicht nachgewiesen. Cf. E. Rübling, 1907, S. 321.

33 Häufiger schickte man jedoch, vor allem in den Städten Savoyens oder der Schweiz, dem Kaiser eine Schar Kinder oder Jugendlicher vor das Stadttor oder ins nächste Dorf entgegen. Als z.B. Friedrich III. im Jahre 1473 in Trier einzog, sandte man hundert blondgelockte Jünglinge aus. Cf. A. M. Drabek, 1964, S. 30f.

34 Cf. W. Schubart, 1966, S. 61f.

35 Cf. J. Gonda, 1961, S. 91f. In Ostpreußen, Böhmen und in anderen Gegenden wurde die Kornmutter bezeichnenderweise »alte Hure« genannt.

36 Im Deccan wurde der glückbringende Halsschmuck (*mangalsūtra*) einer Braut von einer Hure angefertigt. Cf. J. Abbott, 1979, S. 112.

37 Cf. W. W. Fowler, 1899, S. 93; V. Buchheit, 1961, S. 354. Da die Flora in späterer Zeit – ähnlich wie lange vorher manche der orientalischen Liebes- und Fruchtbarkeitsgöttinnen, die mit dem Herrscher den heiligen Beischlaf pflegten – selber als *meretrix* galt, ist anzunehmen, daß die Huren auf den Floralien die Göttin repräsentierten. Flora wurde häufig mit Demeter identifiziert, der ja bekanntlich Baubo die Vulva zeigte, wobei angenommen wird, daß es ursprünglich Demeter selber war, die sich auf diese Weise entblößte. Cf. F. Altheim, 1931, S. 138, 143.

38 Cf. M. Bauer, 1902, S. 159f.

39 Cf. H. H. Scullard, 1985, S. 172f.

40 Cf. J. H. Zedler, 1740, S. 307.

41 Eine etwas andere bildliche Darstellung des Wettlaufs findet sich bei H. Gumbel, 1936, Tf. VIII. Im Mai 1454 ließ König Ladislaus in Wien die »freien Töchter« um ein Stück Barchent mit hochgeschürzten Röcken, so daß die nackten Schenkel sichtbar waren, um die Wette laufen. Cf. H. Kühnel, 1984, S. 44.

42 Cf. J. Jüthner, 1968, II, S. 48.
43 Cf. H. Herter, 1960, S. 92f.
44 Cf. W. A. Müller, 1906, S. 42; S. Schemel, 1912, S. 34, S. D. Gotein, 1983, S. 153. Auch das japanische *hadaka* ist ein relativer Begriff (Wolfgang Schamoni, mündliche Mitteilung vom 5. Dezember 1985).
45 Cf. P. Heinisch, 1931, S. 19; W. Baumgartner/J. J. Stamm, 1983, S. 835.
46 Cf. J. Grimm/W. Grimm, 1889, Bd. 7, Sp. 247.
47 Cf. H. Naumann, 1934, S. 117.
48 Zit. n. B. Ritter, 1855, S. 229f. Im Colmarer Stadtrecht vom Jahre 1363 ist die Rede von »vier nagkete man ane harnesch«. Cf. P. W. Finsterwalder, 1938, S. 286.
49 Cf. M. Mollat, 1984, S. 63.
50 Cf. F. Eckstein, 1935, Sp. 827f.
51 Cf. H. Fehr, 1923, Abb. 140.
52 Cf. J. P. Haesaert, 1938, S. 53.
53 Cf. A. K. Ferdows, 1981, S. 209.
54 Cf. *Stern* 39, 20. September 1984, S. 182.
55 Cf. C. Benard/Z. Khalilzad, 1984, S. 96.
56 Cf. F. Mernissi, 1975, S. 85.
57 Robert D. Bruce, Brief vom 22. März 1986.
58 Cf. C. Kolumbus, 1981, S. 98.
59 Der hl. Franz scheint als »nackter Christus« stets wenigstens eine Bruche getragen zu haben. Cf. A. Holl, 1979, S. 108. Wie mir Adolf Holl in einem Brief vom 18. Mai 1987 mitteilt, heißt es, daß Franz sich ein paar Tage vor seinem Tode in Gegenwart seiner engsten Vertrauten ganz nackt ausgezogen habe. Cf. auch A. Holl, a.a.O., S. 329. Diese völlige Nacktheit sollte Ausdruck von Besitzlosigkeit sein.
60 Wenn im Jahre 1320 Isabella de Lergny dazu verurteilt wird, »pour avoir appelé Renaud Copperel puant et cocq à faire trois processions nuds pieds, en pur corps, déceinte, désaffublée« (F. Eckstein, 1935, Sp. 831), dann bedeutet auch dies, daß sie im bloßen Hemd an den Prozessionen teilnahm »ane mantel und unverhenket«, wie nach den Statuten der Reichsstadt Speyer die zum Steintragen verurteilte Frau in der Öffentlichkeit erscheinen mußte. Cf. J. C. H. Dreyer, 1792, S. 116. Cf. auch G. G. Coulton, 1960, S. 189f.
61 Cf. G.-J. Witkowski, 1907, S. 35.
62 Cf. W. Tydeman, 1978, S. 213.

1 Cf. J. Prest, 1981, S. 18, ferner F. Gewecke, 1986, S. 67ff. und P. M. Watts, 1985, S. 77.
2 Cf. H. W. Gabler, 1982, S. 151f.
3 Cf. G. Hamann, 1980, S. 27f.
4 Cf. J. Prest, 1981, S. 29.
5 A.a.O., S. 31ff.
6 Cf. G. Hamann, 1980, S. 17.
7 Cf. U. Bitterli, 1986, S. 83f.
8 Zit. n. T. Hahn, 1978, S. 95f. Natürlich gab es auch andere Stimmen. So heißt es einige Zeit später, im Jahre 1622, bei Francis Bacon: »Surely their nakedness (being with them, in most parts of that country, without all veil or covering), was a great defacement: for in the acknowledgement of nakedness was the first sense of sin; and the heresy of the Adamites was ever accounted an affront of nature« (F. Bacon, 1879, VII, S. 34). Im Gegensatz zu dem Engländer fühlte sich mehr als hundert Jahre vorher Erasmus von Rotterdam (1947, S. 473f.) durch die Nachricht, daß in den neu entdeckten Ländern die Menschen nackt seien, trotzdem jedoch »ein sehr menschenwürdiges Dasein« führten, zu der Frage veranlaßt, ob die Unschicklichkeit öffentlicher Nacktheit nicht doch eventuell eine »Sache des Herkommens und der gegenseitigen Übereinkunft der Menschen« sei, und war »fast« bereit, diese Frage zu bejahen.
9 Cf. L. B. Wright, 1943, S. 115. Im Jahre 1724 macht hingegen Lafitau gewissen Völkern die Tatsache, daß sie sich immer noch so benehmen, als ob sie im Paradies lebten, zum Vorwurf: »Adam et Eve inspirèrent sans doute à leurs enfants de s'en couvrir à leur exemple, et d'avoir ce respect les uns pour les autres, qui ne les exposât pas à ressentir la même honte qu'ils avaient eue lorsque leurs yeux furent dessillés après leur crime. Mais il ne paraît pas que leurs ordres ou leurs conseils aient été généralement suivis. Quelques nations des plus grossières, surtout celles qui habitaient les climats les plus chauds, persévérèrent dans une nudité entière ou presque entière« (J. F. Lafitau, 1983, S. 194).
10 Cf. E. Werner, 1959, S. 77.
11 Cf. G. Koch, 1962, S. 116. Einige südfranzösische Dualisten lehrten, daß es unterhalb des Nabels keine Sünde gebe, weshalb man sich mit jederfrau problemlos fleischlich vermischen könne. Cf. ders., 1964, S. 765.
12 Cf. H. C. Lea, 1901, II, S. 357.

13 Der »Adamismus« jener Sekte, die »Turlupins« genannt wurde, findet sich erstmals im Jahre 1372 in Paris und flackerte erneut im Jahre 1423 in Lyon und Umgebung auf. *Turelup* ist vermutlich ein lautmalerisches Wort, das »die Flöte spielen« bedeutet, was wiederum eine Umschreibung für den Geschlechtsverkehr war.

14 Nach Diogenes Laertius (*Leben und Meinungen berühmter Philosophen*, VI, 69) pflegte der Kyniker Diogenes von Sinope »alles in voller Öffentlichkeit zu tun, sowohl was die Demeter betrifft, wie auch die Aphrodite«, und Krates soll, wie Sextus Empiricus (*Pyrrhoniae Hypotyposes* I, 153; III, 200) berichtet, mit seiner Jüngerin Hipparchia vor aller Augen geschlafen haben. Cf. auch Clemens v. Alexandrien, *Stromata* IV, 523. Augustinus (*Gottesstaat* XIV, 20) meint hingegen, daß das »natürliche Schamgefühl« vermutlich selbst die »hündischen Philosophen« vor solchen Exzessen bewahrt habe: »Ich möchte daher auch eher glauben, Diogenes und andere, von denen man solches erzählt, werden nur die entsprechenden Bewegungen den Leuten zu sehen gegeben haben, die ja nicht wußten, was unter der Decke vorging.«

15 Cf. G. Schneider, 1970, S. 75f. Als im Jahre 1968 die Regierung von Tanzania beschlossen hatte, kein Massai dürfe in der traditionellen knappen Kleidung die Stadt Arusha am Meruberg betreten, stellten die Ältesten der Massai in Kenya die Frage: »If the Almighty God could stomach seeing the entire anatomies of Adam and Eve in their complete nudity, is it not a little prudish for an African government to have fits by merely viewing a casually exhibited Masai buttock?« Hierauf entgegnete der Korrespondent einer ostafrikanischen Zeitung, er wolle nur in Erinnerung bringen, daß die Massai weder vor dem Sündenfall noch im Garten Eden lebten. Cf. A. Mazrui, 1978, S. 197f., 205. Ähnlich antwortete auch Voltaire in seinem berühmten Brief vom 30. August 1755 an Rousseau, dem er für die Zusendung seines *Discours sur l'origine de l'inégalité parmi les hommes* dankte:

»On n'a jamais employé tant d'esprit à vouloir nous rendre bêtes; il prend envie de marcher à quatre pattes, quand on lit votre ouvrage. Cependant, comme il y a plus de soixante ans que j'en ai perdu l'habitude, je sens malheureusement qu'il m'est impossible de la reprendre, et je laisse cette allure naturelle à ceux qui en sont plus dignes que vous et moi. Je ne peux non plus m'embarquer pour aller trouver les sauvages du Canada: premièrement, parce que les maladies dont je suis accablé me retiennent auprès du plus grand médecin de l'Europe, et que je ne trouverais pas les mêmes secours chez les Missouris; secondement, parce que la guerre est

222 Die nackten Wiedertäufer und die Einnahme von Münster. Tendenzbild, 17. Jh.

portée dans ces pays-là, et que les exemples de nos nations ont rendu les sauvages presque aussi méchants que nous« (Voltaire, 1880, XXXVIII, S. 447).

16 Cf. E. Werner, 1959, S. 102, 109; H. Grundmann, 1965, S. 544; E. W. McDonnell, 1969, S. 498. Nicht alle »Ketzer« vertraten so extreme Auffassungen. Der im Jahre 1381 in Eichstätt verhörte Konrad Kannler sagte beispielsweise vor dem Inquisitor aus, er glaube nicht, daß Gott derartige Handlungen zuließe. Cf. a.a.O., S. 545.

17 Cf. G. G. Coulton, 1960, S. 562.

18 Cf. E. Werner, 1959, S. 79ff., ferner M. D. Lambert, 1981, S. 468.

19 Einer der Kernsprüche des Meisters lautete: »Ich bin der Reine. Ich kann keine unreine Handlung mehr begehen. Ich bin das

Meer. Ich nehme all euren Schmutz in mich auf.« Cf. U. Linse, 1983, S. 172f.

20 Cf. P. Wappler, 1913, S. 191f. Bei Haeusser hieß vierhundert Jahre später der Gruppensex HEILIGES/ABEND/MAHL/GOTTES.

21 Die Behauptung D. Elschenbroichs (1977, S. 154), das Bild beweise, daß die Badstuben der Zeit »zugleich Orte sexuellen Vergnügens« gewesen seien, an dem auch Kinder teilgenommen hätten, dürfen wir hier verabschieden. Ähnlich interpretieren auch E. J. Haeberle, 1983, S. 481 und K. Jurina, 1985, S. 121 den Stich.

22 Cf. J. Luckhardt, 1985, S. 142.

23 So etwa R. Bertuch, 1982, S. 127f.

24 Cf. C.-P. Clasen, 1972, S. 201.

25 A.a.O., S. 467f. Auch die Tatsache, daß die Täufer bei der Taufe den Täufling ein Tauchbad nehmen ließen, zog den Vorwurf der öffentlichen Nacktheit und damit der Immoralität nach sich. Cf. A. Fraser, 1984, S. 224. Bereits in der Antike wurde die Taufe nackter Männer und Frauen von den Heiden als Indiz der Sitten- und Schamlosigkeit der Christen gewertet. Cf. G.-J. Witkowski, 1907, S. 50. In den im 8. Jahrhundert redigierten Verordnungen des Konzils von Nizäa wurde schließlich den Männern untersagt, bei der Taufe junger Mädchen zuzuschauen, und den Frauen, bei der Taufe junger Männer anwesend zu sein. Bald darauf gab man überhaupt die Sitte des Eintauchens auf. Cf. J. C. Bologne, 1986, S. 27. Wenn wir spätgotischen Taufdarstellungen vertrauen dürfen (cf. z.B. A. Janssens de Bisthoven, 1981, I, Pl. II, 1), bedeckten die Täuflinge die Genitalien mit den Händen, oder sie trugen Unterhosen.

26 Cf. C. Krahn, 1968, S. 144.

27 Cf. J. Luckhardt, 1985, S. 140.

28 H. Fast, 1973, II, S. 414.

29 A.a.O., S. 588.

30 A.a.O., S. 620.

31 Cf. J. C. Bologne, 1986, S. 146. Cf. auch die Abb. bei M. Smeyers, 1985, S. 154; H.-F. Rosenfeld/H. Rosenfeld, 1978, S. 293; H.-E. Teitge/E.-M. Stelzer, 1986, Abb. 83; H. Zahrnt, 1983, S. 31; M. Meiss, 1974, S. 462ff.

32 R. Jansen/H. H. Jansen, 1985, S. 393. Cf. auch S. Jenks, 1980, S. 90, 98.

33 Cf. D. S. Lovejoy, 1985, S. 131.

34 A.a.O., S. 125f.

35 Cf. S. Pepys, 1982, S. 152. In der Ausgabe vom Jahre 1851 war

»privities« noch durch »loins« ersetzt worden. Cf. S. Pepys, 1851, IV, S. 137.

36 Cf. D. J. Hall, 1985, S. 312.

37 D. S. Lovejoy, 1985, S. 130.

38 A.a.O., S. 142. Völlig nackt gingen auch später die »Sons of Freedom«, eine Splittergruppe der kanadischen Duchoborzen, auf ihren Protestmärschen, die sie »Suche nach Christus« nannten. Cf. J. Harder, 1984, S. 109. Ganz im Gegensatz dazu tragen fromme Mormonen »Latter-Day Saints undergarments or underwear ›without interruption‹. Even when taking a bath, they always keep one toe within at least a foot of their underwear so as not to violate their religious proscription« (C. D. Bryant, 1982, S. 132).

39 Cf. H. P. Duerr, 1984, S. 250ff.

40 Cf. M. Eliade, 1978, S. 220.

41 Zit. n. J. F. Sprockhoff, 1976, S. 256.

42 A.a.O., S. 119.

43 Cf. R. Burghart, 1983, S. 648.

44 Augustinus, *Gottesstaat* XIV, 17. Völlige Nacktheit gibt es allerdings noch heute bei den Digambara-Mönchen. Cf. J. Jaín/E. Fischer, 1978, Pl. XXIff.

45 Axel Michaels, Brief vom 21. Oktober 1986. Wenn die śivaitischen Asketen tatsächlich einmal völlig nackt sein sollten, so betrachten sie die aus Leichenfeuern stammende Asche, mit der sie sich einreiben, als ihre Kleidung (a.a.O.).

46 Cf. J. G. Miller, 1948, S. 333, 337, 340; ferner M. Eliade, 1961, S. 201ff.

Anmerkungen zu § 21

1 »Ipsa iurata ostendebat mammillas suas denudates ac manibus suis ad dictam ignem calefactis virgam et testiculos dicti Johannis, palpavit et tenuit ac eundem Johannem amplexabatur et sepius osculabatur ac eundem Johannem ad ostendum virilitatem et potentiam suam in quantum potuit excitavit, precipiendo sibi quod pro pudore tunc ibidem probaret et redderet se virum. Et dicit examinata et diligenter requisita quod toto tempore supradicto predicta virga vix fuit longitudinis trium pollicium, absque incremento vel decremento aliquali permaneus« (R. H. Helmholz, 1974, S. 89f.).

2 Cf. L. L. Otis, 1985, S. 71.

3 Cf. G. Ruggiero, 1985, S. 146f.

4 Cf. R. H. Helmholz, a.a.O.
5 Cf. R. Weigand, 1984, S. 182.
6 Cf. K. Sudhoff, 1915, S. 92. Im Hochmittelalter genügte im allgemeinen der Siebenhändereid. Cf. V. Pfaff, 1977, S. 110. In den zehn Impotenzverfahren, die im Augsburger Gerichtsbuch für das Jahr 1350 verzeichnet sind, wurde teilweise auch eine *inspectio corporalis* durchgeführt, wobei die Männer von einem Arzt und die Frauen von Hebammen untersucht wurden. Cf. R. Weigand, 1981, S. 234. Genauso verhielt es sich auch bei den mittelalterlichen Ungarn. Cf. P. Erdö, 1986, S. 266.
7 Cf. J. C. Bologne, 1986, S. 100. In der *Grande Chirurgie* des Guy de Chauliac aus dem 14. Jahrhundert wird hingegen empfohlen, dem Paar eine ehrbare und erfahrene Frau (»une matrone accoustumée à cela«) beizugesellen, die sie berät und dann als Zeugin zuschaut, ob der Rat etwas genützt hat (a.a.O., S. 101).
8 Cf. P. Diepgen, 1963, S. 174.
9 Cf. R. Quanter, 1925, S. 86.
10 Cf. A. Nayyar, 1986, S. 69.
11 So etwa J. J. Berns, 1982, S. 322.
12 Cf. E. Friedberg, 1865, S. 22. Meist nahm der bekleidete Mann seine ebenfalls bekleidete Frau in den Arm, worauf man für einen Augenblick Laken und Decke über beiden zusammenschlug. Cf. B. Deneke, 1971, S. 125. Im mittelalterlichen Ostfriesland wurde das bekleidete Brautpaar im Beisein von sieben Nachbarn mit dem Bettlaken zugedeckt und mit einem Schwert gesegnet – so noch um 1600 in Dithmarschen. Cf. J.C. Stracke, 1978, S. 12f.
13 A.a.O., S. 64.
14 Cf. L. Steinberg, 1970, S. 274.
15 E. Friedberg, 1865, S. 90; K. Vocelka, 1976, S. 31.
16 Cf. A. Silvius, 1889, II, S. 95f., ferner F. Rodeck, 1910, S. 42ff. Wie mir Michael Schröter in einem Brief vom 29. Oktober 1986 mitteilt, ist auch er nie auf die Erwähnung eines öffentlichen »fleischlichen« Koitus als Ehevollzug gestoßen. Cf. auch A. Macfarlane, 1986, S. 315, sowie R. Hemmer, 1959, S. 300 und L. Carlsson, 1960, S. 319f.
17 Cf. L. C. McKinney, 1960, S. 230.
18 Cf. Y. Elam, 1973, S. 61, 106.
19 Augustinus, *Gottesstaat*, XIV, 18.
20 Cf. R. Sablonier, 1984, S. 287. Offenbar ließ Violantes *qualitas staturae* nichts zu wünschen übrig, denn sie stach alle ihre Konkurrentinnen aus, wozu wohl auch ihre vielversprechende Brust beigetragen hatte.

21 Zit. n. A. Franklin, 1908, II, S. 94. Im frühen 14. Jahrhundert berichtete der Abgesandte des englischen Königs seinem Herrscher über die potentielle Braut seines Sohnes, des künftigen Eduard III., nämlich über Philippa, Tochter des Grafen von Hainault: »Her neck, shoulders, and all her body are well set and unmaimed; and nought is amiss *so far as a man may see*« (zit. n. W. O. Hassall, 1962, S. 95. Hervorh. v. mir).

22 E. Friedberg, 1865, S. 46.

23 A.a.O., S. 23.

24 Cf. H. H. Hansen, 1961, S. 134.

25 Cf. W. F. Michael, 1950, S. 178f.

Bibliographie

Aaltonen, E.: »On the Sociology of the *sauna* of the Finnish Countryside«, *Transactions of the Westermarck Society* 1953.
Abbott, J.: *Indian Ritual and Belief*, New Delhi 1979.
Abraham a Sancta Clara: *Centi-Folium Stultorum*, Nürnberg 1709.
Acton, T. A.: »The Functions of the Avoidance of *moxadi kovels*«, *Journal of the Gypsy Lore Society* 1971.
Aders, H.: »Das Medizinalwesen in der Herrschaft Rheda von der Mitte des 17. Jahrhunderts bis zum Beginn der preußischen Zeit«, *Westfälische Zeitschrift* 1969.
Adorno, A.: *Itinéraire en Terre Sainte 1470-71*, ed. J. Heers / G. de Groer, Paris 1978.
Ahrem, M.: *Das Weib in der antiken Kunst*, Jena 1914.
Alexandre-Bidon, D. / M. Closson: *L'Enfant à l'ombre des cathédrales*, Lyon 1985.
Alter, W. R.: *Studien zur Geschichte der Verfassung und Verwaltung der Reichsstadt Pfeddersheim*, Worms 1951.
Altheim, F.: *Terra Mater*, Gießen 1931.
Altschuler, M.: »Cayapa Personality and Sexual Motivation« in *Human Sexual Behavior*, ed. D. S. Marshall / R. C. Suggs, New York 1971.
Amelung, F.: *Baltische Culturstudien aus den vier Jahrhunderten der Ordenszeit*. Bd. II, Dorpat 1885.
Amira, K. v.: *Die germanischen Todesstrafen*, München 1922.
Ammar, H.: *Growing Up in an Egyptian Village*, London 1954.
Amrain, K.: »Buck niggers«, *Anthropophyteia* 1908.
d'Ancona, M. L.: *Miniatura e miniatori a Firenze dal XIV al XVI siecolo*, Firenze 1962.
Andreànszky, A. S.: »Wittenwilers Ring als Quelle der mittelalterlichen Wirtschafts- und Sozialgeschichte«, *Archiv für Kulturgeschichte* 1978.
Angstmann, E.: *Der Henker in der Volksmeinung*, Bonn 1928.
Ankarloo, B.: *Trolldomsprocesserna i Sverige*, Stockholm 1984.
–: Brief vom 25. September 1986.
Anzelewski, F.: Brief vom 22. März 1986.
Arbus, D.: »Notes on the Nudist Camp« in *Magazine Work*, New York 1984.
Arend, W.: *Die typischen Scenen bei Homer*, Berlin 1933.
Argyle, M. / M. Cook: *Gaze and Mutual Gaze*, Cambridge 1976.
Ariès, P.: *L'enfant et la vie familiale sous l'Ancien Régime*, Paris 1973.
–: *Geschichte der Kindheit*, München 1975.
Arndt, P.: *Gesellschaftliche Verhältnisse der Ngadha*, Mödling 1954.
Arnold, H.: *Die Zigeuner*, Olten 1965.
Arnold, K.: *Kind und Gesellschaft in Mittelalter und Renaissance*, Paderborn 1980.
Aufenanger, H. / G. Höltker: *Die Gende in Zentralneuguinea*, St. Gabriel 1940.

Baader, J.: »Kulturgeschichtliches aus der baierischen Grafschaft Werdenfels«, *Zeitschrift für deutsche Kulturgeschichte* 1875.
van Baal, J.: »The Dialectics of Sex in Marind-anim Culture« in *Ritualized Homosexuality in Melanesia*, ed. G. H. Herdt, Berkeley 1984.

Baas, K.: »Mittelalterliche Gesundheitspflege im heutigen Baden«, *Neujahrsblätter der Badischen Historischen Kommission* 1909.
–: *Gesundheitspflege im mittelalterlichen Basel*, Zürich 1926.
Bacon, F.: *The Works*, Bd. VII, ed. J. Spedding et al., London 1879.
Bader, J.: »Badordnung in dem Glotterthal«, *Zeitschrift für die Geschichte des Oberrheins* 1868.
Bader-Weiß, G. / K. S. Bader: *Der Pranger*, Freiburg 1935.
Bäumer, E.: *Die Geschichte des Badewesens*, Breslau 1903.
Baier, M.: *Das Adatbußrecht der Ngaju-Dayak*, Tübingen 1977.
Baldus, H.: »Die Guayakí von Paraguay«, *Anthropos* 1972.
Balikci, A.: »Netsilik« in *Handbook of North American Indians*, Bd. 5, ed. D. Damas, Washington 1984.
Ballestrem, C.-W. v.: »Die Regeln und die Statuten des Johanniter-Malteserordens« in *Der Johanniter-Orden*, ed. A. Wienand, Köln 1970.
Balsdon, J. P. V. D.: *Roman Women*, New York 1963.
Bardon, H.: »Rome et l'impudeur«, *Latomus* 1965.
Barley, N.: *The Innocent Anthropologist*, Harmondsworth 1986.
Barnes, C. F.: »The Medieval House« in *The Secular Spirit*, ed. T. B. Husband / J. Hayward, New York 1975.
Barring, L.: *Götterspruch und Henkerhand*, Bergisch-Gladbach 1967.
Barth, F.: *Ritual and Knowledge Among the Baktaman of New Guinea*, Oslo 1975.
Barth, J.: *Edo*, Tōkyō 1979.
Baskett, J. / D. Snelgrove: *The Drawings of Thomas Rowlandson in the Paul Mellon Collection*, London 1977.
Bassermann, L.: *Das älteste Gewerbe*, Wien 1965.
Bastian, H.: *Mummenschanz*, Frankfurt/M. 1983.
Batterberry, M. / A. Batterberry: *Mirror, Mirror*, New York 1977.
Bauer, M.: *Das Geschlechtsleben in der deutschen Vergangenheit*, Leipzig 1902.
Baumgartner, W. / J. J. Stamm: *Hebräisches und aramäisches Lexikon*, Bd. III, Leiden 1983.
Bausch, K.-H./H. Probst: *Neckarau*, Mannheim 1984.
Bazala, V.: »Geschichtliche Entwicklung der Natur-, Heil- und Badeanstalten in Gebieten Kroatiens«, *Forschung, Praxis, Fortbildung* 1967.
Bean, S. S.: »Towards a Semiotics of ›Purity‹ and ›Pollution‹ in India«, *American Ethnologist* 1981.
Beardsley, R. K. / J. W. Hall / R. E. Ward: *Village Japan*, Chicago 1959.
Becher, H.: *Die Surára und Pakidái*, Hamburg 1960.
Becher, K.: »Badeanstalten und Brunnenkolonnaden« in *Festschrift zur 74. Versammlung deutscher Naturforscher und Ärzte*, Karlsbad 1902.
Beck, F. A. G.: *Greek Education*, Sydney 1975.
Becker, M. B.: »Changing Patterns of Violence and Justice in Fourteenth- and Fifteenth-Century Florence«, *Comparative Studies in Society and History* 1976.
Becker, C. H.: *Islamstudien*, Bd. I, Leipzig 1924.
Behrens, P.: »Nacktheit« in *Lexikon der Ägyptologie*, Bd. IV, ed. W. Helck / W. Westendorf, Wiesbaden 1982.

Beidelman, T. O.: »The Kaguru House«, *Anthropos* 1972.
Beierwaltes, W.: *Lux intelligibilis*, München 1957.
Belo, J.: »The Balinese Temper« in *Traditional Balinese Culture*, ed. J. Belo, New York 1970.
Benard, C. / Z. Khalilzad: *›The Government of God‹: Iran's Islamic Republic*, New York 1984.
Benker, G.: *Der Gasthof*, München 1974.
–: *Bürgerliches Wohnen*, München 1984.
Bérard, C.: »Das Reich der Frauen« in *Die Bilderwelt der Griechen*, ed. C. Bérard et al., Mainz 1985.
Berg, S.: *Das Sexualverbrechen*, Hamburg 1963.
Berger, A.: *Das Bad in der byzantinischen Zeit*, München 1982.
Berkusky, H.: »Die sexuelle Moral der Naturvölker«, *Zeitschrift für Socialwissenschaft* 1909.
Bernatzik, H. A.: *Owa Raha*, Wien 1936.
–: *Akha und Meau*, Innsbruck 1947.
Berndt, R. M. / C. H. Berndt: »The Eternal Ones of the Dream«, *Oceania* 1946.
–: *Sexual Behavior in Western Arnhem Land*, New York 1951.
Berns, J. J.: »Der nackte Monarch und die nackte Wahrheit«, *Daphnis* 1982.
Bernstein, M.: *Nonnen*, München 1977.
Bertuch, R.: »Der Wiedertäufer Vielweiberei«, *Sexualmedizin* 1982.
Beurdeley, C.: *Beau petit ami*, Fribourg 1977.
Beutelspacher, M.: *Kultivierung bei lebendigem Leib*, Weingarten 1986.
Beyerle, F.: *Die Gesetze der Langobarden*, Weimar 1947.
Bieber, F. J.: »Geschlechtleben in Äthiopien«, *Anthropophyteia* 1908.
–: *Kaffa*, Bd. II. 3, Wien 1923.
Biersack, A.: »Paiela ›Women-Men‹«, *American Ethnologist* 1984.
Billigmeier, J.-C. / J. A. Turner: »The Socio-Economic Roles of Women in Mycenaean Greece« in *Reflections of Women in Antiquity*, ed. H. P. Foley, New York 1981.
Binford, L. R.: *Die Vorzeit war ganz anders*, München 1984.
Bingham, C.: »Seventeenth-Century Attitudes Toward Deviant Sex«, *Journal of Interdisciplinary History* 1971.
Birket-Smith, K.: *Geschichte der Kultur*, Zürich 1948.
Bise, G.: »Essai sur la procédure pénale en matière de sorcellerie en Pays de Fribourg en XVIe et XVIIe siècles«, *Annales Fribourgeoises* 1980.
Bitel, L. M.: »Women's Monastic Enclosures in Early Ireland«, *Journal of Medieval History* 1986.
Bitterli, U.: *Die ›Wilden‹ und die ›Zivilisierten‹*, München 1976.
–: *Alte Welt – neue Welt*, München 1986.
Blanck, H.: *Einführung in das Privatleben der Griechen und Römer*, Darmstadt 1976.
Blaß, F.: *Die Interpolationen in der Odyssee*, Halle 1904.
Blennerhassett, C.: *Maria Stuart*, Kempten 1907.
Bloch, I.: *Die Prostitution*, Berlin 1912.
Blok, A.: »Hinter Kulissen« in *Materialien zu Norbert Elias' Zivilisationstheorie*, ed. P. Gleichmann et al., Frankfurt/M. 1977.

Bluche, F.: *La vie quotidienne de la noblesse française au XVIIIe siècle*, Poitiers 1980.
–: *Im Schatten des Sonnenkönigs*, Würzburg 1986.
Boccaccio, G.: *Das Decameron*, ed. J. v. Guenther, München 1960.
Bock, G. R. v.: *Bäder, Duft und Seife*, Köln 1976.
Bodemann, E.: *Die älteren Zunfturkunden der Stadt Lüneburg*, Hannover 1883.
Bohatec, M.: *Schöne Bücher des Mittelalters aus Böhmen*, Hanau 1970.
Bologne, J. C.: *Histoire de la pudeur*, Paris 1986.
Bonfante, L.: *Etruscan Dress*, Baltimore 1975.
Bookhagen, C. / E. Hemmer / J. Raspe / E. Schultz / M. Stergar: *Kommune 2. Versuch der Revolutionierung des bürgerlichen Individuums*, Berlin 1969.
Borst, A.: *Lebensformen im Mittelalter*, Frankfurt/M. 1979.
Borst, O.: *Alltagsleben im Mittelalter*, Frankfurt/M. 1983.
Boswell, J.: *Christianity, Social Tolerance, and Homosexuality*, Chicago 1980.
Boudet, J.: *Histoire de Paris et des Parisiens*, Paris 1982.
Bouhdiba, A.: *Islam et sexualité*, Lille 1973.
Bourgeois, R.: *Banyarwanda et Barundi*, Bd. I, Bruxelles 1957.
Bourke, J. G.: *Human Ordure and Human Urine*, Washington 1888.
Bowsky, W. M.: »The Medieval Commune and Internal Violence: Police Power and Public Safety in Siena, 1287-1355«, *American Historical Review* 1967.
Boyer, L. B.: *Kindheit und Mythos*, Stuttgart 1982.
–: Brief vom 18. Februar 1986.
Boyer, P. / S. Nissenbaum: *Salem Possessed*, Cambridge 1974.
Brandes, G.: *Voltaire*, Berlin 1923.
Brantôme, P. de B. de: *Œuvres*, Bd. III, Paris 1787.
–: *Das Leben der galanten Damen*, Frankfurt/M. 1981.
Braudel, F.: *Sozialgeschichte des 15.-18. Jahrhunderts*, Bd. I, München 1985.
Braunfels, W.: *Monasteries of Western Europe*, Princeton 1980.
Braunstein, P.: »Approches de l'intimité XIVe-XVe siècle« in *Histoire de la vie privée*, Bd. II, ed. P. Ariès / G. Duby, Paris 1985.
Braw, M. / H. Gunnarsson: *Frauen in Japan*, Frankfurt/M. 1982.
Briggs, J. L.: *Never in Anger*, Cambridge 1970.
–: Brief vom 30. November 1986.
Bruce, R. D.: Brief vom 22. März 1986.
Bruck, R.: *Die Malereien in den Handschriften des Königreichs Sachsen*, Dresden 1906.
Brugère-Trélat, V.: *C'était la France*, Paris 1976.
de Bry, T.: *De ontdekking van de nieuwe wereld*, Amsterdam 1979.
Bryant, C. D.: *Sexual Deviancy and Social Proscription*, New York 1982.
Bryant, L. M.: »La cérémonie de l'entrée royale à Paris au Moyen Age«, *Annales* 1986.
Bryk, F.: *Neger-Eros*, Berlin 1928.
Buchheit, V.: »Catull an Cato von Utica (c. 56)«, *Hermes* 1961.
Buchner, E.: *Das Neueste von gestern*, Bd. I, München 1912.
Buck A.: *Dress in Eighteenth-Century England*, London 1979.

Buenaventura-Posso, E. / S. E. Brown: »Forced Transition from Egalitarianism to Male Dominance: The Bari of Colombia« in *Women and Colonization*, ed. M. Etienne / E. Leacock, Brooklyn 1980.
Buffière, F.: *Eros adolescent*, Paris 1980.
Buma, W. J. / W. Ebel: *Das Fivelgoer Recht*, Göttingen 1972.
Bumke, J.: *Höfische Kultur*, München 1986.
Burgess, A.: *Wiege, Bett und Récamier*, München 1985.
Burghart, R.: »Renunciation in the Religious Traditions of South Asia«, *Man* 1983.
Burkert, W.: Brief vom 17. Dezember 1984.
–: »Die betretene Wiese: Interpretenprobleme im Bereich von Sexualsymbolik« in *Die wilde Seele*, ed. H. P. Duerr, Frankfurt/M. 1987.
–: Brief vom 21. Oktober 1987.
Burns, R. I.: »Baths and Caravansereis in Crusader Valencia«, *Speculum* 1971.
–: *Medieval Colonialism*, Princeton 1975.
Burrows, E. G. / M. E. Spiro: *An Atoll Culture*, New Haven 1957.
Buschan, G.: *Die Sitten der Völker*, Bd. IV, Stuttgart 1922.
Butte, H.: *Geschichte Dresdens bis zur Reformationszeit*, Köln 1967.
Byloff, F.: *Das Verbrechen der Zauberei*, Graz 1902.
–: *Hexenglaube und Hexenverfolgung in den österreichischen Alpenländern*, Berlin 1934.
Bynum, C. W.: »The Body of Christ in the Later Middle Ages«, *Renaissance Quarterly* 1986.

Cahn, W.: *Die Bibel in der Romanik*, München 1982.
Camesasca, E.: »Der Begriff ›Wohnung‹« in *Das Haus*, ed. E. Camesasca, Gütersloh 1971.
Cancik-Lindemaier, H.: »Der Mythos der Cassia Priscilla« in *Faszination des Mythos*, ed. R. Schlesier, Frankfurt/M. 1985.
Cantarella, E.: »Dangling Virgins: Myth, Ritual, and the Place of Women in Ancient Greece« in *The Female Body in Western Culture*, ed. S. R. Suleiman, Cambridge 1986.
Carcopino, J.: *Das Alltagsleben im Alten Rom*, Wiesbaden 1949.
Carlen, L.: *Kultur des Wallis: 1500-1800*, Brig 1984.
Carlsson, L.: »Vom Alter und Ursprung des Beilagers im germanischen Recht«, *Zeitschrift der Savigny-Stiftung für Rechtsgeschichte, Germanist. Abt.* 1960.
Carstairs, G. M.: *Die Zweimal Geborenen*, München 1963.
Casanova, G.: *Geschichte meines Lebens*, Bd. IV, München 1984, Bd. VI, 1985.
Caudill, W. / D. W. Plath: »Who Sleeps By Whom?« in *Culture and Personality*, ed. R. A. LeVine, Chicago 1974.
Çelebi, E.: *Im Reiche des goldenen Apfels*, ed. R. F. Kreutel et al., Graz 1987.
Chalumeau, R. P.: »L'assistance aux malades pauvres au XVIIe siècle«, *Dix-septième siècle* 1971.
Chamberlain, B. H.: *Things Japanese*, London 1905.

Chapman, A.: *Drama and Power in a Hunting Society*, Cambridge 1982.
Christian, W. A.: *Apparitions in Late Medieval and Renaissance Spain*, Princeton 1981.
Christoffel, H.: *Trieb und Kultur*, Basel 1944.
Cipriani, L.: »Altertümlichkeit und Bedeutung der Kultur der Andamaner« in *Festschrift Paul Schebesta zum 75. Geburtstag*, Mödling 1963.
–: *The Andaman Islanders*, London 1966.
Clark, J.: »Modernity in Japanese Painting«, *Art History* 1986.
Clark, K.: *The Nude*, Princeton 1956.
Clasen, C.-P.: *Anabaptism*, Ithaca 1972.
Clastres, P.: *Chronique des Indiens Guayakí*, Paris 1972.
Coldstream, J. N.: *Geometric Greece*, London 1977.
Cole, D. P.: »The Household, Marriage and Family Life Among the Al Murrah Nomads of Saudi Arabia« in *Arab Society*, ed. N. S. Hopkins / S. E. Ibrahim, Cairo 1985.
Condorcet, A. de: »Vie de Voltaire« in *Œuvres complètes de Voltaire*, Bd. I, Paris 1883.
Conilleau, R.: *Plombières Les Bains hier et aujourd'hui*, Sarreguemines 1986.
Contamine, P.: »Les aménagements de l'espace privé, XIVe-XVe siècle« in *Histoire de la vie privée*, Bd. II, ed. P. Ariès / G. Duby, Paris 1985.
Corbin, A.: *Pesthauch und Blütenduft*, Berlin 1984.
–: »Les prostituées du XIXe siècle et le ›vaste effort du néant‹«, *Communications* 1986.
Costa, G.: »The Garo Code of Law«, *Anthropos* 1954.
Couissin, P.: *Les institutions militaires et navales*, Nogent-le-Rotrou 1932.
Coulton, G. G.: *Medieval Village, Manor, and Monastery*, New York 1960.
Counts, D. A.: »Revenge Suicide by Lusi Women« in *Rethinking Women's Roles*, ed. D. O'Brien / S. W. Tiffany, Berkeley 1984.
Couty, D. / J.-P. Ryngaert: »Représentation théâtrale et espace social« in *Le théâtre*, ed. D. Couty / A. Rey, Paris 1980.
Covarrubias, M.: *Island of Bali*, New York 1956.
Crämer, U.: *Die Verfassung und Verwaltung Straßburgs von der Reformationszeit bis zum Fall der Reichsstadt*, Frankfurt/M. 1931.
Crapanzano, V.: »Rite of Return: Circumcision in Morocco«, *Psychoanalysis and Society* 1981.
Crocker, W. H.: »Die Xikrín in Brasilien« in *Bild der Völker*, Bd. 5, ed. E. E. Evans-Pritchard, Wiesbaden 1974.
Crome, P.: »Von der Lust am Baden« in *Merianheft Japan* , Hamburg 1981.

Dächler, A.: »Zur Geschichte der Heizung im Bauernhause«, *Zeitschrift für österreichische Volkskunde* 1911.
Dahlberg, B. / W. Dahlberg: »Die Rückkehr des Adlers«, *Wege* 3, 1986.
Dalarun, J.: »Robert d'Arbrissel et les femmes«, *Annales* 1984.
Dalman, G.: *Arbeit und Sitte in Palästina*, Bd. V, Gütersloh 1937.
Danandjaja, J.: *Pantomim cuci betara berutuk dari Trunyan, Bali*, Jakarta 1985.
Danckert, W.: *Unehrliche Leute*, Bern 1963.

Daniel, E. V.: *Fluid Signs*, Berkeley 1984.
Daumier, H.: *Mesdames*, ed. C. Strich, Zürich 1980.
Davenport, W.: »Sexual Patterns and Their Regulation in a Society of the Southwest Pacific« in *Sex and Behavior*, ed. F. A. Beach, New York 1965.
Davidsohn, C.: »Das Nackte bei den Japanern«, *Globus* 1896.
Davidsohn, R.: *Geschichte von Florenz*, Bd. IV, Berlin 1927.
Davidson, C.: *From Creation to Doom*, New York 1984.
Davis, N. Z.: *Frauen und Gesellschaft am Beginn der Neuzeit*, Berlin 1986.
Dawani, T.: *Jemen zwischen Reisebeschreibung und Feldforschung*, Berlin 1987.
Day, J.: »On the Status of Women in Medieval Sardinia« in *Women in the Medieval World*, ed. J. Kirshner / S. F. Wemple, Oxford 1985.
Deaver, S.: »The Contemporary Saudi Woman« in *A World of Women*, ed. E. Bourguignon, New York 1980.
Decker, R.: »Die Hexenverfolgungen im Hochstift Paderborn«, *Westfälische Zeitschrift* 1978.
–: »Die Hexenverfolgungen im Herzogtum Westfalen«, *Westfälische Zeitschrift* 1982.
Dedieu, J. P.: Brief vom 4. Dezember 1986.
Degenhart, B. / A. Schmitt: *Corpus der italienischen Zeichnungen 1300 bis 1450*, Bd. II. 3, Berlin 1980.
DeMause, L.: »Evolution der Kindheit« in *Hört ihr die Kinder weinen*, ed. L. DeMause, Frankfurt/M. 1977.
Demos, J. P.: *Entertaining Satan*, Oxford 1982.
Deneke, B.: *Hochzeit*, München 1971.
Dericum, C.: Brief vom 24. April 1986.
Deuchler, F.: *Vom schönen Wohnen*, o. O., o. J.
Deurer, W.: *Heidelbergs noch geltende Polizeigesetze*, Heidelberg 1807.
Devereux, G.: »Education and Discipline in Mohave Society«, *Primitive Man* 1950.
–: »Denial of the Anus in Neurosis and Culture«, *Bulletin of the Philadelphia Association for Psychoanalysis* 1954.
–: *Baubo, die mythische Vulva*, Frankfurt/M. 1981.
–: *Träume in der griechischen Tragödie*, Frankfurt/M. 1982.
Diem, C.: *Weltgeschichte des Sports und der Leibeserziehung*, Stuttgart 1960.
Diepgen, P.: *Frau und Frauenheilkunde in der Kultur des Mittelalters*, Stuttgart 1963.
Dillard, H.: *Daughters of the Reconquest*, Cambridge 1984.
Diringer, D.: *The Illuminated Book*, New York 1967.
Dirlmeier, U.: »Zu den Lebensbedingungen in der mittelalterlichen Stadt: Trinkwasserversorgung und Abfallbeseitigung« in *Mensch und Umwelt im Mittelalter*, ed. B. Herrmann, Stuttgart 1986.
Dirr, P.: *Denkmäler des Münchner Stadtrechts*, Bd. I, München 1936.
Dodwell, C. R.: *The Great Lambeth Bible*, London 1959.
Dollinger, H. / B. Klawunn: *Bilder zur Kulturgeschichte*, München 1979.
Donner, K.: *Ethnological Notes About the Yenisey-Ostyak*, Helsinki 1933.
Dorsey, G. A.: *The Cheyenne*, Bd. II, Chicago 1905.

Doublier, G.: *Maria Stuart*, Graz 1959.
Douglas, J. D. / P. K. Rasmussen / C. A. Flanagan: *The Nude Beach*, Beverly Hills 1977.
Douglas, M.: *Implicit Meanings*, London 1975.
Dover, K. J.: *Greek Homosexuality*, London 1978.
Drabek, A. M.: *Reisen und Reisezeremoniell der römisch-deutschen Herrscher im Spätmittelalter*, Wien 1964.
Dreesen, W. / F. Lindner: *Hundert Tage auf Bali*, Hamburg 1937.
Dreitzel, H. P.: »Peinliche Situationen« in *Soziologie: Entdeckungen im Alltäglichen*, ed. M. Baethge / W. Eßbach, Frankfurt/M. 1983.
Dreyer, J. C. H.: *Antiquarische Anmerkungen über einige in dem mittleren Zeitalter in Teutschland und im Norden üblich gewesene Lebens-, Leibes- und Ehrenstrafen*, Lübeck 1792.
Droß, A.: *Die erste Walpurgisnacht*, Frankfurt/M. 1978.
Duby, G.: *Medieval Marriage*, Baltimore 1978.
–: *Europa im Mittelalter*, Neuchâtel 1981.
–: »The Aristocratic Woman in France in the 12th Century« in *Danish Medieval History*, ed. N. Skyum-Nielson / N. Lund, København 1981.
–: »La vie privée dans les maisonnées aristocratiques de la France féodale« in *Histoire de la vie privée*, Bd. II, ed. P. Ariès / G. Duby, Paris 1985.
–: »Situation de la solitude XIe-XIIIe siècle« in *Histoire de la vie privée*, Bd. II, ed. P. Ariès / G. Duby, Paris 1985.
DuCange, D.: *Glossarium mediae et infimae latinitatis*, Bd. I, Paris 1840.
Ducrey, P.: *Guerre et guerriers dans la Grèce antique*, Fribourg 1985.
Dühren, E.: *Das Geschlechtsleben in England mit besonderer Beziehung auf London*, Charlottenburg 1901.
van Dülmen, R.: »Das Schauspiel des Todes« in *Volkskultur*, ed. R. van Dülmen / N. Schindler, Frankfurt/M. 1984.
–: *Theater des Schreckens*, München 1985.
Dürer, A.: *Schriftlicher Nachlaß*, Bd. I, ed. H. Rupprich, Berlin 1956.
Duerr, H. P.: *Traumzeit*, Frankfurt/M. 1978.
–: *Sedna oder Die Liebe zum Leben*, Frankfurt/M. 1984.
–: »Norbert Elias und das mittelalterliche Badewesen« in *Streitbare Philosophie*, ed. I. Staeuble / G. Althaus, Berlin 1987.
Duff-Cooper, A.: »Notes About Some Balinese Ideas and Practices Connected With Sex from Western Lombok«, *Anthropos* 1985.
Duggan-Cronin, A. M.: *The Bushman Tribes of Southern Africa*, Kimberley 1942.
Dumesnil, R.: *Histoire illustrée de la médecine*, Paris 1935.
Dumont, J.-P.: »Espacements et déplacements dans l'habitat Panare«, *Journal de la Société des Américanistes* 1972.
Dunn, C. J.: *Everyday Life in Traditional Japan*, Tōkyō 1972.
Dunning, E.: »Comments on Elias's ›Scenes from the Life of a Knight‹«, *Theory, Culture & Society* 1987.
Dupont-Bouchat, M.-S.: »La répression de la sorcellerie dans le duché de Luxembourg aux XVIe et XVIIe siècles« in *Prophètes et sorciers dans les Pays-Bas*, ed. R. Muchembled, Paris 1978.
Duval, P. M.: *Gallien*, Stuttgart 1979.

Dyk, W.: »Notes and Illustrations of Navaho Sex Behavior« in *Psychoanalysis and Culture*, ed. G. B. Wilbur / W. Muensterberger, New York 1951.

Ebner, H.: »Der Bauer in der mittelalterlichen Historiographie« in *Bäuerliche Sachkultur des Spätmittelalters*, ed. H. Appelt, Wien 1984.
Eckstein, F.: »Nackt und Nacktheit« in *Handwörterbuch des deutschen Aberglaubens*, ed. H. Bächtold-Stäubli, Bd. VI, Berlin 1935.
Edgerton, S. V.: *Pictures and Punishment: Art and Criminal Prosecution During the Florentine Renaissance*, Ithaca 1985.
Edwardes, A.: *Erotica Judaica*, New York 1967.
Edwards, M.: *Christiania*, Reinbek 1980.
Eggebrecht, E.: *Ägypten: Faszination und Abenteuer*, Mainz 1982.
Ehrenreich, P.: »Stewart Culins Forschungsreise zu den Indianern des fernen Westens«, *Globus* 1902.
Eibl-Eibesfeldt, I.: *Die !Ko-Buschmann-Gesellschaft*, München 1972.
–: *Der vorprogrammierte Mensch*, Wien 1973.
Eichberg, H.: *Die historische Relativität der Sachen*, Münster 1984.
Eickelman, C.: *Women and Community in Oman*, New York 1984.
Eis, G.: »Salernitanisches und Unsalernitanisches im ›Armen Heinrich‹ von Hartmann von Aue« in *Hartmann von Aue*, ed. H. Kuhn / C. Cormeau, Darmstadt 1973.
Elam, Y.: *The Social and Sexual Roles of Hima Women*, Manchester 1973.
Elder, L.: *Hot Tubs*, Santa Barbara 1973.
–: *Free Beaches*, Santa Barbara 1974.
Eliade, M.: »Die Amerikaner in Ozeanien und die eschatologische Nacktheit«, *Antaios* 1961.
–: *Geschichte der religiösen Ideen*, Bd. I, Freiburg 1978.
Elias, N.: *Über den Prozeß der Zivilisation*, Basel 1939.
–: »Problems of Involvement and Detachment«, *British Journal of Sociology* 1956.
–: *Die höfische Gesellschaft*, Neuwied 1969.
–: Mündliche Mitteilung vom 28. Februar 1980.
–: *Engagement und Distanzierung*, Frankfurt/M. 1983.
–: »Die Genese des Sports als soziologisches Problem« in *Sport im Zivilisationsprozeß*, ed. W. Hopf, Münster 1984.
–: *Die Gesellschaft der Individuen*, Frankfurt/M. 1987.
Ell, S. R.: »Blood and Sexuality in Medieval Leprosy«, *Janus* 1984.
Ellis, H.: *Geschlechtstrieb und Schamgefühl*, Leipzig 1900.
–: *Studies in the Psychology of Sex*, Bd. IV, Philadelphia 1928.
Elschenbroich, D.: »›Das im Verborgenen schleichende Laster‹« in J. F. Oest: *Höchstnöthige Belehrung und Warnung für Jünglinge und Knaben*, München 1977.
Embree, J. F.: *Suye Mura: A Japanese Village*, Chicago 1939.
Endter, J. M. F. v.: *Meister Frantzen Nachrichter alhier in Nürnberg*, Nürnberg 1801.
Engelbrecht, J. A.: *The Korana*, Cape Town 1936.
Englisch, P.: *Sittengeschichte des Orients*, Wien 1932.

Epstein, A. L.: »*Tambu*: The Shell Money of the Tolai« in *Fantasy and Symbol*, ed. R. H. Hook, London 1979.
–: *The Experience of Shame in Melanesia*, London 1984.
–: Brief vom 18. Dezember 1986.
Epstein, L. M.: *Sex Laws and Customs in Judaism*, New York 1948.
Epton, N.: *Eros und die Franzosen*, Hamburg 1962.
Erasmus v. Rotterdam: *De civilitate morum puerilium*, Hamburg 1673.
–: *Vertraute Gespräche*, ed. H. Schiel, Köln 1947.
Erdö, P.: »Eheprozesse im mittelalterlichen Ungarn«, *Zeitschrift der Savigny-Stiftung für Rechtsgeschichte, Kanonist. Abt.* 1986.
Erdoes, R.: *Büffeljagd und Sonnentanz*, Zürich 1980.
Erffa, C. E. v.: *Αἰδώς und verwandte Begriffe in ihrer Entwicklung von Homer bis Demokrit*, Leipzig 1937.
Essenwein, A.: *Mittelalterliches Hausbuch*, Frankfurt/M. 1887.
Evans, M. B.: »The Staging of the Donaueschingen Passion Play«, *Modern Language Review* 1920.
–: *The Passion Play of Lucerne*, New York 1943.
Ewen, C. L'E.: *Witchcraft and Demonism*, London 1933.

Fairchilds, C.: *Domestic Enemies: Servants and Their Masters in Old Regime France*, Baltimore 1984.
Fajans, J.: »Shame, Social Action, and the Person Among the Baining«, *Ethos* 1983.
Falke, J.: »Die Badstuben im Mittelalter«, *Westermann's Jahrbuch der Illustrirten Deutschen Monatshefte* 1862.
Faral, E.: *La vie quotidienne au temps de Saint Louis*, Paris 1938.
Fast, H.: *Quellen zur Geschichte der Täufer in der Schweiz*, Bd. II, Zürich 1973.
Fedders, A. / C. Salvadori: *Maasai*, London 1974.
Fehr, H.: *Die Rechtsstellung der Frau und der Kinder in den Weistümern*, Jena 1912.
–: *Das Recht im Bilde*, München 1923.
–: »Gottesurteil und Folter« in *Festgabe für Rudolf Stammler zum 70. Geburtstage*, ed. E. Tatarin-Tarnheyden, Berlin 1926.
Fehrle, E.: *Tacitus' Germania*, München 1935.
Fejos, P.: *Ethnography of the Yagua*, New York 1943.
Fél, E. / T. Hofer: *Bäuerliche Denkweise in Wirtschaft und Haushalt*, Göttingen 1972.
Ferber, C.: *Bilder vom Tage 1842-1982*, Berlin 1983.
Ferdows, A. K.: »Frauen in der iranischen Revolution« in *Religion und Politik im Iran*, ed. K. Greussing, Frankfurt/M. 1981.
Feyerabend, P.: *Wider den Methodenzwang*, Frankfurt/M. 1983.
Finsterwalder, P. W.: *Elsässische Stadtrechte*, Bd. III, Heidelberg 1938.
Firth, R.: *We, the Tikopia*, London 1936.
Fischer, A.: *Bilder zur mittelalterlichen Kulturhygiene im Bodenseegebiet*, Karlsruhe 1923.
Fischer, J. L.: »Birth on Ponape: Myth and Reality« in *Die Geburt aus ethnomedizinischer Sicht*, ed. W. Schiefenhövel / D. Sich, Braunschweig 1983.

Fischer, J. L. / R. Ward / M. Ward: »Ponapean Conceptions of Incest«, *Journal of the Polynesian Society* 1976.
Fisher, E. A.: »Theodora and Antonina in the Historia Arcana«, *Arethusa* 1978.
Flacelière, R.: *Love in Ancient Greece*, London 1962.
Flandrin, J.-L.: *Familien*, Frankfurt/M. 1978.
–: *Le sexe et l'occident*, Paris 1981.
Flegon, A.: *Eroticism in Russian Art*, London 1976.
Fleischhacker, H.: *Mit Feder und Szepter: Katharina II. als Autorin*, Stuttgart 1978.
Foerster, R. H.: *Das Leben in der Gotik*, München 1969.
Fontenrose, J.: *Python*, Berkeley 1959.
Forte, A. D. M.: »Some Aspects of the Law of Marriage in Scotland: 1500-1700« in *Marriage and Property*, ed. E. M. Craik, Aberdeen 1984.
Fortes, M.: *The Web of Kinship Among the Tallensi*, London 1949.
Foster, G. M.: »Euphemisms and Cultural Sensitivity in Tzintzuntzan«, *Anthropological Quarterly* 1966.
Foster, N.: *Die Pilger*, Frankfurt/M. 1982.
Foucault, M.: *Le procès de sorcellerie dans l'Ancienne France*, Paris 1907.
Fowler, W. W.: *The Roman Festivals of the Period of the Republic*, London 1899.
Franklin, A.: *La Civilité*, Paris 1908.
–: *La vie privée au temps des premiers Capétiens*, Paris 1911.
Fraser, A.: *The Weaker Vessel*, London 1984.
French, M.: *Jenseits der Macht*, Reinbek 1985.
Freud, S.: »Das Unbehagen in der Kultur« in *Werkausgabe*, Bd. II, ed. A. Freud/I. Grubrich-Simitis, Frankfurt/M. 1978.
Fricker, B.: *Geschichte der Stadt und Bäder zu Baden*, Aarau 1880.
Fried, J.: »The Tarahumara« in *Handbook of Middle American Indians*, Bd. 8, ed. R. Wauchope, Austin 1969.
Friedberg, E.: *Das Recht der Eheschließung*, Leipzig 1865.
–: *Aus deutschen Bußbüchern*, Halle 1868.
Friederici, G.: *Wissenschaftliche Ergebnisse einer amtlichen Forschungsreise nach dem Bismarck-Archipel im Jahre 1908*, Bd. II, Berlin 1912.
Friedrich, P.: *The Meaning of Aphrodite*, Chicago 1978.
Fritz, H. E.: »Von der Kurtisane zum Kurschatten«, *Sexualmedizin* 1980.
Frobenius, S.: Brief vom 19. März 1987.
Frohn, W.: *Der Aussatz im Rheinland*, Jena 1933.
Frois, L.: *Kulturgegensätze Europa–Japan (1585)*, Tōkyō 1955.
Frühmorgen-Voss, H.: *Text und Illustration im Mittelalter*, München 1975.
Fuchs, E.: *Die galante Zeit*, München 1911.

Gabler, H. W.: »Reisen und christliches Paradies« in *Alternative Welten*, ed. M. Pfister, München 1982.
Gabor, M.: *The Pin-up*, New York 1972.
Gaignebet, C. / J.-D. Lajoux: *Art profane et religion populaire au Moyen Age*, Paris 1985.
Gail, W.: *Die Rechtsverfassung der öffentlichen Badestuben vom 12. bis 17. Jahrhundert*, Köln 1940.

Galsterer, H.: »›Mens sana in corpore sano‹: Der Mensch und sein Körper in römischer Zeit« in *Der Mensch und sein Körper*, ed. A. E. Imhof, München 1983.
Garvan, J. M.: »A Survey of the Material and Sociological Culture of the Manobo of Eastern Mindanao«, *American Anthropologist* 1927.
–: »Pygmy Personality«, *Anthropos* 1955.
Gathorne-Hardy, J.: *The Rise and Fall of the British Nanny*, London 1972.
Gay, P.: *Education of the Senses*, Oxford 1984.
Gebauer, J.: *Geschichte der Stadt Hildesheim*, Bd. I, Hildesheim 1922.
Geddes, W. R.: *Nine Dayak Nights*, Melbourne 1957.
Geerken, H.: Brief vom 7. Dezember 1986.
Geier, F.: *Oberrheinische Stadtrechte*, Bd. II, 2, Heidelberg 1908.
Geist, J. F. / K. Kürvers: *Das Berliner Mietshaus 1740-1862*, München 1980.
Gelse, R.: *Über die Nacktheit des Menschen in der mittelhochdeutschen Kultur*, Heidelberg 1977.
Gengler, H. G.: »Seelbäder«, *Zeitschrift für deutsche Kulturgeschichte* 1873.
Georgieff, A.: »Nackte Körper und die Gloriole des Heiligen« in *Das Heilige*, ed. D. Kamper / C. Wulf, Frankfurt/M. 1987.
Gernhuber, J.: »Strafvollzug und Unehrlichkeit«, *Zeitschrift der Savigny-Stiftung für Rechtsgeschichte, Germanist. Abt.* 1957.
Gewecke, F.: *Wie die neue Welt in die alte kam*, Stuttgart 1986.
Gibbs, J. L.: »The Kpelle of Liberia« in *Peoples of Africa*, ed. J. L. Gibbs, New York 1965.
Giedion, S.: *Die Herrschaft der Mechanisierung*, Frankfurt/M. 1982.
Ginouvès, R.: *Balaneutikè*, Paris 1962.
Ginzburg, C.: *Die Benandanti*, Frankfurt/M. 1980.
Glaser, H. / W. Pützstück: *Ein deutsches Bilderbuch 1870-1918*, München 1982.
Glassberg, A.: *Die Beschneidung*, Berlin 1896.
Gleichen-Russwurm, A. v.: *Der Ritterspiegel*, Stuttgart 1918.
Gleichmann, P. R.: »Wandel der Wohnverhältnisse« in *Human Figurations*, ed. P. R. Gleichmann et al., Amsterdam 1977.
Gobert, E. G.: »Le pudendum magique et le problème des cauris«, *Revue africaine* 1951.
Göller, L.: »Galgen- und Rabensteingeschichten aus Alt-Mannheim«, *Kurpfälzer Jahrbuch* 1930.
Göpel, M. L.: *Frauenalltag durch die Jahrhunderte*, Ismaning 1986.
Göres, J.: *›Was ich dort gelebt, genossen ...‹: Goethes Badeaufenthalte 1785 bis 1823*, Königstein 1982.
Goerke, H.: *Arzt und Heilkunde*, München 1984.
Gössmann, E.: »Die Frau im alten Japan« in *Die Frau*, ed. G. Hielscher, Berlin 1980.
Goethe, J. W.: *Sämmtliche Werke*, Bd. 16, ed. K. Richter, München 1985.
Götz, A.: *Über Erektion und Ejakulation bei Erhängten*, Berlin 1898.
Goetz, H.-W.: *Leben im Mittelalter*, München 1986.
Goffman, E.: *The Presentation of Self in Everyday Life*, Edinburgh 1958.
–: *Verhalten in sozialen Situationen*, Gütersloh 1971.
Goglin, J.-L.: *Les Misérables dans l'Occident médiéval*, Paris 1976.

Goldberg, M.: *Das Armen- und Krankenwesen des mittelalterlichen Straßburg*, Straßburg 1909.
Goldman, I.: *The Cubeo*, Urbana 1963.
Goldsmith, A.: *The Nude in Photography*, Chicago 1975.
Gombrich, E. H.: *Art and Illusion*, New York 1961.
Gonda, J.: »Ascetics and Courtesans«, *Adyar Library Bulletin* 1961.
Gonthier, N.: »Délinquantes ou victimes: les femmes dans la société lyonnaise du XVe siècle, *Revue Historique* 1984.
Goodenough, W. H.: »Personal Names and Modes of Address in Two Oceanic Societies« in *Context and Meaning in Cultural Anthropology*, ed. M. E. Spiro, New York 1965.
Gordon, B. L.: *Medieval and Renaissance Medicine*, New York 1959.
Gordon, M.: *L'esclavage dans le monde arabe*, Paris 1987.
Gotein, S. D.: *A Mediterranean Society*, Bd. IV, Berkeley 1983.
Goudsblom, J.: »Aufnahme und Kritik der Arbeiten von Norbert Elias in England, Deutschland, den Niederlanden und Frankreich« in *Materialien zu Norbert Elias' Zivilisationstheorie*, ed. P. Gleichmann et al., Frankfurt/M. 1977.
Graburn, N. H. H. / B. S. Strong: *Circumpolar Peoples*, Pacific Palisades 1973.
Graf, W.: *Der Ehebruch im fränkischen und deutschen Mittelalter*, Würzburg 1982.
Graham, V. E. / W. M. Johnson: *The Paris Entries of Charles IX. and Elisabeth of Austria 1571*, Toronto 1974.
Gramm, W.: *Die Körperpflege der Angelsachsen*, Heidelberg 1938.
Granlund, J. / A. Nyman: »Kinderwiegen in Skandinavien«, *Ethnologia Europaea* 1975.
Gray, R.: *A History of London*, London 1978.
Green, V. H. H.: *Medieval Civilization in Western Europe*, London 1971.
Gregor, T.: »Exposure and Seclusion: A Study of Institutionalized Isolation Among the Mehinacu Indians«, *Ethnology* 1970.
–: »Publicity, Privacy, and Mehinacu Marriage«, *Ethnology* 1974.
–: *Mehinaku*, Chicago 1977.
Gregorovius, F.: »Das deutsche Passionsspiel in Tyrol« in *Kleine Schriften zur Geschichte und Cultur*, Bd. III, Leipzig 1892.
Greiner, U.: »Der Menschenwissenschaftler«, *Die Zeit*, 1. Mai 1987.
Grimm, C.: »Kunst und Volk im 17. Jahrhundert« in *Literatur und Volk im 17. Jahrhundert*, Bd. I, ed. W. Brückner et al., Wiesbaden 1985.
Grimm, J. / W. Grimm: *Deutsches Wörterbuch*, Leipzig 1854ff.
Grinnell, G. B.: *The Cheyenne Indians*, New Haven 1923.
Groffy, C.: *Die Edinburgh Review 1802–1825*, Heidelberg 1981.
Grotzfeld, H.: *Das Bad im arabisch-islamischen Mittelalter*, Wiesbaden 1970.
Grünberg, G.: »Beiträge zur Ethnographie der Kayabí Zentralbrasiliens«, *Archiv für Völkerkunde* 1970.
Grunauer, S.: »Thermen und öffentlicher Badebetrieb«, *Der altsprachliche Unterricht* 1977.
Grundmann, H.: »Ketzerverhöre des Spätmittelalters als quellenkritisches Problem«, *Deutsches Archiv für Erforschung des Mittelalters* 1965.

Grupp, G.: *Kulturgeschichte des Mittelalters*, Bd. II, Paderborn 1923.
Guarient, F. A. H. v.: *Codicis Austriaci*, Wien 1704.
Guarinonius, H.: *Die Grewel der Verwüstung menschlichen Geschlechts*, Ingolstadt 1610.
Gugel, H.: »Caesars Tod«, *Gymnasium* 1970.
Gumbel, H.: »Deutsche Kultur vom Zeitalter der Mystik bis zur Gegenreformation« in *Handbuch der Kulturgeschichte*, ed. H. Kindermann, Potsdam 1936.
Gupta, B.: *The Andamans*, Kalkutta 1976.
Gusinde, M.: *Urmenschen im Feuerland*, Berlin 1946
–: *Von gelben und schwarzen Buschmännern*, Graz 1966.
Guthrie, R. D.: *Body Hot Spots*, New York 1976.
Gutmann, J.: *Buchmalerei in hebräischen Handschriften*, München 1978.
Guttzeit, J.: *Schamgefühl, Sittlichkeit und Anstand*, Dresden 1910.
Gwin, H. H.: »Life in the Medieval Leprosary«, *Studies in Medieval Culture* 1974.

Haas, H.: »Hygiene und Prophylaxe in Bayreuth und Oberfranken in Mittelalter und Neuzeit«, *Archiv für Geschichte von Oberfranken* 1981.
Haberland, E.: *Galla Süd-Äthiopiens*, Stuttgart 1963.
Hach, J. F.: *Das alte Lübische Recht*, Lübeck 1839.
Haeberle, E. J.: *Die Sexualität des Menschen*, Berlin 1983.
Häfele, K.: *Die Godivasage und ihre Behandlung in der Literatur*, Heidelberg 1929.
Haenel, T.: *Zur Geschichte der Psychiatrie*, Basel 1982.
Haesaert, J. P.: *Etiologie de la répression des outrages publics aux bonnes mœurs*, Paris 1938.
Haga, H.: *Japanese Folk Festivals*, Tōkyō 1970.
Hagemann, H.-R.: *Basler Rechtsleben im Mittelalter*, Basel 1981.
Hagen, F. H. v. d.: *Über die Gemälde in den Sammlungen der altdeutschen lyrischen Dichter*, Bd. II, Berlin 1846.
–: *Handschriftengemälde und andere bildliche Denkmäler der deutschen Dichter des 12.-14. Jahrhunderts*, Berlin 1853.
Hahn, T.: »Indians East and West: Primitivism and Savagery in English Discovery Narratives of the 16th Century«, *Journal of Medieval and Renaissance Studies* 1978.
Haining, P.: *Hexen*, Oldenburg 1977.
Hall, D. J.: »Plainness of Speech, Behaviour and Apparel in Eighteenth Century English Quakerism« in *Monks, Hermits and the Ascetic Tradition*, ed. W. J. Sheils, Oxford 1985.
Hall, E. T.: *The Hidden Dimension*, Garden City 1969.
Haller, J. S. / R. M. Haller: *The Physician and Sexuality in Victorian America*, Urbana 1974.
Hamann, G.: »Christoph Columbus zwischen Mittelalter und Neuzeit« in *Europäisierung der Erde?*, ed. G. Klingenstein et al., München 1980.
Hambrecht, R.: »›Das Papier ist mein Acker...‹ Ein Notizbuch des 17. Jahrhunderts von Handwerker-Bauern aus dem nordwestlichen Oberfranken«, *Jahrbuch der Coburger Landesstiftung* 1984.

Hammel, H. T.: »Response to Cold by the Alacaluf Indians«, *Current Anthropology* 1960.
Hammond-Tooke, W. D.: *Bhaca Society*, Cape Town 1962.
Hampe, R. / E. Simon: *Griechisches Leben im Spiegel der Kunst*, Mainz 1959.
Hane, M.: *Peasants, Rebels and Outcasts*, New York 1982.
Hanley, S. B.: »Urban Sanitation in Preindustrial Japan«, *Journal of Interdisciplinary History*, Summer 1987.
Hansen, H. H.: *The Kurdish Woman's Life*, København 1961.
Hansen, J.: *Quellen und Untersuchungen zur Geschichte des Hexenwahns*, Bonn 1901.
Hansen, W.: *Kalenderminiaturen der Stundenbücher*, München 1984.
Hanson, G.: *Original Skin*, London 1970.
Hardach-Pinke, I.: *Kinderalltag*, Frankfurt/M. 1981.
Harder, J.: »Das ungeteilte Leben der Duchoborzen« in *Alles gehört allen*, ed. H.-J. Goertz, München 1984.
Haring, D. G.: »Aspects of Personal Character in Japan« in *Personal Character and Cultural Milieu*, ed. D. G. Haring, Syracuse 1956.
Harksen, S.: *Die Frau im Mittelalter*, Leipzig 1974.
Harrer, H.: *Die letzten Fünfhundert*, Berlin 1977.
Harris, H. A.: *Greek Athletes and Athletics*, London 1964.
Hartmann v. Aue: *Iwein*, ed. T. Cramer, Berlin 1974.
Harvolk, E.: »Haut« in *Anziehungskräfte*, ed. M. Widmann et al., München 1986.
Hasenclever, A.: »Die tagebuchartigen Aufzeichnungen des pfälzischen Hofarztes Dr. Johannes Lange über seine Reise nach Granada im Jahre 1526«, *Archiv für Kulturgeschichte* 1907.
Hashagen, J.: »Aus Kölner Prozeßakten. Beiträge zur Geschichte der Sittenzustände in Köln im 15. und 16. Jahrhundert«, *Archiv für Kulturgeschichte* 1905.
Hassall, W. O.: *How They Lived*, Oxford 1962.
Hatt, J.: *Une ville du XVe siècle: Strasbourg*, Straßburg 1929.
Hauser-Schäublin, B.: *Frauen in Kararau*, Basel 1977.
Haviland, L. K. / J. B. Haviland: »Privacy in a Mexican Indian Village« in *Public and Private in Social Life*, ed. S. I. Benn / G. F. Gaus, London 1983.
Healey, T.: »Genitalschmuck«, *Sexualmedizin* 1982.
Hecht, I.: *Der Siechen Wandel*, Freiburg 1982.
Heckendorn, H.: *Wandel des Anstands im französischen und deutschen Sprachgebiet*, Bern 1970.
Hecker, P.: »Ein Hexenproceß«, *Zeitschrift für deutsche Kulturgeschichte* 1874.
Hefele, C. J.: *Conciliengeschichte*, Bd. III, Freiburg 1858.
Heffner, Dr.: »Über die Baderzunft im Mittel-Alter und später, besonders in Franken«, *Archiv des historischen Vereins von Unterfranken und Aschaffenburg* 1864.
Heinisch, P.: *Die Trauergebräuche bei den Israeliten*, Münster 1931.
Heinz, H. J.: »Hygienic Attitudes and Practices of the !Ko Bushmen« in

Ethnomedizin und Sozialmedizin in Tropisch-Afrika, ed. S. Paul, Hamburg 1975.
Heinz, H.-J. / M. Lee: *Namkwa*, London 1978.
Heinz, W. H.: *Römische Bäder in Baden-Württemberg*, Tübingen 1979.
–: *Römische Thermen*, München 1983.
Helbling, F./M. Bauer: *Die Tortur*, Berlin 1926.
Helfer, C.: »Henker-Studien«, *Archiv für Kulturgeschichte* 1965.
Heller, G.: ›*Propre en ordre*‹. *Habitation et vie domestique 1850-1930: l'exemple vaudois*, Lausanne 1979.
–: »Idéologie et rituels de la propreté aux XIXe et XXe siècles« in *Leib und Leben in der Geschichte der Neuzeit*, ed. A. E. Imhof, Berlin 1983.
Helmholz, R. H.: *Marriage Litigation in Medieval England*, Cambridge 1974.
Hemmer, R.: »Über das Beilager im germanischen Recht«, *Zeitschrift der Savigny-Stiftung für Rechtsgeschichte, Germanist. Abt.* 1959.
Henningsen, G.: *The Witches' Advocate*, Reno 1980.
–: »The Greatest Witch-Trial of All: Navarre 1609-14«, *History Today*, November 1980.
–: Brief vom 16. September 1986.
Henrich, K.: »Die Landauer Scharfrichter und Wasenmeister in ihrem Leben und Wirken«, *Mitteilungen des historischen Vereins der Pfalz* 1980.
Henriques, F.: *Prostitution and Society*, New York 1963.
Henry, J.: »The Personality of the Kaingang Indians« in *Social Structure and Personality*, ed. Y. A. Cohen, New York 1962.
Hensel, G.: *Geschichte des Grauens*, Altendorf 1979.
Hentig, H. v.: *Die Strafe*, Bd. I, Berlin 1954.
Hentschel, H.-D.: »Das Kohlensäurebad im Wandel der Heilkunde«, *Die Medizinische Welt*, 16. Dezember 1967.
Herlihy, D.: *Medieval and Renaissance Pistoia*, New Haven 1967.
Herlihy, D. / C. Klapisch-Zuber: *Les Toscans et leurs familles*, Paris 1978.
Héroard, J.: *Journal sur l'enfance et la jeunesse de Louis XIII, 1601-1628*, ed. E. Saulié / E. de Barthélémy, Paris 1868.
Herrad v. Landsberg: *Hortus deliciarum*, ed. A. D. Caratzas, New Rochelle 1977.
Herrand v. Wildonie: »Der blôze keiser« in *Vier Erzählungen*, ed. H. Fischer, Tübingen 1959.
Herre, P.: *Deutsche Kultur des Mittelalters in Bild und Wort*, Leipzig 1912.
Herrmann, M.: *Forschungen zur deutschen Theatergeschichte des Mittelalters und der Renaissance*, Berlin 1914.
Herskovits, M. J.: *Dahomey*, Bd. I, New York 1938.
Herter, H.: »Böse Dämonen im frühgriechischen Volksglauben«, *Rheinisches Jahrbuch für Volkskunde* 1950.
–: »Die Soziologie der antiken Prostitution im Lichte des heidnischen und christlichen Schrifttums«, *Jahrbuch für Antike und Christentum* 1960.
–: »Genitalien« in *Reallexikon für Antike und Christentum*, Bd. X, ed. T. Klauser, Stuttgart 1976.
Herzog, K.-P.: *Das Strafensystem der Stadt Rothenburg ob der Tauber im Spätmittelalter*, Würzburg 1971.

Hesse-Wartegg, E. v.: *China und Japan*, Leipzig 1900.
Heurgon, J.: *La vie quotidienne chez les Étrusques*, Paris 1961.
Heyne, M.: *Das deutsche Wohnungswesen*, Leipzig 1899.
–: *Körperpflege und Kleidung bei den Deutschen*, Leipzig 1903.
Higounet-Nadal, A.: »Haus und Familie in Périgueux im ausgehenden Mittelalter« in *Haus und Familie in der spätmittelalterlichen Stadt*, ed. A. Haverkamp, Köln 1984.
Hilger, I.: *Araucanian Child Life and Its Cultural Background*, Washington 1957.
Hiller, S.: »Homerische Badediener?« in *Symmicta Philologica Salisburgensia*, ed. J. Dalfen et al., Roma 1980.
Himmelheber, H. / U. Himmelheber: *Die Dan*, Stuttgart 1958.
Hindley, G.: *England in the Age of Caxton*, New York 1979.
Hinz, B.: *Art in the Third Reich*, Oxford 1980.
Hirschfeld, M.: *Geschlecht und Verbrechen*, Leipzig 1930.
His, R.: *Das Strafrecht des deutschen Mittelalters*, Bd. I, Leipzig 1920.
Höfler, O.: »Zwei Grundkräfte im Wodan-Kult« in *Antiquitates Indogermanicae*, ed. M. Mayrhofer et al., Innsbruck 1974.
Hoenn, K.: *Artemis*, Zürich 1946.
Hoffmann, C.: »Sitten und Brauchtum der Basotho in Nord-Transvaal«, *Afrika und Übersee* 1956.
Hofmann, H. H. / G. Schuhmann: *Franken in alten Ansichten und Schilderungen*, Konstanz 1967.
Hofmann, S.: »Protokoll eines Verhörs eines Hexenprozesses von 1629 aus Reichertshofen«, *Sammelblatt des Historischen Vereins Ingolstadt* 1980.
Hofstätter, H. H.: *Spätes Mittelalter*, Baden-Baden 1967.
Hogbin, H. I.: »Puberty to Marriage: A Study of the Sexual Life of the Natives of Wogeo, New Guinea«, *Oceania* 1946.
Hohmann, J. S: *Schon auf den ersten Blick*, Darmstadt 1981.
Holl, A.: *Der letzte Christ*, Stuttgart 1979.
–: Brief vom 18. Mai 1987.
Holt, R. B.: »Marriage Law and Customs of the Cymri«, *Journal of the Anthropological Institute of Great Britain and Ireland* 1898.
Honselmann, W.: »Von westfälischen Scharfrichtern«, *Westfälische Zeitschrift* 1964.
Hopfner, T.: *Das Sexualleben der Griechen und Römer*, Bd. I, Prag 1938.
Hose, C.: *Natural Man: A Record from Borneo*, London 1926.
van Houtte, J. A.: »Herbergswesen und Gastlichkeit im mittelalterlichen Brügge« in *Gastfreundschaft, Taverne und Gasthaus im Mittelalter*, ed. H. C. Peyer, München 1983.
d'Huart, A. / N. Tazi: *Harems*, Paris 1980.
Huber, K.: *Theorie der gymnischen Erziehung bei den Römern*, Langensalza 1934.
Huguet, E.: *Dictionnaire de la langue française du seizième siècle*, Bd. II, Paris 1932.
Huizinga, J.: *Herbst des Mittelalters*, Stuttgart 1952.
Hulse, F. S.: »Convention and Reality in Japanese Culture«, *Southwestern Journal of Anthropology* 1948.

Hulstaert, R. P. G.: »Les sanctions coutumières contre l'adultère chez les Nkundó«, *Mémoires de l'Institut Royal Colonial Belge*, Bruxelles 1938.
–: *Le mariage des Nkundó*, Bruxelles 1938.
Hunger, H.: *Die Heilige Hochzeit*, Wiesbaden 1984.
Hunger, H.: »Zum Badewesen in byzantinischen Klöstern« in *Klösterliche Sachkultur des Spätmittelalters*, Wien 1980.
Hunt, D.: *Parents and Children in History*, New York 1972.
Hurd-Mead, K. C.: *A History of Women in Medicine*, Haddam 1938.
Hutchinson, H. W.: *Village and Plantation Life in Northeastern Brazil*, Seattle 1957.
Hutchison, J. C.: »Ex ungue Leonem: Die Geschichte der Hausbuchmeister-Frage« in *Vom Leben im späten Mittelalter*, ed. J. P. Filedt Kok, Amsterdam 1985.

Ibn Munqiḏ, U.: *Kitāb al-I'tibār*, München 1985.
Ikeda, S.: »Vom japanischen Badeleben«, *Kyklos* 1930.
Ilfeld, F. / R. Lauer: *Social Nudism in America*, New Haven 1964.
Iljin, M.: »*Isba*: das heizbare Haus« in *Das Haus*, ed. E. Camesasca, Gütersloh 1971.
Ingram, M.: »Ridings, Rough Music and Mocking Rhymes in Early Modern England« in *Popular Culture in 17th-Century England*, ed. B. Reay, London 1985.
Irblich, E. / G. Bise: *La bible de Naples*, Paris 1979.
Irokawa, D.: »The Impact on Popular Culture« in *Meiji Ishin*, ed. M. Nagai / M. Urrutia, Tōkyō 1985.
Irsigler, F. / A. Lassotta: *Bettler und Gaukler, Dirnen und Henker*, Köln 1984.

Jacob, G.: *Mannheim – so wie es war*, Düsseldorf 1971.
Jacobius, H.: *Die Erziehung des Edelfräuleins im alten Frankreich*, Halle 1908.
Jacobson, D. A.: *Hidden Faces*, Ann Arbor 1980.
Jacopin, P.-Y.: »Habitat et territoire Yukuna«, *Journal de la Société des Américanistes* 1972.
Jäger, C.: *Ulms Verfassungs-, bürgerliches und commercielles Leben im Mittelalter*, Stuttgart 1831.
Jain, J. / E. Fischer: *Jaina Iconography*, Bd. I, Leiden 1978.
Jansen, R. / H. H. Jansen: »Die Pest in Heidelberg« in *Semper apertus*, Bd. I, ed. W. Doerr, Heidelberg 1985.
Janssens de Bisthoven, A.: *De Vlaamse Primitieven*, Bd. I, Brüssel 1981.
Jeanmaire, H.: *Couroi et Courètes*, Lille 1939.
Jeannel, J.: *Die Prostitution in den großen Städten im 19. Jahrhundert*, Erlangen 1869.
Jegel, A.: »Bäder, Bader und Badesitten im alten Nürnberg« in *Reichsstadt Nürnberg, Altdorf und Hersbruck*, ed. F. Solleder, Nürnberg 1954.
Jenks, S.: *The Black Death and Würzburg*, Ann Arbor 1980.
Jetter, D.: *Geschichte des Hospitals*, Bd. IV, Wiesbaden 1980.
Jodogne, O.: »Le théâtre médiéval« in *La Wallonie*, Bd. I, ed. R. Lejeune / J. Stiennon, Bruxelles 1977.

Johansen, P. / H. v. Zur Mühlen: *Deutsch und Undeutsch im mittelalterlichen und frühneuzeitlichen Reval*, Köln 1973.
Johnston, J. D.: *China and Japan: Narrative of the Steam-frigate ›Powhatan‹, 1857-60*, New York 1861.
Jones, P. M.: *Medieval Medical Miniatures*, London 1984.
Jordan, I.: *Photographie im Böhmerwald 1880-1940*, Steyr 1983.
Josten, E.-A.: »Wenig Platz fürs Kinderbett!«, *Volkskunst*, November 1984.
Jüthner, J.: *Körperkultur im Alterum*, Jena 1928.
–: »Bad« in *Reallexikon für Antike und Christentum*, ed. T. Klauser, Bd. I, Stuttgart 1950.
–: *Die athletischen Leibesübungen der Griechen*, Bd. I, Wien 1965; Bd. II 1968.
Jütte, R.: »Disziplinierungsmechanismen in der städtischen Armenfürsorge der Frühneuzeit« in *Soziale Sicherheit und soziale Disziplinierung*, ed. C. Sachße / F. Tennstedt, Frankfurt/M. 1986.
Jung, G.: *Die Geschlechtsmoral des deutschen Weibes im Mittelalter*, Leipzig 1921.
Jurina, K.: *Vom Quacksalber zum Doctor Medicinae*, Köln 1985.

Kaempfer, E.: *Geschichte und Beschreibung von Japan*, Bd. II, Lemgo 1779.
Kahil, L.: »Mythological Repertoire of Brauron« in *Ancient Greek Art and Iconography*, ed. W. G. Moon, Madison 1983.
Kagesato, T.: *Nihon no Inshō-ha*, Tōkyō 1977.
Kaiser, C.: »Les cours souveraines au XVIe siècle«, *Annales* 1982.
Kajima, U.: *Hana Bälz*, Stuttgart 1978.
Kamen, H.: *Inquisition and Society in Spain*, Bloomington 1985.
Kames, J. K.: *Die weltliche Gerichtsbarkeit in der Stadt Hildesheim während des Mittelalters*, Celle 1910.
Kappeler, A.: »Die deutschen Flugschriften über die Moskowiter und Iwan den Schrecklichen« in *Russen und Rußland aus deutscher Sicht, 9.-17. Jahrhundert*, ed. M. Keller, München 1985.
Karant-Nunn, S. C.: »Continuity and Change: Some Effects of the Reformation on the Women of Zwickau«, *Sixteenth Century Journal* 1982.
Karpe, G. / I. Kratzsch / H. Vogt: *Handschriften und alte Drucke*, Jena 1976.
Katzenberger, J.: »Männer unter Dampf«, *Merianheft Türkei*, Hamburg 1985.
Kauffmann, C. M.: *The Baths of Pozzuoli*, Oxford 1959.
–: *Romanesque Manuscripts 1066-1190*, London 1975.
Kawakita, M.: *Modern Currents in Japanese Art*, Tōkyō 1974.
Keen, M.: *Chivalry*, New Haven 1984.
Keil, E. W.: *Deutsche Sitte und Sittlichkeit im 13. Jahrhundert nach den damaligen deutschen Predigern*, Dresden 1931.
Kellenbenz, H.: »Pilgerspitäler, Albergues und Ventas in Spanien« in *Gastfreundschaft, Taverne und Gasthaus im Mittelalter*, ed. H. C. Peyer, München 1983.
Kerényi, K.: *Zeus und Hera*, Leiden 1972.

Keuls, E. C.: *The Reign of the Phallus*, New York 1985.
Kimball, L. A.: »Women of Brunai« in *A World of Women*, ed. E. Bourguignon, New York 1980.
Kindermann, H.: *Theatergeschichte Europas*, Bd. II, Salzburg 1969.
–: *Das Theaterpublikum des Mittelalters*, Salzburg 1980.
Kingdon, R. M.: »The Control of Morals in Calvin's Geneva« in *The Social History of the Reformation*, ed. L. P. Buck / J. W. Zophy, Columbus 1972.
Kintz, J.-P.: *La société strasbourgeoise 1560-1650*, Paris 1984.
Klaits, J.: *Servants of Satan*, Bloomington 1985.
Klein, H.: »Die Sauna in Altsalzburg«, *Mitteilungen der Gesellschaft für Salzburger Landeskunde* 1973.
Kleinman, R.: *Anne of Austria*, Columbus 1985.
Klíma, J. R. / K. Ranke: »Bad und baden« in *Enzyklopädie des Märchens*, ed. K. Ranke, Bd. I, Berlin 1977.
Klinger, D. M.: *Erotische Kunst in Europa*, Bd. 1a, Nürnberg 1983.
Klose, S. B.: *Darstellung der inneren Verhältnisse der Stadt Breslau vom Jahre 1458 bis zum Jahre 1526*, Breslau 1847.
Kloss, C. B.: *In the Andamans and Nicobars*, London 1903.
Knefelkamp, U.: *Das Gesundheits- und Fürsorgewesen der Stadt Freiburg i. Br. im Mittelalter*, Freiburg 1981.
Knortz, K.: *Die Nacktheit in Sage, Sitte, Kunst und Literatur*, Neukölln 1920.
Koch G.: »Waldensertum und Frauenfrage im Mittelalter«, *Forschungen und Fortschritte* 1962.
–: *Frauenfrage und Ketzertum im Mittelalter*, Berlin 1962.
–: »Die Frau im mittelalterlichen Katharismus«, *Studi medievali* 1964.
Kochendörffer, K.: »Zum mittelalterlichen Badewesen«, *Zeitschrift für deutsche Philologie* 1892.
Koehler, L.: *A Search for Power: The ›Weaker Sex‹ in 17th-Century New England*, Urbana 1980.
Köhler, M.: »Lebensreform durch Körperkultur« in *Das Aktphoto*, ed. M. Köhler / G. Barche, München 1985.
Koenig, G. K.: »Franko-flämische Tendenzen in deutschen Ländern« in *Das Haus*, ed. E. Camesasca, Gütersloh 1971.
König, R.: »Die Mode in der menschlichen Gesellschaft« in *Die Mode*, ed. R. König / P. W. Schuppisser, Zürich 1958.
Koepping, E. R.: *Too Hot, Too Cold, Just Right: Social Relations in a Kadazan Village of Sabah, Malaysia*, Brisbane 1981.
Koepping, K.-P.: »Lachen und Leib, Scham und Schweigen, Sprache und Spiel« in *Der Wissenschaftler und das Irrationale*, Bd. I, ed. H. P. Duerr, Frankfurt/M. 1981.
Kohl, W.: *Das Soester Nequambuch*, Wiesbaden 1980.
Kohl-Leitges, M.: Mündliche Mitteilung vom 22. August 1987.
Kolumbus, C.: *Bordbuch*, Frankfurt/M. 1981.
Konner, M. J.: »Aspects of the Developmental Ethology of a Foraging People« in *Ethological Studies of Child Behaviour*, ed. N. B. Jones, Cambridge 1972.

Kopecky, L.: Mündliche Mitteilung vom 11. April 1987.
Kopytoff, I.: »Revitalization and the Genesis of Cults in Pragmatic Religion« in *Explorations in African Systems of Thought*, ed. I. Karp / C. S. Bird, Bloomington 1980.
Koreny, F.: »Israhel van Meckenem« in *The Illustrated Bartsch*, ed. W. L. Strauss, Bd. 9, New York 1981.
Korsch, H.-P.: *Das materielle Strafrecht der Stadt Köln*, Köln 1958.
Kossodo, B. L.: *Die Frau in Afrika*, München 1978.
Kotelmann, L.: *Gesundheitspflege im Mittelalter*, Hamburg 1890.
Kovács, E.: »Die ideale Erzherzogin: Maria Theresias Forderungen an ihre Töchter«, *Mitteilungen des Instituts für Österreichische Geschichtsforschung* 1986.
Krämer, W.: *Kurtrierische Hexenprozesse im 16. und 17. Jahrhundert*, München 1959.
Krahn, C.: *Dutch Anabaptism*, The Hague 1968.
Kramer, F. W.: Brief vom 10. August 1987.
Kramer, K.-S.: *Volksleben im Fürstentum Ansbach und seinen Nachbargebieten (1500-1800)*, Würzburg 1961.
–: *Volksleben im Hochstift Bamberg und im Fürstentum Coburg (1500 bis 1800)*, Würzburg 1967.
Krása, J.: *Die Handschriften König Wenzels IV.*, Praha 1971.
Kraus, H. P.: *Thirty-five Manuscripts*, New York 1962.
Krause, G.: »Lijkverbranding op Zuid-Bali«, *Nederlandsch-Indië* 1917.
–: *Bali*, München 1926.
Krause, J. H.: *Die Gymnastik und Agonistik der Hellenen*, Halle 1841.
Krauss, F. S. / T. Sato: *Japanisches Geschlechtsleben*, ed. G. Prunner, Hanau 1965.
Krauss, S.: *Talmudische Archäologie*, Bd. I, Leipzig 1910.
Krebs, S. / P. Krebs: »Landesportrait« in *Japan*, ed. H. Colsman-Freyberger et al., München 1982.
Kroll, W.: »Heilig« in *Die Diskussion um das ›Heilige‹*, ed. C. Colpe, Darmstadt 1977.
Krüger, M.: *Die Entwicklung und Bedeutung des Nonnenklosters Port-Royal im 17. Jahrhundert*, Halle 1936.
Kühnel, H.: »Beiträge der Orden zur materiellen Kultur des Mittelalters und weltliche Einflüsse auf die klösterliche Sachkultur« in *Klösterliche Sachkultur des Spätmittelalters*, Wien 1980.
–: »Das Alltagsleben im Hause der mittelalterlichen Stadt« in *Haus und Familie in der spätmittelalterlichen Stadt*, ed. A. Haverkamp, Köln 1984.
–: »Normen und Sanktionen« in *Alltag im Spätmittelalter*, ed. H. Kühnel, Graz 1984.
Küster, J.: »Fastnachtsgebote als Quellen«, *Jahrbuch für Volkskunde* 1983.
Kuhn, S. M.: *Middle English Dictionary*, Part P. 7, Ann Arbor 1983.
Kuhnert, R. P.: *Urbanität auf dem Lande: Badereisen nach Pyrmont im 18. Jahrhundert*, Göttingen 1984.
Kumorek, M.: *Afghanistan: A Cross Cultural View*, Kabul 1970.
Kunstmann, H. H.: *Zauberwahn und Hexenprozeß in der Reichsstadt Nürnberg*, Nürnberg 1970.

Kuntz, A.: »Nacktheit – gibt's die?« in *Das Aktphoto*, ed. M. Köhler / G. Barche, München 1985.
Kuper, H.: »Costume and Identity«, *Comparative Studies in Society and History* 1973.
Kuster, H. J. / R. J. Cormier: »Old Views and New Trends: Observations on the Problem of Homosexuality in the Middle Ages«, *Studi Medievali* 1984.

Lacroix, P.: *XVIIIme siècle*, Paris 1875.
Lafitau, J.-F.: *Mœurs des sauvages américains*, Bd. I, ed. E. H. Lemay, Paris 1983.
de Laguna, F.: *Under Mount Saint Elias*, Washington 1972.
Lahnstein, P.: *Das Leben im Barock*, Stuttgart 1974.
–: *Schwäbisches Leben in alter Zeit*, München 1983.
Lambert, M. D.: *Ketzerei im Mittelalter*, München 1981.
Landy, D.: *Tropical Childhood*, New York 1959.
Lane, E. W.: *An Account of the Manners and Customs of the Modern Egyptians*, Bd. II, London 1836.
Langhans, D.: *Von den Lastern*, Bern 1773.
Larivaille, P.: *La vie quotidienne des courtisanes en Italie au temps de la Renaissance*, Paris 1975.
La Roncière, C. de: »La vie privée des notables toscans au seuil de la Renaissance« in *Histoire de la vie privée*, Bd. II, ed. P. Ariès / G. Duby, Paris 1985.
Laser, S.: *Archaeologia Homerica: Medizin und Körperpflege*, Göttingen 1983.
Latte, K.: »Beiträge zum griechischen Strafrecht«, *Hermes* 1931.
Laufer, C.: »Einige Anstandsregeln der Qunantuna auf Neubritannien«, *Anthropos* 1949.
Laver, J.: *Modesty in Dress*, London 1969.
–: *The Age of Illusion*, London 1972.
Lea, H. C.: *A History of the Inquisition of the Middle Ages*, Bd. II, New York 1901.
Leach, W.: *True Love and Perfect Union*, New York 1980.
Lebra, T. S.: »Shame and Guilt: A Psychocultural View of the Japanese Self«, *Ethos* 1983.
Lechner-Knecht, S.: »Die Kunst im Umgang mit Wohlgerüchen«, *Curare* 1980.
Lecky, W. E. H.: *Sittengeschichte Europas von Augustus bis auf Karl den Großen*, Leipzig 1904.
Leeks, W.: »Ingres Other-Wise«, *Oxford Art Journal* 1986.
Lefranc, A.: *La vie quotidienne au temps de la Renaissance*, Paris 1938.
Le Goff, J.: *La civilisation de l'occident médiéval*, Paris 1972.
Leistikow, D.: »Mittelalterliche Hospitalbauten Norddeutschlands« in *Stadt im Wandel*, Bd. IV, ed. C. Meckseper, Bad Cannstatt 1985.
Lennartz, E.: *Duncan, She, Desmond*, Köln 1908.
Lerner, C.: *Enemies of God*, London 1981.
Le Roy Ladurie, E.: *Montaillou*, Frankfurt/M. 1980.

Lersch, B. M.: *Geschichte der Balneologie, Hydroposie und Pegologie*, Würzburg 1863.
Lésoualc'h, T.: *Érotique du Japon*, Paris 1978.
Lessa, W. A.: *Ulithi*, New York 1966.
Lesure, F.: *Musik und Gesellschaft im Bild*, Kassel 1966.
Lévêque, J.-J.: *L'école de Fontainebleau*, Neuchâtel 1984.
Levine, D. N.: *Wax & Gold*, Chicago 1965.
LeVine, R. A. / B. B. LeVine: »Nyansongo: A Gusii Community in Kenya« in *Six Cultures*, ed. B. B. Whiting, New York 1963.
Lewis, T. H.: »The Oglala (Teton Dakota) Sun Dance«, *Plains Anthropologist* 1972.
Lexer, M.: *Mittelhochdeutsches Handwörterbuch*, Bd. I, Leipzig 1872.
Licht, H.: *Beiträge zur antiken Erotik*, Dresden 1924.
–: *Sittengeschichte Griechenlands*, Dresden 1926.
–: *Kulturkuriosa aus Altgriechenland*, Dresden 1929.
Lichtenberg, G. C.: *Schriften und Briefe*, ed. W. Promies, Bd. III, München 1972.
Liese, W.: »Heilbad – gestern, heute und morgen«, *Ärztliche Mitteilungen* 1961.
Lindhausen, J. E. v.: *Wolfdietrich*, Tübingen 1906.
Ling Roth, H.: *The Natives of Sarawak and British North Borneo*, Bd. I, London 1896.
Linse, U.: *Barfüßige Propheten*, Berlin 1983.
Lipp, C.: »Sexualität und Heirat« in *Die Arbeiter*, ed. W. Ruppert, München 1986.
Littlejohn, J.: »Temne Right and Left« in *Right & Left*, ed. R. Needham, Chicago 1973.
Lochner, Dr.: »Zur Sittengeschichte von Nürnberg in der zweiten Hälfte des 16. Jahrhunderts«, *Zeitschrift für Kulturgeschichte* 1856.
Lo Duca, J. M.: *Eros im Bild*, München 1968.
Löffler, K.: *Schwäbische Buchmalerei in romanischer Zeit*, Augsburg 1928.
Löning, G. A.: »Schandlaken, Schandmantel, Schandkleid«, *Zeitschrift der Savigny-Stiftung für Rechtsgeschichte, Germanist. Abt.* 1944.
Loke, M.: *The World as It Was 1865-1921*, New York 1980.
Longère, J.: *Œuvres oratoires des maîtres Parisiens au XIIe siècle*, Bd. I, Paris 1975.
Lottin, A.: »Vie et mort du couple: difficultés conjugales et divorces dans le Nord de la France aux XVIIe et XVIIIe siècles«, *Dix-septième siècle* 1974.
Loudon, J. B.: »On Body Products« in *The Anthropology of the Body*, ed. J. Blacking, London 1977.
Loukomski, G. K.: *La vie et les mœurs en Russie*, Paris 1928.
de Lorris, G. / J. de Meun: *Le Roman de la Rose*, ed. F. Lecoy, Paris 1965.
Loux, F.: *Le corps dans la société traditionnelle*, Paris 1979.
Lovejoy, D. S.: *Religious Enthusiasm in the New World*, Cambridge 1985.
Lucas, A. T.: »Washing and Bathing in Ancient Ireland«, *Journal of the Royal Society of Antiquaries of Ireland* 1965.
Lucie-Smith, E.: *The Body*, London 1981.

Luckhardt, J.: *Heinrich Aldegrever und die Bildnisse der Wiedertäufer*, Münster 1985.
Ludwig, C.: »Erinnerungen an die Schwimmschule«, *Basler Stadtbuch* 1962.
Lukas, G.: *Der Sport im alten Rom*, Berlin 1982.
Lukesch, A.: *Mythos und Leben der Kayapo*, Wien 1968.
Lumholtz, C.: *Unknown Mexico*, Bd. I, New York 1902.
Lund, T.: *Das tägliche Leben in Skandinavien während des 16. Jahrhunderts*, København 1882.
Lutz, E. C.: »La vie au village dans le Toggenbourg vers 1400«, *Revue Suisse d'Histoire* 1976.
Lutz, H.: *Beiträge zur Frage der Leibesübungen und zur Erklärung einzelner Stellen in Homers Odyssee*, Erlangen 1927.
Luz, W. A.: *Das Büchlein vom Bad*, Berlin 1958.

Macfarlane, A.: *Marriage and Love in England*, Oxford 1986.
MacKinney, L.: *Medical Illustrations in Medieval Manuscripts*, Berkeley 1965.
Mähl, E.: *Gymnastik und Athletik im Denken der Römer*, Amsterdam 1974.
Magne, É.: *La vie quotidienne au temps de Louis XIII*, Paris 1942.
Mails, T. E.: *Sundancing at Rosebud and Pine Ridge*, Sioux Falls 1978.
Makowski, E. M.: »The Conjugal Debt and Medieval Canon Law«, *Journal of Medieval History* 1977.
Malaurie, J.: *Die letzten Könige von Thule*, Frankfurt/M. 1979.
Malinowski, B.: *Das Geschlechtsleben der Wilden in Nordwest-Melanesien*, Frankfurt/M. 1979.
Man, E. H.: »On the Aboriginal Inhabitants of the Andaman Islands«, *Journal of the Anthropological Institute of Great Britain and Ireland* 1883.
–: *The Andaman Islanders*, London 1885.
Mandrou, R.: *Magistrats et sorciers en France au XVIIe siècle*, Paris 1980.
Maraini, F.: *Nippon*, Zürich 1958.
Marcus, A.: »Privacy in Eighteenth-Century Aleppo«, *International Journal of Middle East Studies* 1986.
Marcuse, J.: *Bäder und Badewesen in Vergangenheit und Gegenwart*, Stuttgart 1903.
Marggraff, H.: *Badewesen und Badetechnik der Vergangenheit*, Berlin 1881.
Marinatos, S.: *Archaeologia Homerica: Kleidung, Haar- und Barttracht*, Göttingen 1967.
Marnhac, A. de: *Femmes au bain*, Paris 1986.
Marno, E.: »Ein Akka-Weib«, *Mittheilungen der anthropologischen Gesellschaft in Wien* 1875.
Marquardt, J.: *Das Privatleben der Römer*, Bd. I, Leipzig 1886.
Marshall, D. S.: »Sexual Behavior on Mangaia« in *Human Sexual Behavior*, ed. D. S. Marshall / R. C. Suggs, New York 1971.
Marshall, L.: »Marriage Among the !Kung Bushmen«, *Africa* 1959.
–: »The !Kung Bushmen of the Kalahari Desert« in *Peoples of Africa*, ed. J. L. Gibbs, New York 1965.
–: *The !Kung of Nyae Nyae*, Cambridge 1976.
Martin, A.: *Badewesen in vergangenen Tagen*, Jena 1906.

–: »Das Bad in Japan«, *Ciba Zeitschrift* 1936.
Maruyama, M.: »Kaikoku-Öffnung des Landes: Japans Modernisierung«, *Saeculum* 1967.
Marvick, E. W.: »The Character of Louis XIII: The Role of His Physician«, *Journal of Interdisciplinary History* 1974.
Matthew, D.: *The Medieval European Community*, London 1977.
Maybury-Lewis, D.: *Akwẽ-Shavante Society*, Oxford 1967.
Maza, S. C.: *Servants and Masters in Eighteenth-Century France*, Princeton 1983.
Mazrui, A.: »The Robes of Rebellion: Sex, Dress and Politics in Africa« in *Social Aspects of the Human Body*, ed. T. Polhemus, Harmondsworth 1978.
McCall, A.: *The Medieval Underworld*, London 1979.
McDonnell, E. W.: *The Beguines and Beghards in Medieval Culture*, New York 1969.
McKinney, L. C.: »Bücher aus der Geburtshilfe im Mittelalter«, *Ciba-Symposium* 1960.
McLaughlin, M. M.: »Überlebende und Stellvertreter: Kinder und Eltern zwischen dem 9. und 13. Jahrhundert« in *Hört ihr die Kinder weinen*, ed. L. DeMause, Frankfurt/M. 1977.
McMillan, J. F.: *Housewife or Harlot: The Place of Women in French Society 1870-1940*, New York 1981.
Mead, M.: »Children and Ritual in Bali« in *Traditional Balinese Culture*, ed. J. Belo, New York 1970.
Mechling, J. E.: »Advice to Historians on Advice to Mothers«, *Journal of Social History*, Fall 1975.
Mehl, E.: *Antike Schwimmkunst*, München 1927.
Meigs, A. S.: »A Papuan Perspective on Pollution«, *Man* 1978.
Meili, D.: *Hexen in Wasterkingen*, Basel 1980.
Meiss, M.: *French Painting in the Time of Jean de Berry*, Bd. II, London 1969.
–: *The Limbourgs and Their Contemporaries*, Bd. II, London 1974.
Mentzer, R. A.: »The Calvinist Reform of Morals at Nîmes«, *Sixteenth Century Journal* 1987.
Mercier, P. / G. Balandier: *Les pêcheurs Lebou du Sénégal*, Saint-Louis 1952.
Meredith, P. / J. E. Tailby: *The Staging of Religious Drama in Europe in the Later Middle Ages*, Kalamazoo 1983.
Mernissi, F.: *Beyond the Veil*, New York 1975.
Merzbacher, F.: *Die Hexenprozesse in Franken*, München 1957.
Métraux, H.: *Schweizer Jugendleben in fünf Jahrhunderten*, Zürich 1942.
Mettig, C.: *Geschichte der Stadt Riga*, Riga 1897.
Metzger, K.: *Die Verbrechen und ihre Straffolgen im Basler Recht des späteren Mittelalters*, Basel 1931.
Meye, A.: *Das Strafrecht der Stadt Danzig*, Danzig 1935.
Mezger, W.: *Hofnarren im Mittelalter*, Konstanz 1981.
Michael, W. F.: »The Staging of the Bozen Passion Play«, *Germanic Review* 1950.

Michaels, A.: Brief vom 21. Oktober 1986.
Midelfort, H. C. E.: *Witchhunting in Southwestern Germany 1562-1684*, Stanford 1972.
de Mille, R.: Brief vom 20. Februar 1986.
Miller, J.: *Religion in the Popular Prints 1600-1832*, Cambridge 1986.
Miller, J. G.: »Naked Cult in Central West Santo«, *Journal of the Polynesian Society* 1948.
Miner, H. M. / G. DeVos: *Oasis and Casbah*, Ann Arbor 1960.
Mintz, S. W.: »Cañamelar: The Subculture of a Rural Sugar Plantation Proletariat« in *The People of Puerto Rico*, ed. J. H. Steward, Urbana 1956.
Mireaux, E.: *So lebten die Griechen zur Zeit Homers*, Stuttgart 1956.
Mischlewski, A.: »Die Frau im Alltag des Spitals, aufgezeigt am Beispiel des Antoniterordens« in *Frau und spätmittelalterlicher Alltag*, ed. H. Appelt, Wien 1986.
Mitterauer, M.: *Ledige Mütter*, München 1983.
–: »Familie und Arbeitsorganisation in städtischen Gesellschaften des späten Mittelalters und der frühen Neuzeit« in *Haus und Familie in der spätmittelalterlichen Stadt*, ed. A. Haverkamp, Köln 1984.
Miyao, S.: *Nihon no giga*, Tōkyō 1967.
Möhlmann, G.: »Geschichte der Insel und des Seebades Norderney«, *Jahrbuch der Gesellschaft für bildende Kunst und vaterländische Altertümer zu Emden* 1964.
Möller, H.: *Die kleinbürgerliche Familie im 18. Jahrhundert*, Berlin 1969.
Mollat, M.: *Genèse médiévale de la France moderne*, Paris 1970.
–: *Die Armen im Mittelalter*, München 1984.
Mone, E. J.: »Über Krankenpflege vom 13. bis 16. Jahrhundert in Wirtenberg, Baden, der baierischen Pfalz und Rheinpreußen«, *Zeitschrift für die Geschichte des Oberrheins* 1851.
–: *Quellensammlung der badischen Landesgeschichte*, Bd. III, Karlsruhe 1863.
Montaigne, M. de: *Reisen durch die Schweiz, Deutschland und Italien in den Jahren 1580 und 1581*, Halle 1777ff.
–: *Journal de voyage*, ed. F. Garavini, Paris 1983.
Monter, E. W.: *Witchcraft in France and Switzerland*, Ithaca 1976.
Moody, E. J.: »Magical Therapy: An Anthropological Investigation of Contemporary Satanism« in *Religious Movements in Contemporary America*, ed. I. I. Zaretsky / M. P. Leone, Princeton 1974.
Moore, B.: *Privacy*, Armonk 1984.
Moreck, C.: *Kultur- und Sittengeschichte der neuesten Zeit*, Dresden 1929.
Morgan, N.: *Early Gothic Mss. 1190-1250*, Oxford 1982.
Mori, Ō.: *Ōgai zenshū*, Bd. 26, Tōkyō 1973.
–: *Vita sexualis*, Frankfurt/M. 1983.
Moser, H.: »Volksschauspiel« in *Deutsches Volkstum*, Bd. III, ed. J. Meier, Berlin 1938.
Moser, O.: »Zum Aufkommen der ›Stube‹ im Bürgerhaus des Spätmittelalters« in *Das Leben in der Stadt des Spätmittelalters*, ed. H. Kühnel, Wien 1980.
Mosse, G. L.: *Nationalismus und Sexualität*, München 1985.

Much, R.: *Die Germania des Tacitus*, ed. H. Jankuhn / W. Lange, Heidelberg 1967.
Muchembled, R.: *Kultur des Volks – Kultur der Eliten*, Stuttgart 1982.
Müllenhoff, K.: *Deutsche Altertumskunde*, Bd. IV, Berlin 1900.
Müller, A. v.: *Berlin im Mittelalter*, Berlin 1979.
Müller, G. P. / J. v. Westphalen: *In den Tempeln der Badelust*, München 1986.
Müller, H. P.: »Geschichte der Stadt Oberndorf und seiner Stadtteile von 782 bis 1805« in *Geschichte der Stadt Oberndorf a. N.*, ed. U. Koerner et al., Oberndorf 1982.
Müller, I.: »Einführung« in J. Dryander: *Vom Eymsser Bade*, Marburg 1981.
Müller, J. H.: »Zur Geschichte der peinlichen Frage«, *Zeitschrift für deutsche Kulturgeschichte* 1872.
Müller, S.: »Die Sittenaufsicht des hannoverschen Rates über Laien in Spätmittelalter und früher Neuzeit«, *Hannoversche Geschichtsblätter* 1983.
Müller, W. A.: *Nacktheit und Entblößung in der altorientalischen und älteren griechischen Kunst*, Borna 1906.
Mundt, B.: *Metropolen machen Mode*, Berlin 1977.
Munk, Z.: *Miniatura u jugoslaviji*, Zagreb 1964.
Munske, H. H.: *Der germanische Rechtswortschatz im Bereich der Missetaten*, Berlin 1973.
Murphy, R. W.: *Status und Konformität*, Hamburg 1977.
Murray, M. A.: *The Witch-Cult in Western Europe*, London 1921.
Musper, H. T.: *Der Einblattholzschnitt und die Blockbücher des XV. Jahrhunderts*, Stuttgart 1976.

Nägelsbach, C. F. v.: *Homerische Theologie*, Nürnberg 1861.
Nagel, H.: »Der Zauberer-Jackl-Prozeß«, *Mitteilungen der Gesellschaft für Salzburger Landeskunde* 1973 f.
Napiersky, J. G. L.: *Die Quellen des Rigischen Stadtrechts bis zum Jahr 1673*, Riga 1876.
Naumann, H.: »Deutsche Kultur im Zeitalter des Rittertums« in *Handbuch der Kulturgeschichte*, ed. H. Kindermann, Potsdam 1934.
Nayyar, A.: *Astor*, Stuttgart 1986.
Needham, R.: »Alliance and Classification Among the Lamet«, *Sociologus* 1960.
–: Brief vom 25. Oktober 1986.
Nelli, R.: *Troubadours et trouvères*, Paris 1979.
Neuman, R. P.: »Masturbation, Madness and the Modern Concepts of Childhood and Adolescence«, *Journal of Social History*, Spring 1975.
Neumann, E.: *Die Große Mutter*, Zürich 1956.
Newton, S. M.: *Renaissance Theatre Costume*, London 1975.
Nicholson, J.: »The Packaging of Rape« in *The Pin-Up*, New York 1972.
Niebuhr, C.: *Reisebeschreibung nach Arabien und andern umliegenden Ländern*, Bd. I, Kopenhagen 1774.
Niel, A.: *Die großen k. und k. Kurbäder und Gesundbrunnen*, Graz 1984.
Nikulin, N.: *Netherlandish Paintings in Soviet Museums*, Leningrad 1987.

Nösslböck, I.: *Oberösterreichische Weistümer*, Bd. I, Baden 1939.
Norbeck, E.: *Takashima: A Japanese Fishing Community*, Salt Lake City 1954.
–: »Changing Japan: Field Research« in *Being an Anthropologist*, ed. G. D. Spindler, New York 1970.
Notestein, W.: *A History of Witchcraft in England from 1558 to 1718*, Washington 1911.
Nottarp, H.: *Gottesurteile*, Bamberg 1949.

Ogier, C.: *Från Sveriges storhetstid*, Stockholm 1914.
Ohler, N.: *Reisen im Mittelalter*, München 1986.
Olearius, A.: *Moskowitische und persische Reise*, ed. E. Meißner, Berlin 1959.
Olivová, V.: *Sport und Spiele im Altertum*, München 1985.
Opel, J.: »Zur Kriminalstatistik der beiden Städte Zeiz und Naumburg während der Jahre 1549-1664«, *Zeitschrift für deutsche Kulturgeschichte* 1859.
Oppitz, M.: Brief vom 5. August 1987.
Ortner, S. B.: »Sherpa Purity«, *American Anthropologist* 1973.
Otis, L. L.: *Prostitution in Medieval Society*, Chicago 1985.
Owen-Crocker, G. R.: *Dress in Anglo-Saxon England*, Manchester 1986.

Pächt, O. / J. J. G. Alexander: *Illuminated Manuscripts in the Bodleian Library*, Bd. I, Oxford 1969, Bd. III, Oxford 1973.
Pächt, O. / D. Thoss: *Die illuminierten Handschriften der Österreichischen Nationalbibliothek: Französische Schule I*, Wien 1974; *Französische Schule II*, Wien 1977.
Palaeologos, K.: »Rules of the Competitions« in *Athletics in Ancient Greece*, ed. N. Yalouris, Athen 1976.
Palmer, R.: *Auch das WC hat seine Geschichte*, München 1977.
Pankhurst, R.: »The Thermal Baths of Traditional Ethiopia«, *Journal of the History of Medicine* 1986.
Paoli, U. E.: *Das Leben im alten Rom*, Bern 1948.
Parin, P.: Mündliche Mitteilung vom 21. Oktober 1986.
Parin, P. / F. Morgenthaler / G. Parin-Matthèy: *Die Weißen denken zuviel*, München 1972.
Parisse, M.: *Les nonnes au Moyen Age*, Le Puy 1983.
Parry, N. E.: *Lushai Custom*, Shillong 1928.
Partridge, E.: *The Routledge Dictionary of Historical Slang*, London 1973.
Pastner, C. M.: *Sexual Dichotomization in Society and Culture: The Women of Panjgur, Baluchistan*, Ann Arbor 1980.
Patai, R.: *The Hebrew Goddess*, New York 1967.
Patlagean, E.: »Byzance: X^{e}-XIe siècle« in *Histoire de la vie privée*, Bd. I, ed. P. Ariès / G. Duby, Paris 1985.
Patten, R. L.: *George Cruikshank*, Princeton 1974.
Pavan, E.: »Police des mœurs, société et politique à Venise à la fin du Moyen Age«, *Revue Historique* 1980.
Pector, D.: »Ethnographie de L'archipel Magellanique«, *Internationales Archiv für Ethnographie* 1892.
Peer, A.: »Beiträge zur Kenntnis des Bauernhauses in Romanisch Bünden«,

Jahresberichte der Historisch-Antiquarischen Gesellschaft von Graubünden 1961.
Pehrson, R. N.: *The Social Organization of the Marri Baluch*, New York 1966.
Penning, L. M.: *Kulturgeschichtliche und sozialwissenschaftliche Aspekte des Ekels*, Mainz 1984.
Pepys, S.: *Diary and Correspondence*, Bd. IV, ed. R. Braybrooke, London 1851.
–: *Extracts From the Diary*, ed. R. Latham, London 1982.
Perrot, P.: *Le travail des apparences*, Paris 1984.
Persoons, E.: »Lebensverhältnisse in den Frauenklöstern der Windesheimer Kongregation in Belgien und in den Niederlanden« in *Klösterliche Sachkultur des Spätmittelalters*, Wien 1980.
Peters, A.: Brief vom 25. Juni 1987.
Petersen, A.: *Ehre und Scham*, Berlin 1985.
Petri, E.: *Eine mittelhochdeutsche Benediktinerregel*, Hildesheim 1978.
Peuckert, W.-E.: *Die Große Wende*, Hamburg 1948.
Pfaff, V.: »Das kirchliche Eherecht am Ende des 12. Jahrhunderts«, *Zeitschrift der Savigny-Stiftung für Rechtsgeschichte, Kanonist. Abt.* 1977.
Pfeiffer, I.: *Bader, Barbiere und Chirurgen in der Reichsstadt Eßlingen*, Erlangen 1966.
Pfeiffer, W. M.: »Konflikte, psychoreaktive und psychosomatische Störungen auf Nias«, *Sociologus* 1977.
Pfiffig, A. J.: »Zur Sittengeschichte der Etrusker«, *Gymnasium* 1970.
Pfister, F.: »Nacktheit« in *Paulys Real-Encyclopädie der classischen Altertumswissenschaft*, Bd. 16, ed. W. Kroll, Stuttgart 1935.
Philippe, R.: *Political Graphics*, Oxford 1982.
Pierotti-Cei, L.: *Das Leben in Italien während der Renaissance*, München 1977.
Pillivuyt, G.: *Les Flacons de la Séduction*, Lausanne 1985.
Piper, O.: *Burgenkunde*, Frankfurt/M. 1967.
Piponnier, F.: »Linge de maison et linge de corps au Moyen Age«, *Ethnologie française* 1986.
Pirani, E.: *La miniatura gotica*, Milano 1966.
Platt, G.: *The English Medieval Town*, London 1976.
Pleier: *Meleranz*, ed. K. Bartsch, Stuttgart 1861.
Pleticha, H.: *Bürger, Bauer, Bettelmann*, Würzburg 1971.
Plöckinger, E. / B. Weinrich: »Die in der Kremser Hauptlade inkorporierten Bader und Wundärzte des Marktes Gföhl«, *Mitteilungen des Kremser Stadtarchivs* 1982.
Ploss, H. / M. Bartels: *Das Weib in der Natur- und Völkerkunde*, Leipzig 1908.
Plumb, J. H.: *Georgian Delights*, London 1980.
Pöhlmann, H.: *Geschichte des Marktfleckens Küps*, Lichtenfels 1909.
Poggio Bracciolini: *Lettere*, Bd. I, ed. H. Harth, Firenze 1984.
Pohle, R.: »Historische Entwicklung der Stadtreinigung und Abfallbeseitigung in Nürnberg«, *Mitteilungen des Vereins für Geschichte der Stadt Nürnberg* 1986.

Pollack, H.: *Mittheilungen über den Hexenprozeß in Deutschland*, Berlin 1886.
Polykrates, G.: *Menschen von gestern*, Wien 1984.
Pomeroy, S. B.: *Women in Hellenistic Egypt*, New York 1984.
Poole, F. J. P.: »Motherhood Among the Bimin-Kuskusmin of Papua New Guinea«, *Social Analysis* 1984.
Porcher, J.: *Medieval French Miniatures*, New York 1960.
Postman, N.: *Das Verschwinden der Kindheit*, Frankfurt/M. 1984.
Powell, P. J.: *Sweet Medicine*, Norman 1969.
Powers, J. F.: »Frontier Municipal Baths and Social Interaction in Thirteenth-Century Spain«, *American Historical Review* 1979.
Praetorius, N.: *Das Liebesleben Ludwigs XIII. von Frankreich*, Bonn 1920.
Prest, J.: *The Garden of Eden*, New Haven 1981.
Preuß, J.: *Biblisch-talmudische Medizin*, Berlin 1923.
Price, S. / R. Price: *Afro-American Arts of the Suriname Rain Forest*, Berkeley 1980.
Pyle, K. B.: *The New Generation in Meiji Japan*, Stanford 1969.

Quaife, G. R.: *Wanton Wenches and Wayward Wives*, London 1979.
Quain, B. / R. F. Murphy: *The Trumaí Indians of Central Brazil*, Locust Valley 1955.
Quanter, R.: *Die Schand- und Ehrenstrafen*, Dresden 1901.
–: *Die Sittlichkeitsverbrechen im Laufe der Jahrhunderte*, Berlin 1925.
–: *Das Liebesleben im Orient*, Leipzig o.J.
Queen, S. A. / R. W. Habenstein / J. B. Adams: *The Family in Various Cultures*, Chicago 1961.
Quennell, M. / C. H. B. Quennell: *A History of Everyday Things in England 1066-1499*, London 1938.

Radermacher, L.: »Hesiod, Erga 727ff.«, *Rheinisches Museum für Philologie* 1938.
Ramming, G.: *Die Dienerschaft in der Odyssee*, Erlangen 1973.
Randall, L. M. C.: *Images in the Margins of Gothic Manuscripts*, Berkeley 1966.
Rank, O.: »Die Nacktheit in Sage und Dichtung« in *Psychoanalytische Beiträge zur Mythenforschung*, Leipzig 1919.
Rapp, A.: *Der Jungbrunnen in Literatur und bildender Kunst des Mittelalters*, o.O. 1976.
de Ras, M.: »Die Heilige Insel«, *Jahrbuch des Archivs der deutschen Jugendbewegung* 1985.
Rasmussen, K.: »Das *Hodoeporicon Ruthenicum* von Jacob Ulfeldt – eine Quelle zur russischen oder zur dänischen Geschichte?« in *Reiseberichte als Quellen europäischer Kulturgeschichte*, ed. A. Maczak / H. J. Teuteberg, Wolfenbüttel 1982.
Rath, B.: »Prostitution und spätmittelalterliche Gesellschaft im österreichisch-süddeutschen Raum« in *Frau und spätmittelalterlicher Alltag*, ed. H. Appelt, Wien 1986.
Rattray, R. S.: *Ashanti Law and Constitution*, Kumasi 1929.

Raum, O. F.: »Some Aspects of Indigenous Education Among the Chaga«, *Journal of the Royal Anthropological Institute* 1938.
–: *Chaga Childhood*, London 1940.
Ray, P. C.: *The Lodha and Their Spirit-Possessed Men*, Kalkutta 1965.
Read, K. E.: »Cultures of the Central Highlands, New Guinea«, *Southwestern Journal of Anthropology* 1954.
–: »Morality and the Concept of the Person Among the Gahuku Gama«, *Oceania* 1955.
Read, M.: *Children of Their Fathers*, London 1959.
Redfield, J. M.: *Nature and Culture in the Iliad*, Chicago 1975.
Régnier-Bohler, D.: »Fictions« in *Histoire de la vie privée*, Bd. II, ed. P. Ariès / G. Duby, Paris 1985.
Reichel-Dolmatoff, G. / A. Reichel-Dolmatoff: *The People of Aritama*, London 1961.
Reier, H.: *Heilkunde im mittelalterlichen Skandinavien*, Kiel 1976.
Rein, A.: Mündliche Mitteilung vom 12. August 1986.
Rein, J. J.: *Japan nach Reisen und Studien*, Bd. I, Leipzig 1905.
Reinhard, J. R.: »Burning at the Stake in Medieval Law and Literature«, *Speculum* 1941.
Reismann, B.: *Das Strafrecht der Stadt Groningen im Mittelalter*, Münster 1928.
Reiter, S.: »Weltliche Lebensformen von Frauen im 10. Jahrhundert« in *Frauen in der Geschichte*, Bd. VII, ed. W. Affeldt / A. Kuhn, Düsseldorf 1986.
Reith, R.: »Badstuben« in *Augsburger Stadtlexikon*, ed. W. Baer et al., Augsburg 1985.
Reser, J. P.: »A Matter of Control: Aboriginal Housing Circumstances in Remote Communities and Settlements« in *A Black Reality*, ed. M. Heppell, Canberra 1979.
Reuter, R.: *Verbrechen und Strafen nach altem lübischen Recht*, Weimar 1937.
Ribo, É.-E.-R.: *Nudisme*, Bordeaux 1931.
Richards, P.: *The Medieval Leper*, Cambridge 1977.
Ridington, W. R.: *The Minoan-Mycenaean Background of Greek Athletics*, Philadelphia 1935.
Riesman, P.: *Société et liberté chez les Peul Djelgôbé de Haute-Volta*, Paris 1974.
Riezler, S. v.: *Geschichte der Hexenprozesse in Bayern*, Stuttgart 1896.
Rimmel, E.: *Das Buch des Parfums*, Dreieich 1985.
Rinhart, F. / M. Rinhart: *Summertime: Photographs of Americans at Play 1850-1900*, New York 1978.
Ritter, B.: »Nuditäten im Mittelalter«, *Jahrbücher für Wissenschaft und Kunst* 1855.
Robers de Blois: »Le Chastiement des Dames« in *Fabliaux et contes des poètes françois*, ed. Barbazan, Paris 1808.
Roberts, J. M. / T. Gregor: »Privacy: A Cultural View« in *Privacy*, ed. J. R. Pennock / J. W. Chapman, New York 1971.
Rodeck, F.: *Beiträge zur Geschichte des Eherechts deutscher Fürsten bis zur Durchführung des Tridentinums*, Münster 1910.

Rodocanachi, E.: *La femme italienne à l'époque de la Renaissance*, Paris 1907.
Röhrich, L.: *Lexikon der sprichwörtlichen Redensarten*, Bd. I, Freiburg 1973.
Röhrmann, C.: »Unverfälschte Biographien der bekanntesten prostituirten, noch lebenden Frauenzimmer in Berlin« in *Schwarze Reportagen*, ed. K. Bergmann, Reinbek 1984.
Römer, L. S. A. M. v.: »Das Leben eines Kajan«, *Internationales Archiv für Ethnographie* 1913.
Rösener, W.: *Bauern im Mittelalter*, München 1985.
Romanucci-Ross, L.: Brief vom 21. Februar 1986.
Rosebury, T.: »Toilet Training« in *Custom-Made*, ed. C. C. Hughes, Chicago 1976.
Rosenberg, G.: *Wilhelm Burger*, Wien 1984.
Rosenfeld, H.-F. / H. Rosenfeld: *Deutsche Kultur im Spätmittelalter*, Wiesbaden 1978.
Rosenhan, D. L.: »Gesund in kranker Umgebung« in *Die erfundene Wirklichkeit*, ed. P. Watzlawick, München 1981.
Rosenkranz, K.: »Japan und die Japaner« in *Neue Studien*, Leipzig 1875.
Rossiaud, J.: »Prostitution, jeunesse et société dans les villes du sud-Est au XVe siècle«, *Annales* 1976.
–: »Crises et consolidations: 1330-1530« in *Histoire de la France urbaine*, Bd. II, ed. G. Duby, Paris 1980.
–: »Prostitution, Sexualität und Gesellschaft in den französischen Städten des 15. Jahrhunderts« in *Die Masken des Begehrens und die Metamorphosen der Sinnlichkeit*, ed. P. Ariès / A. Béjin, Frankfurt/M. 1984.
Roth, N.: »›Deal Gently With the Young Man‹: Love of Boys in Medieval Hebrew Poetry of Spain«, *Speculum* 1982.
Rotschitz, G. v.: *Processvs ivris*, Bautzen 1561.
Rouillard, D.: *Le site balnéaire*, Liège 1984.
Royer, L.-C.: *Au pays des hommes nus*, Paris 1929.
Ruchat, A.: *Les délices de la Suisse*, Bd. III, Leiden 1714.
Rudeck, W.: *Geschichte der Öffentlichen Sittlichkeit in Deutschland*, Berlin 1905.
Rübling, E.: *Die Reichsstadt Ulm am Ausgange des Mittelalters*, Bd. II, Ulm 1907.
Rüdiger, O.: *Die ältesten Hamburgischen Zunftrollen und Brüderschaftsstatuten*, Hamburg 1874.
–: »Die wiedergefundene Handschrift der Zunft der Bader in Hamburg«, *Mittheilungen des Vereins für Hamburgische Geschichte* 1885.
Rühfel, H.: *Kinderleben im klassischen Athen*, Mainz 1984.
Ruggiero, G.: *The Boundaries of Eros*, Oxford 1985.
Ruprecht v. Freysing: *Das Stadt- und Landrechtsbuch*, Stuttgart 1839.
Russell, J. B.: *A History of Witchcraft*, London 1980.
Ruthven, M.: *Torture*, London 1978.

Sabine, E. L.: »Butchering in Mediaeval London«, *Speculum* 1933.
–: »Latrines and Cesspools in Mediaeval London«, *Speculum* 1934.

–: »City Cleaning in Mediaeval London«, *Speculum* 1937.
Sablonier, R.: »Die aragonesische Königsfamilie um 1300« in *Emotionen und materielle Interessen*, ed. H. Medick / D. Sabean, Göttingen 1984.
Sachs, H.: *Die Frau in der Renaissance*, Wien 1971.
de Sade, D.-A.-F.: *Philosophie im Boudoir*, Wiesbaden 1980.
Salardenne, R.: *Le culte de la nudité*, Paris 1929.
–: *Un mois chez les nudistes*, Paris 1930.
Salgado, G.: *The Elizabethan Underworld*, London 1977.
Sampei, T.: »Clothing« in *Japan: Its Land, People and Culture*; ed. Z. Toki et al., Tōkyō 1958.
Sansom, G. B.: *The Western World and Japan*, New York 1958.
Sapir, J. D.: »Fecal Animals«, *Man* 1977.
Sastrow, B.: *Herkommen, Geburt und Lauff seines gantzen Lebens*, ed. G. C. F. Mohnike, Greifswald 1823f.
Sbrzesny, H.: *Die Spiele der !Ko-Buschleute*, München 1976.
Schade, O.: *Altdeutsches Wörterbuch*, Bd. I, Halle 1882.
Schall, S.: *Immer sauber bleiben*, Berlin 1977.
Schamoni, W.: »Nachwort« in Mori Ōgai: *Wellenschaum*, München 1976.
–: Mündliche Mitteilung vom 5. Dezember 1985.
Schattenhofer, M.: »Beiträge zur Geschichte der Stadt München«, *Oberbayerisches Archiv* 1984.
Schebesta, P.: *Die Bambuti-Pygmäen vom Ituri*, Bd. II. 2, Brüssel 1948.
–: *Die Negrito Asiens*, Bd. II. 1, Mödling 1954.
Schemel, S.: *Die Kleidung der Juden im Zeitalter der Mischnah*, Berlin 1912.
Schiefenhövel, W.: »Kindliche Sexualität, Tabu und Schamgefühl bei ›primitiven‹ Völkern« in *Die Entwicklung der kindlichen Sexualität*, ed. T. Hellbrügge, München 1982.
Schier, K.: »Badewesen« in *Reallexikon der Germanischen Altertumskunde*. Bd. I, ed. H. Beck et al., Berlin 1973.
Schild, W.: *Alte Gerichtsbarkeit*, München 1980.
–: »Die Gottesurteile« in *Justiz in alter Zeit*, ed. C. Hinckeldey, Rothenburg o.d.T. 1984.
Schiller, K. / A. Lübben: *Mittelniederdeutsches Wörterbuch*, Bremen 1875.
Schindler, G.: *Verbrechen und Strafen im Recht der Stadt Freiburg im Breisgau*, Freiburg 1937.
Schipperges, H.: *Der Garten der Gesundheit*, München 1985.
Schlichter, R.: *Das widerspenstige Fleisch*, Berlin 1932.
Schlosser, J. v.: »Die Bilderhandschriften Königs Wenzel IV.«, *Jahrbuch der kunsthistorischen Sammlungen des allerhöchsten Kaiserhauses* 1893.
Schlumbohm, J.: »›Traditionale‹ Kollektivität und ›moderne‹ Individualität« in *Bürger und Bürgerlichkeit im Zeitalter der Aufklärung*, ed. R. Vierhaus, Heidelberg 1981.
–: *Kinderstuben*, München 1983.
Schmelzeisen, G. K.: *Die Rechtsstellung der Frau in der deutschen Stadtwirtschaft*, Stuttgart 1935.
Schmidbauer, W.: »Ethnologische Aspekte der Aggression« in *Der Mythos vom Aggressionstrieb*, ed. A. Plack, München 1973.

Schmidt, E.: *Die Maximilianschen Halsgerichtsordnungen*, Schloß Bleckede 1949.
Schmidt, M.: *Die Erklärungen zum Weltbild Homers und zur Kultur der Heroenzeit in den bT-Scholien zur Ilias* , München 1976.
Schmidt, O.: Die Betreuung der Aussätzigen in Amberg«, *Verhandlungen des Historischen Vereins für Oberpfalz und Regensburg* 1977.
Schmidt, R.: *Liebe und Ehe im alten und modernen Indien*, Berlin 1904.
Schmidt-Linsenhoff, V.: »›Körperseele‹, Freilichtakt und Neue Sinnlichkeit«, *Fotogeschichte* 1981.
Schmitz, G.: »Schuld und Strafe: Eine unbekannte Stellungnahme des Rathramnus von Corbie zur Kindestötung«, *Deutsches Archiv für Erforschung des Mittelalters* 1982.
Schmitz, H. J.: *Die Bussbücher und die Bussdisciplin der Kirche*, Mainz 1883.
–: *Die Bußbücher und die kanonischen Bußverfahren*, Düsseldorf 1898.
Schmitz, R. / F.-J. Kuhlen: »Anästhesie und Arzneimittelmißbrauch in peinlichen Gerichtsverfahren des 16. und 17. Jahrhunderts« in *Metanoeite*, ed. W. Göpfert / H.-H. Otten, Düsseldorf 1983.
Schmugge, L.: »Zu den Anfängen des organisierten Pilgerverkehrs« in *Gastfreundschaft, Taverne und Gasthaus im Mittelalter*, ed. H. C. Peyer, München 1983.
Schneider, G.: *Der Libertin*, Stuttgart 1970.
Schneider, R.: »Lebensverhältnisse bei den Zisterziensern im Spätmittelalter« in *Klösterliche Sachkultur des Spätmittelalters*, Wien 1980.
Schoen, E.: »German Masters of the 16th Century« in *The Illustrated Bartsch*, Bd. 13, ed. W. L. Strauss, New York 1984.
Scholz, F. / V. Scholz- v. Reitzenstein: Mündliche Mitteilung vom 21. April 1986.
Schormann, G.: »Strafrechtspflege in Braunschweig-Wolfenbüttel 1569 bis 1633«, *Braunschweigisches Jahrbuch* 1974.
Schreiber, H.: *Die Zehn Gebote*, Wien 1962.
Schreiber, W.: *Heimatbuch von Steinwiesen*, Kronach 1977.
Schrittenloher, J.: »Aus der Gutachter- und Urteilstätigkeit der Ingolstädter Juristenfakultät im Zeitalter der Hexenverfolgungen«, *Jahrbuch für fränkische Landesforschung* 1963.
Schröder, B.: *Der Sport im Altertum*, Berlin 1927.
Schröter, M.: »Staatsbildung und Triebkontrolle« in *Macht und Zivilisation*, ed. P. Gleichmann et al., Frankfurt/M. 1984.
–: *›Wo zwei zusammenkommen in rechter Ehe‹*, Frankfurt/M. 1985.
–: Brief vom 29. Oktober 1986.
–: »Wildheit und Zähmung des erotischen Blicks«, *Merkur* 1987.
Schubart, W.: *Religion und Eros*, München 1966.
Schubert, E.: »Gauner, Dirnen und Gelichter in deutschen Städten des Mittelalters« in *Mentalität und Alltag im Spätmittelalter*, ed. C. Meckseper / E. Schraut, Göttingen 1985.
Schuhmann, H.: *Der Scharfrichter*, Kempten 1964.
Schuldes, L.: *Die Teufelsszenen im deutschen geistlichen Drama des Mittelalters*, Göppingen 1974.
Schulenburg, F.: *Das mittelalterliche Strafrecht der Stadt Riga*, Marburg 1933.

Schultz, A.: *Das höfische Leben zur Zeit der Minnesänger*, Leipzig 1889.
–: *Alltagsleben einer deutschen Frau zu Anfang des achtzehnten Jahrhunderts*, Leipzig 1890.
–: *Deutsches Leben im XIV. und XV. Jahrhundert*, Wien 1892.
–: *Das häusliche Leben der europäischen Kulturvölker*, München 1903.
Schultz, J.: *Wandlungen der Seele im Hochmittelalter*, Breslau 1940.
Schumann, H.-J. v.: »1436 in Gastein: ›Ime ist geholffen worden‹«, *Deutsches Ärzteblatt*, 11. Dezember 1980.
Schwartz, B.: »The Social Psychology of Privacy« in *Sociology for Pleasure*, ed. M. Truzzi, Englewood Cliffs 1974.
Schwartz, W.: *Indogermanischer Volksglaube*, Berlin 1885.
Schwarz, G.: »Sexualerziehung in Japan« in *Handbuch der Sexualpädagogik*, Bd. I, Düsseldorf 1984.
Schwebell, G. C.: *Die Geburt des modernen Japan in Augenzeugenberichten*, Düsseldorf 1970.
Schweinichen, H. v.: *Denkwürdigkeiten*, ed. H. Oesterley, Breslau 1878.
Schwerbrock, W. / K. Barthel: *Gesellschaft mit beschränkter Nacktheit*, Frankfurt/M. 1969.
Scott, M.: *Late Gothic Europe, 1400-1500*, London 1980.
Scullard, H. H.: *Römische Feste*, Mainz 1985.
Sebald, H.: »Die ›Bewußte Kommune‹ am Heilenden Wasser«, *Unter dem Pflaster liegt der Strand* 7, 1980.
–: Brief vom 23. September 1986.
–: *Hexen damals – und heute?*, Frankfurt/M. 1987.
Seemüller, J.: *Seifried Helbling*, Halle 1886.
Segal, C.: »Transition and Ritual in Odysseus' Return« in *Homer's Odyssey*, ed. A. Cook, New York 1974.
Seibt, F.: *Glanz und Elend im Mittelalter*, Berlin 1987.
Seidensticker, E.: *Low City, High City*, Harmondsworth 1983.
Seidler, E.: *Geschichte der Pflege des kranken Menschen*, Stuttgart 1970.
Seifart, K.: »Das Bett im Mittelalter«, *Zeitschrift für Kulturgeschichte* 1857.
–: »Die peinliche Frage«; *Zeitschrift für deutsche Kulturgeschichte* 1859.
–: »Zur Sittengeschichte des 16. Jahrhunderts«, *Zeitschrift für deutsche Kulturgeschichte* 1859.
Seitz, J. M.: *Die Nacktkultur-Bewegung*, Dresden 1925.
Sennett, R.: *Verfall und Ende des öffentlichen Lebens*, Frankfurt/M. 1983.
Serjeant, R. B.: »The Maʿn ›Gypsies‹ of the West Aden Protectorate«, *Anthropos* 1961.
Sharkey, J.: *Celtic Mysteries*, London 1975.
Shirokogoroff, S. M.: *Social Organization of the Northern Tungus*, Shanghai 1929.
–: *Psychomental Complex of the Tungus*, London 1935.
Shorter, E.: *Die Geburt der modernen Familie*, Reinbek 1977.
–: *Der weibliche Körper als Schicksal*, München 1984.
Siegl, K.: *Alt-Eger in seinen Gesetzen und Verordnungen*, Augsburg 1927.
Sigal, P. A.: *Les marcheurs de Dieu*, Paris 1974.
Silvius, A.: *Die Geschichte Kaiser Friedrichs III.*, Bd. II, Leipzig 1889.
Singh, R.: »The Last Andaman Islanders«, *National Geographic*, July 1975.

Sjölin, B.: *Die ›Fivelgoer‹ Handschrift*, Den Haag 1970.
Sladeczek, L.: »Leben und Kultur in Alt-Besselich«, *Jahrbuch für Geschichte und Kunst des Mittelrheins* 1962.
Smeyers, M.: »Das Mittelalter: Buchmalerei« in *Flämische Kunst*, ed. H. Liebaers et al., Antwerpen 1985.
Smith, B.: *Twentieth Century Masters of Erotic Art*, New York 1980.
Smith, J.: »Robert of Arbrissel: Procurator mulierum« in *Medieval Women*, ed. D. Baker, Oxford 1978.
Smith, J. Z.: »The Garments of Shame«, *History of Religions* 1965.
Smole, W. J.: *The Yanoama Indians*, Austin 1976.
Sokolowski, E. v.: *Krakau im 14. Jahrhundert*, Marburg 1910.
Solanki, A. N.: *The Dhodias*, Wien 1976.
Solé, J.: *Liebe in der westlichen Kultur*, Frankfurt/M. 1979.
Solleder, F.: *München im Mittelalter*, München 1938.
Somogyi, T.: *Die Schejnen und die Prosten*, Berlin 1982.
Sonnenberger, F.: »Körperkultur« in *Anziehungskräfte*, ed. M. Widmann et al., München 1986.
Sorge, W.: *Geschichte der Prostitution*, Berlin 1919.
Spahr, G.: *Weingartner Liederhandschrift*, Weißenhorn 1968.
Spechtler, F. V. / R. Uminsky: *Die Salzburger Stadt- und Polizeiordnung von 1524*, Göppingen 1978.
Spee, F. v.: *Cautio criminalis*, ed. J.-F. Ritter, Weimar 1939.
Spiro, M. E.: *Kinship and Marriage in Burma*, Berkeley 1977.
Sprenger, J. / H. Institoris: *Der Hexenhammer*, ed. J. W. R. Schmidt, Bd. III, Berlin 1906.
Sprockhoff, J. F.: *Saṃnyāsa*, Wiesbaden 1976.
Srinivas, M. N.: *Religion and Society Among the Coorgs of South India*, Bombay 1952.
Šroňková, O.: *Die Mode der gotischen Frau*, Prag 1954.
Staal, J.: »The Dusuns of North Borneo«, *Anthropos* 1924.
Staehelin, A.: »Sittenzucht und Sittengerichtsbarkeit in Basel«, *Zeitschrift der Savigny-Stiftung für Rechtsgeschichte, Germanist. Abt.* 1968.
Staewen, C. / F. Schönberg: *Kulturwandel und Angstentwicklung bei den Yoruba Westafrikas*, München 1970.
Stamm, L. E.: *Die Rüdiger Schopf-Handschriften*, Aarau 1981.
Stampfer, H.: »Adelige Wohnkultur des Spätmittelalters in Südtirol« in *Bäuerliche Sachkultur des Spätmittelalters*, ed. H. Appelt, Wien 1984.
Stannus, H. S.: »Notes on Some Tribes of British Central Africa«, *Journal of the Royal Anthropological Institute* 1910.
Stefaniszyn, B.: *Social and Ritual Life of the Ambo of Northern Rhodesia*, London 1964.
Steiger, R. / M. Taureg: »Körperphantasien auf Reisen« in *Das Aktfoto*, ed. M. Köhler / G. Barche, München 1985.
Steinberg, L.: »The Metaphors of Love and Birth in Michelangelo's *Pietàs*« in *Studies in Erotic Art*, ed. T. Bowie / C. V. Christenson, New York 1970.
–: *The Sexuality of Christ in Renaissance Art and in Modern Oblivion*, New York 1983.

Steinhilber, W.: *Das Gesundheitswesen im alten Heilbronn 1281-1871*, Heilbronn 1956.
Stengel, W.: *Ein Kapitel von Körperpflege und Kleidung*, Berlin 1950.
Stephens, W. N.: »A Cross-Cultural Study of Modesty«, *Behavior Science Notes* 1972.
Sterly, J.: *Kumo*, München 1987.
Stern, B.: *Geschichte der öffentlichen Sittlichkeit in Rußland*, Berlin 1907.
Steudel, J.: »Zur Entwicklung der deutschen Heilbäder«, *Münchener Medizinische Wochenschrift* 1958.
Steynitz, J. v.: *Mittelalterliche Hospitäler der Orden und Städte*, Berlin 1970.
Stiassny, S.: *Die Pfählung*, Wien 1903.
Stöckle, F.: *... bis er gesteht*, Würzburg 1984.
Stoll, O.: *Das Geschlechtsleben in der Völkerpsychologie*, Leipzig 1908.
Stone, L.: *The Family, Sex and Marriage in England 1500-1800*, London 1977.
Stracke, J. C.: »Verlobung und Trauung«, *Jahrbuch der Gesellschaft für bildende Kunst und vaterländische Altertümer zu Emden* 1978.
Strathern, A.: »Why Is Shame on the Skin?«, *Ethnology* 1975.
Stratz, C. H.: *Die Rassenschönheit des Weibes*, Stuttgart 1902.
–: *Die Körperformen in Kunst und Leben der Japaner*, Stuttgart 1925.
Strauss, H. / H. Tischner: *Die Mi-Kultur*, Hamburg 1962.
Strauss, W. L.: *The Complete Engravings and Woodcuts of Hendrik Goltzius*, Bd. II, New York 1977.
–: »German Book Illustration Before 1500« in *The Illustrated Bartsch*, ed. W. L. Strauss, Bd. 81.2, New York 1981; Bd. 82.3, 1981.
–: »German Masters of the Sixteenth Century« in *The Illustrated Bartsch*, ed. W. L. Strauss, Bd. 13, New York 1984.
Stricker, W.: »Zur Kulturgeschichte der deutschen Bäder«; *Zeitschrift für Kulturgeschichte* 1856f.
Studniczka, F.: *Beiträge zur Geschichte der altgriechischen Tracht*, Wien 1886.
Stützer, H. A.: *Die Etrusker und ihre Welt*, Köln 1980.
Sudhoff, K.: *Aus dem antiken Badewesen*, Berlin 1910.
–: *Aus der Frühgeschichte der Syphilis*, Leipzig 1912.
–: *Beiträge zur Geschichte der Chirurgie im Mittelalter*, Leipzig 1914.
–: »Ein Regulativ zur gerichtsärztlichen Begutachtung männlicher Impotenz bei Ehescheidungsklagen aus der Mitte des 15. Jahrhunderts«, *Sudhoffs Archiv* 1915.
–: »Szenen aus der Sprechstunde und bei Krankenbesuchen des Arztes in mittelalterlichen Handschriften«, *Sudhoffs Archiv* 1916.
–: »Aus der Geschichte des Krankenhauswesens im frühen Mittelalter in Morgenland und Abendland«, *Sudhoffs Archiv* 1929.
Süß, R.: *Hochgericht und Lasterstein*, Freiburg 1980.
–: »Zur Geschichte der Bäder im Breisgau«, *Zeitschrift des Breisgau-Geschichtsvereins* 1980.
Sullivan, M. C.: *A Middle High German Benedictine Rule*, Hildesheim 1976.

Sumner, W. G.: *Folkways*, New York 1906.
Sutherland, A.: »The Body as a Social Symbol Among the Rom« in *The Anthropology of the Body*, ed. J. Blacking, London 1977.
Swarzenski, H.: *The Berthold Missal*, New York 1943.
Syrkin, A. Y.: »On the Behavior of the ›Fool for Christ's Sake‹«, *History of Religions* 1982.
Sytz, A.: *Menschlichs lebensart und ursprung*, Basel 1516.
Szabó, T.: »Xenodochia, Hospitäler und Herbergen« in *Gastfreundschaft, Taverne und Gasthaus im Mittelalter*, ed. H. C. Peyer, München 1983.

Techen, F.: *Geschichte der Seestadt Wismar*, Wismar 1929.
Teitge, H.-E. / E.-M. Stelzer: *Kostbarkeiten der Deutschen Staatsbibliothek*, Wiesbaden 1986.
Tessmann, G.: *Die Bubi von Fernando Poo*, Hagen 1923.
Thilo, P.: *Kommunale Verfassung und Verwaltung der Stadt Chemnitz im Mittelalter*, Halle 1912.
Thoden van Velzen, H. U. E.: »The Djuka Civilization«, *Netherlands' Journal of Sociology* 1984.
Thomas, E. M.: *Meine Freunde die Buschmänner*, Berlin 1962.
Thomas, L.-V.: *Les Diola*, Bd. II, Dakar 1959.
Thomasin von Zerclaere: *Der Welsche Gast*, ed. F. Neumann / E. Vetter, Wiesbaden 1977.
Thorndike, L.: »Sanitation, Baths, and Street-Cleaning in the Middle Ages«, *Speculum* 1928.
Thornton, R. J.: *Space, Time, and Culture Among the Iraqw of Tanzania*, New York 1980.
Thoss, D.: *Französische Gotik und Renaissance in Meisterwerken der Buchmalerei*, Wien 1978.
Thuillier, G.: *Pour une histoire du quotidien au XIXe siècle en Nivernais*, Paris 1977.
Thurneyser zum Thurn, L.: *Der Alchymist und sein Weib*, ed. W.-E. Peuckert, Stuttgart 1956.
Tobler, A. / E. Lommatzsch: *Altfranzösisches Wörterbuch*, Bd. 7, Wiesbaden 1969.
Torao, M.: *Modern Japanese Painting*, Tōkyō 1967.
Tozer, J. / S. Levitt: *Fabric of Society*, Carno 1983.
Trease, G.: *London*, London 1975.
Treichler, A.: *Die staatliche Pestprophylaxe im alten Zürich*, Zürich 1926.
Treichler, H. P.: *Wonnige Badenfahrt*, Zürich 1980.
Trexler, B. J.: »Hospital Patients in Florence: San Paolo, 1567-68«, *Bulletin of the History of Medicine* 1974.
Tscharner, H.-F. v.: *Die Todesstrafe im alten Staate Bern*, Bern 1936.
Tschirch, O.: *Geschichte der Chur- und Hauptstadt Brandenburg an der Havel*, Bd. I, Brandenburg 1928.
Turnbull, C. M.: »The Mbuti Pygmies of the Congo« in *Peoples of Africa*, ed. J. L. Gibbs, New York 1965.
Tydeman, W.: *The Theatre in the Middle Ages*, Cambridge 1978.

Underwood, F. W. / I. Honigmann: »A Comparison of Socialization and Personality in Two Simple Societies« in *Personal Character and Cultural Milieu*, ed. D. G. Haring, Syracuse 1956.
Ungewitter, R.: *Die Nacktheit*, Stuttgart 1907.
–: *Nacktheit und Kultur*, Stuttgart 1913.
Unverhau, D.: »Akkusationsprozeß – Inquisitionsprozeß« in *Hexenprozesse*, ed. C. Degn et al., Neumünster 1983.
van Ussel, J.: *Sexualunterdrückung*, Reinbek 1970.

Vahness, Hr.: »Einiges über Sitten und Gebräuche der Eingeborenen Neu-Guineas«, *Zeitschrift für Ethnologie* 1900.
Vahros, I.: *Zur Geschichte und Folklore der Großrussischen Sauna*, Helsinki 1966.
Vakarelski, C.: *Bulgarische Volkskunde*, Berlin 1969.
–: Die Rosenkultur in Bulgarien, *Schweizerisches Archiv für Volkskunde* 1973.
Valentine, C. A.: »Men of Anger and Men of Shame: Lakalai Ethnopsychology«, *Ethnology* 1963.
Valentová, V.: »Die Verwendung der Räume des karpatischen Bauernhauses zum Schlafen« in *Lidová stavební kultura*, ed. V. Frolec, Brünn 1981.
Vanoverbergh, M.: *The Isneg*, Washington 1938.
Varges, W.: »Die Wohlfahrtspflege in den deutschen Städten des Mittelalters«, *Preußische Jahrbücher* 1895.
Varron, A. C.: »Zur individuellen Hygiene im Mittelalter«, *Ciba Zeitschrift* 1937.
Vatter, E.: *Ata kiwan*, Leipzig 1932.
Vaux de Foletier, F. de: *Le monde des Tsiganes*, Paris 1983.
Velten, C.: *Sitten und Gebräuche der Suaheli*, Göttingen 1903.
Vergouwen, J. C.: *The Social Organisation and Customary Law of the Toba-Batak of Northern Sumatra*. The Hague 1964.
Vetromile, E.: *The Abnakis and Their History*, New York 1866.
Veyne, P.: »L'Empire romain« in *Histoire de la vie privée*, Bd. I, ed. P. Ariès / G. Duby, Paris 1985.
Vicedom, G. F. / H. Tischner: *Die Mbowamb*, Bd. I, Hamburg 1948.
Viherjuuri, H. J.: *Finnische Sauna*, Stuttgart 1943.
Villaume, P.: *Von der Bildung des Körpers*, Frankfurt/M. 1969.
Vincze, L.: »Hungarian Peasant Obscenity«, *Ethnology* 1985.
Vocelka, K.: *Habsburgische Hochzeiten 1550-1600*, Wien 1976.
Vogel, A. A.: *Papuas und Pygmäen*, Zürich 1954.
Vogel, S.: *Von der gesunden Lebensweise*, München 1985.
Vogler, W.: »Zur frühen Geschichte des Pfäferser Bades« in *Geschichte und Kultur Churrätiens*, ed. U. Brunold / L. Deplazes, Disentis 1986.
Voigt, J.: *Deutsches Hofleben im Zeitalter der Reformation*, Dresden o. J.
Voltaire: *Œuvres complètes*, Paris 1880ff.
Vossen, A.: *Sonnenmenschen*, Großflottbek 1956.

Wackernagel, H. G.: »Vom Totentanze in Basel«, *Schweizerisches Archiv für Volkskunde* 1936.

Wackernagel, J.: *Sprachliche Untersuchungen zu Homer*, Göttingen 1916.
Wagner, G.: *The Bantu of North Kavirondo*, London 1949.
Wagner, R.: *Asiwinarong*, Princeton 1986.
Waldegg, R.: *Sittengeschichte von Wien*, Bad Canstatt 1957.
Wall, B.: *Les Nya Hön*, Vientiane 1975.
Walser, E.: *Poggius Florentinus*, Leipzig 1914.
Wappler, P.: *Die Täuferbewegung in Thüringen von 1526-1584*, Jena 1913.
Warren, H. C.: »Social Nudism and the Body Taboo«, *Psychological Review* 1933.
Wasserschleben, H.: *Die Bußordnungen der abendländischen Kirche*, Halle 1851.
Watts, P. M.: »Prophecy and Discovery: On the Spiritual Origins of Christopher Columbus's ›Enterprise of the Indies‹«, *American Historical Review* 1985.
Weber, A.: *Immer auf dem Sofa*, Berlin 1982.
Weber, C. W.: *Panem et circenses*, Düsseldorf 1983.
Weber-Kellermann, I.: *Die Kindheit*, Frankfurt/M. 1979.
Wechsberg, J.: *The Lost World of the Great Spas*, New York 1979.
Weeks, J. H.: »Anthropological Notes on the Bangala of the Upper Congo River«, *Journal of the Anthropological Institute of Great Britain and Ireland* 1909.
Wehowsky, A.: »Uns beweglicher machen als wir sind«, *Ästhetik und Kommunikation* 1977.
Wehrli, G. A.: *Die Bader, Barbiere und Wundärzte im alten Zürich*, Zürich 1927.
–: *Die Wundärzte und Bader Zürichs als zünftige Organisation*, Zürich 1931.
Weigand, R.: »Zur mittelalterlichen kirchlichen Ehegerichtsbarkeit«, *Zeitschrift der Savigny-Stiftung für Rechtsgeschichte, Kanonist. Abt.* 1981.
–: »Ehe- und Familienrecht in der mittelalterlichen Stadt« in *Haus und Familie in der spätmittelalterlichen Stadt*, ed. A. Haverkamp, Köln 1984.
Weiler, I.: *Der Sport bei den Völkern der Alten Welt*, Darmstadt 1981.
Weinberg, M. S.: »Sexual Modesty, Social Meanings, and the Nudist Camp« in *Sociology and Everyday Life*, ed. M. Truzzi, Englewood Cliffs 1968.
Weiner, A. B.: *Women of Value, Men of Renown*, Austin 1976.
Weinhold, K.: *Altnordisches Leben*, Stuttgart 1938.
Weiss, F.: *Kinder schildern ihren Alltag*, Basel 1981.
Weiss, H.: *Kostümkunde*, Bd. II, Stuttgart 1864.
Weißenberg, S.: *Beiträge zur Frauenbiologie*, Berlin 1927.
Weitzmann, K.: *Age of Spirituality*, New York 1979.
Welch, S. C.: *Persische Buchmalerei*, München 1978.
Wellhausen, J.: *Reste arabischen Heidentums*, Berlin 1897.
Wendland, H.: *Deutsche Holzschnitte bis zum Ende des 17. Jahrhunderts*, Königstein 1980.
Wensky, M.: *Die Stellung der Frau in der stadtkölnischen Wirtschaft im Spätmittelalter*, Köln 1980.
Werner, E.: »Die Nachrichten über die böhmischen ›Adamiten‹ in reli-

gionshistorischer Sicht« in *Circumcellionen und Adamiten*, ed. T. Büttner / E. Werner, Berlin 1959.
Wescher, P.: *Beschreibendes Verzeichnis der Miniaturen des Kupferstichkabinetts der Staatlichen Museen Berlin*, Leipzig 1931.
Wessely, J. E.: *Das weibliche Modell in seiner geschichtlichen Entwicklung*, Leipzig 1884.
Westenrieder, N.: *»Deutsche Frauen und Mädchen!«*, Düsseldorf 1984.
Westermarck, E.: »Beliefs Relating to Sexual Matters in Morocco« in *Verhandlungen des I. Internationalen Kongresses für Sexualforschung*, Bd. V, ed. M. Marcuse, Berlin 1928.
Westropp, H. M. / C. S. Wake: *Ancient Symbol Worship*, New York 1875.
Wex, M.: »›Weibliche‹ und ›männliche‹ Körpersprache im Patriarchat« in *Feminismus*, ed. L. F. Pusch, Frankfurt/M. 1983.
Whiting, B. B.: *Paiute Sorcery*, New York 1950.
Whiting, J. W. M.: *Becoming a Kwoma*, New Haven 1941.
–: »The Frustration Complex in Kwoma Society« in *Personality in Nature, Society, and Culture*, ed. C. Kluckhohn et al., New York 1961.
Whiting, J. W. M. / S. W. Reed: »Kwoma Culture«, *Oceania* 1938.
Whitney, C.: *Clara's Diary: An American Girl in Meiji Japan*, Tōkyō 1981.
Wick, J. J.: *Die Wickiana*, ed. M. Senn, Küsnacht 1975.
Wikman, K. R. V.: *Die Einleitung der Ehe*, Åbo 1937.
Wilbertz, G.: *Scharfrichter und Abdecker im Hochstift Osnabrück*, Osnabrück 1979.
Wilhelm, J.: *Augsburger Wandmalerei 1368-1530*, Augsburg 1983.
Wilhelm v. Rubruk: *Reisen zum Großkhan der Mongolen*, ed. H. D. Leicht, Darmstadt 1984.
Williams, D.: »Women on Athenian Vases« in *Images of Women in Antiquity*, ed. A. Cameron / A. Kuhrt, London 1983.
Williams, J.: *Frühe spanische Buchmalerei*, München 1977.
Williams, T. R.: »Cultural Structuring of Tactile Experience in a Borneo Society«, *American Anthropologist* 1966.
Willson, H. B.: »Symbol und Wirklichkeit im ›Armen Heinrich‹« in *Hartmann von Aue*, ed. H. Kuhn / C. Cormeau, Darmstadt 1973.
Wilson, L. M.: *The Clothing of the Ancient Romans*, Baltimore 1938.
Wilterdink, N.: »Die Zivilisationstheorie im Kreuzfeuer der Diskussion« in *Macht und Zivilisation*, ed. P. Gleichmann et al., Frankfurt/M. 1984.
Wimmer, C. A.: »Vom Waschen des Körpers mittelst des Badens«, *Der Bär von Berlin* 1987.
Winkler, F.: *Die Zeichnungen Hans Süß von Kulmbachs und Hans Leonhard Schäubeleins*, Berlin 1942.
Winter, M.: *Kindheit und Jugend des Mittelalters*, Freiburg 1984.
Wirz, P.: *Dämonen und Wilde in Neuguinea*, Stuttgart 1928.
Wissemann, M.: »Das Personal des antiken römischen Bades«, *Glotta* 1984.
Witkowski, G.-J.: *Les seins dans l'histoire*, Paris 1903.
–: *Les seins à l'église*, Paris 1907.
Wölfflin, H.: *Die Kunst Albrecht Dürers*, München 1984.
Wolbert, K.: *Die Nackten und die Toten des ›Dritten Reichs‹*, Gießen 1982.

Wolf, H.: *Niederländisch-flämische Buchmalerei des Spätmittelalters*, Berlin 1978.
Wolf, H.-J.: *Hexenwahn und Exorzismus*, Kriftel 1980.
Wolfram v. Eschenbach: *Parzival*, ed. W. Mohr, Göppingen 1977.
Wood, C.: *Victorian Panorama*, London 1976.
Woody, T.: *Life and Education in Early Societies*, New York 1949.
Wouters, C.: »Informalisierung und der Prozeß der Zivilisation« in *Materialien zu Norbert Elias' Zivilisationstheorie*, ed. P. Gleichmann et al., Frankfurt/M. 1977.
Wright, L.: *Clean and Decent*, London 1960.
–: *Warm and Snug*, London 1962.
Wright, L. B.: »The Noble Savage of Madagascar in 1640«, *Journal of the History of Ideas* 1943.
Wright, T.: *A History of Domestic Manners and Sentiments in England During the Middle Ages*, London 1862.
–: *Womankind in Western Europe From the Earliest Times to the 17th Century*, London 1869.
Wüst, W.: »Inquisitionsprozeß und Hexenverfolgung im Hochstift Augsburg im 17. und 18. Jahrhundert«, *Zeitschrift für bayerische Landesgeschichte* 1987.
Wunder, G.: *Die Bürger von Hall*, Sigmaringen 1980.
Wuttke-Groneberg, W.: *Medizin im Nationalsozialismus*, Tübingen 1980.

Yamada, C. F.: *Japon et Occident*, Tōkyō 1977.
Yamane, K.: *Das japanische Kino*, München 1985.
Yanagida, K.: *Japanese Manners & Customs in the Meiji Era*, Tōkyō 1957.
Yokoyama, T.: *Japan in the Victorian Mind*, Houndmills 1987.

Zahrnt, H.: *Martin Luther in seiner Zeit*, München 1983.
Zalasin, P.: *Witchcraft*, Hempstead 1979.
Zappert, G.: »Über das Badewesen in mittelalterlicher und späterer Zeit«, *Archiv für Kunde österreichischer Geschichtsquellen* 1859.
Zedler, J. H.: *Großes vollständiges Universal-Lexikon*, Bd. 23, Leipzig 1740.
Zellinger, J.: *Bad und Bäder in der Altchristlichen Kirche*, München 1928.
Zglinicki, F. v.: *Die Wiege*, Regensburg 1979.
–: *Die Uroskopie in der bildenden Kunst*, Darmstadt 1982.
Zimmermann, G.: *Ordensleben und Lebensstandard*, Münster 1973.
Zoepfl, F.: *Deutsche Kulturgeschichte*, Bd. II, Freiburg 1930.
–: »Hexenwahn und Hexenverfolgung in Dillingen«, *Zeitschrift für bayerische Landesgeschichte* 1964.
Zotter, H.: *Antike Medizin: Die medizinische Sammel-Handschrift Cod. Vindobonensis 93*, Graz 1980.

Register

Sachregister

Ethnienregister